청년 마르크스의 혁명 이론

THE THEORY OF REVOLUTION IN THE YOUNG MARX
(La théorie de la révolution chez le jeune Marx)
by Michael Löwy

청년 마르크스의 혁명 이론

지은이 미카엘 뢰비
옮긴이 황정규

1판 1쇄 발행 2021년 8월 26일

펴낸곳 두번째테제
펴낸이 장원
등록 2017년 3월 2일 제2017-000034호
주소 (13290) 경기도 성남시 수정구 수정북로 92, 태평동락커뮤니티 301호
전화 031-754-8804 | 팩스 0303-3441-7392
전자우편 secondthesis@gmail.com
페이스북 facebook.com/thesis2
블로그 blog.naver.com/secondthesis

ISBN 979-11-90186-15-5 93300

청년 마르크스의 혁명 이론

THE THEORY
OF REVOLUTION
IN THE
YOUNG MARX

미카엘 뢰비 지음
황정규 옮김

차례

일러두기

1. 이 책은 1970년 프랑스 Les éditions sociales 출판사에서 *La théorie de la révolution chez le jeune Marx*라는 제목으로 처음 출간되었으며, 1997년 같은 출판사에서 재출간되었다. 한국어판 번역 대본으로는 저자가 마지막으로 출간한 영어판을 사용하였다. 영어판은 페이퍼백으로 2005년 미국 Haymarket Books에서 출간되었으며, 프랑스어판 내용에 더해 4장 2부 '마르크스 사후, 레닌에서 체 게바라까지'가 추가되어 있다.

2. 본문에 나오는 이탤릭체는 볼드체로 표기했으며, 독일어 원어가 표기된 곳에는 원어를 병기하였다. 책과 잡지 제목은 『』, 신문, 보고서, 노트, 논설 제목은 「」로 표기했다.

3. 각주의 서지사항 및 인용 쪽수 표기는 원서상 표기를 따랐다.

4. 외국 인명, 지명은 국립국어원의 외래어 표기법과 용례를 따랐다. 다만 국내에서 이미 굳어진 인명과 지명의 경우 통용되는 표기로 옮겼다. 의미 전달을 위해 필요한 경우 원어나 한자를 병기했다.

한국어판 서문

1945년 이래로 한국의 정치와 문화에서 마르크스주의는 그다지 존재감이 크지 않았다. 그러다가 1980년대 이후에야 우익 독재에 반대하는 다양한 학생 민주화 운동에서 강력한 존재감을 갖게 되었고, 급진적인 한국 노동운동(민주노총)의 활동가들 상당수에게도 영향을 미치게 되었다. 또한 마르크스주의는 민중신학 운동에 참여한 해방신학자들의 주목을 끌기도 했다. 브라질에 사는 한국 출신 해방신학자 성정모는 내 절친 중 한 사람인데, 그는 자본주의가 인간에 대한 희생을 요구하는 우상숭배 종교라는 신학적 비판을 전개하는 데 몇몇 마르크스주의 개념을 이용하기도 했다.

원래 프랑스어로 출판되었으며 영어, 스페인어, 포르투갈어, 이탈리아어, 일본어로 번역된 이 소론은 1843년부터 1846년 사이 좌파 신헤겔주의 관념론에서 새로운 철학의 발명으로 나아간 청년 마르크스의 지적, 정치적 진화를 이해하고자 한 것이다. 마르크스는 1843년에서 1844년까지는 "혁명이 철학자의 머리에서 시작한다"고 믿었으나, 1844년 6월에 일어난 슐레지엔 직조공 봉기는 그에게 독일 프롤레타리아트가 부르주아 질서에 반대하여 들고일어나기 위해 굳이 철학자들을 기다리지 않았다는 점을 보여주었다. 1845년 마르크스는 유명한 「포이어바흐에 관한 테제」를 썼는데, 프리드리히 엥겔스는 이를 일러 "새로운 세계관의 천재적

7

인 맹아"라고 올바르게 규정했다. 독일 관념론과 프랑스 유물론을 모두 대신한 이 **실천철학**의 핵심 주장 중 하나는 혁명적 실천 과정에서 민중이 자신의 의식뿐 아니라 물질적 조건까지도 모두 변혁한다는 점이다. 이로 써 청년 마르크스는 『독일 이데올로기』(1846)에서 자신의 혁명 이론을 피억압 계급들의 자기 해방으로 정식화하게 된다. 마르크스에 따르면, 오직 혁명을 통해서만 프롤레타리아트는 기성 부르주아 질서를 전복할 수 있고, 그와 동시에 스스로를 부르주아 이데올로기로부터 해방시킬 수 있다. 그의 실천철학과 노동자 계급의 혁명적 자기 해방에 대한 헌신 사이에는 변증법적 연결고리가 존재한다. 따라서 이러한 혁명 이론은 어떠한 형태의 "대리주의"와도 모순된다. 대리주의는 피억압 계급이 누군가 위대한 지도자나 자칭 혁명적 엘리트에 의해 "위로부터" 해방된다고 본다.

나는 이 책에서 위와 같은 혁명관이 1848년 『공산당 선언』에서부터 1871년 『프랑스 내전』에 이르기까지 마르크스의 이후 저술들에서도 매우 빈번히 나타난다고 주장했다. 마르크스는 이것을 제1인터내셔널(1864) 규약에서 다음과 같이 요약했다. **노동자 계급의 해방은 노동자 계급 자신의 행동이어야 한다.**

물론 세상은 1845, 1846년 이래로 엄청나게 변해 버렸다. 우리는 새로운 이슈들에 직면하고 있고, 그러한 이슈들은 2세기 전에는 그렇게 연관이 없던 것들이었다. 기후 변화, 지배적인 경제 체제의 맹목적 생산주의가 일으킨 생태 재앙이 그 예다. 사회 변화의 주역도 오로지 산업 노동자 계급으로만 동일시할 수 없고 노동자, 농민, 피억압 젠더로서 여성, 원주민 공동체, 인종적 소수자, 청년, 지식인, 예술가 등의 광범위한 반체제 연합을 상정할 수 있다.

그렇지만 자본주의는 여전히 자본의 사냥놀이와 축적을 일컫는 이름이자 가공할 만한 사회 불평등들을 발생시키는 체제의 절대적 지배를 뜻한다. 카를 마르크스가 공표한 피착취·피억압자의 혁명적 자기 해방이야말로 부르주아적 계급 지배에 대한 유일한 대안이다.

미카엘 뢰비

서문

이 책은 1970년 프랑스에서 처음 출판되었고 나중에 이탈리아어, 일본어, 스페인어로 번역되었다. 이 책의 견해들은 다른 헌신적인 마르크스주의 학자들에 의해 받아들여졌는데, 이는 영어권 세계에서도 마찬가지였다.『카를 마르크스의 혁명 이론*Karl Marx's Theory of Revolution*』(Monthly Review Press, 1977)으로 잘 알려진 할 드레이퍼나 걸출한 논문 모음집『혁명 문헌*Literature of Revolution*』(Verso, 1986)을 낸 노먼 제라스가 그 예이다.

이 책은 기본적으로 마르크스주의에 입각해서 마르크스를 해석하려는 시도이다. 즉 1840년에서 1848년까지 결정적인 여러 해 동안 유럽에서 일어난 사회적 투쟁들의 역사적 맥락 안에서, 특히 마르크스가 새롭게 등장한 노동자 계급 및 초기 사회주의 노동운동의 경험과 맺었던 관계 안에서 이룩한 철학적·정치적 진화를 연구한 것이다. 청년 마르크스가 새로운 세계관, 즉 **실천철학**의 중요한 핵심을 공식화했던 것은 바로 (좌파 헤겔주의 경향들뿐 아니라) 이러한 사회 환경과의 적극적인 교류를 통해서였다. 실천철학은, 그가 혁명을 프롤레타리아트의 자기 해방으로 파악하는 데 이론적 토대를 제공한다.

책이 나온 후 25년이 지나는 동안 이 세계에서는 많은 것들이 변했다. 마르크스의 이론은 여전히 유효한가? 이 이론이 여전히 이런 기묘한 세기말 사회 모순들에 대해 의미 있는 대답을 제공하는가? 동유럽에서 이른바 "현실사회주의"가 소멸하자, 로마와 세계에 *Urbi et orbi* 신 혹은 시장의 ─혹은 그 둘 모두의─이름으로 "마르크스는 죽었다"고 선언하는 학자, 철학자, 경제학자, 정치인, 언론인, 은행가, 경영자, 신학자, 의원, 장관, 사회과학자 및 온갖 부류의 전문가들이 넘쳐났다. 마찬가지로 이 합창에 참여한 전직 좌파, 전직 공산주의자, 전직 사회주의자, 전직 급진주의자, 전직 혁명가, 전직 아무개 등도 넘쳐났다.

이는 새로운 생각은 아니다. 이미 1907년에 저명한 자유주의 철학자 베네데토 크로체는 "인류에게 마르크스주의는 분명 사망했다"고 주장했다. 러시아의 자유주의 추종자들이 단 10년 만에 알아차렸던 것처럼, 이는 그다지 정확한 예언은 아니었다.

사실 이제 마르크스주의가 기생적 관료 체제들의 공식적 국가 이데올로기로 더 이상 이용되지 않기 때문에, 마르크스의 원래 메시지를 재발견하고 그것을 창조적인 방식으로 발전시킬 역사적 기회가 존재한다.

나에 대해 말하자면, 나는 1970년만큼이나 여전히 청년 마르크스의 혁명 이론─**실천철학** 및 그것과 변증법적으로 연결된 **노동자의 자기 해방** 사상─이 현재의 혼란스러운 역사적 광경 속에서 자신의 길을 찾는 데 최상의 나침반으로 남아 있다고 믿는다. 이 이론은 베를린 장벽이 붕괴했다고 진부해지지 않았을 뿐 아니라, 그 반대로 인민 없이 (혹은 인민에 반하여) "사회주의를 건설"하고 위로부터 권위주의적·관료적 권력에 의해 노동을 "해방"시키려는 시도가 왜 필연적으로 실패할 수밖에 없는지를 이해하는 데 결정적인 열쇠를 우리에게 제공한다. 마르크스에게 혁명적 민주주의─자기 해방의 정치적 등가물─는 선택의 문제가 아니었으며 되레 사회주의 그 자체의 고유한 본성이었다. 사회주의란 자신의 삶의 생산 전반을 자기 수중에 장악한 개인들의 자유로운 연합체이기 때문이다. 스탈린주의적 소련(과 여타 동유럽 국가들)의 역사적 경험은 마르크스의 혁명 이론이 "거짓임을 입증"하기는커녕 그것의 가장 놀라운 확증이다.

그렇다고 해서 우리의 모든 문제들에 대한 답을 마르크스에게서 발견할 수 있다거나 그의 복잡한 경제적·정치적 견해들에 재고 혹은 비판의 여지가 없다는 뜻은 아니다. "생산력 성장"에 의한 환경 파괴, 비계급적 억압 형태들(예를 들어 여성 및 소수 인종), 보편적 윤리 규정과 인권, 서구의 지배에 맞선 비유럽 민족 및 문화권의 투쟁 등 많은 결정적인 사안들이 그의 저작들에서 부재하거나 충분히 다뤄지지 못했다.

로자 룩셈부르크와 트로츠키부터 발터 벤야민과 헤르베르트 마르쿠제에 이르기까지, 레닌과 그람시에서 호세 카를로스 마리아테기와 에른스트 블로흐에 이르기까지, 마르크스의 유산이 현대 마르크스주의자들의 기여를 통해 완성되어야만 하는 이유가 바로 여기에 있다. 그것은 또한 1917년 10월부터 중국, 인도차이나, 쿠바, 니카라과 등 아시아·라틴 아메리카의 거대한 사회적 격변에 이르기까지 20세기 혁명들의—그것의 긍정적, 부정적 교훈들 모두를 포함한—경험으로 풍부해져야 한다. 그리고 마지막으로 중요한 점으로, 그것은 여성주의 및 생태주의와 같이 지난 수십 년 동안 발전해 온 신사회운동들뿐 아니라 다른 (공상적, 무정부적, 공동체적) 사회주의 전통들의 기여를 통해 재검토되고 정정되어야만 한다. 마르크스주의가 끊임없이 새로운 사안들과 새로운 도전들에 직면하고 다른 경험들과 다른 해방 운동들로부터 배워 오면서 스스로 성장하고 발전할 수 있었던 데에는 이유가 있다. 마르크스주의가 교조적이고 폐쇄적인 체계가 아니라 혁명 이론 및 실천에 걸맞은 개방적이고 비판적인 전통을 가졌기 때문이다.

§

내가 25년 동안 발견해낸 것들 중 하나이자 나를 이 책의 제1판과 갈라놓게 만드는 점이 있다. 그것은 부르주아 문명에 대한 낭만주의적 비판의 중요성이다. 그것은 마르크스의 사상 자체에서는 소홀히 다뤄진 부분이자 사회주의적 상상력의 갱신을 위한 강력한 원천이다.

내가 말하는 낭만주의란 단지 19세기의 문학 사조가 아니라 전근대적(혹은 전자본주의적) 가치들을 내건 거대한 문화적 항의 운동을 뜻한다. 그것은 18세기 말 시작하여 현재까지도 남아 있는 운동으로 세계의 탈주술화, 모든 가치의 수량화, 삶의 기계화, 공동체의 파괴에 맞선 공공연힌 반란 속에 존재한다.

영국에는 특유의 낭만주의적 사회주의 전통이 존재한다. 그것은 마르크스에게 상당 부분 빚을 지고 있지만 또한 블레이크, 칼라일, 러스킨으로부터도 영감을 받았다. 그것은 윌리엄 모리스의 저술들에 그 기원을 두고 있고, E. P. 톰슨과 레이몬드 윌리엄스 덕분에 제2차 세계대전 이후 상당한 영향력을 획득했다. 이 세 사람은 공리주의, 생산주의, 부르주아적 "근대화"를 거부하고 낭만파 시인들과 급진적 장인들을 구해 내어 사회주의 문화를 "재주술화"하는 데 일조했다. 이와 동시에 그들은 노동자 계급의 자기 해방에 적극 헌신하는 모습을 통해 자신들이 청년 마르크스의 혁명 이론을 매우 강력하게 고취했던 저 차티스트 운동 급진파의 참된 후계자임을 보여주었다.

미카엘 뢰비

서론

I. 방법에 관한 노트

다음의 의견들은 마르크스주의 인식론이나 역사 유물론 일반의 문제를 해결하기를 바라는 것이 아니라 단지 이 작업 배후에 놓인 일정한 방법론적 전제들을 분명히 하려는 의도에서 나온 것이다.

a) 마르크스주의를 마르크스주의적으로 연구할 때의 전제

이 책의 전반적 목적은 청년 마르크스의 작업을 역사 유물론에 입각한 방식으로 연구하는 것이다. 다시 말해, 이 책은 마르크스주의 자체의 기원에 대한 일종의―물론 이는 매우 부분적이고 제한된 분석이다―마르크스주의적 분석을 제공하는 것을 목표로 한다.

이러한 프로그램의 방법론적 함의는 무엇일까? 애초에 이러한 접근법은 모순적인 것이 아닌가? 다른 식으로 보자면, 마르크스주의를 마르크스주의 자체에 적용하는 것은 불가피하게 마르크스주의의 초월을 의미하는 게 아닌가?

하여튼 그것은 카를 만하임이 택했던 견해로 보인다. 그는 『이데올로기와 유토피아』라는 책에서, 사회주의 사상이 자신의 적수들에게 적용했던 "이데올로기적 가면 벗기기"라는 방법을 스스로에게는 전혀 적용해

오지 않았다고, 또한 자기 위치의 사회적 결정에 대한 질문을 전혀 제기
하지 않았다고 비판한다. 만하임이 시사하는 내용은 다음과 같다. 즉 그
러한 "스스로 가면 벗기기"가 프롤레타리아트의 이데올로기인 마르크스
주의가 다른 계급들의 이데올로기만큼이나 부분적이고 파편적인 입장으
로 이루어져 있음을 보여줄 것이고, 따라서 마르크스주의를 초월하게 만
들 것이다.[1]

그렇지만 사실, 마르크스주의가 사회적으로 조건 지어지는 특징을 가
졌다는 점을 입증했다고 해서, 누구도 마르크스주의를 "끽소리도 못하
게" 만들 수는 없다. 그 반대로, 마르크스주의의 유효성은 바로 그것의 본
성이 프롤레타리아트의 이론이라는 점에 근거한다. 게다가 마르크스는
자신의 정치적 학설과 특정한 사회 계급의 역사적 이해 사이에 존재하
는 연관성을 단순히 인정한 정도가 아니라 심지어 단언하기까지 했다. 이
런 "상황 결정론"(만하임의 용어법을 빌리자면)에도 불구하고 마르크스주의
가 보편적 유효성을 주장한다면, 그것은 프롤레타리아트가 본질적 사회
구조의 가면 벗기기를 자신의 역사적 이해로 요구하는 유일한 계급이기

---

1   K. Mannheim, *Ideology and Utopia* (London: 1936), pp. 225, 232. 만하임에게 마
    르크스주의를 초월하는 일은 대립되는 입장들의 "역동적 종합"에 의해 달성
    될 터였다. 이는 "사회적으로 중립적인 지식인들"*freischwebende Intelligenz*에 의
    해 완수된다. 그러나 스스로 "중립적"unattached이라고 생각하는 이 지식인
    들은 정확히 말해 소부르주아에 속하는 사람들 아닌가? 그리고 그들의 "종
    합"이 충돌하고 있는 주요한 세계관들 사이에서 절충적인 중도 입장을 취하는
    것, 즉 그들이 속한 사회 집단의 "중간적" 위치와 구조적으로 동일한 입장 이상
    일 수 있을까? 만하임은 이러한 질문들을 답변하지 않은 채로 놔두었고, 그를
    비판한 마르크스주의자들은 그가 사회주의에 퍼부었던 비난들을 그에게 되
    던져 주었다. G, Lukács, *The Destruction of Reason* (London: 1980), P. 637. 참고.
    또한 L. Goldmann, *The Human Sciences and Philosophy* (London: 1969) pp. 51-
    52. 참고.

때문이다. 자본주의 착취의 원천을 폭로하고 기성 질서의 "자연적" 성격에 도전하는 이러한 가면 벗기기는, 부르주아지에게는 지배 계급으로서의 자기 이해에 직접적으로 반하는 일이다. 소부르주아지나 소농과 같은 다른 사회 계층들의 경우, 역사적 과정을 완전히 자각하는 일은 자신들이 하는 노력이 아무런 장래도 없는 것임을 스스로에게 보여줄 따름이다.[2]

위의 고찰들은 마르크스주의의 유효성이나 초월 불가능성을 "입증" 하고자 하는 것이 아니다. 단지 마르크스주의의 계급적 본성, 그것의 사회적·역사적 토대에 대해 "가면 벗기기"를 하는 것만으로는 마르크스주의를 자동으로 초월하거나(만하임이 그러려고 했다) 모든 고양이가 회색으로 보이는 상대주의라는 깜깜한 밤으로 밀어넣기에 충분치 않다는 것을 보여주려는 것이다.

내가 볼 때 청년 마르크스의 정치적·철학적 진화에 대한 마르크스주의적 연구는 두 가지 본질적인 접근법을 함축한다.

(a) 그러한 진화는 그것이 속한 역사적·사회적 총체성 안에, 그것을 조건 짓는 사회적 얼개, 다시 말해 19세기 자본주의 사회, 1848년 이전의 노동자 계급 운동, 신헤겔주의 지식인들 등의 안에 위치시켜야 한다. 이것은 청년 마르크스의 사유가 이런 경제적·사회적·정치적 조건들을 단순히 "반

---

2 G, Lukács, *History and Class Consciousness* (London: 1971), pp. 61, 70. 그렇지만 우리 시대 마르크스주의의 "초월할 수 없는" 성격을 확언하면서, 루카치는 그것이 무계급 사회에서는 장차 초월될 것인지 문제를 제기한다. 앞서 인용한 책 p. 228.을 참고하라. 우리는 이 주제를 그람시에게서도 발견한다. 그에게서 "필연의 왕국"에 존재하는 모순들에 대한 의식인 마르크스주의는 "자유의 왕국"에서는 초월되지 않을 수 없다. *Il Materialismo storico e la filosofia de Benedetto Croce* (Turin: 1948), p. 94. 참고.

영"한다는 뜻이 아니라 이러한 사회적·역사적 분석 없이는 그것의 기원
을 "설명"할 수 없고 그것의 내용을 "이해"할 수 없다는 의미이다.[3]

(b) 마르크스의 작업 내용을 분석할 때 "사실 판단"과 "가치 판단"을, "과학"
과 윤리를 인위적으로 분리해서는 안 된다. 마르크스의 실천 범주는 바
로 이러한 모순들의 변증법적 초월이다. 이와 비슷하게, 마르크스의 이론
작업과 그의 실천 활동을, "과학자"와 "정치인"을 분리해서는 안 된다. 그
에게 과학은 혁명적이어야 했고 혁명은 "과학적"이어야 했다.

b) 마르크스주의의 사회적 배경: 프롤레타리아트

어떤 작업을 설명하고 이해하기 위해서 그 작업의 사회적·역사적 배
경을 연구하는 일은 반드시 필요하다. 이 두 절차는 어떠한 인문과학에서
도 분리될 수 없는 두 가지 요소이다. 다시 말해, 경제적, 사회적 토대 따
위를 조사하는 것은 이념사가의 임무에서 벗어난 보족적 성격의 활동이
아니라 연구 대상의 내용 자체, 내적 구조, 정확한 함의를 이해하기 위해
없어서는 안 되는 사항이다.[4] 이 책을 작업하는 과정에서, 나는 최소한도
로 일반적인 개요로 제시한 다음 이유 때문에 역사적이고 사회적인 배경
에 대한 지식이 절대적으로 반드시 필요하다는 점을 발견했다.

1) 마르크스 사상의 진화, 그것의 변형, 위기, 질적 도약, "단절", "정치적 전

---

3   또한 이것은 마르크스의 사상이 "19세기에 속하는" 것이라는 의미도 아
    니다. 마르크스는 자기가 살았던 세기의 사회적 현실을 통해 자본주의,
    프롤레타리아트, 사회주의 혁명 **그 자체**의 본질적 특징들을 발견했다.

4   Goldmann, *Recherches dialectiques*, 3rd edition (Paris: 1959), p. 42.

향", 재적응[5] 등을 이해하기 위해.

2) 본질적인 것과 부차적이고 우연한 것을 가려내고, 혹여 주목하지 못하고 놓쳤을 수 있는 중요한 요소들을 드러내기 위해.

3) 애매한 범주들, 불분명한 용어들, "수수께끼 같은" 공식[6] 등의—구체적이고 역사적인—참된 의미를 밝히기 위해.

4) 각 요소들을 전체 안으로 위치시키고 이 전체의 내적 연관을 수립하기 위해.

마르크스주의 이념에 이러한 방법을 적용하는 것은 물론 **모든** 현실을 포착하려는 것(이것은 분명 가능한 일이 아니다)이 아니라 총체성이라는 **방법론적 범주**를 통해 그러한 현실을 포착하는 것을 의미한다. 현실의 토대와 상부구조, 사유와 사회적 배경, 이론과 실천, "의식"과 "존재"는 추상적 대립 속에 응고된 셀 틈 없는 구획들로 나누어지지 않으며, (그것들의 상대적 자율성을 인정하면서도) 서로 변증법적으로 연결되어 있고 역사적 과정 속에 통합되어 있기 때문이다.

그렇다면 마르크스주의 혁명 이론—마르크스의 작업 속에 존재하는 (특히 상부구조 수준에서의) 다른 이론적 실체들과 반드시 동일하지 않은 —의 고유한 배경은 무엇일까? 내가 볼 때, 우리는 "배경setting"이라는 개념을 가장 넓은 의미로 사용해야 한다. 그 의미는 다음과 같다.

(a) 경제적·사회적 구조, 생산력의 수준, 사회 계급들의 일반적 상황, 특정 직업 범주들(기능공 등)과 사회 집단들(지식인 등)의 상황.

---

5 1843~1844년 공산주의로의 이행, 1845~1846년 채택한 새로운 혁명 이론 등.

6 예를 들어, 1846년, 1848년의 "당" 개념(3장을 볼 것).

(b) 정치적 상부구조: 노동자 운동의 상황 및 민주주의, 자유주의, 사회
주의 각각의 조직·집단·정당·신문의 상황.

(c) 이데올로기적 상부구조: 집단적 태도 및 가치, 세계에 대한 이해, 경
제적·사회적·철학적 학설들, 보수적·자유주의적·사회주의적·공산
주의적 정치 이론들.

(d) 정확한 역사적 "국면", 경제적·사회적·정치적·군사적 사건들(공황, 혁
명, 전쟁 등).[7] 반드시 언급해야 할 점은, 하부구조와 상부구조, "국면"과
"구조"를 물화된 범주로서 다뤄서는 안 된다는 것이다. 구체적인 현실
에서 이념은 물질적 힘을 가질 수 있고 구조는 국면의 연속으로 환원
될 수 있다. 만약 이와 다른 식으로 일을 처리하면 우리는 "물질"과 "정
신", "정적인 것"과 "동적인 것" 등 형이상학적 대비의 세계로 추락할 위
험이 있다.

내가 볼 때, 위와 같이 정의된 배경들과 이념 사이의 관계는 **조건 짓기**
*conditioning*라는 개념을 통해서만 포착될 수 있다. 이 개념은 애매한 공식
이 아니라 정확하고 엄밀한 의미로 사용된다. 배경은 **조건**이 된다. 그러나
그것은 때때로 어떤 학설의 등장을 위한 필요조건을 구성하지만 (그 자체
로만 보아서는) 결코 충분조건은 아니다. 각각의 배경들은 특정 이데올로

---

7 사회 구조는 어떤 작업의 중요한 구조를 조건 짓는다. 그러나 그 작업의
진화, 그것의 발전과 변화, 방향 전환을 포착하려면, 우리는 전체 사회 속
에서 역사적 **사건들**, 해당 사상가가 속해 있는 집단, 그가 스스로 속해 있
다고 생각하는 계급을 고려해야 한다. 단순한 추상적 구조가 아니라 역사
적-사회적 국면은 사상의 배경이 된다. 마르크스의 정치적 궤적을 이해하
기 위해서, 생산과정 속에서의 위치를 나타내는 "프롤레타리아트"와의 관
계 속에 그것을 위치 지우는 것만으로는 충분치 않다.—우리는 그것을 파
업, 봉기, 노동조합의 진화, 정당 등등 노동운동의 구체적 발전과 관련시
켜야만 한다.

기 영역을 규정하고, 이념들의 발전에 어느 정도의 한계를 설정하며, 특정한 가능성들을 창출하거나 제거한다. 물론 가장 보편적인 한계는 근본적인 배경인 경제적·사회적 하부구조에 의해 부과된다. 마르크스의 학설은 16세기 농민전쟁기 동안에는 등장할 수 없었고, 마찬가지로 뮌처의 학설이 1848년 혁명 이후 전개될 수도 없는 노릇이었다. 더 나아가 "19세기 유럽 프롤레타리아트"에 의해 형성된 사회적 배경은 마르크스주의 말고도 바이틀링, 블랑키, 공상적 사회주의 등 많은 "가능성"을 제공했다. "마르크스"라는 이름의 가능성이 어떻게 현실화되었는지를 설명하려면, 우리는 수많은 다른 변수들(신헤겔주의 지식인들의 상황, 영국 정치경제학의 진화, 독일 출신 이주 기능공 조직의 정치적 수준 등)을 고려해야만 한다. 어떤 가능성을 필연으로 만든 것은 바로 한 무리 동심원들로 이루어진("과잉결정") 조건들이 이렇게 축적되었기 때문이다. 최종 분석에서, 우리는 근본적 배경 중 하나인 프롤레타리아트가 필연적으로 과학적 사회주의의 형성을 요구한다고 진술할 수 있다. 그러나 그 학설이 왜 그때 그곳에서 등장하게 되었는지 설명하기 위해 우리는 다른 역사적 조건들 역시 도입할 필요가 있다.

그렇지만 우리가 또 다른 요인인 이념 영역의 **부분적 자율성**을 끌어오지 않는다면, 조건 짓기를 이용한 분석은 여전히 지나치게 도식적일 것이다.[8] 어떤 작업의 근본적 범주들이 사회적으로 조건 지어질 수 있다는 점은 사실이지만, 사상의 발전이 체계화, 일관성, 합리성과 같은 여러 내적 요구 사항들에 종속된다는 점도 주시할 필요가 있다. 어떤 작업의 전체 내용이 의거하고 있는 "경제적 토대"를 찾는 일은 상당히 헛된 일일 때가 많다. 그 내용의 기원을 탐구하려면, 이념사의 연속과 발전에 관한 특수한 규칙들이나 해당 작업의 내적 논리가 부과하는 요구들, 심지어 해당

---

8 Goldmann, *The Human Sciences*, pp. 95-96. 참조.

사상가 개인의 독특한 특징들도 살펴보아야 한다. 이러한 부분적 자율성 개념은, 우리로 하여금 이념의 체계가 역사적 "우연"과는 완전히 분리되어 절대자의 맑은 하늘을 자유롭게 떠다니고 있다고 보는 관념론적 사상사와 사상의 세계 전체를 경제적·사회적 토대의 직접적 반영으로 환원하는 기계적 "경제주의" 사이의 끝없는 논쟁을 뛰어넘을 수 있게 해 준다.[9]

또한 이런 부분적 자율성 개념은, 우리로 하여금 배경과 이념 사이의 관계가 갖는 **변증법적** 성격에 관한 분석을 심화시킬 수 있게 해 준다. 이런 관계가 변증법적인 이유는, 이데올로기가 사회적 조건에 반작용하여 엥겔스의 말마따나 '원인'과 '결과'라는 개념들이 더 이상 유의미하지 않은 호혜적 관계를 만들기 때문이다(예컨대 1846년에서 1847년까지 마르크스의 이론과 공산주의자동맹 사이의 관계). 그것이 변증법적으로 나타나는 또 다른 이유는, 어떤 식으로 보면 학설 체계가 그것의 발전을 조건 짓는 배경, 사건, 이념 등을 "선택"하고 해석한다는 점 때문이다. 어떤 이론의 진화에서 특정 사건의 중요성은 그것의 객관적인 중요성에만 의존하는 것이 아니라 해당 이론(그것의 주제, 그것의 중요한 구조)과의 **관계 속에서** 그 사건이 갖는 의의에 의존하기도 한다. 예를 들어 대다수 독일 신헤겔주의자들은 1844년 슐레지엔 직조공의 봉기를 완전히 무시했다. 소수의 학설가들(A. 루게, 바이틀링 등)이 그 사건에 주목했지만, 그 사건이 그들의 입장을 변화시키지는 않았다. 그러나 이 사건은 마르크스의 혁명적 사고에 결정적인 영향을 끼쳤다. 따라서 우리가 이해하는 바에 따르면, 어떤 학설의 발전에 빈번하게 영향을 주는 것은 역사적 사건이나 철학적 혹은 정치적 이론 "그 자체"가 아니다. 사건과 이론이야말로 학설에 의해 포착되고

---

9   물론 이런 자율성의 한도는 자연과학의 완전한 (혹은 거의 완전한) 독립성에 서부터 정치 학설의 더 긴밀한 의존성에 이르기까지 다양하다.

해석되는 것이다.

경제적 토대의 (**결정적인**) 역할은 사회 계급, 조직, 정당 및 운동, 세계관, 경제적·철학적·법률적 학설 등 무수한 매개체들을 통해 작용하게 된다. **최종 분석에서** 어느 것이 특정 순간 주요한 역할을 할 매개체와 수준이 될지를 결정하는 것은 바로 경제적 토대이다.[10] 마르크스의 상이한 지적 발전 단계들에서 정치적 혹은 이데올로기적 수준이 지배적인 역할을 할 수 있다. 그러나 이 역할은 최종 분석에서 하부구조에 의해 그것에 할당된 것이다. 따라서 예컨대 독일의 경제적 저발전이 그곳의 철학적 "과잉 발전"을 조건 지었고, 1841년과 1844년 사이 마르크스의 정치적 진화에서 신헤겔주의가 중요한 역할을 한 이유나 프랑스에 도착하기 전까지 그의 사유에 경제적 고찰이 상대적으로 결여되어 있는 이유 등은 이것으로 설명된다.

나는 여러 차례 프롤레타리아트가 (1844년부터) 마르크스 정치 사상의 주된 사회적 배경이었다는 점을 시사해 왔다. 마르크스 자신이 노동자였던 것은 아니지만(레닌, 로자 룩셈부르크, 그람시, 루카치 등도 마찬가지다), 이는 우리를 귀속이라는 일반적인 문제로 이끈다. 즉 우리는 어떤 기준을 가지고 일군의 이념들이 특정 계급이나 사회 집단의 것이라고 볼 수 있을까?

"속물적" 귀속 이론은 이 문제가 매우 단순하다고 답한다. 즉 무릇 학설이란 그것의 저자가 속해 있는 집단의 것이다. 한 사상가가 속해 있는 계급이 종종 그의 사상을 전반적으로 혹은 부분적으로 조건 짓는다는 점을 인정하면서도, 우리는 이런 종류의 설명 방식을 거부해야 한다. 그것이 이념사에서 확인되는 가장 초보적인 사실들과 명백히 모순되기 때문이다. 구체적으로 우리는 항상 부르주아가 아닌 부르주아 이데올로기 주

---

10   Louis Althusser, *Reading "Capital"*(London: 1970), *For Marx* (London: 1969) 참고.

창자들과 프롤레타리아가 아닌 프롤레타리아 이론가들의 등장을 목격한다. 사실 산업사회에서 모든 계급의 이론가들은 대부분 한 특정 집단, 즉 소부르주아 지식인들 중에서 충원된다. 그 이유는 매우 단순하다. 자본주의적 노동 분업이라는 배경 속에서 이 사회 집단에 할당된 직업 활동은 "정신적 생산"이다. 그렇다고 이것이 만하임의 말처럼 지식인들이 "무소속"이라는 뜻은 아니다. 그와 반대로 그들은 충돌하고 있는 사회 계급들에 속해 있다. 자기가 계급투쟁을 "초탈"해 있다고 상상하는 사람들은 정확히 자신의 사회적 조건, 즉 소부르주아지에 가장 가까운 세급의 이데올로기 주창자가 된 사람들이다. 사회의 두 주요 계급들이 끼치는 더 큰 경제적·사회적·정치적 중요성으로부터 영향을 받고 자신의 사회적 지위에서는 어떤 역사적 전망도 없다는 사실에 직면한 다른 이들은 부르주아지나 프롤레타리아트의 이론가가 된다.

결론은 이렇다. 한 사상가의 사회적 출신을 무시하지 않으면서도 우리는 무엇보다 그가 어떤 계급에 **속하는가**(개인으로서 그의 사회적 조건이 무엇인가)가 아니라 그가 그의 이념을 통해 어떤 계급을 **대표하는가**를 자문해야만 한다. 이것이 『브뤼메르 18일』에서 마르크스가 제시하는 내용이다.

> "마찬가지로 민주주의파의 대표자들이 모두 소상인이거나 아니면 소상인의 열렬한 지지자들이라고 생각해서도 안 된다. 그들의 교양과 개인적 처지로 보면, 그들과 소상인들 사이에는 천양지차가 있을 수 있다. 그들이 소부르주아의 대표자가 되는 것은, 소부르주아가 생활 속에서 뛰어넘지 못하는 한계들을 그들이 머릿속에서 뛰어넘지 못하기 때문이고, 결과적으로 소부르주아지가 물질적 이해와 사회적 처지에 쫓겨 실천적으로 도달하는 것과 동일한 과제, 동일한 해결책에 그들이 이론적으로 도달하기

때문이다. 일반적으로 이것이 한 계급의 **정치적·문필적** 대표자들과 그들이 대표하는 계급 사이의 관계이다."[11]

이러한 고찰을 마르크스주의에도 일정 정도 적용한다면(마르크스도 스스로 마지막 문장에서 그것을 제안하는 것으로 보인다), 그것은 우리를 최종 분석에서 귀속 의식의 문제로 이끈다.

"대표자"라는 개념은 내가 연속적으로 고찰할 두 가지 본질적인 문제와 관련되어 있다.

(1) 특정 계급에 속한 사상가가 어떻게 다른 계급의 정치적, 이론적 대표자가 되는가?

(2) 우리는 어떻게 한 사상 체계가 대표하는 계급을 그것의 내용을 통해 알아낼 수 있는가?

1. 각각의 특정 사례들에서 구체적으로 고찰될 필요가 있는 극히 다양한 주객관적 이유들은 어떤 지식인으로 하여금 자신의 계급 혹은 처음에 그 자신이 동일시한 계급과 단절하게 내몰 수 있다. 이런 단절은 일정한 환경에서 다른 계급에 대한 "지적 지지adhesion"로 이끌 수 있는 "지적 가능성" 상태를 만든다. 이런 "지지"를 통해 특정 사상가와 특정 계급 사이에 능동적인 관계가 확립된다. 그 지식인은 이 계급의 이해, 목적, 바람과 스스로를 동일시한다. 그는 마음속으로 그 계급의 문제들에 참여하고, 사회와 역사를 그 계급의 입장에서 바라본다. 그리고 그가 만약 "민주적 철학자"(이를테면 그람시)라면—다시 말해 그가 자신의

---

11 *CW*, XI, 130-131.

이념으로 그 계급을 획득하고자 그 계급의 문화적 분위기를 변화시키기를 바란다면—그는 "공중public"의 견해와 태도를 고려해야 하고, 자신의 작업을 계속해서 자기 비판해야 하며, 그것을 자기 편 "청중audience"의 반응과 일치시켜야 한다.[12] 한 계급이 점차 그 지식인이 하는 작업의 배경이 되고 그가 그 계급의 **이론적 대표자**가 되는 것은 바로 이러한 능동적·호혜적·변증법적 관계를 통해서이다. 내가 볼 때, 마르크스주의 사상가들과 프롤레타리아트 사이의 관계를 이해하는 데뿐 아니라 귀족 출신 이데올로기 주창자들과 부르주아지 사이의 연관(생시몽) 혹은 그 역의 상황(버크)을 이해하는 데에도 이 도식은 유용한 것으로 보인다.

이런 변증법적 과정을 구조화하는 것은 두 가지 결정적 결과를 낳는다. 한편으로 그 지식인은 해당 사회 계급이 자생적으로 만들어 낸 "이데올로기적 단편들"을 이용해 자기 이론을 구성한다. 반면 해당 계급은 거꾸로 문화적 수준 및 지식의 정도에서 나타나는 모든 차이에도 불구하고 이 학설을 상당히 개략적인 내용으로라도 자신의 것으로 받아들인다. 그렇지만 강조해야 할 점이 있다. 그것은, 그 지식인이 자신의 정치 이론에 해당 계급의 습관적 관심사와는 상당히 동떨어진 요소들을 도입하며, 해당 계급이 그의 학설을 흡수하는 것은 즉각적으로 이루어지는 일도, 이의 없이 이루어지는 일도, 완벽하게 이루어지는 일도 아니라는 점이다.

2. 지식인과 계급 사이의 사회적 관계는 내용 수준에서는 귀속 의식과 심리 의식 사이의 관계가 된다. 루카치는 "가능한" 혹은 귀속 의식

---

12 Gramsci, *Il Materialismo storico*, pp. 24-27; A. Child, "The problem of imputation resolved," *Ethics*, Vol. 54, 1944, p. 107; C. W. Mills, "Language, Logic and Culture," *American Sociological Review*, IV, No. 5, 1939, p. 675.

*Zugerechnetes Bewusstsein*을 다음과 같이 말한다.

> "사람들이 어떤 특정 상황과 그 상황으로부터 생겨나는 이해를, 그것들이 직접적인 행동 및 사회 전체 구조에 미치는 충격과 연관시켜 모두 판단할 수 있다면, 그들이 그러한 생활의 특정 상황 속에서 갖게 될 사상과 감정 등, 다시 말해 사람들의 객관적 상황에 적합한 사상과 감정 등을 추론하는 것이 가능할 것이다."

혹은 다른 말로,

> "생산과정 내의 전형적 특정 위치에 **"귀속되는"** 적합하고 합리적인 반응."[13]

내 견해로는 『신성가족』에 나오는 일부 언급, 마르크스주의 경제학의 방법, 그리고 부분적으로 막스 베버의 "이념형"에서 곧장 그 영감을 얻을 수 있는 루카치의 이 범주는 (베버의 이념형처럼) 순수한 조작적 개념으로 간주되어서도, 초월적인 절대적 진실로 간주되어서도 안 된다. 이 범주는 특정 역사적 순간에 이론 형태나 조직된 이론적-실천적 운동 형태(다른 것과 비교하여 완전한 합리성과 적절성에 매우 근접한다) 속에서 현실화되는 **객관적 가능성**으로 간주되어야 한다. 우리가 마르크스의 작업을 프롤레타리아트의 귀속 의식으로, 그리고 마르크스주의 혁명 이론을 귀속 의식의 구성적 특징 중 하나로 간주하는 것은 바로 이런 의미에서이다. 이렇게 정의된 "프롤레타리아트의 의식"은 일관성을 가진 통일체이다. 여기서 사실 인식과 가치 판단, 역사 분석, 변혁의 기획은 **엄격하게 분리되지 않는다.**

---

13   Lukács, *History and Class Consciousness*, p. 51.

이런 "가능한 계급의식"이라는 것을 "경험적으로 주어진 것"이자 "사람이 자기 삶의 상황과 관련해 형성한, 심리학적으로 기술 및 설명 가능한 관념들"을 의미하는 그 계급의 **심리 의식**과 혼동해서는 분명 안 된다.[14] 그것은 많든 적든 혼란스러운 파악들(종종 다른 계급에서 연유한 이데올로기 요소들과 뒤섞여 있다), 막연한 바람과 욕망, 사회 변혁을 위한 기획 등이 불규칙하게 모여 있는 것이다. 그렇지만 다시 한번 말하건대, 변증법적 관계에 있는 이 두 축을 추상적으로 분리하지 않도록 신중을 기할 필요가 있다. 즉 "심리 의식"은 귀속 의식에 충분히 가까워질 수 있다. 마찬가지로 후자는 전자를 **토대로** 형성된다.

이러한 범주들을 감안하면 프롤레타리아트의 귀속 의식의 역사적 기원은 도식적으로 다음 세 가지 형태의 계기로 제시될 수 있다.

(a) 특정한 (경험적으로 관찰되는) 감정, 생각, 행동 등에서 나타나는 공통성이라는 형태로 심리 의식이 등장한다. 이것은 형성기에 있던 프롤레타리아트의 특징이고, 다른 계급과 프롤레타리아트를 구분시켜 준다.

(b) 다소간 형태가 없는 바람과 기획 등을 토대로, **그리고 사회 경제적 구조들과 진행 중인 역사적 과정들에 대한 과학적 연구를 토대로,** 중간 계급 지식인은 엄격하고 일관된 세계관*Weltanschauung*과 혁명적 실천에서 나온 쟁점 등을 안출해낸다.

(c) 그 결과 만들어진 귀속 의식은 프롤레타리아트의 심리 의식에 막대한 영향력을 행사한다. 심리 의식은 모순적이고 사연 많은 역사적 진화 과정 속에서 이런 모형에 가까워지기도 하고 밀어지기도 한다.

---

14   *Ibid.*

서론

이러한 고찰로부터 시작하여, 우리는 "귀속" 의식과 "심리" 의식이라는 **두 수준 사이에 존재하는 응집력과 간극**을 동시에 확립할 수 있다. 만약 응집력이 없다면 마르크스주의의 탄생이나 마르크스주의가 프롤레타리아트 사이에서 확산된 사실을 포착할 수 없다. 반면 다른 계급들이 만든 것을 포함하여 현존하는 모든 이론적 소재를 이용해 역사적·사회적 현실에 대한 과학적 분석을 토대로 "가능한 의식"의 이론적 표현을 안출해내는 과정에서도 불가피하게 간극이 발생한다(이는 최종 분석에서 이론 수준의 고유한 본성과 그것의 내적 논리와 내재적 발전 규칙 때문에 나오는 간극이다).

마르크스주의의 역사적 기원에 대한 구체적 연구는 이런 양 극단의 수준 사이에 일련의 매개체들이 존재한다는 점을 드러낸다.

1. 대중: 바람과 욕망으로 이루어진 "심리 의식"과 반란 및 불만이 일반화된 상태를 보인다. 이것은 초보적인 개념 형태(노래, 시, 대중적 소책자)나 단편적인 혁명적 분출 같은 모습으로 나타난다.

2. "유기적" 지식인: 대중의 대열 속에서 등장하여 위와 같이 아직은 혼란스럽고 한계가 있는 인민의 바람을 최초로 체계화한다(바이틀링).

3. 음모적 공상적 분파들의 지도자 및 이데올로기 주창자: 그들은 대중적 노동운동과 주변적 관계를 맺기 때문에 한계를 지닌다(카베, 데자미 등).

4. "전통적" 지식인: 이들은 중간 계층에서 나왔고 그들의 "사회주의" 이데올로기는 자신의 계급적 출신에 의해 제한된다(모제스 헤스, 독일의 "진정한 사회주의자" 등).

5. 위와 같은 한계를 뛰어넘어 엄격하고 일관되며 프롤레타리아트의 사회적 상황에 합리적이고 적절한 새로운 세계관의 토대를 놓는 데 성공한 "전통적" 지식인(마르크스).

최종 단계는 부분적 계기들의 변증법적 종합 및 **지양**Aufhebung이자 총체화, 부정, 그리고 이전 수준들의 한계, 비일관성, '불충분성' 등을 초월하는 과정이 종결되는 것이다

c) 청년 마르크스의 혁명적 과학

일부 현대 사회학자들(혹은 "마르크스 연구자들")은 오스트리아-마르크스주의에서 매우 중시하는 주제 하나를 받아들여 마르크스의 작업에서 그의 "객관적 사회학"과 "윤리적 공리들"을 나누고, 그의 "실증과학"과 "공산주의 종말론eschatology"을 나누는 방법론적 구분을 확립하려고 시도한다. 이 문필가들은 이렇게 매우 문제 있는 접근법을 가지고 매 걸음 내딛는다. 그렇지만 마르크스의 작업 속에 존재하는 사회주의와 과학 사이에 말뚝을 박으려고 하자마자, 그들은 해결할 수 없는 난관에 걸려 비틀거리게 된다. 그들이 골치를 썩고 있다는 것은 그들의 용어법에서 확인된다. 구르비치는 "불충분한 구분", "애매함", "명백한 뒤섞임"을, 심지어 "그의 사상 안에서 벌어지는 투쟁"을 말한다.[15] 반면 루벨은 이러한 요소들의 "상보성", "내포된 혼란", "자발적인 혼란", "조화로운 뒤섞임"[16] 등을 말하며 동요한다.

내가 본 바로는, 우리가 발견하는 것은 "불충분한 구분"이 아니라, 정확히 실천 범주라는 마르크스주의 변증법의 시금석이다. 그것은 사실과 가치, 사유와 행동, 이론과 실천 사이의 추상적 대립을 뛰어넘기 위한 노

---

15 G. Gurvitch, *La Sociologie de Karl Marx* (Paris: 1960), pp. 39, 56, 28.

16 M. Rubel, *Essai de Biographie Intellectuelle de Karl Marx* (Paris: 1957), pp. 216, 218, 220.

력에서 나온 것이다. 마르크스의 작업이 "이원성"에 의거하고 있으며, 엄
격함의 부재나 무의식적인 혼동 때문에 저자가 그것을 깨닫지 못하고 있
는 것일 뿐이라고 말들 하는데, 그것은 사실이 아니다. 그와 반대로 마르
크스의 작업은 엄격한 일원론을 지향하며, 이때 사실과 가치는 "뒤섞여"
있는 것이 아니라 사상 혹은 "비판적 과학"(현실에 대한 설명과 비판이 그 안
에 변증법적으로 통합되어 있다)의 단일한 운동 속에 유기적으로 결합되어
있다.[17] 물론 정치 이론, 특히 우리가 여기서 연구하고 있는 혁명 이론은
이러한 내적 일관성을 포착하기에 매우 유리한 영역이다. 그렇더라도 나
는 혁명 이론이 마르크스주의의 본질적 차원이라고 생각한다. 현상이 그
것과 모순되는 것으로 나타날 때조차, 그리고 자연과학의 사유와 비견되
는 엄격한 사유가 작용하고 있을 때조차도 그렇다고 생각한다.

　　그러나 우리가 어떻게 현실에 대한 해석에서 그것의 비판과 변혁으로

17　Goldmann, *Recherches Dialectiques*, p. 300: "그[마르크스]는 가치 판단과 객관
　　적 분석을 '뒤섞은 것'이 아니라 저작의 모든 곳에서 해석, 설명, 가치 증식
　　이 엄격히 분리되지 않는 변증법적 분석을 만들었다." J. Hyppolite, *Etudes
　　sur Marx et Hegel* (Paris: 1955), p. 154: "그[마르크스]의 과학은 사회적 현실에
　　관한 과학에 그치는 것이 아니다. 그것은 스스로 자각함으로써 이 현실 자
　　체의 창출, 혹은 최소한 그것의 심대한 수정에 기여한다. … 우리는 마르크스
　　주의에 대한 순수한 **객관주의적** 해석은 그 어떠한 것이라도 회피해야 한다
　　는 점을 매우 잘 안다. 확실히 현실은 해방을 추구하는 계급을 위한 토대를
　　제공한다. 그러나 이 계급은 스스로를 자각하고 자기 투쟁의 실제 과정에
　　서 자신의 보편적 역할을 자각해야 한다. 이러한 **창조적** 자각이 없다면 인류
　　의 역사적 해방은 불가능할 것이다." C. Lefort, "Reflexions Sociologiques sur
　　Machiavel et Marx: la politique et le réel," *Cahiers internationaux de sociologie*
　　Vol. XXVIII (Paris: 1960), p. 123: "현실이 실천이어야 한다는 것은 이 수준에
　　서는 다음을 의미한다. 즉 현재가 인간의 행동을 통해 생겨난 것으로 이해
　　되며, 어떠한 과제를 요구한다는 것. 또한 우리가 사는 세계에 대한 지식이
　　그것을 변혁하는 기획과 분리될 수 없다는 것."

넘어가게 되는가? 푸앵카레는 직설법의 전제에서 명령법의 결론을 끌어낼 수 없으며, "사실"과 "가치" 사이에 어떠한 필연적인 **논리적** 연결고리가 존재할 수 없다고 적절히 강조했다.

인간과학에서 "사실" 판단과 가치 선택 사이의 연결고리는 형식논리의 관계가 아니다. 그것은 사상가가 객관적 실재에 대해 어떠한 "선의"와 바람을 가지고 있는지와 상관없이 이러한 과학이 필연적으로 "지향하는" 성격에서 나오는 **사회적** 연결고리이다.[18] 또한 그것은 사상가들도 어떤 전체적인 전망 속에 불가피하게 포함되게 되고, 의식적이든 그렇지 않든 직접적이든 간접적이든 총체적이든 부분적이든 충돌하고 있는 다양한 계급이나 사회 계층 들이 견지하는 "세계관들"과 연결된다는 점에서 나온다.

"사실" 판단과 "가치" 판단이, 직설법과 명령법이 서로 연결되는 것은 바로 이러한 "계급적 전망" 속에서이다. 따라서 마르크스에게서 나타나는 자본주의에 대한 "묘사"와 그것에 대한 "유죄 선고" 사이의 연속성과 현실에 대한 분석과 비판 사이의 일관성은 오직 **프롤레타리아트의 입장**을 받아들일 때에만 이해할 수 있다. 추상적·형식적 입장에서 보면, 자본주의 하에서 프롤레타리아트가 착취당하고 억압받고 있다는 점을 누군가 입증했다 할지라도, 이것만 가지고서는 자본주의가 "좋다" 혹은 "나쁘다" 말할 수도 없고, 자본주의가 유지되어야 하는지 타도되어야 하는지 말할 수도 없다. 그렇지만 사회적으로 구체적으로 보면, 대다수 프롤레타리아(혹은 그들의 입장을 채택한 사람들 대다수)는 자본주의가 자신들을 착취하고 억압한다는 자체 결론에 도달하게 되면, 그것을 비난하지 않을 수 없게 되고, 그것에 맞서 행동을 취하지 않을 수 없게 된다.

---

18 Goldmann, *Human Sciences*, pp. 37-41.에 나오는 뒤르켐의 "객관주의"에 대한 분석을 참조하라.

요컨대 마르크스의 과학은 비판적이면서도 혁명적이다. 이 과학이 스스로를 프롤레타리아트의 계급 전망 속에 위치시키는 프롤레타리아 계급의 혁명 의식의 일관된 형태이기 때문이다.

이들 "마르크스 연구자들"은 마르크스의 작업에서 "과학"과 "윤리"를 분리해내려고 시도한 다음, "정치가"로부터 "사회학자"를 분리해낸다. 다시 말해 이들은 마르크스의 활동으로부터 그의 저작들을 분리하고 그의 실천으로부터 그의 이론을 분리한다. 막시밀리앙 루벨은 "이 저작의 주제와 직접 관련이 있지 않은 모든 것을 일부러 피했다"고 하면서 마르크스의 "순전히 정치적인" 경력을 그의 "지적 전기"에서 제쳐 놓았다.[19] 한편 조르주 구르비치는 "행동인"으로서 마르크스와 "과학인"으로서 마르크스 간의 차이뿐 아니라 심지어 둘 사이의 모순까지도 강조했다.[20]

애초에 마르크스의 전투적 활동은 전기의 사소한 사항이 아니라 그의 저술 활동에서 필수적인 보완물이다. 이 둘은 동일한 목적을 지닌다. 그 목적이란 세상을 해석할 뿐 아니라 그것을 **변화**시키는 것이고, 또한 세상을 변화시키기 **위해** 그것을 해석하는 것이다.

무엇보다 마르크스의 "이론"을 그의 "실천"으로부터 분리시키는 것은 다음과 같은 이유에서 자의적인 것이다.

(a) 그의 이론 작업은—그의 정치적 학설뿐만이 아니라—**모두** 실천적 함의를 포함한다. 그것은 현실을 설명함으로써 이 현실의 변화를 가능케 만드는 조건을 확증하고 이로써 혁명적 행동의 필수불가결한 도구가 된다.

(b) 편지, 회람, 연설, 그리고 무엇보다 정치적 **결정문**에 표현된 그의 실천적

---

19   Rubel, *Biographie intellectuelle*, p. 14.

20   Gurvitch, *La Sociologie De K. Marx*, pp. 1, 50, 56.

정치 활동은 매우 큰 이론적 의의를 지니는 것이다.

공산주의 혁명 이론은 분명 마르크스의 작업이 지닌 비판적·실천적 본성이 가장 분명하게 나타나는 경우이다. 이런 특유한 구조 안에서 모든 이론적 요소들은 동시에 실천적 차원을 갖고, 글의 모든 단락은 의식을 획득하고 혁명적 행동을 조직하기 위한 도구가 될 수 있다. 무엇보다 이렇게 이론의 규정을 받는—그리고 마르크스가 공산주의 지도자로서 실천한—행동은 공상적 사회주의자들이나 블랑키주의자들처럼 주의주의主意主義적이지 않다. 그것은 넓은 의미에서 현실주의적 정책이다. 다시 말해 현실 그 자체의 구조, 모순, 운동에 기반을 두고 있다는 것이다. 그리고 그것은 **현실주의**적이기 때문에 엄밀한 **과학**, 즉 역사의 매 순간 혁명적 행동을 위한 조건을 확증하는 과학을 전제한다. 마르크스의 작업 전체에서 하나의 경향으로서 존재하는 사상과 "전복적 실천" 사이의 종합은 "대중의 공산주의"라는 이론과 실천 속에서 구체적 형태를 획득한다. 혁명은 "과학"이 되고 과학은 "혁명"이 된다.[21]

---

21 이 책은 1964년 소르본 대학에 제출한 박사 학위 논문에 의거한다. 논문이 나왔을 때는 청년 마르크스에 대한 훌륭한 논문(1960) 외에 알튀세르의 주요 저술들이 등장하기 전이었다. 나는 마르크스의 청년기 저술들을 이론적 "대장정"으로 보는 그의 일반적 견해를 공유한다. 나는 또한 「포이어바흐에 관한 테제」와 『독일 이데올로기』에서 관찰할 수 있는 "인식론적 단절"(내 의견으로는 **정치적** 단절도 존재한다)이라는 가설을 알튀세르와 공유한다. 그렇다고는 해도 나의 마르크스 "독해"가 『자본론을 읽자』의 저자의 독해와는 전혀 같지 않다는 점은 매우 명백하다.

II. 공산주의 혁명과 프롤레타리아트의 자기 해방

a) '높은 곳에 존재하는 구원자' 신화

"신화: 인간이 아닌 행위자, 일반적으로 자연력이 인격화된 존재로 모양을 갖추고 그의 행동과 모험이 상징적 의미를 갖는 것으로 표현되는… 전설 속의 이야기." 이렇듯 『전문적·비판적 철학 어휘집』[22]에 나오는 다소 포괄적인 정의는 부르주아 사회의 신화가 역사를 자연으로 변형시킨다는 관찰을 그것에 덧붙인다면,[23] 우리로 하여금 '높은 곳에 존재하는 구원자' 관념(이것은 부르주아적 형태를 띤다)이 지니는 신화학적 성격을 명확하게 포착할 수 있도록 해 준다. 이런 식으로 파악하면, 사회의 "자연적" 법칙들—이때 "자연적"이라는 말은 인간의 의지와 행위가 영원하고 불변하며 독자적이라는 의미이다—과 역사적 운동(그 역시 자연주의적 용어들로 이해된다)은 "초월적"인 상징 인물이라는 형태로 표현된다. 즉 사회 역사적 세계는 자연이 되고 "자연력"은 영웅 속에 구현된다.

이런 신화는 오랜 역사를 가지고 있고, 근대 부르주아지가 출현하기 이전 시대로까지 거슬러 올라간다. 그러나 혁명적 부르주아지의 정치 이론 속에서 초월적 해방자에 대한 집착이 발전해 온 것은 부르주아 세계의 구조와 관련지어서 연구해야 한다. 그리스-로마 문화의 "복귀"가 14, 15, 16세기 르네상스 시대에 지배적이었던 조건들을 통해 설명되어야 하고, 중세 조합주의corporatism가 파시스트 이데올로기 속에서 "재출현"한 것을 20세기 상황을 통해 설명해야 하는 것처럼 말이다. 사실상 낡아빠진 주제가

---

22   Lalande, *Vocabulaire technique et critique de la philosophie* (Paris: 1951), p. 647.

23   Barthes, *Mythologies* (London: 1972), p. 141. 참조.

뚜렷하게 "부활"한 것 이면에서, 우리는 도리어 고유한 특징들을 가진 새로운 형태를 보게 된다. 왜냐하면 그것이 새로운 역사적 총체와 밀접하게 관련되어 있기 때문이다.

'높은 곳에 존재하는 구원자'라는 부르주아 신화의 사회적 토대는 "시민사회"의 구성 요소들 속에서 찾아볼 수 있다. 이 구성 요소들은 바로 사적 소유와 자유 경쟁이다. 이 요소들은 이 사회를 진정 '만인에 대한 만인의 투쟁bellum omnium contra omnes' 속에서 서로 투쟁하는 "이기주의적" 원자들의 집단으로 바꿔 버린다. 이 속에서는 "사회적인 것", "공공 이익", "집단적인 것"이 시민사회 "외부"와 그 "위"에 있는 존재나 제도로써 투사되고 상정되며 결국에 가서는 **소외된다**.[24] 다른 측면에서 보면 경제적 소외, 즉 생산과정 전체로부터 생산자의 분리는 고립된 개인에게는 그의 의지로부터 벗어난 일군의 "자연적" 경제 법칙들처럼 보이며, 부르주아 사상가로 하여금 기계론적 유물론으로 가도록 만든다. 이런 방식으로 그 사상가는 "인간이 환경과 교육의 산물"이라는 이론에 도달한다. 이 이론은 마르크스가 포이어바흐에 관한 세 번째 테제에서 언급했듯이 "사회를

24　Lefort, *op. cit.,* p. 133.에 따르면, "따라서 부르주아지는 대개 자신의 외부에서 자기 자신의 통일적 상을 발견한다. 그리고 그들은 어떤 권력을 매개로 해서만 자신을 역사적 주체로 제시하는데, 그 권력은 부르주아지가 자신을 경제적 계급으로 조직하는 활동 영역을 초월해 있다." Marx, "The Jewish Question", *CW,* Ⅲ, 154.에서는 다음과 같이 말한다.

"정치국가가 그것의 참된 발전을 획득한 곳에서, 인간은─사상과 의식에서뿐 아니라 **현실**에서와 **삶**에서까지─이중의 삶을 이끈다. 그것은 천상의 삶과 지상의 삶인데, 인간이 스스로를 **공동체적 존재**로 여기는 **정치 공동체**에서의 삶과 인간이 **사적 개인**으로 행동하며 다른 인간을 하나의 수단으로 간주하고 자신을 하나의 수단으로 격하시키며 소외된 힘들의 노리개가 되는 시민사회에서의 삶을 이른다. 시민사회에 대한 정치국가의 관계는 지상에 대한 천상의 관계만큼이나 영적이다."

두 부분으로 나누게 되고, 그중 한 부분은 사회에서 우월한 존재가 된다."[25] 사실상 "인간/환경"의 악순환에 머물며 입을 다물고 있을 따름인 이러한 혁명적 부르주아지의 이데올로기는, 저항할 수 없는 사회적 기제를 외부로부터 깨부술 수 있는 "더 높은" 존재에게 호소하는 것 말고는 기계적 유물론에서 벗어날 수 없다.

따라서 사적 소유라는 하부구조와 자본주의 시장 법칙들 위에, 개인들의 경쟁 및 개별주의와 대립하는 공적 미덕의 화신이자 숙명론의 사슬을 끊는 역사의 조물주이며 인류를 해방시키고 새로운 국가를 "구성하는" 초인적 영웅으로서 '높은 곳에 존재하는 구원자' 신화가 수립된다. 이 신화는 암묵적이든 명시적이든, 상승하던 부르주아지의 정치 학설들 중 대다수에서 나타난다. 마키아벨리에게 그 구원자는 "군주"이고, 홉스에게는 "절대적 주권자"이며, 볼테르에게는 "계몽 전제군주", 루소에게는 "입법자", 칼라일에게는 "영웅"이다. 17세기 영국 청교도들은 자신들이 "호국경"(크롬웰)이라는 형상에서 구원자를 발견했다고 생각했고, 자코뱅은 "부패하지 않는 자"에 대해, 보나파르트주의자들은 황제에 대해 그렇게 생각했다. "말을 탄 세계정신." 이는 헤겔이 나폴레옹에 대해 쓴 말인데, 헤겔은 "구원자"에 관한 부르주아 신화학의 전체 구조를 하나의 빼어난 문구 속에서 이렇게 요약했다.

해방이 이러한 소외된 방식으로 달성된다면 "해방자"에 의해 수립된 새로운 국가는 그 스스로 소외되지 않을 수 없다. "사적", "공적", "인간", "시민", "시민사회", "정치국가"의 분리로 구성된 새로운 국가는 구원자로부터 개인들의 특수주의와는 구분되는 "사회적인 것"의 보호자 역할을 물려받는다. 봉건제 하에서 시민사회*bürgerliche gesellschaft*는 그 성

---

25   Marx, *Theses on Feuerbach* (1845), CW, V, 7.

격상 곧장 정치적이고, 신분 자치조합 등이 국가 생활의 요소들인 반면, 부르주아적 정치 해방은 정치 생활을 사회 외부에서 그 위에 존재하는 영역으로 투사한다.[26] 끝으로 자본주의 시장의 경제적 소외는 '높은 곳에 존재하는 구원자' 신화 및 자유주의 국가의 헌법 속에서 표현되는 정치적 소외와 조응한다. 우리는 16세기와 19세기 사이 부상하던 부르주아지의 정치 이데올로기 속에서 그것의 자취를 발견할 수 있다.

b) 노동자의 자기 해방

근대 노동운동과 근대 사회주의 역사에서 1789년부터 1830년까지 시기는 "부르주아 메시아주의"와 노동자의 자기 해방 이념 사이의 과도적 국면이다. 이 국면은 공상적 사회주의와 비밀결사라는 두 가지 특징적 형태 속에서 그 표현을 발견했다(물론 노동 인민 일부가 많든 적든 자코뱅주의와 보나파르트주의를 고수한 것은 따로 언급하지 않았다. 이것은 부르주아 신화가 노동자 계급 속에서 명백하게 지속된 경우이다). 이런 형태들의 역사적 토대는 노동운동과 근대적 의미의 프롤레타리아트가 아직 미발달 상태에 있었다는 점에서 찾아볼 수 있다. 이 시대의 상황을 분석하면서 엥겔스는 다음과 같이 진술했다.

"새로운 계급의 핵심으로서 처음으로 이런 무산 대중으로부터 스스로 진화해 나왔으나 아직은 독자적 정치 행위를 완전히 행할 수 없었던 프롤레타리아트는 억압받고 고통받는 신분으로 나타났고, 이들에게는 자신을 구제할 능력이 없어서 기껏해야 외부에서 혹은 위로부터 구제를 받아야만 했다."[27]

---

26 Marx, "The Jewish Question," *CW*, III, 166.

27 Engels, *Anti-Dühring, CW*, X, 246.

서론

공상적 사회주의자들이 가져오려고 했던 것이 바로 이런 식의 "위로부터"의 구제였다. 그들은 자신들을 진리의 담지자, 인류를 자유롭게 해주는 메시아(푸리에), "새로운 그리스도"(생시몽)로 제시하거나, 인민의 해방을 허락해 달라고 군주에게 간청했다. 생시몽은 차르 알렉산더 1세와 루이 18세, 신성동맹에 편지를 쓴다. 푸리에는 나폴레옹과 루이 18세, 루이 필립에게 호소한다. 오언은 아헨에서 열린 신성동맹 회의에 보내는 선언문을 출판한다. 이들의 이데올로기 구조가 부르주아 메시아주의와 다른 점은 오직 해방 강령의 내용뿐이다. 그리고 바로 이러한 공산주의적 내용과 부르주아적 형태 사이의 충돌이 위와 같은 움직임을 공상적이고 순진한 것으로 보이게 만든다. 부르주아지는 나름의 이유에서 나폴레옹에게 자기 이익의 방어를 맡겼을 것인데, 프롤레타리아트의 해방이 차르 알렉산더 1세로부터 오기를 기대하는 것은 괴이해 보인다. 부르주아의 신화는 "현실주의적"이었으나 최초의 사회주의자들의 신화는 "공상적"이었다.

신바뵈프주의 음모가 집단이 옹호한 것 역시 바로 "위로부터"의 해결책이었다. 그들의 행동 강령은 개인적 영웅을 교리 전수자들의 비밀결사로, 신이 보낸 인간의 독재를 음모를 통해 등장한 "혁명적 총재Directory"의 독재로 대체했다. 해방의 과정을 이렇게 이해하는 것은 왕정복고기 공산주의자와 자코뱅, 공화주의자들을 서로 혼동한 데에 그 직접적 근거가 있지만, 부르주아지 및 공상주의자들의 메시아주의로부터는 일보 전진한 것이다. 그것은 혁명적이고 상대적으로 "탈신비화한" 성격을 지닌다. 그렇지만 급진적 변화는 "계몽된" 소수의 일로 여겨지고 광범위한 대중은 "지지 세력" 역할 외에는 아무런 역할이 없었다. 우리는 뒤에서 "높은 곳에 존재하는 구원자"의 행위와 마르크스의 "노동자 자신의 임무" 사이에 존재하는 이 중간 매개 형태의 기원과 진화를 고찰할 것이다.

공상적 사회주의와 비밀결사들이 존재한 이유는 독자적 노동운동의 취약성 때문이었다. 1830년까지 독자적 노동운동은 동업조합*compagnonnage*의 유산에 지나지 않았고, 저항과 결합combination 운동만이 일부 존재했다.[28] 이런 취약성은 공상주의자들로 하여금 실제로는 노동운동을 무시하게 만들었고, 음모가들로 하여금 대중이란 스스로 혁명을 수행하기에는 "너무나도 미숙한" 존재로 여기게 만들었다. 이 두 조류는 "사회주의", "평등주의", "산업", "공산주의" 등등의 사회를 목표로 했지만 대중을 통하지 않는 길―대중이 의식을 갖게 되는 것을 통해서든, 의식적인 혁명 활동을 통해서든―을 추구했다. 비록 군주는 아닐지라도 "새로운 그리스도"의 기적과 같은 개입이나 한줌의 음모가들이 수행하는 폭동에 의해 신세계는 수립될 터였다.

자기 해방이라는 이념이 등장하기 위한 조건들은 국면적(혁명적 상황)일 수도 구조적(프롤레타리아가 처한 조건)일 수도 있다. 바로 이 두 요인의 역사적 일치가 저 이념을 광범위한 인민 대중의 이념의 힘idea-force으로 전환시킨다.

혁명적 국면 동안 노동자들이 보이는 태도는 인민의 무장 활동 경험, 사회적 충돌 강조, 지배층에 있는 "중요 인물들"의 정체를 폭로하는 경우처럼 그들이 의식을 획득하는 것이 매우 실천적인 일이라는 특징을 반영한다. 요컨대 **혁명적 실천**은 전위와 대중의 의식 수준에서 평등에 대한 바람이 급진화되고 자기 해방이라는 기획이 번성하는 데 영향을 미친다.

그래서 우리는 공산주의가 최초로 근대적으로 표명된 때, 다시 말해 노동자가 스스로의 노력으로 자기 해방을 이뤄야 한다는 관념의 최초

---

28 E. Labrousse, *Le Mouvement ouvrier et les théories socialistes en France de 1813-1848* (Paris: n.d.), pp. 70-89. 참고.

개요가 나타난 때가 근대 프롤레타리아트가 등장하기도 전인 위대한 부르주아 혁명의 격변기였다는 점을 안다. 엥겔스는 종교개혁과 영국 대혁명과 프랑스 대혁명 시기 동안에 일어난 이러한 "혁명적 무장 봉기", 이러한 "많이 발전했든 적게 발전했든 근대 프롤레타리아트의 선구자였던 저 계급의 독자적 분출"을 언급한다(뮌처, 수평파, 바뵈프).[29]

토마스 뮌처의 운동은 천년왕국을 신봉했지 구세주를 신봉한 것은 아니었다. 그가 이끌거나 고취시킨 무장한 농민과 평민 무리들은, 천상에서 내려보낸 어떤 이가 아니라 자기 스스로의 혁명적 행동을 통한 자신의 구원을 갈구했다. 그들은 신의 왕국을 지상에 세우는 것을 목표로 했다. 루터가 군주들(작센 선제후 등)과 제휴를 맺고 반란자들을 몰살하라고 군주들을 부추겼던 반면, 뮌처는 "인민은 스스로를 자유롭게 만들 것이다. ··· 그렇게 되면 루터 박사의 운명은 사로잡힌 여우의 운명과 다를 바 없을 것이다."[30]라고 말했다.

"부르주아"에 맞선 평민의 투쟁은 훗날 영국 대혁명기 동안 수평파와 크롬웰 간의 투쟁으로 재등장한다. 수평파의 정치 강령은 광범위한 대중의 "자치self-government"였는데, 수평파는 이것을 가지고 크롬웰의 군사독재에 맞섰다. 1649년 3월에 조판된 소책자『여우 사냥』에서 수평파의 지도자 리처드 오버턴은 이렇게 썼다. "우리는 한때 왕, 영주, 평민원의 지배를 받았다. 이제는 장군, 군법회의, 평민원의 지배를 받는다. 그래서 우리는 당신에게 묻는다, 무슨 차이가 있냐고?" 크롬웰은 자신을 신이 보낸 자로 보았다. 신이 자기를 보낸 목적은 타락한 인류에게 크롬웰 자신이 신의 의지라고 이해한 바를 강제하기 위한 것이다. 그와는 달리 수

---

29 Engels, *Anti-Dühring*, CW, X, 19.

30 Engels, *The Peasant War*, CW, X, 426.

청년 마르크스의 혁명 이론

평파 지도자들(릴번, 오버턴 등)은 광범위한 대중의 불분명한 열정, 불만, 고통, 반란을 말로 표현했다. 수평파 지도자들은 바로 이들의 자발적이고 의식적인 지지를 획득하고자 했던 것이다.[31]

마지막으로, 프랑스 혁명력 2년과 3년의 혁명 투쟁기 동안 가장 전투적인 상퀼로트의 대표자들과 자코뱅 독재 사이에서 동일한 종류의 충돌이 일어났다. "인민, 너 스스로 구원하라"가 자신들의 구호였던 "성난 사람들*les enragés*"(자크 루, 테오필 르클레르, 장 바를레 등)은 "부패할 수 없는 자"마저 비판하면서, "입헌 당국"이 아니라 "혁명적 격변"과 "자발적 운동"에서 구원을 기대하라고 대중을 선동했다.[32]

물론 우리는 이 세 가지 운동에서 조악한 평등주의와 자기 해방 이념에 대한 매우 어렴풋한 밑그림만을 발견한다. 그들과 『공산당 선언』 사이에는 전적으로 16, 17, 18세기 도시 평민―가난한 숙련공, 직인, 고용 일꾼, 하위 성직자, 실업자, 부랑자 등이 모두 뒤섞인 이질적이고 불명확한 범주―과 19세기에 형태를 갖추기 시작한 근대 프롤레타리아트 사이의 차이가 놓여 있다. 산업혁명 이후 이 계급의 출현과 더불어 비로소 공산주의와 자기 해방에 관한 일관되고 엄밀한 관념을 가능케 하는 구조적 토대가 등장한다. 그러나 '국면'이 계속 결정적 역할을 했다. 대개 커다란 혁명적 위기 때에만 광범위한 프롤레타리아트 대중이 이런 식의 관념과 자신을 동일시한다.

프롤레타리아트와 프롤레타리아 혁명의 본성 자체가 노동자 자기 해

---

31 T. C. Pease, *The Leveller movement* (Chicago: 1916), p. 360; D. M. Wolfe, *Leveller Manifestos of the Puritan Revolution* (New York: 1944), p. 98; V. Gabriel, introduction to *Purianismo e libert*à (Einaudi, 1956), pp. L, LI. 참조.

32 D. Guérin, *La lutte de classes sous la première Republique—Bourgeois et "bras-nus" (1793-1797)*, p. 84 (reprinted 1969).

방 이론의 구조적 토대를 이룬다. 우선 공동의 유대, 조합, 공동체가 노동자에게는 (서로 경쟁하는 부르주아의 경우처럼) 외부의 선험적 존재로 여겨지지 않고, 대중이 지니는 하나의 속성이나 공동 행동의 결과로 여겨진다. 노동자들에게 "연대"는 공장, 직종, 계급 수준에서 곧바로 생겨나는 심리적 관계이다. 부르주아 이데올로기 주창자 홉스는 사회적 삶을 "만인에 대한 만인의 투쟁"으로 보았다. 그러나 런던공산주의자동맹의 순박한 숙련공은 "모든 인간은 형제다"를 자신들의 표어로 삼았다. 사유재산(생산 수단 등)이 전혀 없는 프롤레타리아트에게는 "사회적인 것", "공적인 것"이 개인들의 특수주의particularism에 반하는 더 높은 존재 안에 구현될 필요가 더 이상 없었다. 그것들은 "인민"에게 내재하게 되고, 전체 노동자 안에 원래 존재하는 자질로 나타난다. 재산 소유자가 아니고 "자유 경쟁"으로 빨려 들어가지 않는 한 프롤레타리아는 부르주아적 정치 소외와 신화로부터 벗어날 **수 있다.** 다른 식으로 보자면, 프롤레타리아 혁명의 역사적 의의는 부르주아지의 "권력 장악"과는 본질적으로 다르다. 그 혁명은 자기 해방이 아니라면 무의미한 것이 될 것이다. 심지어 부르주아지는 의식적인 역사적 행위도 없이 "지배 계급"이 될 수 있다. 왜냐하면 부르주아 혁명은 필연의 왕국에 속하기 때문이다. 그 행동이 소외되고, 가공illusory의 목표를 추구하는 것이며, 신화로부터 영감을 받았을지라도, 경제적·사회적 해방에 대한 "이성의 간지"는 부르주아지에게 승리를 가져다줄 것이다. 부르주아 혁명은 부르주아지의 사회적 존재가 곧장 현실화되는 것이다. 이런 현실화 도상에 있는 장애물은 순전히 외재적인 것이다. 이것은 계급에 의한 "자기 변화"를 전혀 전제하지 않는다. 이런 "기계적"이고, 소외되어 있으며, 필연적인 과정은 외부의 인격적 해방자라는 신화적 형태를 쉽게 가정하게 된다. 그와 반대로 프롤레타리아 혁명은 최초의 **의식적**

사회 변혁, "자유의 왕국"에 들어가는 최초의 발걸음, 지금까지 역사의 대
상이자 산물이었던 개인들이 주체와 제작자가 되는 역사적 순간이어야
한다. 그것은 프롤레타리아트의 직접적 조건을 실현하는 것이 아니라 그
반대로 그 실현을 위해 의식 및 혁명적 행동의 도래를 통한 "자아의 초월"
을 이루는 것을 함축한다.[33] 이는 엥겔스가 그의 "정치적 유언"(『1848년에
서 1850년까지 프랑스에서의 계급투쟁』에 대한 1895년 서문)에서 쓴 내용에 따
르면, 다음과 같다.

> "기습의 시대, 얼마 안 되는 의식적 소수가 부족한 의식을 지닌 대중의 선두
> 에 서서 수행하는 혁명의 시대는 지나갔다. 사회 조직의 완전한 변혁이 문
> 제가 되는 곳에서 대중들 역시 그들 스스로 거기에 참여해야만 하고, 무엇
> 이 걸려 있는지, 무엇을 위해 몸과 마음을 바쳐 싸우는지를 이미 그들 스스
> 로 파악하고 있어야만 한다."[34]

그럼에도 불구하고 반드시 이야기해야 할 것이 있다면, 그것은 일부
시기에는 몇 가지 이유로 인해(그 이유들은 각각의 사례에서 구체적으로 연
구될 필요가 있다) 몇몇 지도자들, 전위, 심지어 대중의 상당 부분이 부르
주아 신화학을 받아들이거나 과거의 조직 행동 형태(공상주의, 음모 등)
로 되돌아가고는 한다는 점이다. 가령 프루동, 바이틀링 및 일부 노동자
집단이 나폴레옹 3세와, 라살레가 비스마르크와 "시시덕거린" 것 등등의

---

33 Lukáscs, *History and Class-Consciousness*, p. 71; A. Gorz *La morale de l'histoire*
(Paris: 1959), p. 175; R. Luxemburg, "Masse et chefs", in *Marxisme contre
dictature*(Paris: 1946), p. 37. 참조. ["Gekwickte Hoffnungen"("박살난 희망"),
Die Neue Zeit 1903-1904, I Bd, Nr. 2].

34   *CW*, XXVII, 520.

경우처럼, 우리는 19세기 노동자 계급 가운데 일부 부문에서 신이 보낸 인간이라는 신화가 재출현하는 것을 발견한다. 더 나아가 이상향과 비밀결사는 1848년 이후 재출현하여 1871년 파리 코뮌 때까지 다양한 형태(프루동주의, 블랑키주의)로 계속 존재한다. 20세기 노동자 계급 운동 내에서 "개인숭배"라고 관습적으로 불리던 것도 유사하게 해석되어야 하지 않을까?

이러한 "이데올로기적 퇴보" 현상이 출현하게 되는 가장 유리한 조건은 다음과 같다.

a) 노동자 계급 운동의 취약성, 미성숙성, 낮은 의식 수준.

b) 프롤레타리아트의 패배, 혁명의 좌절, 대중의 실망과 낙담.

c) 전위의 고립, 관료화, 지도자와 대중 사이의 격차. 혁명적 국면에 상응하는 것은 자기 해방으로 나아가는 경향이다. 반혁명의 승리에 상응하는 것은 구세주 신화, 이상향, 자코뱅-마키아벨리주의의 회귀이다.

c) 마르크스의 "대중의 공산주의"

1830~1848년 시기 유럽에서는 산업혁명의 경제적·사회적 결과가 더욱더 크게 다가왔다. 도시의 성장, 산업과 상업의 발전, 프롤레타리아트의 집적과 양적 증가, 빈민화, 숙련공의 프롤레타리아화 등이 그것이다. 이런 변화는 직간접적으로 노동운동의 엄청난 강화와 방향 전환을 초래했다. 그 결과 프랑스에서 우리는 공화주의 및 순수한 부르주아적 자코뱅주의로부터 독립한 독자적 노동자 계급 집단과 경향이 형성된 것을 발견한다. 당시는 "노동자 조합", 저항 결사, 노동자들로 구성되어

있으며 노동자 계급 이데올로기를 견지하는 비밀결사, 신바뵈프주의적 공산주의, 단결·파업·폭동·인민 봉기의 물결이 증가하던 시기였다. 영국에서는 노동조합이 발달하고 노동자 대중 스스로 정치적으로 조직화 되며(차티즘), 파업과 반란이 줄줄이 일어난다. 독일에서는 최초의 노동자 협회와 최초의 노동자 반란이 등장한다. 망명 중이던 독일 숙련공들은 바뵈프주의 비밀결사를 만든다. 전반적으로 유럽 노동자 계급이 역사의 무대에 등장한다. 그들은 자신들의 고유한 조직을 통해 행동하기 시작하는 동시에 자신들의 고유한 강령을 그려 나가기 시작한다.

마르크스는 이러한 경험들이 갖고 있는 공통의 특징을 포착하여 다소 막연하고 단편적이었던 공산주의와 자기 해방의 경향을 일관된 이론으로 발전시킬 수 있었다. 그리고 그는 프롤레타리아트의 현실 운동을 포착하여 표현해낼 수 있었다. 그 이유는 1843년 이래로 그가 미리 완성된 새로운 교조적 체계를 발명하여 강요하는 것이 아니라 "세계에 그것의 고유한 행위들이 지닌 의미를 **설명**함으로써… 세계로 하여금 그것의 고유한 의식을 깨닫게 만드는 것"에 관심을 가져 왔기 때문이다.[35]

마르크스의 "대중의 공산주의"에서 중심 이념은 '공산주의 혁명을 통한 대중의 자기 해방'이었다. 이 이념, 더 정확히 말해 이 중요한 이념들의 배열은 변증법적으로 서로 연결된 세 가지 이념, 그 의미가 서로 맞물려 있는 세 가지 전망으로 구성되어 있었다.

a) 프롤레타리아트에게 잠재해 있는 혁명적 본성에 대한 인식.

b) 프롤레타리아트가 자신의 혁명적 실천을 통해 공산주의 의식으로 나아 가는 경향.

---

35 Marx, "Letter to Ruge," *CW*, III, 144.

c) 이런 경향을 총체적인 일관성으로 발전시키고자 할 때 공산주의자들이
하는 역할.

이 세 가지 접근 방식에서 마르크스 사상의 비판적, 실천적 구조가 명확하게 나타난다. 현실에 대한 비판적 숙고를 토대로 어떤 가능성이 생겨나는데, 이 가능성을 가지고 그는 변혁적 행동을 위한 기획을 수립한다.

마르크스의 공산주의 혁명 학설은 **현실주의적인** 정치 이론이다. 자본주의 사회에 대한 "비판적-과학적" 분석에 의거하고 있고 사회적 현실을 변화시킬 가능성이 현실 그 자체 내부에 존재한다고 보기 때문이다.[36] 프롤레타리아트에게 혁명적, 공산주의적 본성이 잠재해 있다는 가정은 마르크스의 정치 이론과 사회학, 경제학, 역사철학 등등을 서로 유기적으로 연결하는 고리라 할 수 있다. "대중의 공산주의"는 마르크스의 세계관*Weltanschaung* 전체를 전제로 하는 것으로, 그와 같은 더 큰 총체성 내부에 존재하는 부분적 총체성이라 할 수 있다.

이렇게 이해해 보면, **공산주의자들**(마르크스에게 이 용어는 이데올로기 주창자, 정치 지도자, 프롤레타리아트의 전위를 포괄하는 넓은 의미이다)의 역할은 자코뱅 영웅들이나 혁명적 음모가들의 역할과는 질적으로 다르다. 그들은 노동운동 내부에 존재하는 총체성을 촉진하는 "촉매"이다. 그들의 임무는 모든 제한적 요구, 모든 민족적 투쟁, 모든 부분적 계기를 총체적 운동(궁극적 목표, 국제적 투쟁 등)과 연결시키는 것이다.[37] 인민은 필연적으로

---

36 Lefort, *op. cit.*, p. 117. 참고.

37 V. I. Lenin, *What Is To Be Done? CWL*, V, 423. 참조. "사회민주주의자의 이상은 노동조합의 서기가 아니라, **인민의 호민관**이다. 즉 그것이 어디에서 발생하건, 인민의 어떤 계급이나 계층이 그로부터 영향을 받건 상관없이 전횡과 억압이 드러나는 온갖 현상에 대응할 수 있고, 이 모든 현상을 일반

특수주의적이고, 타락해 있으며, 무지하다는 이유를 들어 "일반 이익"과 대중 사이의 구분을 제도화시켜 놓은 "구원자" 이데올로기 주창자들이나 음모적 결사의 지지자들과는 달리, 마르크스는 공산주의자들과 프롤레타리아트 사이에 도랑을 파는 것을 거부한다. 그러한 분리는 일시적인 것이고, 프롤레타리아트는 총체성을 향해, 공산주의를 향해, 혁명을 향해 가는 경향이 있기 때문이다. 부르주아 공론가는 "총체성"을 어떤 개인이나 제도 속에 귀속시킨다. 시민사회가 본래 특수주의적이라고 간주하기 때문이다. 음모가는 비밀 종파를 "총체성"의 유일한 담지자로 본다. 노동자 계급 대중을 자본주의 체제가 존재하는 한 몽매주의obscurantism에 빠져 있을 운명에 처해 있는 것으로 여기기 때문이다. 마르크스는 자신의 역할과 공산주의자들의 역할을 대중의 자기 해방을 위한 도구로 여긴다. 마르크스가 그렇게 한 것은 독자적 노동운동의 탄생을 목격하고 있었으며, 이 운동이 자신의 역사적 임무에 대한 의식을 획득할 수 있다고 믿었기 때문이다.

화하여 경찰의 폭력과 자본주의적 착취라는 하나의 그림으로 만들어 낼 수 있으며, 또한 **모든 사람 앞에서** 자신의 사회주의적 신념과 민주주의적 요구를 표명하고, **모든** 사람에게 프롤레타리아트의 해방 투쟁이 지니는 세계사적 의미를 분명하게 말하기 위해 모든 사건을 그 어떤 사소한 일일지라도 활용할 수 있는, 그러한 인민의 호민관이어야 한다."

1
공산주의로 이행하다 (1842~1844)

I. 「라인신문」

「라인신문」은 좌파 헤겔주의와 자유주의 부르주아지 사이의 짧은 결혼이 낳은 결과물이었다. 헤겔주의 좌파가 라인 지방 부르주아지로부터 탄생했다는 점을 감안하면, 그들이 공동 기관지로 결합한 것에 대해서는 더 많은 설명이 필요치 않을 것이다. 그렇지만 우리는 다음 사실을 알고 있다. 즉 청년 헤겔파 지식인들은 무엇보다도 중간 계층에서 충원되었다(예외는 극히 소수였다. 그 예외 중 가장 유명한 사람은 기업가 메비센이다. 더군다나 그는 항상 운동의 언저리에 있었다). 그들의 철학적·이론적 사변은 라인 지방 기업가들 및 상인들의 구체적이고 물질적인 관심사와는 동떨어져 있었다. 그들의 헤겔주의적 국가 파악은 캄프하우젠 가문의 자유무역업자식 자유주의와는 완전히 상반된 것이었다.

이런 차이들―그로 인해 「라인신문」 내부에 심각한 알력이 일어났고 1843년 이후 종간으로 이어졌다―에도 불구하고 두 집단은 봉건적-관료적 프로이센 국가에 반대하고(한 집단은 "비판적"으로 반대했고, 다른 집단은 온건하게 "건설적"으로 반대했다), 왕정절대주의로부터 위협 받던 자유들을(헤겔주의자에게는 언론의 자유, 부르주아에게는 산업의 자유) 옹호하는 데에서 공통 기반을 발견할 수 있었다. 어떤 의미에서 프로이센 국가의 진화와 프리드리히 빌헬름 4세의 "자유주의"에 걸었던 희망이 깨진 것이 두 집단으로 하여금 「라인신문」으로 뭉칠 수 있게 해 주었다.

1838년에서 1840년까지의 시기, 청년 헤겔파 대다수는 신학 비판이라는 천상의 영역에서 바쁘게 지냈다. 루게와 『할레연보』로 대변되는 가장 "정치화된" 집단은 철학과 신교 사이의 통일을 자기 입장으로 삼고, 국민적 프로이센 국가라는 이데올로기의 주창자로서 교황지상주의 Ultramontanist 가톨릭에 반대하는 투쟁을 추구했다. 1840년 프리드리히 빌헬름 4세의 즉위는 프로이센을 국민국가로 변혁하는 첫걸음으로 여겨져 신헤겔주의자들의 환영을 받았다. 이 일에 대해 브루노 바우어는 "봄은 모두의 가슴속에 다시금 푸르게 성장한다"고, 그리고 "희망의 여명이 모든 이의 얼굴에 비치고 있다"고 썼다.[1] 그렇지만 곧장 새로운 왕은—경건적·낭만적·반동적인—자신의 진짜 민낯을 드러냈다. 헤겔주의에 대한 그의 증오는 헤겔주의 경향의 잡지들을 금지시키고(1841년 6월 『할레연보』, 12월 『아테나움』 발행 금지) 헤겔주의 교수들을 대학에서 쫓아내는 것으로 나타났다. 그 절정은 1842년 3월 브루노 바우어가 면직된 것이었다. 이에 따라 청년 헤겔파 운동은 급격하게 지상으로 내려오게 됐고, 그들은 국가가 자신들의 전통적 표현 수단들(철학 잡지, 대학 교수직)을 봉쇄했다는 점을 알게 됐다. 적어도 그들 중 일부에게 그것은 생계수단이었다. 그들에게는 세 가지 가능성만 남았다.

1. 항복하여 정치 투쟁을 단념하고 정부를 지지한 후 사라지는 것.

---

1 B. Bauer, *Der Aufstand und Fall des deutschen Radikalismus von Jahre 1842* (Berin: 1840), 2nd edn., p. 5. A. Cornu, *Karl Marx et Friedrich Engels* (Paris: P. U.F., 1958), Vol. I, p. 165. 참고.

1 공산주의로 이행하다 (1842~1844)

2. 하이네와 뵈르네가 1830년 이후 싸워 왔던 것처럼 (그리고 그들 상당수
는 1843년에도 싸우고 있었다.) 프랑스나 스위스로 이주하여 해외에서 싸
움을 진행하는 것.

3. 프로이센 절대주의에 저항하고 자신들을 위한 표현의 통로를 만들 수 있
는 구체적인 정치 운동을 매개로 사회의 강력한 계급과 연합하는 것. 이
운동은 라인 지방의 부르주아 자유주의였다.

그 결과 1840년까지 문필적·신학적·철학적 비판주의에 틀어박혀 있
었던 좌파 헤겔주의자들은 프로이센 국가의 반동적 개입으로 인하여
그것으로부터 쫓겨나 정치적 반대파 쪽으로, 라인 지방 부르주아지 품으
로 가게 되었다.

라인 지방 자유주의자들 입장에서 보면, 그들은 헌법에 대한 희망과
새로운 왕의 자유주의에 관해 환상을 가지고 있었으나 1840년 쓰디쓴
좌절을 맛보았다.[2] 그들은 "건설적" 반대를 통해 프로이센 국가에 맞서
길 바랐고, 그러한 목적을 위해 이데올로기적 도구들(경제적·철학적 정
기간행물)이 필요하다고 느꼈다.

마르크스의 진화는 이러한 일반적 배경 속에서 일어났다. 베를린
"박사 클럽"의 일원이자 브루노 바우어의 친구이며 훌륭한 박사 논문의
저자로서, 마르크스는 대학에서 직장을 얻으려고 노력했다. 그가 1842
년 9월 「라인신문」 창간 관련 사전 논의에 참여하고,[3] 1842년 2월 검열
에 관한 정치적·철학적 논문(1843년 『일화Anekdota』에 발표됨) 한 편을 쓴

---

2 J. Droz, *Le Libéralisme rhénan, 1815-1848* (Paris: Sorlot, 1940), pp. 223-225.

3 Cornu, *op. cit.*, Vol. II (1958), pp. 8-9.

것은 사실이다.[4] 그러나 그가 저널리즘과 정치적 삶에 결정적으로 투신하게 된 것은 바우어가 해직된 이후였다. 프로이센 정부가 바우어를 해직하지 않고, 좌파 헤겔주의가 대학 생활에나 신경 쓰면서 "고상"하게 살다가 중화되지 않았다면, 어떤 일이 일어났을지 상상하기란 어려운 일이다. 우리에게 한 가지 확실한 것은 있다. 가차 없는 해직이 청년 헤겔파에게는 역사적 사건이자 프로이센 국가의 반동 정책을 상징하는 것으로 여겨졌고,[5] 좌파 헤겔주의 전체뿐 아니라 특히 마르크스의 급진적 "정치화"에 결정적 역할을 했다는 것이다.[6] 신헤겔주의와 정부 사이의 불화가 극에 달하고 신헤겔주의에게는 대학 문이 닫혔다. 이런 조치는 철학으로 하여금 "신문 편집실"로, "속세로 나가도록",[7] 구체적인 정치적·사회적 문제들에 관심을 갖도록 내몰았다. 「라인신문」 시절은 청년 마르크스의 진화에서 결정적으로 중요한 단계이다. 바로 이때 그가 정치 생활에 입문했을 뿐 아니라 "물질적 문제들"과 처음으로 대결하게 되었기 때문이다. 1859년에 쓴 이 시절에 대한 유명한 논평에서 마르크스는 다음과 같이 말했다.

"1842~43년에 「라인신문」 편집자로서 나는 처음으로 나 자신이 물질적 이해라고 알려진 것을 논해야만 하는 당혹스런 입장에 있다는 것을 발견

---

4 Karl Marx, *Chronik seines Lebens in Einzeldaten*, (이후 *Chronik*으로 표기), Marx-Engels Institute, Marx-Engels Verlag (Moscow: 1934), p. 10.

5 Cornu, *op. cit.*, Vol. II (1958), p. 34.

6 마르크스는 본 대학과 직접 관련되어 있었다. 늦어도 1842년 1월 무렵 그는 고등교육 임용 자격을 얻기 위해 학위 논문 증보판을 준비하고 있었다. *Chronik*, p. 10. 참고.

7 *CW*, I, 195.

했다. 목재 도벌과 토지 소유의 분할에 관한 라인 주의회의 토의들, 모젤 농
민의 처지에 관해 그 당시 라인주 주 장관이었던 폰 샤퍼 씨가「라인신문」
에 반대해 개시한 공적 논쟁, 마지막으로는 자유무역과 보호관세에 관한
토론들은 나로 하여금 경제 문제들에 주의를 돌리게 한 원인이 됐다."[8]

엥겔스는 이보다 더 나아갔다. 그는 피셔R. Fischer에게 보낸 1893년 4
월 15일 자 편지에서 이렇게 말했다. "나는 자신을 순수한 정치에서 경
제 문제 연구로, 심지어 그것을 통해 사회주의로 넘어가도록 이끈 것이
바로 목재 도벌법과 모젤란트 농민의 상황에 관한 연구였다고 마르크
스가 말하는 것을 항상 듣곤 했다."[9] 이 사건의 의의를 요약하면서 레닌
이 이런 이야기를 할 정도였다. "여기서 우리는 마르크스가 관념론에서
유물론으로, 혁명적 민주주의에서 공산주의로 이행하는 징후를 본다."[10]

이런 언급들은 대체로 옳다. 그러나 그것은 일부 잘못된 작업을 하도
록 만들기도 했다. 문맥과 상관없이 떼어낸 특정 문장들에서 **이미** 공산주
의적이거나 **이미** 유물론적인 내용을 찾아내려는 시도들을 하도록 했던
것이다. 그러나 마르크스의「라인신문」논설들에서 우리가 그의 이후 발
전을 이해하는 데 도움이 되는 일부 흔적들을 발견할 수 있다는 것(그리고
그의 "성숙한" 저술들과의 비교가 그런 연구에 사용할 수 있는 타당한 도구라는
것)이 사실이라 하더라도, 그가 그 글들에서 **여전히** 신헤겔주의에 머물고
있으며 **여전히** "독일 이데올로기"에 머물고 있다는 내용을 모두 감지하
는 것 역시 중요하다. 무엇보다 이 저술들을 상대적으로 일관된 구조로,

---

8   *CW*, XXIX, 261-262.

9   *Marx-Engels Werke*, Dietz-Verlag, Berlin, Vol. 39 (1968), p. 466.

10   *CWL*, XXI, 80.

그 자체로 대우해야 하고 통일체로 간주하는 것이 필요하다. 그러한 통일체로부터 전체 의미를 앗아 가지 않으면서도 특정 요소들만을 떼어 내는 것은 가능하지 않다.

여기서 나의 임무는 이러한 논설들을 통해 특정 문제들—사적 이해, 빈곤, 공산주의, 철학과 세계 사이의 관계—에 대한 마르크스의 태도가 무엇이었는지 알아보는 것이다. 그의 태도는, 그가 장차 공산주의를 고수하게 되는 이유뿐 아니라 그의 공산주의가 1844년 초에는 왜 그런 **특정한 형태**를 취했었는지를 우리로 하여금 이해할 수 있게 해 준다.

a) 국가와 사적 이해

「라인신문」 첫 논설은 언론의 자유에 관한 라인 주의회의 토론을 다룬 것이다. 이 논설에서 마르크스와 라인 지방 부르주아 자유주의를 갈라놓는 차이는 너무나 명백하다. 마르크스의 비판은 언론의 자유를 반대하는 "도시 신분_Stand der Städte_"의 부르주아 대표들—그는 이들을 **시민**_citezen_이 아니라 **부르주아**_bourgeois_로 표현했고 "도시 반동_städtischen Reaktion_"이라고 호칭했다—만을 목표로 하지 않는다.[11] 그는 우유부단함과 "열의 부족_Halbheit_"이 이 신분의 전형이라고 적고 있다.[12] 부르주아 중에서 언론 자유를 옹호하는 자들 또한 사이비였다. 그들이 한 연설들의 기본 내용을 보면 자기 적수들과 그다지 다르지 않았기 때문이다. 그들은 단지 8분의 3만큼의 자유를 원하고 "열의라고는 없는 자유주의의 타고난 무

---

11   CW, I, 169, 171.

12   CW, I, 171.

기력"을 보여준 사례이다.[13]

이러한 우유부단과 무기력은 우연이 아니었다. 목재 도벌에 관한 논설에서 마르크스는 이렇게 썼다. "하찮고, 무뚝뚝하며, 분별없고geistlos, 이기적인"[14] 영혼을 가진 사적 이해private interest는 "항상 비겁하다. 그것의 심장, 그것의 영혼은 항상 비틀리고 다칠 수 있는 외적 대상이기 때문이다."[15] 이러한 진술은 마르크스의 진화를 이해하려고 할 때 가장 중요한 것이다. 그것이 「헤겔 법철학 비판 서설」에서 명료하게 등장하게 되는 다음과 같은 추론을 맹아적으로 보여주기 때문이다. 즉 사유재산 소유자는 항상 비겁하고 이기적인 반면 오직 아무 것도 소유하지 않아 "잃을 것이라고는 아무 것도 없는" 사람들만이 용기와 혁명적 에너지를 가지고 스스로를 일반 이해general interest와 일치시킬 수 있다.

사적 이해(이 논설에서는 산림 소유자로 대변된다)에 대해 마르크스가 중요하게 꾸짖는 부분은, "결코 국가라는 사상을 통해 계몽되거나 전율을 느끼지 않는 하찮은 영혼"[16]인 사적 이해가 국가를 그 자신의 이익을 위한 도구라고, 국가의 행정당국을 자신의 하인이라고, 국가 기관을 "산림 소유주 측이 듣고 보고 평가하고 보호하고 접근하고 운영하는 데 도움을 주는" 수많은 "눈, 귀, 팔, 다리"라고 주장한다는 것이다.[17] 우리는 언론 자유에 관한 논설에서 마르크스가 "진정한 자유주의"를 라인주 의회의 부르주아 대표들이 보이는 "반쪽짜리 자유주의"와 대비하고 있다

13 *CW*, I, 179-180.

14 *CW*, I, 235.

15 *CW*, I, 236.

16 *CW*, I, 241.

17 *CW*, I, 245.

고 추측할 수 있었다. 그러나 이제 우리는 마르크스의 생각이 헤겔에게서 영감을 받은 것이고, 고전적 자유주의에서 전형적인 "경찰" 국가 이념과는 완전히 상반된다는 점을 알 수 있다. 이런 생각은 신분에 따른 대의제*Ständische Ausschüsse*에 관한 논설에서 명료하게 전개된다. 여기서 마르크스는 "국가의 유기적 삶" 대 "삶의 비국가 영역", "국가의 필요" 대 "특수 이해의 필요", "정치적 지성" 대 "특수 이해", "국가의 요소들" 대 "물질적이고 활기 없고, 독립적일 수 없는… 수동적인 존재"라는 식으로 대비를 한다. 그리고 다음과 같은 이야기로 글을 마무리한다.

> "참된 국가라면 … 토지 재산, 산업, 물질적인 것과 같은 조야한 요소가 결코 국가와 흥정을 할 수 없다. 그런 국가에서는 오직 **정신적 힘**들만이 존재하고, 오직 그 힘들이 부활하면서 취하는 국가 형태 속에서, 그 힘들의 정치적 재탄생 속에서, 이러한 자연적 힘들은 국가 속에서 목소리를 얻게 된다."[18]

막시밀리앙 루벨은 마르크스가 이 당시에 이미 헤겔주의 국가관으로부터 "거의 완전히 자유로워졌다"는 점을 입증하려고 (헛된) 애를 썼다.[19] 루벨은 위 인용문 하단의 내용에서 단지 "대단한 기교"를 보았을 따름이다. 그에 따르면 마르크스는 "국가를 승화함으로써 부정하"고 "정치적 대의제에서 정신적 기능이라는 속성만을 허용한다." 이것은 "검열이 자체 무장해제되었음을 깨닫게 되지 않을 수 없는" 변증법이라 하겠다.[20]

그렇지만 문제의 진실은 사뭇 다르다. 마르크스가 국가의 정신적 본

---

18 *CW*, I, 297, 303-306.

19 Rubel, *op. cit.*, pp. 42-43.

20 *Ibid.*, p. 49.

성을 강조한 것은 "기교"도 검열을 면하기 위한 속임수도 아닐 뿐더러 국가에 대한 음흉한 "부정"은 더더군다나 아니다. 그와 반대로 이기적인 "물질적 이해"보다 "국가 정신"의 우월성을, 심지어 전반적으로 "물질"보다 "정신"의 우월성을 단언한 것이다. 따라서 우리는 「라인신문」에 실린 그의 논설들 중 대부분에서 "물질적 투쟁을 지적 투쟁으로 전환시키고 그 투쟁의 미숙한 물질적 형태를 이상화하는" 정식화를 목격한다.[21] 그가 **비천한 유물론**, 인민과 인류의 신성한 정신에 대한 이러한 죄악"을 비판한 대목이 가장 전형적인 경우이다. 그것이 "각각의 물질적 문제를 **비정치적 방식**으로, 다시 말해 국가의 이성과 덕성 전체와 어떠한 연관도 갖지 않고 해결"하려 하기 때문이다.[22]

따라서 우리는 여기서 두 가지 근본 영역을 구분하는 정치적·철학적 도식을 파악할 수 있다. 즉 한편에는 '물질-수동성-시민사회-사적 이해-부르주아지', 다른 한편에는 '정신-능동성-국가-보편 이해-시민'으로 나뉜다(물론 후자가 전자의 "진리"이다). 이런 도식은 **본질적으로 헤겔주의로부터**[23] 영감을 받은 것이다—그리고 이 점을 기본적으로 인정하지 않

---

21 CW, I, 165.

22 CW, I, 262.

23 Hegel, *Philosophy of Right* (Oxford: 1905), p. 189. 참고. 소유와 특수한 영역들의 사적 이해는 "국가의 더 높은 이해에 종속되어야 한다. ⋯ 이러한 특수한 권리들의 영역에서 국가의 보편적 이해와 법률성의 유지, 그리고 이런 권리들을 보편적인 것으로 귀착시키는 작업은 집행 권력의 보유자에 의해 관리되는 것을 요구한다⋯." p. 156.에서는 "만약 국가를 시민사회와 혼동한다면, 그리고 그것의 고유한 목적이 재산의 안전 보호와 인격적 자유로 규정된다면, 개인들 자신의 이해는 그들의 결사가 추구하는 궁극적 목적이 되고 그에 따라 국가 구성원의 자격은 임의적인 것이 된다. 그러나 개인에 대한 국가의 관계는 이것과는 사뭇 다른 것이다." (Hegel's paras.

는다면 우리가 사실상 여기서 볼 수 있는 것이라고는 기교를 부린 사례 밖에 없다. 그럼에도 마르크스는 어떤 특정 문제들의 경우에는 이미 헤겔로부터 자신을 분리시키고는 한다. 첫째로, 대다수 좌파 헤겔주의자들처럼 그는 현존하는 프로이센 국가와 이상화된 합리적 국가를 동일시하는 것을 명백히 거부하고 단호한 민주주의적 입장에 기울어 있다. 우리는 그의 논설들에서 특수 이해들과 사유재산 소유자들에 대한 고발(이기적이다, 비겁하다, 비열하다 등등), 또 그들을 국가의 일반 이해와 조화시킬 수 있을 가능성에 대한 비관주의 등 헤겔에게서는 찾아볼 수 없는 적의에 찬 급진적 비판도 발견한다. 이것은 내가 매우 중요하게 보는 지점이다. 이런 차이는 다음과 같이 쉽게 설명할 수 있다.

(a) 헤겔이 『법철학』(1820)을 집필했던 시대 이래로 독일에서 부르주아의 "사적 이해"가 상당히 발전했다.

(b) 마르크스는 법인, 관료제 등 국가와 시민사회 사이의 갈등에 대한 헤겔의 해결책들을 거부했다.

(c) 마르크스는 프랑스 사회주의와 모제스 헤스(소유, 이기주의 비판 등)에게 영향을 받았다.

---

289 and 258.) 이 도식은 루게, 포이어바흐 등도 채택한 것이다. 루게가 1844년 공산주의 성향의 파리 장인들과 슐레지엔 직조공 봉기를 비판했던 것은 바로 이런 입장에 따른 것이었다. 파리 장인들의 고통은 사적 악폐이자 "부분적 손상"이고 직조공의 운동에는 "정치적 정신"이 결여되어 있었다. Ruge, *Briefwechsel und Tagebuchblätter 1825-1880* (Berin: Weidmannsche Buchhandlung, 1886), I, p. 359.에 있는 플라이셔에게 보낸 1844년 7월 9일자 편지를 참고하라. 어떤 의미에서 마르크스가 1844년에 루게와 단절한 것은 헤겔의 국가철학과 최종 단절한 것이기도 했다.

요컨대 마르크스는 헤겔주의의 합리적 국가관을 여전히 유지하면서도, 관료적이고 봉건적인 프로이센 국가에 대한 비판을 통해 1843년에 가서는 헤겔과 완전히 단절하는 것으로 이어지는 길에 이미 들어섰고, "사적 이기주의"에 대한 비판을 통해 공산주의로 이어지는 길에 접어들었다.

그러나 현재 작업에서 우리에게 흥미로운 점은 마르크스주의 국가관 그 자체가 아니라 이런 국가관과 프롤레타리아트(엄격한 의미에서의 프롤레타리아트는 위에서 검토한 논설들에서는 등장하지 않기 때문에 더 정확히 말하자면 "빈민")에 대한 마르크스의 태도 사이의 관계이다. 이 태도는, 마르크스가 보았던 것과 같은 국가와 시민사회 사이의 모순에 비추어 볼 때에만 파악될 수 있다.

b) 빈민의 고통

헤겔은 사치와 빈곤이라는 양극이 시민사회에서 존재하는 것은 "욕구의 체제", 다시 말해 *bürgerliche gesellschaft*[부르주아 사회]가 발전한 결과라고 보았다.[24] 마르크스는 부유한 재산 소유자들의 이기심을 비판한 후 독일의 빈곤 문제를 숙고한다. 헤겔과 달리[25] 그는 빈민과 위협당하고 있는 그들의 권리를 곧장 옹호한다. 그러나 "목재 도벌범"과 고난에 처한 모젤 지방 포도 재배자들에게 보인 동정심에도 불구하고, 여전히 마르크스

---

24 Hegel, *op. cit.*, pp. 123, 128, 149, 150 (paras 185, 195, 243, 245)

25 Hegel, *op. cit.*, (para 245), p. 150. "브리튼섬, 특히 스코틀랜드에서, 부랑배의 아버지인 게으름과 방종 등에 반대할 뿐 아니라 빈곤, 그리고 특히 수치심 및 자존심—사회의 주체적 토대들—의 상실에 반대하는 가장 직접적인 조치는, 빈민에게 그들의 운명에 맡기는 것과 거리에서 구걸하라고 그들에게 가르치는 것으로 밝혀졌다."

는 재산 소유자들의 사적 이해를 비판하는 데 사용한 것과 동일한 신헤 겔주의 범주들이 그들의 상황에 부합하는 것으로 본다. 즉 이런 고난(결 핍이 아니라)이 욕구의 체계에, 시민사회에, 사적 영역에 속한다고 본 것이 다. 그러한 것들이 "고통을 유발하는 사적 이해"라 할 수 있다. 그리고 자 유 언론의 일반적 기능을 통해서만 이런 "사적 불행Privatleiden"이 "국가의 불행Staatsleiden"으로 바뀌고, 이런 특수 이해가 일반 이해로 바뀐다.[26] 무엇 보다도 이미 (언론의 자유에 관한) 첫 번째 논설에서 그는, 참된 자유 언론 의 부재가 사기 저하 효과를 가진다고 썼다. 인민으로 하여금 정치적 삶 에 대해 관심을 갖지 못하게 하고, 그들을 "사적 개인들로 이루어진 부랑 배들privatpöbel"로 바꾸어 놓기 때문이다.[27]

"사적 불행", "특수 이해", "사적 개인들로 이루어진 부랑배들"—이것들 은 모두 마르크스가 빈민 편에 섰다는 점을 우리에게 보여주는 표현들이 다(그의 목재 도벌에 관한 논설 전체는 산림 소유자들에 의해 기소되고 이용당한 빈민을 용감하고 열렬하게, 그리고 분노하며 옹호한다). 그러나 아직 마르크스 는 여전히 국가의 정신적이고 일반적인 관심사가 사적 영역의 물질적이 고 특수한 관심사보다 우월하다는 헤겔주의 도식의 포로다.

또한 마르크스는 농민의 빈곤 속에서 그들의 고난, 그들의 결핍, 그들 의 고통 등, 그것의 수동적 측면만을 본다. 더욱이 그가 빈민과 관련하여 항상 사용하는 독일어 단어 'Leiden' 자체가 "고통"과 "수동성"이라는 의미 를 둘 다 가지고 있고, 그는 이 단어를 "견디다, 인내하다, 참다 등" 모든 수 동적 형태의 고통을 가리키는 데 사용한다. 이러한 태도는 마르크스의 신 헤겔주의적 출발점("수동적 물질"과 대비되는 "능동적 정신")으로부터 설명

---

26   *CW*, I, 348.

27   *Ibid.*, I, 168.

될 수 있다. 그러나 이 논설들에서 마르크스가 주의를 기울이는 실제 대
상은, 19세기 내내 본질적으로 수동적 존재로 남아 있었던 **농민**의 빈곤이
었지 적어도 프랑스와 영국에서는 이미 자신의 **능동적** 측면을 드러내고
있었던 **노동자**의 빈곤이 아니었다는 점 역시 강조해야만 한다. "프롤레타
리아트"라는 단어가 마르크스의 「라인신문」 논설들에서는 **단 한 번도 나
오지 않는다는** 점은 주목할 대목이다.

이런 점을 이야기한다 할지라도, 마르크스가 이미 이 "빈곤한" 인민과
관련해 프롤레타리아트에게도 마찬가지로 적용되는 어떤 본질적 특징들
을 언급한다는 점을 지적해야 할 것이다. 그들은 "더 높은 인종을 위해 지
상의 결실들을 따는 데 쓰이는 무수한 팔들에 불과"[28]하고, "국가의 의식
적 조직 안에서는 적절한 위치를 찾지 못해 왔고",[29] "정치적으로 사회적
으로 재산이 없고", "아무 것도 소유하지 않"으며,[30] 마지막으로 라인주 의
회에 있는 자신의 대표를 통해 자신이 유일하게 진지한 자유의 옹호자임
을 증명한[31] "종species"이다.

따라서 우리는 마르크스가 공산주의로 이행하는 데 궁극적으로 중심
역할을 하는 한 이념이 어떻게 등장할 수 있었는지 목격하게 된다. 그 이
념이란 **재산 소유자들**의 이기심이 그들로 하여금 "무기력한 반쪽짜리 자
유주의"의 늪에 빠지게 만들었고, "재산을 빼앗긴 사람들"*besitzlose*만이 근

---

28 *Ibid.*, I, 231. 마르크스는 명백하게 산업 프롤레타리아트가 아니라 땅을 일
    구는 농노에 대해서 언급하고 있다.

29 *Ibid.*, I, 234.

30 *Ibid.*, I, 231.

31 위원회의 대변인과는 달리 마르크스는 일부 농민 대표들, 즉 "제4신분"을
    주의회 논쟁에서 참된 언론 자유의 옹호자들로 언급했다. *CW*, I, 171, 177, 179.

본적으로 자유지상주의적libertarian이라는 것이다. 그러나 1842년경 마르크스는 아직 주의회 논쟁에서 관찰한 내용들의 함의들을 모두 발전시키지 않았고, 빈곤을 해방적 반란의 발효로서 보지 않았으며, 그저 재조직되어야 하고 국가가 바로잡기 위해 뭔가 해야 하는 "대상Gegenstand"이자 "상황Zustand" 정도로 보았을 가능성이 높다.[32]

c) 공산주의

1842년경 마르크스가 공산주의에 대해 보인 태도를 연구할 때 염두에 두어야 할 첫 번째 사실은, 그가 이 주제에 대해 비교적 무지했다는 점이다. 이러한 사실을 「라인신문」의 관련 논설 자체가 인정하고 있고, 1859년의 짧은 『지적 전기』는 그것을 다음과 같이 확인해 준다.

"'앞으로 나아가려는' 좋은 의도가 종종 사실적 지식의 자리를 대신했던 당시, 약간 철학적 색채를 띤 프랑스 사회주의와 공산주의의 메아리를 「라인신문」에서 들을 수 있었다. 나는 이런 어설픈 지식에 대해 반대했지만 그와 동시에 「종합신문」과의 한 논쟁에서 나의 앞선 연구들이 프랑스 이론들의 내용에 대해 어떤 의견을 표하기에는 부족하다는 사실을 솔직하게 인정했다."[33]

그 당시 마르크스가 사회주의와 공산주의 이론들에 대해 무엇을 알고 있었을까? 먼저 언급할 것은 물론 희미한 독일의 "메아리"인데, 이는

---

32   Ibid., I, 347-349, 342.

33   Ibid., XXIX, 262.

「라인신문」에서 특히 모제스 헤스에 의해 울리고 있었다. 그가 마르크스에게 미친 영향력이 저평가되어서는 안 된다. 당대 프랑스 문필가들 중에는 오직 한 사람만이 여러 차례 언급되고 공감을 샀다. 그는 바로 프루동인데, 그의 "빈틈없는 저작" 때문이었다.[34] 이미 마르크스는 프루동의 가장 독창적인 정식들을 이용한다. 이를테면 프루동은 목재 도벌에 관한 논설에서 모든 사적 소유가 도둑질로 간주되어야 하지 않는가를 물었다.[35] 공산주의에 관한 논설에서는 르루Pierre Henri Leroux와 콩시데랑Victor Considérant이라는 다른 두 문필가들이 언급되었다. 그들의 이름이 언급된 이유를,『소유란 무엇인가?*Qu'est ce que la propriété?*』에서 프루동이 그들의 저술들을 종종 인용하고, 그 견해들에 대해 검토했을 뿐 아니라, 그들이 스트라스부르에서 열린 '과학자 대회*Congrès des Savants*'에 참석했다는 사실로 설명할 수 있다. 그 대회에 대한 「라인신문」의 평론은 「아우크스부르크 종합신문*Augsburger Allgemeine Zeitung*」과의 논쟁으로 이어졌다.[36] 단지 그들의 이름이 언급됐다는 점만으로는 마르크스가 그들의 저작들을 직접 접했는지 충분히 입증할 수 없다. 마침내 1843년 1월에 진짜 공산주의 이론가들에 대한 언급이 최초로 등장한다. 1월 12일에 실린 한 논설에서 마르크스는 데자미Théodore Dézamy의 글에서 문장 하나를 인용한다(이 경우에는 마

---

34   *Ibid.*, I, 220.

35   "모든 재산 침해가 아무런 구분 없이, 보다 정확한 정의 없이 도둑질로 명명된다면, 모든 사적 소유가 도둑질이 되지 않을까? 나의 사적 소유를 통해 나는 다른 모든 사람들을 이 소유로부터 배제하지 않는가? 그럼으로써 나는 그들의 소유권을 침해하는 것이 아닌가?" *CW*, I, 228.

36   F. Mehring, *Geschichte der Deutscher Sozialdemokratie* (Berlin: Dietz Verlag, 1960), I, p. 140.

르크스가 그의 저작을 읽었음을 전제한다).[37] 그리고 1월 7일 편집자 주석에서 바뵈프주의적 공산주의 경향의 기관지인 『우애*La Fraternité*』라는 잡지를 언급한다(라오티에르Lahautière와 쇼롱Choron).[38]

위의 목록들로 볼 때, 프루동과 데자미는 마르크스가 「라인신문」의 수장으로 있었을 때 읽었을 가능성이 높다고 우리가 확신을 갖고 말할 수 있는 유일한 프랑스 사회주의자들일 것이다. 이런 선택은 의미심장하다. 그들은 공상적·교조적 분파들(생시몽주의자, 푸리에주의자, 카베주의자 등)에 속하지 않는 사상가들이었고, 대다수 프랑스 사회주의자들과 그들의 뚜렷한 차이점은 그들이 **유물론자**고 종교를 반대한다는 점이었기 때문이다. 이제 우리는 다음과 같이 고찰할 수 있다.

(a) 공상주의Utopianism와 신비한 "새로운 기독교"는 무신론적 청년 헤겔파 전체뿐 아니라 특히 마르크스가 프랑스 이론들 중에서도 가장 비판했던 측면이었다.

(b) 1842년과 1845년 사이 이 두 문필가들은 마르크스가 볼 때 프랑스에서 가장 관심을 기울일 만하고 "과학적 사회주의"에 가장 가까운 이들이었다. 우리는 이미 「라인신문」 시기에 마르크스가 공산주의에 완전히 적대적이지 않았으며, 관심을 가지고 덜 교조적인 프랑스 사회주의자들의 저작을 추적했다는 가정을 만들 수 있다.

---

37 CW, I, 358. "카베 씨가 용기를 갖게 만들자. 그렇게 많은 자격을 가진 그가 수월하게 **장애연금**을 얻지 못할 리 없다." 이 문장의 출처는 *Calomnies et politique de M. Cabet* (Paris: 1842), p. 7.

38 MEGA, I, 1/2, pp. 141-142. *La Fraternité*, Volgin "Socialist and Communist ideas in the secret societies, 1835-1840" [in Russian], *Voprosy istorii* (1954), No. 2, pp. 27-28. 참조.

사실 공산주의에 관한 위 논설은 마르크스가 사회주의 이론들과 관련해 가지고 있던 깊은 **양가적 감정**을 보여준다. 처음에 그는 이 이론들을 깡그리 거부하는 듯 보인다.

> "현재 형태의 공산주의 이념들이 **이론적 실체**조차 가지고 있지 않고, 따라서 여전히 그 이념의 **실천적 현실화**를 그다지 바랄 수 없으며, 혹 그것이 가능하다고 생각할 수도 없다는 점을 인정하는 「라인신문」은, 이 이념들을 철저한 비판에 붙일 것이다."[39]

그렇지만 더 가까이에서 보면, 우리는 공산주의의 독일식 표현─일부 반동 집단의 데마고기나 삼류 작가의 공허한 문체[40]─과 르루, 콩시데랑, 그리고 무엇보다 프루동의 프랑스 이론들 사이에 형성된 일차적 구분을 알아차리게 된다. **그 같은** 이론적 작업들은 진지하게 받아들여져야 한다. 그것들은 "피상적인 사유의 섬광을 토대로는 비판될 수 없고 오직 오랫동안의 심도 깊은 연구 후에야 비판될 수 있다." 그리고 "**두** 민족들이 해결하기 위해 노력하고 있는 문제들을 **단 하나의** 문구로 처리하는" 일은 생각

---

39 *CW*, I, 220.

40 *Ibid.* "그렇지 않다면 공산주의의 원리들이 독일에서는 자유주의자들이 아니라 당신의 **반동적** 친구들에 의해 유포되고 있다는 놀라운 사실이 당신을 모면시켜 줄 것인가?"

   "**장인 조합**을 말하는 이는 누구인가? 반동들이다. … 누가 **토지 소유의 분배**에 반대하는 논쟁을 벌이는가? 반동들이다. 봉건주의적 정신으로 쓰인 아주 최근 저작에서(토지 분배에 관한 코제가르텐의 글) 저자는 **사적 소유를 특권**이라 부르는 지경에 이른다. 그것은 푸리에의 기본 원리이다. 일단 기본 원리들에서 통일이 존재한다면 결과와 적용에 관해서는 어떤 논쟁도 있을 수 없는 것 아닌가?"

할 수 없을 것이다.[41] 이런 차별화는 같은 시기(위 논설이 나오고 난 지 한 달 후) 마르크스가 루게에게 보낸 편지에서도 등장한다. 이 편지에서 마르크스는 베를린에 있는 "자유인"이라는 단체의 문필적 "공산주의"를 호되게 비판하면서 사회주의적 세계관이 철저하게 검토되어야 한다고 요구한다.[42] 그러나 이런 입장에서 가장 주목할 만한 내용은 바로 논설의 마지막 문단이다. 공산주의로 향해 가는 "주체적" 경향과 그의 이성이 그것에 대하여 거부하라고 명령하는 상황 사이에서 마르크스가 **의식의 충돌**을 겪고 있었음은 틀림없어 보인다. 해당 원문은 문자 그대로, "인간 성신Verstand의 객관적 관점에 맞서 인간의 주체적 바람이 일으킨 반란"이 만들어 낸 "양심의 가책Gewissensangst"과 비록 지성이 승리할지라도 우리의 심장을 사슬로 묶고 "인류가 단지 그것에 대해 복종함으로써만 승리할 수 있는" 악마인 공산주의 이념의 힘을 말하고 있다.[43] 사실 여기서 마르크스가 자기 자신

---

41   *Ibid.*, I, 219-220.

42   마르크스가 루게에게 보낸 1842년 11월 30일 자 편지. "저는 공산주의 및 사회주의 교리, 따라서 새로운 세계관을 그에 수반되는 이론적 비판들에 몰래 들여오는 것을 부적절한 일로, 게다가 심지어 부도덕한 일로 간주하며 그래서 공산주의에 관한 완전히 다른, 보다 철저한 검토를 요구한다고 주장했습니다." *CW*, I, 394.

43   "우리는 진정한 **위험**이 공산주의 이념의 **실천적 시도**에 있는 것이 아니라 **이론적 정교화**에 있노라고 굳게 확신한다. 실천적 시도에 대해서는 아무리 **대규모 시도**일지라도 그것이 위험해지자마자 대포로 응수할 수 있기 때문이다. 반면 우리 지성을 정복해 왔고 우리의 정신을 소유해 왔던 **이념**, 이성이 우리의 양심을 속박할 수 있게 해 온 이념은 가슴이 무너지는 일이 있지 않고서야 스스로 벗어날 수 없는 사슬이며, 그것은 인류가 단지 그것에 대해 복종함으로써만 승리할 수 있는 악마다. 그러나 「아우크스부르크 종합신문」은 인간 정신의 객관적 관점에 맞서 인간의 주체적 바람이 일으킨 반란으로 불려나온 **양심의 가책**을 이제껏 전혀 알지 못했다. **그 신문은 자기 정신도 없고 자기 관점도 없고, 심지어 자기 양심도 없기 때문이다.**" *CW*, I, 220-221.

이 아닌 "인간" 일반에 대해 말하고 있는 것이기는 하다. 그러나 그는 저러한 "문제들"을 전혀 느껴 본 적 없는 「아우크스부르크 종합신문」과 같은 이들에게 경멸을 내보이고 있다. 이것은 그가 공산주의 "악마"와 씨름한 "인류" 중 한 사람이었다는 점을 가리키고 있는 듯하다. 그럼에도 내가 이러한 가정들을 가지고 마르크스가 1842년에 이미 공산주의자였다거나 "거의" 공산주의자였다는 점을 입증하려고 하는 것은 전혀 아니다. 다만 위와 같은 내용을 통해 그가 1844년에 공산주의로 이행한 것은 어느 정도 앞선 시기에 있었던 진화에 의해 준비되어 온 "질적 도약"이었다는 점을 보여주려고 하는 것뿐이다.

위 「라인신문」 논설의 마지막 문단에서 우리는 마르크스가 당시 가지고 있던 공산주의에 대한 생각 중 근본적 특징 하나를 매우 명료하게 목격한다. 이것은 특히 흥미로운 대목이다. 그 특징이 1844년 초 글들에서도 여전히 부분적으로 나타나고 있고, 마르크스가 「헤겔 법철학 비판 서설」에서 프롤레타리아트의 역할을 바라보던 방식을 조건 짓기 때문이다. 1842년 마르크스는 공산주의를 무엇보다도 교리의 체계, 이념들의 집합, 심지어 중요하고 진지하고 통찰력 있는 **세계관***Weltanschauung*[44]으로, "오랫동안의 심도 깊은 연구"를 할 만한 가치가 있는 **이론적 작업들**로 본다. 물론 마르크스가 "오늘날 아무 것도 소유하지 않은 신문"의 요구가 "맨체스터, 파리, 리옹에 사는 모든 사람들에게는 명백한" 사실이고, 이것이 "두 민족이 해결하기 위해 노력하고 있는" 문제이며, 공산주의는 오직 대포로만 저지할 수 있는 위험한 "대규모 실천적 시도"를 일으킬지 모른다는 점을 깨닫지 못한 것은 아니다.[45] 그에게 "진정한 위험"–다시 말해 진정한 중요성–

---

44 *Ibid.*, I, 394.

45 *Ibid.*, 216, 220-221. 대포에 대한 언급은 마르크스에게 공산주의를 실천하는 것(해결 등등)이 평화적 시도가 아니라 혁명을 의미했다는 점을 보여준다.

은 이러한 "실천적 시도"에 있는 것이 아니라 공산주의의 **이론적** 발전, 공
산주의 **이념**, 저 무적의 악마 등등에 있는 것이다. 여기서 우리는 다시 한
번 "조야한 물질적 실천"에 대해 "정신의 활동"이 헤게모니를 갖는다는 청
년 헤겔파의 명제를 확인한다. 우리는 이것을 브루노 바우어와 루게에게
서뿐만 아니라 헤스의 "철학적 공산주의"에서도 발견한다. 바우어에게 이
론이란 "가장 강력한 실천 활동"이었다.[46] 루게는 사유가 "가장 확실한 정
복 무기이자 난공불락의 요새"이고 행동과 역사를 결정한다고 믿었다.[47]
헤스는 L. 폰 슈타인의 "커다란 오류"가 공산주의를 "공산수의 원리"와 "사
적 소유 원리" 사이의 투쟁이 아니라 프롤레타리아트의 물질적 열망으로
간주했다는 점이었다고 말했다.[48]

---

46 마르크스가 바우어에게 보낸 1841년 3월 31일 자 편지.
    "당신이 실천적 경력을 쌓으려는 것은 터무니없는 일 같습니다. 이제 이론
    은 가장 강력한 실천 활동이고, 우리는 이론이 얼마만큼 그런 성격을 얻게
    될지 아직 예견할 수 없습니다." MEGA, I, 1/2, p. 250.

47 Ruge, "The Hegelian philosophy and the philosophy of the *Augsburger A.
    Zeitung*," *Deutschen Jahrbücher*, August 12, 1841.
    "사상은 자유롭고, 행동은 최종 분석에서 사상에 의해 결정된다. 이것의 의
    미는 우리가 우리 자신의 자유의지로 정치와 신학의 위대한 문제들을 숙
    고하여 현세와 내세의 사상이 추월 및 침몰당하지 않도록 해야만 한다는
    것이다. 사상은 가장 확실한 정복 무기이자 난공불락의 요새이다. 다만 남
    는 것은 진실뿐으로, 그것은 스스로를 개혁하고 발전시킨다. 미래로 전진
    하고 사유하는 정신에 의해 결정되는 운동의 역사 말고는 어떠한 역사도
    존재하지 않는다." Cornu, *op. cit.*, I, p. 234.
    "난공불락의 요새"라는 이미지와 "대포로 응수할 수 있는" 실천적 시도에 대
    한 이념의 우월성을 단언한 마르크스의 이미지를 비교해 보라.

48 Moses Hess, "Sozialismus und Kommunismus," *21 Bogen aus der Schweiz* (1843)
    in *Sozialistische Aufsätze 1841-1847* (Berlin: Welt-Verlag, 1921) 참조. 이는 "진정
    한 사회주의자들"의 입장이기도 했다. 마르크스는 『독일 이데올로기』에서
    이들을 비판하게 된다. 그 이유는 이들이 "해외 공산주의 문헌을 실제 운동

마르크스는 신헤겔주의, "철학적 공산주의", 그리고 그로부터 비롯된 사상과 프롤레타리아트 사이의 관계 구조로부터 아직 결정적으로 벗어난 상태가 아니었다. 그 시기는 1844년 『전진 *Vorwärts*』에 실린 루게에 반대하는 논설과 더불어 시작된다. 나는 뒤에서 이 문제를 다시 검토할 것이다.

d) 철학과 세계

이런 좌파 헤겔주의 "관념론"은 철학과 세계 사이의 관계에 관한 이론에서도 표현되었다. 1844년이 되면 이것은 철학과 프롤레타리아트 사이의 관계에 관한 이론이 되고, 「쾰른신문」에 반대하는 논설에서 개괄적으로 제시된다. 이 이론의 본질적 특징을 파악하고자 한다면, 우리는 잠시 마르크스가 박사 학위 논문을 쓰기 위해 진행한 예비 작업으로 되돌아가야 한다. 학위 논문은 1841년 초에 작성되었다. 여기서 그는 포이어바흐에 관한 열한 번째 테제와 놀랄 만큼 유사한 정식들을 발견한다. "철학이 그 눈을 외부 세계로 돌리고 더 이상 그것을 파악하기만 하는 것이 아니라 한 명의 실천적 인간으로서… 세속적인 세이렌의 가슴에 자신을 내던지는 순간이 존재한다."[49] 그렇지만 이내 우리는 아직 실천 이론과는 거리가 있다는 점을 알아챌 수 있다. "철학의 **실천**은 그 자체로 **이론적**이다. 개별적 실존을 본질로써 측정하고 특수한 실체를 이념으로써 측정하는 것이 바로 비판이다."[50]

의 표현이자 산물로 간주한 게 아니라—독일 철학 체계가 진화해 온 방식이라며 그들이 묘사해 온 것과 동일한 방식으로—'순수한 사유' 과정을 통해 진화해 온 순수한 이론적 저술들로 간주했"기 때문이다. *CW*, V, 455.

49   *CW*, I, 491.

50   *Ibid*., I, 85.

가장 중요한 점은 이 "투쟁"의 결과이다. 그것은 철학이 "세속적으로 되어 가는 것"으로 끝나고 세계가 "철학적으로 되어 가는 것"으로 끝난다. "그 결과는 세계가 철학적으로 되어 가는 것에 따라 철학 역시 세속적으로 되어 가는 것이고, 그것의 실현은 또한 그것의 상실이다."[51] 이것은 우리로 하여금 『독불연보』를 다시금 떠올리게 하는 정식이다. 이때의 쟁점은 프롤레타리아트의 철폐를 통한 철학의 철폐와 실현이다.

이런 주제들은 마르크스가 「라인신문」에서 「쾰른신문」의 사설을 공격할 때 재차 몰두했던 주제들이다. 우선 매우 "유물론적"임이 명백해 보이는 다음 진술에 이른다. "철학은 땅에서 버섯이 피어나듯 갑자기 나타나지 않는다. 그것은 그 시대, 그 민족의 산물이다. 민족의 가장 미묘하고 가치 있고 내밀한 즙이 철학의 이념들 속에서 흐른다. … 모든 참된 철학은 그 시대의 지적 진수이다."[52] 그렇지만 이것은 헤겔이 소중하게 여긴 이념이다. 헤겔은 이미 『법철학』에 이렇게 썼다. "모든 개인은 그가 사는 시대의 아이이다. 따라서 철학 역시 사유 속에서 파악된 그 시대이다."[53] 마지막으로 철학이 "신문 편집실"로 들어간 것과 관련하여, 마르크스는 "당대의 현실 세계와의 상호작용"에 대해 말하고 다시 한번 "철학은 세속적으로 되어 가고 세계는 철학적으로 되어 갔다"고 말한다.[54]

위의 글들에서 내가 흥미를 갖는 점은 그것들이 얼마나 "유물론"적인지 "관념론"적인지를 추상적으로 살피는 것이 아니다. 오히려 나는 이 글들로부터 핵심 관념을 하나 끌어내고자 한다. 철학의 "이론적-실천적" 활

---

51 *Ibid.*

52 *Ibid.*, I, 195.

53 Hegel, *op. cit.*, p. 11.

54 *CW*, I, 195.

동과 그것이 "세속적으로 되어 가는 것", 이 관념은 우리로 하여금 왜 마르크스가 1844년 초에는 프롤레타리아트로부터 단지 철학의 "수동적 토대"나 "물질적 도구"만을 보았는지를 이해할 수 있게 해 준다.

II. 단절과 이행: 1843년

1843년은 청년 헤겔파가 프로이센 국가 및 부르주아 자유주의와 결정적으로 단절한 해다. 이 단절이 공통의 출발점이 되어 청년 헤겔파 집단 내부의 서로 다른 경향들은 각자의 길을 따라 진화하게 된다. 사실상 이런 단절을 파악하는 데 쓰이는 용어들 자체가 그들 각각의 향후 진화가 어떠할지를 이미 보여주는 것이었다.

프로이센 국가와 관련하여 헤겔주의 좌파의 입장은 다양한 단계를 거쳤다. 1840년까지는 "비판적 지지"(루게)였다가 프리드리히 빌헬름 4세가 왕위에 오르자 그것에 미혹되어 열광했다. 그리고 1841년에서 국외로 떠나는 1843년 사이에는 점점 더 날카롭게 "비판적 반대"를 했다.

마르크스는 정치 활동을 시작했을 때부터 현존 국가를 반대해 왔다. 우리는 그가 「라인신문」에서 "충성" 선언을 했던 것에 대해, 비록 검열에 대한 양보까지는 아닐지라도 최소한 급진적이고 비판적 내용을 보호하기 위해 고안된 형식적인 표현 방법으로 보아야 할 것이다. 그러나 마르크스가 기꺼이 이런 양보를 했다는 사실 자체는, 아직 그가 완전한 단절의 지점에까지 이르지 않았다는 점을 보여준다. 1842년 내내 검열과 싸우면서 프로이센 국가의 반동적·"비합리적" 본성과 관료제의 비열하고 편협한 정신이 특히 조야한 방식으로 드러났고, 바로 이 싸움의 경험이 마르크스로

하여금 그런 급진적 단절을 하도록 만들었다. 이런 사정은 1843년 루게에게 보낸 편지 한 통에 표현되었다. 편지에서 마르크스는 과거 「라인신문」에서 일어난 모든 양보를 비판하고 더 이상의 양보를 거부한다.

국가의 참된 본성과 사적 이해의 힘 등, 이러한 것들을 일반 이해와 조화시키는 것이 어렵다는 것을 이렇게 구체적으로 경험하게 되면서, 아마도 마르크스는 포이어바흐가 자신의 『예비 테제』에서 제시했던 원칙들을 헤겔의 국가철학 비판에 적용할 필요가 있다고 깨닫게 되었을 것이다. 헤겔주의처럼 단지 합리적 국가와 프로이센 국가를 동일시하는 것만이 문제가 되었던 것이 아니라 국가와 시민사회 등의 관계에 관한 이론 전체가 문제시되었다.

좌파 헤겔주의자들이 자유주의와 단절한 것과 관련하여, 마르크스가 『독불연보』에 남긴 한 논평을 통해 우리는 갈등의 본질적 이유를 눈치챌 수 있다. 그에 따르면 "우리는 현대의 **역사적** 동시대인이 아니지만, 그와 동시에 **철학적** 동시대인이다."[55] 실상 프랑스의 최신 사상과 같은 수준에 있는 철학자들과 역사적으로 정치적으로 후진적인 독일 부르주아지 사이에는 **이데올로기적 시간 지체**가 존재했다. 이것은 독일의 이데올로기적 "과잉 발전"과 경제 및 사회의 "저발전" 사이의 격차를 나타낸다. 이와 같이 건전한 사회적 토대는 결여된 반면 이데올로기만 "앞선" 상황은, 의심의 여지없이 독일의 이데올로기에 추상적이고 사변적인 성격을 부여하는 데 기여하였고, 사상가들 사이에서 "이념"이 역사의 추동력이라는 환상을 지속시켰다. 이 격차는 라인 지방에서는 일정 정도 완화되었다. 상대적으로 발전한 그 지방의 조건과 그곳 부르주아지가 지닌 "프랑스" 전통 때문이었다. 그 덕분에 「라인신문」 내부에서 일시적으로나마 조화를

---

55 *CW*, III, 180.

이루는 일이 가능했다. 그럼에도 불구하고 불화의 요소는 여전히 존재했고, 특히 가장 "철학적인" 부류들(베를린 집단)과의 불화가 문제였다. 편집부 내에서 계속해서 충돌도 일어났다. 창간할 때부터 벌써 누가 편집장을 해야 할 것인가를 두고 투쟁이 있었다. 이 투쟁은 두 가지 경향을 드러냈다. 한쪽은 헤겔주의자 측 후보인 모제스 헤스였는데, 그는 철학적 급진주의를 대변했다. 다른 한쪽은 경제학자 F. 리스트의 추종자인 호프켄이었는데, 그는 「라인신문」의 부르주아 주주들(오펜하임, 슈람 등)이 내세운 후보였고, 헤스를 이겼다. 다시 말해 비판 이론과 부르주아지의 경제적 이해를 구체적으로 옹호하는 것이 맞섰던 것이다. 호프켄의 승리는 확실히 오래가지 않았다. 그러나 그가 추방된 것은 좌파 헤겔주의자들과 협력하기를 거절했기 때문만은 아니었다. 이 일은 쾰른에 있는 부유한 좌파 헤겔주의 동조자들(융)의 기분을 상하게 했을 것임이 분명하다. 「라인신문」에서 L. 캄프하우젠으로 대변되던 라인 지방 부르주아지 중 상당수가 리스트의 보호무역주의에 반대했다는 점도 염두에 두어야 한다. 루텐베르크가 편집장 직위에 취임한 것은 철학자들의 승리였다. 그러나 몇 달 후 청년 헤겔파들 중에서 더 명료한 정신을 가진 사람들은 더 이상 이 베를린 "자유인"의 추상적 문체를 받아들일 수 없게 되었다. 헤스와 대화를 나누면서 메비센은 신문의 "소극적 경향"과 철학적 사변을 좋아하는 취향을 개탄했다.[56] 오펜하임에게 보내는 편지에서 마르크스는 "일반적 이론 논쟁"에 반대한다고 밝혔고, "올바른 이론은 명료하게 만들어져야 하고 구체적 조건들 속에서 발전되어야 한다"고 단언했다.[57] 마르크스는 10월 이후부터 그 신문에 보다 현실주의적 경향을 부여했다. 그렇다고는 해

---

56 Droz, *Le Libéralisme rhénan*, pp. 259-260.

57 CW, I, 392. (오펜하임에게 보낸 1842년 8월 25일 자 편지.)

도 신문의 지향은 라인 지방 부르주아들이 좋아할 만한 내용이 아니었다. 그들은 "법을 위반하고 우리의 제도들을 비방하고 조롱하며 정부에 반대해 인민이 들고일어나게 만들려고" 하며, 이로써 "진리의 정신을 폭력의 정신으로" 대체하고 있다며 「라인신문」을 비난했다.[58]

이 모든 내용을 통해 우리는 「라인신문」 폐간에 대해 자유주의 무리들이 보인 미온적인 반응(정부에 플라토닉한 탄원을 몇 개 보낸 것 정도)과 자신들이 "자유주의 겁쟁이들"에게 배신당했다고 여긴 청년 헤겔파의 분노를 모두 이해할 수 있다. 언론 조례가 1830년 프랑스 혁명을 촉발시키는 데 결정적 역할을 했다는 점을 떠올려 보면, 우리는 좌파 헤겔주의자들이 느꼈을 실망감을 평가할 수 있다. 이제 그들은 무엇보다 독일 부르주아지가 독일을 해방시킬 수 있는 혁명적 계급이 아니라는 점을 깨달았다. 루게는 이런 감정에 감탄할 만한 표현을 부여했다. 그는 1843년 3월 마르크스에게 보낸 편지에 다음과 같이 썼다(이는 『독불연보』에 발표되었다). "언론에서 침묵으로, 희망에서 절망으로, 자유인의 상태에서 절대적 노예 상태로의 이런 터무니없는 퇴보가, 모든 생기 있는 정신들을 분기시켜 모든 이의 심장에 피가 솟구치게 만들고, 전반적인 분노의 외침을 일으킬 것이라고 기대하지 않을 이가 누가 있겠습니까?"[59] 그와 비슷하게, 출판업자 프뢰벨은 1843년 8월 비간트에게 보낸 한 편지에서 이렇게 말했다. "가장 처량하고 가장 불쾌한 개인은 이른바 자유주의자들입니다. 이런 비겁한 자들이 뭐 같은지를 익히 배워 왔던 사람이라면, 좋은 마음씨를 지닌 영혼을 가져야만 그런 야비한 친구들과 함께 싸울 수 있을 것입니다."[60]

---

58   1843년 1월에 쾰른 지역 상인 R. 페일이 메비센에게 보낸 편지. Droz, *op. cit.*, p. 263.

59   MEGA, BD I, 1/1, p. 559.

60   Cornu, *op. cit.*, II, p. 115.

"신교" 국가, 그 다음으로는 자유주의 부르주아지의 이데올로기 주창
자 역할을 하려고 헛되게 시도한 후, 청년 헤겔파 집단은 1843년이 되어
서야 자신들이 "이데올로기적 휴직" 상태에 처해 있음을 알게 되었다. 이
집단은 몇 개의 경향들로 해체되고 말았고, 각 경향들은 프로이센 국가
와 부르주아 자유주의 반대를 공통분모로 삼으면서도 1842년에 분명해
진 차이들을 구체화했다. 이 경향들은 다음과 같다.

(a) "자유인" 집단. 그들 중 일부는 1843년 이후 「종합문학신문*Allgemeine
Literatur-Zeitung*」을 창간했다(바우어 형제 등). 자유주의자들의 패배를 "대
중의 후퇴"로 해석한 이 경향은 가면 갈수록 구체적 정치 투쟁에서 물러
났고 "비판적 정신"의 순수한 이론 "활동" 속으로 피신했다.

(b) 이른바 "민주주의적-인간주의적" 경향(루게, 포이어바흐, 프뢰벨, 비간
트, 헤르베그). 그들은 공산주의와 인간주의를 간절히 뒤섞고 싶어 했다.
우리는 이를테면 포이어바흐가 헤르베그를 일러 그가 "나처럼 공식적인
것은 아니지만 기본적으로 공산주의자이다."라고 말하면서, 자신들의 공
산주의가 "저속한 것"이 아니라 "고상한 것"라고 조심스레 설명한 것을
발견할 수 있다.[61] 그러자 프뢰벨은 공산주의자 베커에게 보낸 1843년 3월
5일 자 편지에서 자신이 "진심으로 공산주의자들과 함께하고" 있다고 썼
다. 루게의 경우도 카베에게 보내는 편지에서 "원칙상 우리는 당신과 함께
한다. 우리는 당신과 마찬가지로 현실의 인간이 사회의 토대와 목적을 구
성한다고 확언한다"고 선언했다.[62]

(c) "철학적 공산주의" 경향(헤스, 바쿠닌, 엥겔스). 그들의 공산주의는 이기

---

61 헤르베그에 관해 포이어바흐가 크리게에게 보낸 편지. Cornu, *op. cit.*, II, p. 233.

62 Cornu, *op. cit.*, II, p. 116, 234.

주의에 반대하는 범주로 등장했다. 이는 이들이 반자유주의적 "인간주의자들"과 유사하다는 혼동을 가져왔고, 결과적으로 『독불연보』라는 기관지에서 그들과 공동 작업을 할 수 있게 했다.

이 시기 마르크스의 진화는 민주주의 집단의 진화와 유사했다. 이 경향의 구성원들 대다수처럼, 그는 공개적으로 자유주의자들과 단절했다. "언론 사건"에서 보인 그들의 태도가 그 이유였다. 「라인신문」 편집부 수장으로 활동을 시작할 때부터, 마르크스는 "사유인"의 "급진적" 말투뿐 아니라 부르주아 주주들의 소심함, "온건함"과 충돌했다. 루게에게 보낸 1842년 11월 30일 자 편지에서 마르크스는 베를린 십난과의 단절을 신인하는 동시에 "아침부터 저녁까지" "주주들이 짖는 소리"를 참고 견뎌야 하는 것에 대해 불평한다.[63] 결국 신문의 경영자들은 1월 초 열린 회의에서 정부와의 충돌을 피할 것을 결정했다.[64] 이 결정은 마르크스가 동의하지 않을 가능성이 매우 높은 것이었다. 사실 루게에게 보낸 1843년 1월 25일 자 또 다른 편지에서 마르크스는 이렇게 썼다.

"무엇보다 저는 그런 분위기 속에서 숨이 막히기 시작했습니다. 자유를 위해서일지라도 머슴의 직책을 수행해야 하는 것, 곤봉이 아니라 핀으로 찌르는 식으로 싸우는 것은 나쁜 일입니다. 저는 위선, 우행, 엄청난 독단에, 그리고 우리가 굽실대는 데, 단어들을 두고 이리저리 붙였다 하고 교묘히 얼버무리며 사소한 것에 신경 쓰는 데 지쳐 버리고 말았습니다. … 저는 독일에서는 더 이상 할 수 있는 게 없습니다. 여기서는 스스로를 속이는 일을 합니다."[65]

---

63   CW, I, 395.

64   J. Hansen, *Rheinische Briefe und Akten* I (Essen: 1919), p. 401.

65   CW, I, 397-398.

여기서 마르크스는 신문의 "온건한" 경향들을 비판할 뿐 아니라 자신이 편집부에서 취한 전술에 대해서도 거의 "자기 비판"을 하고 있다. 그는 그 이후로 프로이센 국가와의 관계에서 견지한 "유연" 정책, 즉 하나의 양보가 다음 양보로 이어져 결국 스스로 타락하는 데까지 이르는 정책을 더 이상 지속하지 않을 것임을 분명히 밝힌다. 따라서 우리는 1843년 2월 12일 열린 「라인신문」 주주총회에서 신문 내용을 "온건하게 함"으로써 다시 한번 1월 24일 내려진 정부의 정간으로부터 신문을 구하고자 한 "다수 경향"(오펜하임 등)에 대해 마르크스가 왜 반대했는지를 쉽게 이해할 수 있다.[66] 이런 갈등으로 인해 그는 편집부를 떠나야 했다. 의미심장하게도 이날은 정부의 포고에 따라 「라인신문」 발행을 중단하게 되기(1843년 4월 1일) 하루 전이었다. 3월 13일 그는 루게에게 편지를 써서 어떤 일이 있어도, 즉 주주들이 더 많이 양보해서 발행 금지를 철회시키게 될지라도 자신은 더 이상 「라인신문」에 머무르지 않을 것이라고 말했다.[67] 3월 18일 마르크스는 편집부를 떠나겠다는 자신의 결정을 공개적으로 알렸다.

마르크스는 이미 언론 자유에 관한 논쟁 때 라인 주의회의 부르주아 의원들이 보인 "반쪽짜리 자유주의"와 우유부단함을 비판했다. 이제 그는 「라인신문」의 부르주아 주주들이 항복하는 것, 그들이 프로이센 국가와 화해를 시도하는 것, 라인 지방 부르주아지가 자유주의 언론에 대한 억압에 냉담한 것을 지켜봤다. 이런 경험은 독일 부르주아지의 태도가 "혁명적 시민"의 태도가 아니라 "비겁한 재산 소유자"의 태도이며, 그래서 결과적으로 그들은 프랑스 부르주아지가 1789년 했던 역할을 담당할 수 없다는 점을 그에게 증명해 줬다. 그렇지만 이런 질문이 제기됐다. 만약 부

66　*Chronik*, p. 16.

67　*CW*, I, 400.

르주아지를 제외한다면 **누가** 독일을 해방할 것인가? 그것은 바우어에게는 "비판적 사유"였다. 루게는 아무도 할 수 없다고 보았다—독일은 예속 상태로 남을 운명이고 "우리 인민에게는 아무런 미래가 없다"는 것이 그가 1843년 3월 마르크스에게 쓴 편지의 내용이었다.[68] 이런 중요하고 본질적인 질문에 구체적인 답변을 찾으려고 노력했기 때문에, 마르크스는 1843년에 벌써 "고통받는 인류" 쪽으로 주의를 돌릴 수 있었다. 그러나 파리에 도착하고 나서야 그는 비로소 생생하고 논박할 수 없는 증거를 가진 명료하고 일관된 답변을 얻게 되었다. 이러한 혁명적 역할을 하게 될 존재는 바로 프롤레타리아트였다.

1843년 초반 자유주의 부르주아지와 단절하고 1844년 초반 이렇게 프롤레타리아트를 "발견"하기까지 마르크스는 "민주주의적-인간주의적" 이행의 시기를 겪었다. 이는 결국에는 공산주의로 가게 되는 도정에서 일어난 이데올로기적 방향 상실과 암중모색의 단계였다.

a) 헤겔 국가철학 비판

헤겔『법철학』261-313번 단락에 대한 마르크스의 비판은 1843년에 작성된 것으로 보인다.[69] 여기서 마르크스의 출발점은 "인류학적"(포이어바흐)인 것이다. 그러나 그의 도착점은 모제스 헤스와 가까운 정치적인 것이었다. 이 비판은 마르크스가 "철학적" 공산주의로 이행하는 데 하나의 결정적 단계라고 말할 수 있다. 이러한 이행은 유대인 문제에 관한 논설로 마무리되는데, 이는 1843년 수고의 주제들을 가져다 발전시킨 것이다.

---

68   MEGA, BD I, 1/2, p. 560.

69   *Chronik*, p. 18.

1 공산주의로 이행하다 (1842~1844)

　헤겔과 단절한 것이 마르크스가 공산주의를 옹호하게 되는 데 역할을 했다면, 그 이유는 무엇이고 어느 정도나 역할했던 것일까?

　"민주주의적" 청년 헤겔파 일반, 그중에서도 특히 루게는 공산주의를 비난했는데, 그 주된 내용은 그것이 "몰정치적"이자 순전히 사회적인 성격을 보인다는 점이었다. 1844년 7월 8일 자 편지에서 루게는 독일 장인들의 공산주의가 "정치적 이해가 결여된 따분한 활동"이며 이런 "몰정치적 공산주의"는 "사산된 산물"이라고 썼다.[70] 이것은 헤겔주의가 파악하는 바를 엄격하게 따른 주장이었다. 즉 국가를 일반 이해의 대표자로 보고, 국가와의 관계에서 시민사회 수준에 머무르는 운동은 그 운동이 어떠한 것이든 기껏해야 사적이고 부분적이고 부차적이며 열등한 것에 불과하다고 본 것이다.

　마르크스는 바로 이런 헤겔주의 도식과 단절한 것이다. 그는 이 과정에서 국가의 보편성은 추상적이고 양도된alienated('소외된'이라는 뜻도 있음.-옮긴이) 것이라는 점, 그것이 "민족적 생활의 **종교**이자 국가의 실제성이라는 **지상의 존재**에 맞서 그 위에 존재하는 국가 일반성이라는 천상"을 구성한다는 점, "인민만이 구체적인 존재라는 점"을 보여주었다.[71] 이러한 정치 영역에 대한 폭로를 통해 마르크스는 1843년에 이미 루게를 넘어서고 있었고, 더 이상 국가에 눈을 돌리지 않고 사회문제들(빈곤 등)에 관한 "진리"를 찾고자 「라인신문」에 실린 자신의 논설들에서 이미 견지하고 있던 입장처럼 현실의 인민에게로, 사회적 삶으로 눈을 돌리게 된다. 이렇게 함으로써 마르크스는 헤스의 입장과 매우 유사한 입장을 취했다. 헤스의 입장에서 **중심 사상**은 바로 "정치적인 것"에 대한 "사회적인 것"의 우위

70　루게가 프라이셔에게, 1844년 7월 9일. in *Briefwechsel*, P. 359.

71　*CW*, III, 31, 28.

였고, 이것은 마르크스가 『독불연보』에서 옹호한 명제였다.

1842년에 마르크스의 주된 정치적 **문제**는 국가를 노예화하려고 하는 사적 이해의 공격에 맞서 국가의 보편성을 어떻게 확보할 것인가였다. 헤겔의 국가철학을 포기한 후 그가 1843년에 집중한 **문제**는 다음과 같이 매우 달라졌다. 즉 왜 보편성이 추상적 국가 속에 양도되고 이런 양도가 어떻게 "극복되고 철폐될" 것인가? 그가 개략적으로 짚은 답 역시 공산주의에 이르게 된다. 그 답에 따르면, 시민사회의 **사적 본질**, 다시 말해 사적 소유를 중심으로 하는 시민사회의 원자론적 개인주의가 바로 보편적인 것이 "정치적 천상"으로써 "외재화"하는 일이 벌어지게 되는 사태의 토대라는 것이다.[72] 이런 이유에서 정치적 헌법의 존재는 역사적으로 거래 및 소유의 자유와 사적 영역들의 독립과 연결되어 있다. 따라서 중세는 추상적 정치국가를 알지 못했다.[73]

마르크스가 제안한 해결책인 "진정한 민주주의"가 어떤 의미인지는 바로 이런 고찰들에 비추어 살펴봐야 한다. 이것은 부르주아적 공화주의적 민주주의가 아니라 양도된 정치국가와 "사유화된" 시민사회의 철폐를 함축하는 급진적 변혁과 다르지 않았다. "민주주의"라는 단어는 마르크스에게 독특한 의미를 가졌다. 그것은 사회적인 것과 정치적인 것, 보편적인 것과 특수한 것의 분리·철폐였다. 중세가 "부자유의 민주주의"였다는 마르크스의 말은 바로 이런 의미이다.[74] 부르주아 공화국에 대한 그의 태도

---

72 *Ibid.*, Ⅲ, 31. "특수 영역들은 깨닫지 못하는 것이 있는데, 바로 그것의 사적 본성이 헌법이나 정치국가의 내세적 본성과 합치한다는 점, 그리고 정치적 국가가 내세적*jenseitig*으로 존재한다는 것이 그 영역들 자체의 소외를 단언하는 것과 다르지 않다는 점이다."

73 *Ibid.*, Ⅲ, 32.

74 *Ibid.*, Ⅲ, 32.

는 분명하다. 북아메리카의 공화국과 프로이센 왕정은 모두 단지 동일한 내용, 즉 사적 소유를 보호하는 정치적 형태들이다. 프랑스 혁명으로 수립된 국가에서 민족의 개별 성원들은 "그들의 정치 세계라는 천상에서는 **평등**하지만 **사회**라는 지상의 존재에서는 불평등하다."[75] 이로부터 나오는 내재적 결론은, 변화되어야 할 것은 정치적 **형태**(공화국이냐 왕정이냐)가 아니라 사적 소유, 불평등과 같은 사회적 **내용**이라는 것이다. 이러한 결론은 프랑스 공산주의자들 역시 끌어낸 것이었고, 마르크스는 그들과 자신이 서로 일치하고 있다는 것을 깨닫고 있었다. 그는 다음과 같은 말로 그 사실에 대한 인정을 표현했다. "최근 프랑스인들은 이것을 진정한 민주주의에서는 **정치국가가 절멸된다**는 의미로 해석했다"[76]

1843년 수고에서는 프롤레타리아트에 대해 한 문단 빼고는 언급되지 않았다. 그러나 그 문단은 극히 의미심장하다. "**소유의 부재**와 **직접적 노동 신분**, 구체적 노동 신분은 시민사회의 신분이라기보다는 그 집단이 의존하고 움직이는 지반을 형성한다."[77] 이러한 진술은 「헤겔 법철학 비판 서설」에서 발전하게 될 두 가지 함의와 관련된다. 그것은 프롤레타리아트가 처한 처지의 특징과 프롤레타리아트가 지닌 해방자 역할의 토대에 대한 것이다.

(a) 노동자들에게는 아무런 소유도 없다. 소유의 부재는 (그들 노동의 구체적 성격과 더불어) 그 신분의 본질적 특징이다. 사적 소유는 특수한 것과 보편적인 것의 일체화 과정에서 주된 장애물이기 때문에, (「서설」에서는) 이

---

75 *Ibid.*, Ⅲ, 31, 79.

76 *Ibid.*, Ⅲ, 30.

77 *Ibid.*, Ⅲ, 80.

주장을 끝까지 밀고 가는 것만으로도 프롤레타리아트를 사회의 보편적 이해의 담지자로 보는 데 충분하다.

(b) 무산 노동자들은 시민사회 신분이 아닌 그 사회 밑바닥에 존재하는 무언가(~하는 "지반을" 등등)인 신분을, 그 사회의 보다 높은 영역들이 활동하기 위한 토대를 구성한다. 재차 말하건대 이것은 우리를 「서설」로 곧장 인도한다. 여기서 프롤레타리아트는 "시민사회의 계급이 아닌 시민사회의 계급"으로 등장한다(CW, III, 186). 이것은 어떤 의미인가? 단순하게 말하자면 마르크스는 무산 노동자들을 이기주의적이고 배타주의적인 부르주아 시민사회와 분리시킨다. 다르게 말하면 그는 빈곤이 욕구의 체제에, 시민사회에, **사적 영역**에 속한다고 본 자신의 1842년 입장을 버린다. 마르크스는 이제 무소유를 더 이상 "특수한 문제"가 아닌 시민사회의 기초이지만 그 사회의 외부에 놓여 있는 "일반적 문제"로 본다.

b) 루게와의 서신 교환

1843년 마르크스가 루게와 나눈 서신들은 『독불연보』에 실려 출판됐다. 여기서 독자의 주목을 크게 끄는 첫 번째 특징은 루게가 비관주의에 깊이 빠져 있는 것과는 대조적으로 마르크스에게서 "혁명적 낙관주의"가 보인다는 점이다. 이런 차이가 오로지 서신 교환자들의 "기질"이 달랐기 때문이었을까? 그것은 다른 데에 중요한 원인이 있음을, 즉 전망의 차이가 있음을 함축하는 것은 아닐까? 내가 볼 때 이런 대조는 다음 가설을 따를 때에만 설명될 수 있다. 즉 이미 1843년에 마르크스와 루게가 **서로 다른** 사회 계급들을 향하고 있었다는 것이다.

"임박한 혁명"에 관한 언급이 막연하게나마 들어 있던 마르크스의 첫 번째 편지(1843년 3월)에 대한 답신에서[78] 루게는 이렇게 질문한다. "우리가 정치 혁명을 볼 수 있을 만큼 오래 살 수 있을까요? **우리**, 이 당대 독일인들이 말이죠?"[79] 1843년 무렵에 나타난 전망의 차이에서 중심이 되고 1844년에 일어난 단절에서도 중심이 되는, 이 문장의 핵심 단어는 혁명 앞에 붙은 수식어 "정치"이다. 사실 루게는 언제나 **정치** 혁명, 다시 말해 **부르주아적 민주주의** 혁명 차원에서 사고한다. 그리고 독일 부르주아가 지닌 "불후의 양 같은 인내심", "웅변에서 침묵으로 터무니없는 퇴보"가 일어났을 때 보인 수동성, 마지막으로 "우리가 겪어 온 정치적 무관심과 쇠퇴의 정도"를 언급한다는 점에서, 그가 독일에서 아무런 혁명의 전망도 마음속에 그릴 수 없었다고 보는 것이 완전히 논리적이다. 그에 따르면, "아! 저 독일의 미래? 어디에 그 씨앗이 뿌려진 거지??"[80]

마르크스는 루게 이상으로 독일 부르주아지가 이끄는 혁명을 믿지 않았다. 루게에게 보낸 답변(1843년 5월)에서 그는 "속물들"*Spiessbürger*은 "자유인, 공화주의자"가 되기를 바라는 게 아니라 오히려 동물처럼 오직 "생존하고 자손을 번식하"기를 바랄 뿐이라고 쓴다.[81] 그렇지만 루게와 달리 마르크스는 자유주의적 부르주아지와의 동맹에 실패했다는 점에 비추어 볼 때, 철학은 다른 동맹자를 찾아야만 하고 그럴 수 있다고 생각한다. 그에 따르면, "미래의 씨앗"은 "부르주아 양들"에게 뿌려진 것이 아니라 "고통받는 인류"에게 뿌려져 왔다. 그가 꿈꾼 혁명은 "현존 사회 내부의 파열"에 의거하는 것이며, 그 이유는 "산업과 무역의 체제, 소유권과 인민에

---

78   *Ibid.*, III, 134.

79   MEGA, BDI, 1/1, pp. 558-560.

80   *Ibid.*

81   *CW*, III, 134.

대한 착취" 때문이다[82]—이것은 여전히 막연하지만, 마르크스가 처음으로 근대 계급투쟁과 그 경제적 원인들에 대해 정식화하여 언급한 것이다. 이것은 루게의 "장송곡"과는 비교되는 이 편지의 "낙관주의"를 이해하는 데 확실히 도움을 준다.[83] "비겁한 자유주의 재산 소유자들"에게 실망한 마르크스는 방향을 돌려 고통받는 인민, 무산자, 피착취자에게서 희망을 찾았다. 사실 이 "사회" 혁명 속에서 도달해야 될 목표는 여전히 "정치적"인 것임이 명백하다. 이 편지는 "민주주의 국가", "민주주의의 인간적 세계" 등을 말한다.[84] 그렇지만 "민주주의"라는 용어의 참된 의미를 파악하려면 대략 같은 시기에 쓰인 1843년 수고(「헤겔 법철학 비판 서설」)를 언급할 필요가 있다. 앞서 언급하였듯이, 마르크스에게 "민주주의"는 단지 **정치 형태**의 변화(예컨대 부르주아 공화국의 수립)만이 아니라 **시민사회**의 기반 자체가 변화하는 것을 의미한다.

　마르크스의 구체적 생애를 보면 이런 가정이 어느 정도 지지를 받을 수 있다는 점을 알 수 있다. 1843년 3월 말 「라인신문」에서 사임한 직후 마르크스는 네덜란드에 잠시 방문한다. 루게에게 보낸 편지를 통해, 우리는 여기서 마르크스가 프랑스 신문들을 읽을 기회가 있었음을 알 수 있다. 겉으로 보기에는 마르크스가 이때 처음으로 프랑스 신문을 읽어 본 듯하다. 그 신문들이 독일에 관해 드러낸 시각에 그가 놀랐기 때문이다.[85] 마르크스가 「라인신문」의 "미약한 메아리"보다 훨씬 더 구체적인 프랑스 노동자 운

82　*Ibid.*, 141.

83　*Ibid.*, III, 134. "나의 친애하는 친구여, 당신의 편지는 숨이 멎을 정도로 멋진 비가, 장송곡입니다."

84　*Ibid.*, 137, 139.

85　*Ibid.*, 133. "저는 지금 네덜란드를 여행하고 있습니다. 제가 네덜란드, 프랑스 신문들을 통해 판단할 수 있는 한에서 독일은 깊은 수렁에 빠져 있습니다…"

동에 관한 어떤 메아리를 이 신문들에서 발견했을 가능성이 매우 높다. 이를테면 1843년 1월과 4월 사이 연달아 일어났던 파업들(부르쥬의 목수, 루베의 섬유 노동자, 렌의 기와장이, 파리의 부두 노동자), 충돌·체포 등으로 이어진 파업들에 관한 보도들을 봤을 수 있다.[86] 심지어 그가 노동자들의 공산주의 발전, 비밀 협회 등에 관한 기사들을 읽었을 수도 있다. 그리고 우리는 이 시기 마르크스가 특히 "감수성이 예민한" 상황에 있었다는 점을 강조해야만 한다. 그는 「라인신문」과 단절하면서 단순히 직업적으로뿐 아니라 **이데올로기적**으로도 휴직 상태에 놓여 있었다.

그렇지만 1846년에서 1848년 사이에 마르크스가 한편으로 부르주아지와 단절한 지식인들과 다른 한편으로 노동운동과의 관계 문제를 진술하면서 제시하게 되는 용어들을 살펴보고, 이 용어들이 이렇게 "속물주의의 적들, 요컨대 사유하고 고통받는 모든 인민"[87] 간의 일치라는 식의 관념과 얼마나 서로 떨어져 있는지 그 거리를 측정해 보는 일이 남는다. 우선 이 논의에는 명확하게 정의된 사회 계급들에 대한 내용이 전혀 없고, 단지 "사유"하는 이들과 "고통받는" 이들이라는, 객관적 정의라고는 없는 매우 애매한 두 가지 범주에 대한 내용이 있을 뿐이다. 우리는 이제껏 언급한 "고통"을 사실상 프롤레타리아트에 대한 내용이라고 믿어도 될 것이다. 그 이유는 그것이 이윤과 착취의 체제가 야기한 파열을 언급한 다음에 곧장 나오는 단락이기 때문이다. 또 한편 두 집단 사이에 중요성을 두고 서열이 매겨져 있지는 않다. 그것은 소수의 "사상가들"이 프롤레타리아트의 계급투쟁을 지지하는 문제─마르크스가 『공산당 선언』에서 세운 정식화─가 아니

---

86   J. P. Aguet, *Les Grèves sous la Monarchie de Juillet, 1830-1847* (Geneva: E. Droz, 1934), pp. 237-257.

87   *CW*, III, 141.

라 그 존재 자체가 "속물들의 짐승 세계"와 대립하는 모든 사람들의 동등한 기반에 입각한 일치이다. 마지막으로 가장 중요한 점은 프롤레타리아트가 단지 "고통받는 인류"로 파악된다는 사실이다. 그로 인해 일치 관계에서 프롤레타리아트가 **수동적인** 상대로 나타나게 되는 반면 **능동적인** 상대는 "사유하는 인류"가 된다. 이런 내용은 우리로 하여금 다시금 물질의 수동성과 대비되는 정신의 능동성이라는 청년 헤겔파의 도식을 연상케 한다. 나는 이미 독일어 단어 'leiden'이 두 가지 뜻("고통"과 "수동성")을 지님을 언급했다. 그리고 해당 본문의 애매함은 M, 모리터[필자가 인용과 참고를 위해 이용한 마르크스의 저작(전집)의 번역자(영어 번역판 편집자)]가 'leidenden Menschheit'를 자기가 적절하다고 생각한 경우 어떤 때는 "수동적 인류"로, 어떤 때는 "고통받는 인류"로 번역한 데서 비롯된 듯하다. 그러나 모리터의 번역보다 더 결정적인 증거가 존재한다. 마르크스의 원문 자체가 고통받는 이들이 지닌 "수동성"의 토대를 제시한다. "사유하는 고통받는 인류, 억압받는 사유하는 인류의 존재는, 수동적이고 사유 없이 소비하는 속물주의 짐승 세계에서는 불가피하게 불쾌하고 소화하기 어려운 존재가 될 것임이 분명합니다."[88] 청년 마르크스가 형식의 전도("비판의 무기"-"무기의 비판" 등)를 좋아한다는 점은 익히 알려져 있다. 그는 경우에 따라 자신의 글이 다소 불분명해진다는 점을 걱정하지 않으면서 이런 전도를 사용했다. 위에서 인용한 단락에는 "전도"가 있지만 **변칙**이 사용된다. "사유하는 고통받는 인류-억압받는 사유하는 인류"로 되어 있는데, 왜 마르크스는 "사유하는 고통받는 인류"에 대한 대구로 "고통받는 사유하는 인류"를 두지 않았을까? 유일하게 가능한 설명은 고통이 수동적인 성격을 갖기 때문에 본질적으로 능동성(속물주의 세계에 의해 억압받고 있는 능동성)

---

88   *Ibid.*

을 뜻하는 사유와 연관시킬 수 없다는 것이다. 이런 청년 헤겔파의 사고
는 실제 상황과는 정반대임이 분명하다. 구체적으로 보자면, 당국에 의해
억압받고 진압당하는 것은 바로 노동자 대중의 능동적 반란인 반면 불만
을 품은 지식인들의 "도덕적 고통"은 수동적 상태로 남아 있다. 우리는 바
로 독일의 특수한 상황 속에서 이런 환상의 사회적 기원을 찾아야 한다.
그리고 프랑스의 상황 속에서 1844년 이후 마르크스가 진화하게 되는 출
발점을 찾아야 한다.

그럼에도 불구하고 이 편지에서 마르크스가 "고통받는" 대중에게 새
로운 세계를 도래하게 하는 어떤 역할이 있다고 보았고, 그럼으로써 그가
루게와 대다수 신헤겔주의자보다 앞서 있었다는 점을 어떤 경우에도 잊
어서는 안 될 것이다. "더 이상 저런 사건들이 사유하는 인류로 하여금 그
입장을 판단할 수 있게 하고, 고통받는 인류로 하여금 그 세력을 동원할
수 있게 하는 시간을 허용하지 않음에 따라, 현재의 시간이 그 자궁에서
잉태하고 있는 산물은 더욱 완벽해진 상태로 세계로 들어오게 될 것입니
다."[89] 저 "동원"이라는 말의 정확한 의미를 판정하는 것은 매우 흥미로운
일일 것이다. 그러나 우리는 추측하는 정도에서 만족해야만 한다. 마르크
스는 아마도 근대 산업으로 프롤레타리아트가 집적되는 것(『공산당 선언』
에서는 이 과정의 혁명적 결과들이 논의된다)이나 노동자가 연합체, 노동자들
의 결사체들 등으로 단결하는 것을 의미했을 것이다.

마르크스의 마지막 편지(1843년 9월)에서 주된 관심을 끄는 내용은 공
산주의에 대한 자신의 태도와 관련해 이 편지가 제공하는 세부 사항들에
관한 것이다. 당시는 마르크스가 공산주의에 합류하기 겨우 몇 달 전이었
다. 이 편지는 이데올로기적으로 혼란스럽고, 프로이센 국가 및 자유주

---

89   *Ibid.*

부르주아지와 단절한 이후 프롤레타리아트와 공산주의를 아직 "발견"하지 못한("고통받는 인류"와 "진정한 민주주의"라는 막연하고 불분명한 형태들을 제외하고) 마르크스라는 사람을 우리에게 보여준다. 출발점은 분명했으나 도착점은 아직 결정되어 있지 않았다.

> "'어디에서'라는 질문에 대해서는 어떤 의문도 존재하지 않지만, '어디로'라는 질문에 대해서는 훨씬 더 혼란이 큽니다. 일반적 무정부 상태가 개혁가들 사이에 놓여 있을 뿐 아니라 자신에게 미래가 어떠해야 할지에 대한 정확한 견해가 전혀 없다는 점을 모든 사람은 스스로 인정해야 할 것입니다."[90]

이렇게 어떤 교조적인 선험도, 특히 미래에 대한 어떤 정밀한 공상적 관념도 없었다는 점. 바로 이 점이 무엇보다 그로 하여금 사회주의 분파들의 교조주의를 피할 수 있게 만들었다.

> "한편으로 우리가 교조적으로 세계를 예측하지 않고 단지 구세계에 대한 비판을 통해 새로운 세계를 발견하길 원하는 것이 바로 새로운 조류의 이점입니다."[91]

이 편지에서 마르크스가 공산주의에 쏟아부은 비판들을 다음 두 가지 범주로 분류할 수 있다. 즉 한편으로 1844년과 1845년 사이에 단념하게 되는 유보 사항들과 다른 한편으로 항상 그의 정치적 저술에서 본질적 특징들로 남게 되는 공상적 사회주의에 대한 비판이다.

---

90   *CW*, III, 142.

91   *Ibid.*

첫 번째 범주에서 우리는 다음 비판을 발견한다.

(a) 사회주의는 일면적이다. 그것은 인간의 정신적 활동을 완전히 간과한 채 인간의 삶을 오로지 물질적 측면에서만 고찰한다.

> "그리고 전체적인 사회주의 원리의 순서로 가 보면, 참된 인류의 실체에서 중요한 점은 오직 한 측면이라는 것입니다. 그러나 우리는 다른 측면에도, 인간의 이론적 실존에도 마찬가지로 주의를 기울여야 하며 따라서 종교와 과학 따위를 우리의 비판 대상으로 만들어야 합니다."[92]

이 단평에는 분명 "청년 헤겔파" 냄새가 난다. 그리고 1843년 3월과 1845년 3월의 차이가 얼마나 큰지 측정해 보고자 한다면, 그것을 마르크스의 「포이어바흐에 관한 테제」 4번과 비교하는 것만으로 충분할 것이다. 여기서 포이어바흐는 종교 비판, "신성가족" 비판에 스스로를 제한한 반면 참된 이론적 비판과 혁명적 실천이 향해야만 하는 중요한 문제인 **지상가족**을 망각했다고 비난받는다. 실로 마르크스의 지적 프로그램은 항상 이론과 현실을 동시에 비판했다. 그러나 1845년 이래로 그는 현실 분석에 전념하는 사람들이 아니라 순수하게 이론적인 "비판적 비판주의"에 스스로 머무르는 사람들에게 가장 큰 비난을 하게 된다.

(b) "조야한" 사회주의자들에게 정치 문제들은 관심사가 아니다. 비판은 이런 문제들에 관심을 가질 수 있고 가져야만 한다.[93] 그 이유는, "심지

---

92 CW, III, 143. 여기서 "실체"*Realität*는 "물질적 존재"를 의미한다.

93 CW, III, 143-144.

어 정치국가는—그 모든 **근대적** 형태들에서—아직 그것이 사회주의 요구들에 의식적으로 고쳐지지 않은 곳에서조차 이성의 요구들을 포함"하기 때문이다. 그럼에도 불구하고 마르크스는 다음과 같이 진술한다.

> "모든 곳에서 정치국가는 이성이 실현되어 온 것처럼 여깁니다. 그러나 정확히 그런 이유로 모든 곳에서 그것은 그것의 이상적 기능과 실제 필요조건 사이의 모순에 휩쓸리게 됩니다. 그래서 정치국가 자체 내부의 이러한 충돌로 말미암아 모든 곳에서 사회적 진실이 발전하는 것이 가능합니다."[94]

이 단편들은 마르크스가 1843년 수고(「헤겔 법철학 비판 서설」)에 포함된 정치국가 비판에서 『독불연보』에 있는 사회적인 것의 우위라는 주장으로 이행하는 단계에 있었음을 보여준다. 이 단계는 금방 지나가게 되고 그 뒤로 마르크스는 더 이상 사회주의자들을 "몰정치적"이라고 비난하지 않게 된다.

(c) "공산주의는 특히 교조적 추상입니다. 그렇지만 이와 관련하여 저는 어떤 가상의 존재인 공산주의에 관해서가 아니라 카베, 데자미, 바이틀링 등이 가르친 실제 존재하는 공산주의에 관해 생각하고 있습니다. 이런 공산주의는 그 자체로 인간주의적 원리의 특유한 표현, 여전히 그것의 반명제—사적 체제 *Privatwesen*—에 전염*Infiziert*되어 있는 표현일 따름입니다. 따라서 사적 소유의 철폐와 공산주의는 전혀 동일하지 않으며, 공산주의가—푸리에, 프루동 등의 것들과 같은—다른 사회주의 교리들을 자신과 대결하기 위해 생긴 것으로 여겨 왔다는 점은 우연이 아니라 불가피한 일입니다. 그 이유는 그것이 그

---

94 *CW*, III, 143.

자체로 사회주의 원리의 특유한, 일면적인 실현이기 때문입니다."[95]

이런 비판은 「1844년 수고」에서 마르크스가 되풀이하는 내용이었다. 수고에서 마르크스는 "인간에 의한, 인간을 위한 **인간** 본질의 현실적 **전유**"에 관해서 자신이 파악한 것과 자신보다 더 부유한 이들에 대한 질투, 하향 평준화, 문화의 부정 따위로 특징지을 수 있는 "조야한 공산주의"를 대치한다. 이런 공산주의는 여전히 "사적 소유에 의해 전염된" 것이다.[96] 우리는 「1844년 수고」를 분석할 때 이런 단평들의 함의에 대해 다시 논할 것이다.

두 번째 비판 범주는 가장 큰 흥미를 선사한다. 그것이 마르크스의 정치적 진화 전체를 결정짓고 마르크스주의적 사회주의의 중심축들 중 하나를 구성하기 때문이다. 이미 1843년에 마르크스는 "이를테면 『이카리아로의 항해Voyage en Icarie』와 같은 어떤 이미 만들어진 체제"를 세우기를 거부하고 있었다. "자기 책상에 놓인 모든 수수께끼들에 대한 해답을 가졌"고 자기 딴에는 "어리석은 통속 세계는 절대적 진리라는 비둘기 구이 요리가 입 안으로 들어갈 수 있게 단지 입만 벌리고 있으면 된다"고 보는 철학자들의 태도를 그는 거부했다. 요컨대 마르크스는 "어떠한 교조적 깃

---

95 *CW*, III, 142-143. 이 당시에도 프랑스 사회주의에 관한 마르크스의 주요 정보원은 여전히 프루동의 저작이었다. 포이어바흐에게 보낸 1843년 10월 3일 자 편지에서 마르크스는 "모자라고 절충주의적인 쿠쟁"과 "재능 많은 르루"에 관해 말한다(*CW*, III, 350), 이제 프루동은 『소유란 무엇인가?』에서 "평소 쿠쟁 씨의 절충주의적 책략"에 관해 말한다. *Oeuvres complètes*, Vol. IV (Paris: Marcel Rivière, 1926), p. 175: 프루동은 『소유에 관한 두 번째 비망록Deuxième Mémoire sur la propriété』에서는 르루를 "반절충주의자, 평등의 사도" 등으로 표현하며 크게 칭찬한다. *Oeuvres complètes* (Paris: A. Lacroix, 1873), p. 311.

96 *CW*, III, 295-296.

청년 마르크스의 혁명 이론

발을 세우는 것도 지지하지 않았다."[97] 그의 프로그램은 사뭇 다른 것이었고,『독불연보』를 위한 "이데올로기적 정강"을 제안하는 형태로 다음과 같이 상술되었다.

> "우리는 교조주의적 방식으로 '여기 진리가 있다, 그 앞에 무릎을 꿇으라!'며 세계에 새로운 원리를 들이대지 않습니다. 우리는 세계의 고유한 원리들로부터 그 세계를 위한 새로운 원리들을 발전시킵니다. 우리는 세계에 대고 '너희의 투쟁을 멈춰라, 그것은 어리석은 투쟁이다. 우리기 너희에게 참된 투쟁의 슬로건을 주겠다'고 말하지 않습니다. 우리는 단지 세계에 대해 그것이 진정 무엇을 위해 싸우고 있는시, 그리고 의식은 비록 그것이 바라지 않더라도 획득**해야만 하는** 것임을 보여줄 뿐입니다.
>
> 의식의 개혁은 **오직** 세계가 자신의 의식을 깨닫게 만드는 데, 자신에 관한 꿈에서 깨어나도록 세계를 깨우는 데, 그 자신의 행동이 갖는 의미를 세계에 **설명**하는 데 있습니다 ….
>
> 요컨대 그로 말미암아 우리는 우리 잡지의 경향을 다음과 같이 공식화할 수 있습니다. 즉 자기 투쟁과 욕망에 관해 현 시대는 자기 명료화(비판적 철학)를 획득해야 한다. 이것은 세계의 과업이자 우리의 과업입니다. 그것은 오직 통일된 세력들의 과업일 수 있습니다."[98]

여기서 처음으로 등장한 주제는 마르크스의 저술들에서 끊임없이 되풀이된다. 이는 곧장 『공산당 선언』에서 확인된다. 이 저술은 "과학적 사회주의"와 "공상적 사회주의" 사이의 대당을 결정적으로 확립했다. 그러

---

97   *CW*, Ⅲ, 142-143.

98   *CW*, Ⅲ, 144-145.

나 마르크스가 파리로 떠나기 불과 몇 주 전에 이 편지를 썼음을 잊어서
는 안 된다. 이 점은 우리로 하여금 프랑스 노동운동에 대한 마르크스의
태도를 이해할 수 있게 해 주고, 왜 그가 어떠한 공상적 학파에도 동참하
지 않았는지, 왜 그가 또 한 명의 교조주의자—새로운 정치적·철학적 교리
의 창조자—가 되어 파리를 가득 채우고 있는 무수한 교조주의자들의 숫
자만 늘려 놓는 일을 하지 않았는지를 설명하는 데 도움을 준다.

공상적, 혹은 "철학적" 사회주의자들과 달리, 마르크스는 어떤 완결적
체제를 인간의 실제 투쟁들에 대치하는 것을 거부한다. 그의 출발점은
"세계"의 구체적 행동과 열망이고, 그는 자신의 역할, 비판적 철학자의 역
할을 새로운 "원리들"을 발명하는 대신 사람들에게 **그들 자신의 투쟁들이
갖는 의미를 설명하는 것**이라고 보았다.

바로 파리에서, 그리고 노동들의 실제 투쟁들과 프롤레타리아트 및
그 공산주의 전위가 보여준—데자미, 바이틀링, 플로라 트리스탕과 같이
교조주의자들 중에서도 가장 선진적인 사람들에 의해 단편적이고 혼란
스럽게 표현되던—열망을 토대로, 마르크스는 그들의 이러한 노력, 발생
기에 있던 이러한 운동이 가리키고 있는 본질적 경향이 어떤 역사적 의의
를 지니는지 식별하게 되었다. 그것은 공산주의 혁명을 통한 자기 해방이
었다.

공상주의자들은 현실 세계 위에 그것과는 대비되는 것으로 자신만의
추상적 이상을 자의적으로 세웠다. 그들과 달리 마르크스는 존재와 당위
사이의 도덕적 분리를 거부했고, 현실 그 자체의 합리성과 역사적 운동에
내재하는 의미를 찾고자 했다. 그로 인해 헤겔식 "현실주의"의 제자 중 한
사람이었던 마르크스는 스스로를 다른 좌파 헤겔주의자들(특히 모제스 헤
스와 "진정한 사회주의자들". 진정한 사회주의자들이 저지른 헤겔에 대한 "유해

한 초월"은 기본적으로 변장을 했을 뿐, 피히테와 칸트의 도덕주의로의 회귀에 불과하다)[99]과 구별지었다. 이것은 아마도 1844년에 프롤레타리아트의 투쟁과 열망이 지닌 혁명적 의의를 처음으로 포착했던 인물이 바로 마르크스였던 이유를 설명해 준다.

마찬가지로 대다수 좌파 헤겔주의자들과 달리 마르크스는 이렇게 "우리 시대를 의식하는" 임무가 오직 지식인들만의 의무라고 믿지 않았다. 그가 1843년 9월 편지에서 썼던 것처럼 그것은 "통일된 세력들의 과업"이어야만 했다. 이 세력들은 한편으로는 "우리" 비판적 철학자들이었고 다른 한편으로는 "투쟁하는 인민"이었다. 여기서 우리는 다시금 "사유하는 인류"와 "고통받는 인류" 사이의 동맹이라는 주제를 발견한다.

Ⅲ. 마르크스, 공산주의를 받아들이다

마르크스가 공산주의로 이행하는 과정은 세 단계로 구분된다. 이 과정을 다룬 분석들은 대개 이런 세 단계를 구분하는 데 실패했다. 특히 이 분석들은 두 번째 단계에서 세 번째 단계로 갈 때 이루어진 질적 도약을 전혀 고려하지 않는다.

첫 번째 단계는 마르크스가 모제스 헤스 풍의 "철학적 공산주의"를 신봉하는 단계이다. 이것은 『독불연보』에 발표된 유대인 문제에 대한 논설에서 구체적으로 나타나게 된다. 이 논설은 1843년에 진행된 마르크스의 이데올로기적 진화의 정점을 나타낸다. 이 저작에서 헤스와 포이어바흐

---

99 Lukács, "Moses Hess and the Problems of Idealist Dialectics," in *Political Writings 1919-1929* (London: 1972), pp. 193-204. 참조.

의 영향은 의심의 여지없이 명백하다. 반면 프랑스 노동자 운동의 영향은 거의 눈에 띠지 않는다.

두 번째 단계는 이전과 달리 마르크스가 해방의 계급이자 공산주의 혁명의 현실적 토대로서 프롤레타리아트를 "발견"하는 단계이다. 그렇지만 이런 발견이 여전히 "철학적"인 것이었음을 강조해야만 한다. 확실히 마르크스는 파리에 도착하지마자 공산주의 노동자 운동에 사로잡혔고, 『독불연보』를 위한 그의 두 번째 논설(「헤겔 법철학 비판 서설」)은 이런 최초의 인상이 낳은 진정한 "이데올로기적 충격"을 표현한다. 그러나 그 당시 이 운동에 대한 마르크스의 경험은 제한적이었다. 그는 아직 비밀 협회들과는 직접적 접촉을 하지 않은 상태였다. 모든 증거에 따르면, 이런 접촉은 『독불연보』가 출판된 후에야 비로소 시작됐다.[100] 프랑스의 노동자 투쟁들에 대한 그의 지식은 여전히 추상적이었고 그 결과 「헤겔 법철학 비판 서설」에서 프롤레타리아트는 거의 포이어바흐식 철학적 범주로서 나타난다. 물론 마르크스가 프랑스 사회주의자들과 공산주의자들의 저작들로부터 무언가 배웠을 것이라고 추정할 수는 있다. 그러나 그가 이 시

---

100 이 연구를 시작할 무렵 나의 작업 가설은, 마르크스의 진화에서 커다란 이데올로기적 단절이 1843년과 『독불연보』 발간 시점 사이에 일어났다는 것이었다. 그에 따라 나는 이렇게 생각했다. 마르크스가 파리에 머물기 시작한 처음 몇 개월 동안 프랑스 프롤레타리아트로부터 결정적인 영향을 받았을 것이다. 그렇게 생각하고서 나는 오랫동안 헛되게 1843년 10월과 1844년 2월 사이에 그가 공산주의 비밀 협회들과 접촉한 흔적을 찾아다녔다. 그렇지만 보다 철저한 문헌 분석을 통해 나는 1843년과 『독불연보』 논설들이 나온 시기 사이에 비교적 "철학적인" 연속성이 존재했으며 이 논설들과 마르크스의 1844년 8월 이후 저술들 사이에 중요한 단절이 존재한다는 점을 알게 되었다. 무엇보다 역사 연구에 따르면, 마르크스와 프랑스, 독일 공산주의자들 사이의 긴밀한 접촉은 1844년 4월 이전까지는 있지 않았다고 한다.

기에 읽었을 것이라고 우리가 확신하는 그런 종류의 저작은 루이 블랑의
『십년사*histoire de dix ans*』가 유일하다.[101] 그 저작은 마르크스로 하여금 노동
자 운동의 의의를 구체적으로 평가하는 데 도움을 주지 못했을 것이다.
루이 블랑이 "사회문제"와 프롤레타리아트의 투쟁이 지니는 근본적인 중
요성을 인정한 것은 사실이지만, 그럼에도 불구하고 그가 계속 "정치적
관념론자"로 남아 있었기 때문이다. 이를테면, 블랑은 1831년 견직공 반
란에 관해, 권력을 쥔 이들을 타도하려면 "대포보다 더 가공할 전쟁 무기
인 이념이 필요했다"—「라인신문」에 쓴 공산주의에 관한 논설에서 마르크
스가 사용한 어법과 놀랄 만큼 비슷한 어법이다—고 썼고, 리옹에서 "복종
이 모든 필수품 중에서도 가장 강력한 것이었던 인민은 자신의 주인들이
없다는 것을 알아채고 망연자실했다"고 썼다.[102] 그렇지만 루이 블랑은 사
회문제, 경쟁으로 야기된 악폐들에 대한 해결책이 해방을 위한 프롤레타
리아 혁명이 아니라 부르주아지의 "회개"에서 나올 것이라고 간주한다.
이것이 가장 중요한 대목이다. 그는 책의 마지막 쪽들에서 부르주아지에
게 다음과 같이 감정적으로 호소한다. "부르주아지가 열병에 빠진 자신들
의 상태를 완고하게 지속할 것이라고 누가 믿을 수 있을까? 인민의 자연
스러운 수호자인 그들이 자신이 적이 되어 불신당하는 상황을 과연 견딜
수 있을까? … 따라서 인민으로부터 멀리 떨어져 서 있는 대신 그들은 경
쟁, 상거래의 지배가 아닌 연합을 만들어야만 하는 체제를 향해 일보 내
딛음으로써 인민과 서로 떼어낼 수 없게 단결해야만 한다. …."[103] 나는 이
러한 환상을 마르크스가 공유했다고 말하려는 것이 아니라 단지 1844년

---

101   *Chronik*, p. 20.

102   L. Blanc, *History of Ten Years 1830-1840*, Vol. I, 1884, pp. 536, 539.

103   *Ibid.*, Vol. II, 1885, p. 658.

초반 직접적 관련이나 "적절한" 독서가 없는 상황에서 그가 파리 노동자 운동에 관해 구체적인 견해를 형성할 수 없었음—그로 인해 그가 프롤레타리아트를 처음으로 발견한 일이 "철학적" 성질의 것이었음—을 시사하고자 할 따름이다.

더 나아가 이전의 발전과 관련지어 고찰할 때 이런 "발견"은 갑작스럽게 일어난 사건, 또는 단절이 아니다. 즉 기본적으로 어떤 의미에서는 마르크스가 1843년에 이미 "고통받는 인류", "무산" 등 아직 막연한 형태로나마 프롤레타리아트를 "알아채"지 못했다면, 파리에서 프롤레타리아트와 그들의 역할을 "발견"할 수 없었을 것이다.

결론컨대 우리가 「헤겔 법철학 비판 서설」에서 찾아볼 수 있는 프롤레타리아트에 관한 파악은, 유럽 노동자 운동에 관한 사유와 긴밀히 연결된 정치적·이데올로기적 진화의 출발점이자 동시에 "보편적인 것을 찾는" 철학적 진화의 종착점이다. 그 글은 결과적으로 일종의 "경첩" 같은 글이며, 바로 이 점이 동시에 글의 **불명확성**을 설명해 준다. 즉 한편으로는 혁명적이고 구체적인 반면 다른 한편으로는 좌파 헤겔주의적이고 추상적이다. 또한 보기에 따라서는 1843년의 막연한 의견("고통받는", "무산")에 비해 매우 정확하지만, 사실 여전히 1843년의 의견에 매우 가깝다.

세 번째 단계는 『전진』에 실린 루게에 반대하는 논설로부터 시작한다. 이는 혁명적 프롤레타리아트를 새로이 발견하는 단계로, 이번에는 구체적이다. 이 시기는 마르크스 정치 사상의 진화에서 결정적 순간이다. 이 "두 번째 발견"이 **대중의 공산주의** 단계로 이어졌다. 나는 나중에 이에 대해 검토할 것이다.

a) 「유대인 문제에 관하여」

마르크스가 『독불연보』에 발표한 이 논설에 대해 매우 널리 퍼진 해석은 그 글이 반유대인 소책자라는 것이다. 그래서 이 책자는 "유대인의 자기 증오" 사례라며 "심리학적으로" 설명된다.[104] 이 논설에서 마르크스가 유대교를 상업, 돈, 이기주의 따위와 동일시한다는 점—유대인(모제스 헤스), 비유대인을 막론하고 모든 청년 헤겔주의자들이 범한 동일시—은 사실이지만, 기본적으로 이 글이 유대인을 방어한 글이라는 점을 깨달으려면 우리는 외양을 넘어서 나아가야 한다. 이는 두 가지 단순 명쾌한 이유 때문이다.

> (a) 기독교인과는 다르게 유대인은 자유로워질 수 없다고 본 반유대주의자 바우어에 반대하여, 마르크스는 인간 해방이라는 입장에서 두 집단이 동등하다고 단언한다.
>
> (b) 마르크스는 이기주의, 돈 따위가 유대교에만 있는 **고유한** 흠결이 아니라 **모든** 근대 기독교 사회의 본질적 특징이라는 점을 보여준다(이 주제에 대해 포이어바흐와 헤스가 이미 그 윤곽을 제시했다).

이런 오해를 제거하고 나면, 「유대인 문제에 관하여」의 일반적 함의를 파악하는 것이 가능하다. 이 논설은 마르크스의 이데올로기적 진화가 모제스 헤스의 "철학적 공산주의"와 연결되어 있었을 시점에 쓰인 것이다. 『독일 이데올로기』에 실린 다음의 비판적 논평은 1842년부터 1845년까지 헤스의 주제들과 『독불연보』에 실린 마르크스의 저술들 모두에 공통으로 적용된다.

---

104   Rubel, *op. cit.*, p. 88.

"독일 사회주의와 프랑스 및 영국의 프롤레타리아 운동 사이의 관계는 이 제껏 존재해 온 독일 자유주의와 프랑스 및 영국 부르주아지의 운동 사이에서… 우리가 발견한 것과 동일하다. … 그들["진정한 사회주의자들"]은 공산주의적 체제들과 비판적·논쟁적 저술들을 현실 운동으로부터 떼어 놓는데, 전자는 후자의 표현에 불과하다. 그리고 전자로 하여금 독일 철학과 자의적인 연관을 맺도록 강요한다."[105]

실상 「유대인 문제에 관하여」에 나오는 "공산주의"는 헤스의 그것과 마찬가지로 사회문제들을 "독일식 안경"을 통해 추상적인 방식으로 본다. 왜냐하면 이 글은 프랑스 공산주의를 "재해석"하고, 이 "재해석"은 독일 상황(노동자 운동의 부재 등)에 의해 조건 지워지기 때문이다. 마르크스는 크로이츠나흐에 머무르고 있을 무렵에 「유대인 문제에 관하여」를 쓰기 시작했고 파리에서 글을 마무리했다. 그는 한편으로는 1843년 수고에 담긴 명제들을 가져와서 가능한 한 가장 먼 데까지 전개하고, 다른 한편으로는 헤스(그는 파리에 있었고 『독불연보』발행에 협력하고 있었다)로부터 영감을 받은 새로운 명제들을 그것에 통합시킨다. 무엇보다 우리는 크로이츠나흐에서 쓴 부분과 파리에서 쓴 부분을 아주 쉽게 구분할 수 있다. 앞부분에서 다루는 주제들은 『헤겔 법철학 비판』의 것들—국가 안에서 시민의 상상된 주권, 정치적 삶의 종교식 소외, 민주주의의 옹호 등—이다. 그렇지만 논설 뒷부분에서 우리는 사뭇 새로운 문제들이 논의된다는 점을 발견한다. 그것의 기원이 헤스가 『독불연보』편집진에게 제출했던 화폐의 본질에 관한 논설(이 글은 1845년에 가서야 비로소 『라인연보』를 통해 발표된다)에서 발견된다는 점—화폐적 소외, "행상짓Schacher", 인간의 권리의 밑

---

105   *CW*, V, 455-456.

바탕에 있는 이기주의 등에 대한 비판—에는 의심의 여지가 없다.[106] 「유대인 문제에 관하여」는 본질적으로—브루노 바우어와의 논쟁이라는 글 형식의 저변을 보면—"근대 시민사회", 다시 말해 **부르주아 사회**(그 말의 현재적 의미로서) 전체, 그리고 그것의 철학적 전제, 정치 구조와 경제적 기반 전체에 대한 급진적 비판이다.

(a) 부르주아 자유주의의 법률적·철학적 이데올로기에 대한 비판. 그 이데올로기는 시민의 권리와는 분리된 "인간의 권리"(소유 등), 말하자면 자기 일에만 매몰되어 고립된 단자로 간주되는 이기적 인간의 권리이자 서로를 결합시켜 주는 유일한 끈이 사적 이해와 "개인적"(이기적) 재산 및 권리의 보존뿐인 시민-부르주아 사회의 구성원으로서 인간의 권리를 의미한다.[107]

(b) 순수한 정치적 해방에 대한 비판. 이것은 정치적 삶을 단순히 시민-부르주아적 삶에 봉사하는 수단으로, "시민"으로서의 인간을 이기적 "부르주아"로서의 인간의 종복으로 변형시키는 "시민사회의 혁명"이다. 따라서 이런 혁명이 총체적 인간 해방과 혼동되어서는 안 된다. 또한 이런 혁명의 결과인 정치국가, 즉 시민-부르주아 사회 구성원이 영위하는 "천상의", 상상 속의 소외된 삶에 대한 비판.[108]

(c) 이기주의와 만인의 만인에 대한 전장의 영역인 시민-부르주아 사회 그 자체에 대한 비판. 그런 사회는 인간들 사이의 모든 일반적 유대를 산산조

106　오귀스트 코르뉘가 *Karl Marx and Friedrich Engels*, Vol II, pp. 323-328.에서 수행한 헤스의 논설과 「유대인 문제에 관하여」 사이의 매우 정확한 비교를 참조하라.

107　*CW*, III, 162-164.

108　*Ibid.*, 151-154; 164-166.

각 내고 그것을 이기적 욕구로 대체하여 인간 세계를 고립된 개인들의 세계로 분해시킨다.[109]

(d) 부르주아 사회*bürgerliche Gesellschaft*와 정치국가의 경제적 토대인 화폐(인간을 인간으로부터 떼어 놓는 본질이자 소외된 인간을 지배하고 인간으로 하여금 숭배케 하는 소외된 실체)와 "행상짓", 사적 소유에 대한 비판.[110]

참된 보편적 해방, 인간 해방만이 시민-부르주아 사회의 모순들을 극복할 수 있다. 그것은 만질 수 있는 개별 존재와 인류라는 일반적 존재 사이에서 일어나는 충돌의 지양*Aufhebung*이기 때문이다. 그것은 오직 "인간이 **그 자신의 힘***forces propres*을 **사회적** 힘으로 깨닫고 조직하며, 그 결과 더 이상 **정치** 권력의 형태로 스스로부터 사회적 힘을 분리시키지 않을 때에야 비로소 실현된다." 이런 총체적 해방은 분명 시민사회와 정치적 소외의 경제적 토대인 화폐, 상업, 사적 소유를 철폐하는 것을 요구한다.[111]

어떤 의미에서 이러한 명제들이 "철학적 공산주의"에 속하는 것일까? 무엇보다도, 비록 강조되는 것이 생산(프랑스 사회주의자들 사이에서 종종 관찰되는 내용)보다는 유통(화폐, 상업 등)일지라도, 부르주아 사회 비판과 심사숙고해서 나온 해결책 모두가 공산주의적 성격을 가진다는 점은 분명하다. 그러나 정치적·경제적 외양 배후에 있는 마르크스의 비판은 본질적으로 **철학적**이다. 인간의 권리, 정치적 해방, 시민사회, 화폐에 관한 커다란 죄악은 **이기주의**다. 확실히 이 문헌에서 이기주의라는 문제틀은 포이어바흐나 헤스가 이기주의에 부여한 도덕적 성격("이기주의"-"사

---

109   *Ibid.*, 155, 173.

110   *Ibid.*, 154; 170-174.

111   *Ibid.*, 168.

랑")을 품고 있지 않다. 여기서 출발점은 헤겔 그 자체다. 헤겔은 『법철학』
에서 "이해 혹은 개인들 그 자체가 그들이 이루는 결사의 목적이 된다"는
자유주의적 관점을 거부하고 "순수하고 단순한 통일은 개인들의 참된 내
용이자 목표고 개인의 운명은 보편적 삶의 영위"라고 강조한다.[112] 이런 전
제는 포이어바흐와 헤스에 의해 채택되었으나 "사랑"이라는 신기독교적
명제와 "뒤섞이게" 되었다. 그에 반해 마르크스는 위의 전제에 그것의 정
치적·철학적 의미를 되돌려주고 그것의 도덕주의를 모두 벗겨 낸다.

> "우리는 정치적 해방자들이 시민권[*Staatsbürgertum*]과 정치적 공동체를 이른
> 바 인간의 권리를 유지하기 위한 단순한 **수단**으로 축소시키기까지 하고, 그
> 에 따라 이기주의적 시민*citoyen*이 이기주의적 인간*homme*의 종복이라고 선
> 언되며, 인간이 공동체적 존재로 행동하는 영역이 그가 부분적 존재로 행동
> 하는 영역 이하의 수준으로 격하되는 것을 본다."[113]

우리에게 강요되는 결론은 다소 놀랍게 보일 수도 있는 것이다. 그것
은, 마르크스의 부르주아 사회 비판과 그로부터 나온 그의 공산주의가 직
접적으로 헤겔주의적 기원을 갖는다는 점이다.

「유대인 문제에 관하여」가 지닌 추상적이고 "철학적인" 성격은 단순
히 그 문헌에 **담긴** 내용에서 비롯된 것이 아니라 그것에 **담겨 있지 않은**
내용에서 나온다. 헤스와 마찬가지로 마르크스는 인간 해방의 임무를 사
회의 어떤 구체적 계급에게도 할당하지 않는다. 프롤레타리아트는 부재
한 상태이다. 글의 모든 곳에서 말하고 있는 것은 "인간"이다. 이런 의미에

---

112   Hegel, *Philosophy of Right* (Oxford: 1965), p. 156.

113   *CW*, III, 164.

서 『독불연보』의 두 번째 논설 「헤겔 법철학 비판 서설」에서야 비로소 마르크스는 포이어바흐의 인간주의에서 혁명적 프롤레타리아의 공산주의로 가는 도상에서 중요한 일보 전진을 이루게 된다.

b) 「헤겔 법철학 비판 서설」

이 논설의 구조는 마르크스가 지나온 정치적·철학적 여정, 다시 말해 "머리"가 "몸"을 찾듯 비판적 사유가 구체적 토대를 찾는 과정을 삽화처럼 묘사한 것과 다를 바 없다. 바우어와는 달리 그 출발점은 "비판은 더 이상 목적 그 자체가 아니라 오직 수단으로서만 나타난다"고 말하는 순간이다. 그 순간 비판은 **"백병전 속의 비판"**이 된다.[114] 그 결과 비판은 **실천**으로 바뀐다. 즉 비판의 무기는 무기의 비판이 되고 이론은 물질적 힘이 된다. 그렇지만 그런 힘이 되기 위해서 비판적 이론은 어떤 물질적 토대, '수동적 요소'를 필요로 한다. 그것이 대중에게 스며드는 게 필요하다.

> "비판의 무기는 물론 무기의 비판을 대체할 수 없다. 물질적 힘은 물질적 힘에 의해 전복되어야 한다. 그러나 이론 또한 그것이 대중을 사로잡자마자 물질적 힘이 된다. … 혁명들은 어떤 수동적 요소, 어떤 **물질적** 토대를 필요로 한다. 이론은, 오직 그것이 그 인민의 욕구를 실현하는 것인 한에서만 인민 속에서 실현될 수 있다."[115]

다시 말해 "그 당시 혁명[종교개혁]이 수도사의 머릿속에서 시작했듯

---

114 *Ibid.*, 177-178.

115 *Ibid.*, 182-183.

이 이제는 혁명이 **철학자**의 머릿속에서 시작한다." "그러나 독일 사상의 요구들과 독일 현실의 대답들 사이의 막대한 불일치가 그것에 상응하는 시민사회와 국가 사이 그리고 시민사회 그 자체 내의 불일치에 필적할 수 있을까?"[116] 이 「서설」의 후반부 전체는 그러한 질문에 답하고 시민사회의 모순들 속에서 혁명적 사상을 위한 물질적 토대 역할을 할 수 있는 하나의 사회 계급을 발견하려고 노력한다.

이 글의 전반부는 크로이츠나흐에서 쓴 것으로 보이고, 이때 용어법은 여전히 애매하다("대중", "인민"). 그러나 후반부에는 이미 파리에서의 흔적이 있다. "프롤레타리아트"가 마르크스의 저술에서 처음으로 등장한다. 후반부에서 마르크스는 자신의 여정을 추적한다. 물질적 수단을 찾던 혁명적 철학은 처음에는 독일 부르주아지에게로 눈을 돌렸다. 그러나 이내 독일에서는 어떤 "특수한 계급"도 "자신을 사회의 부정적 대표로서 드러낼 수 있는 일관성, 엄격함, 용기, 혹은 무자비함"을 지니고 있지 않다는 것을 알게 된다. 그들이 결여하고 있는 것은 무엇보다도 "적에게 **나는 아무 것도 아니다. 그렇기 때문에 나는 모든 것이어야 한다**고 도전적인 말을 내던지는 혁명적 대담성"이다.[117] 여기서 마르크스는 자신의 1842년 경험을 요약하고 독일 부르주아의 비겁함을 프랑스 제3신분의 배짱과 비교한다. "나는 아무 것도 아니다."라는 인용구는 분명 시에예스의 『제3신분이란 무엇인가?』 책머리에 나오는 말이다. 그렇지만 마르크스는 옛 말을 적어 놓는 데 그치는 것이 아니라 1789년 프랑스 부르주아지와 1844년 독일 부르주아지 사이의 이런 차이에 대해 **설명**하고자 한다. 그가 제공하는 설명은 **연속 혁명** 이론에 관한 최초의 개요를 구성한다.

---

116   *Ibid.*

117   *Ibid.*, 185.

"시민사회의 모든 부문은 승리를 축하하기도 전에 패배를 겪고, 자기가 직면한 한계를 극복하기도 전에 자기만의 고유한 한계를 발전시키며, 자신의 관대한 본질을 내세우기도 전에 편협한 본질을 내세우게 된다. 그런 까닭에 위대한 역할을 맡을 기회 자체가 매번 손에 들어오기도 전에 사라지고, 그런 까닭에 모든 계급은 일단 그들이 그들 위에 있는 계급에 맞서 투쟁을 시작하려 하면, 그들 밑에 있는 계급에 맞선 투쟁에 휘말리게 된다. 따라서 대공은 왕에 맞서, 관료는 귀족에 맞서, 부르주아는 그들 모두에 맞서 투쟁하고 있으며, 한편 프롤레타리아트는 이미 부르주아지에 맞서 투쟁을 시작하고 있다. 중간계급이 자신의 입장으로부터 해방되는 것을 생각하자마자 사회 조건의 발전과 정치 이론의 진보는 그런 입장이 구태의연해졌다고, 혹은 적어도 문제투성이라고 선언한다."[118]

마르크스는 이런 방식으로는 부분적 "정치" 혁명이 불가능함을 보여 준다. 혁명적이지 않은 부르주아지를 통해 부르주아 혁명을 달성할 수 없다. 독일 부르주아지는 역사적인 뒤처짐 때문에 고통받는 것이다. 1789년의 프랑스 동료들과는 달리 그들은 구체제에 맞서 투쟁을 시작하려고 하는 순간에 이미 프롤레타리아트로부터 위협을 받는다. 그들은 혁명적이고 대담해야 할 바로 그 순간 보수적이고 소심하게 되었다. 결국 "**급진적** 혁명이나 **보편적 인간** 해방이 아니라 부분적이고 **단순히** 정치적인 혁명, 집의 기둥은 그대로 남겨 둔 혁명이 바로 독일에서는 공상적인 꿈이다." 독일에서 "보편적 해방은 모든 부분적 해방의 필수조건이다."[119]

---

118   *Ibid.*, 185-186.

119   *Ibid.*, 184, 186. 또한 p. 187. 참조. "독일에서 **중세**로부터의 해방은 또한 오직 중세에 대한 **부분적인** 승리들로부터 해방함으로서만 가능하다. 독일에서는 그 어떤 종류의 속박도 모든 종류의 속박을 끊어 내지 않고서는 끊어 낼 수 **없다**. … 독일의 해방은 인간의 해방이다."

이러한 언급들은 「라인신문」에서 부르주아지와 동맹하면서 겪은 실망스러운 경험에 의거한 것이었고, 1848년과 1849년 사이에 일어날 사건들에 대해 거진 예언한 것이라 할 수 있다. 마르크스는 「신라인신문」에서 1842년 겪은 경험을 다시 겪게 된다. 그렇지만 결국 인민 운동을 "배신"하기에 이르는 부르주아지의 소심하면서도 머뭇거리는 타협적인 행태로 인해 1850년 그는 1844년에 자신이 수립한 연속 혁명에 관한 정식들을 부활시킨다. 「라인신문」에서 「서설」까지의 진화는, 「신라인신문」의 "민주주의적" 주제들이 1850년 3월 공산주의자동맹의 회람에서 프롤레타리아 혁명을 호소하는 것으로 이행해 갈 때 보다 집약적이고 명확하게 재생산된다.

요컨대 독일 혁명은 인간적이고 보편적이어야 한다—다시 말해 공산주의적이어야 한다(우리는 「유대인 문제에 관하여」에서 마르크스가 "인간 해방"에 부여한 의미를 살펴보았다). 그렇지 않으면 아무 것도 아닐 것이다. 그러나 그러한 혁명은 오직 시민사회의 "특수한 계급"이 아닌 **보편적** 계급인 어떤 계급에 의해서만 달성될 수 있을 터, 그 계급은 지켜야 할 특권들이 없고 자기 아래에는 아무런 계급도 존재하지 않는 계급이다. 그것은 바로 프롤레타리아트다. 프롤레타리아트에게 해방적 역할을 위한 토대를 제공하는 프롤레타리아적 조건의 본질적 특징들은 부르주아의 특징들과는 정확하게 반대되는 것이다.

(a) 프롤레타리아트는 부르주아 사회 바깥에 존재한다. 그들은 "시민사회의 계급이 아닌 시민사회의 계급이다."

(b) 그들은 그들의 "보편적 고통"으로 인하여 보편적 성격을 갖게 된다. 그들이 "그 어떤 **특수한** 권리도 주장하지 않"기 때문이며, 또 그들이 독일 국가의 결과들에 대한 "일면적 반정립antithesis"이 아니라 "독일 국가의 전제들에 대

한 전면적 반정립" 관계에 있기 때문이다.

(c) 그들은 "**근본적**radical 사슬을 가진 계급"이다. "오직 근본적 욕구의 혁명만

이 근본적 혁명일 수 있다." 프롤레타리아트는 "한마디로 인간의 **완전한 상**

실이고 따라서 인간의 **완전한 되찾음**을 통해서만 자신을 찾을 수 있다."[120]

청년 마르크스의 여정은 그 끝에 당도한다. 더 이상 자신을 목적 그 자체로 간주할 수 없게 된 비판 철학은 실천으로 몸을 돌렸다. 철학은 구체적 토대를 모색하여 부르주아지 속에서 그 토대를 찾았으나 이내 실망하고 말았다. 철학은 드디어 프롤레타리아트 속에서 보편적 해방의 계급과 그것의 물질적 무기를 발견했다.

프랑스 프롤레타리아트가 제공한 모범은 마르크스의 최종적 진화 단계에서 결정적이었다. 그것은 마르크스가 독일 현실에 "투사"한 하나의 전형으로 봉사했다. 그는 프랑스에서의 노동자 혁명이 독일 프롤레타리아트의 궐기를 위한 신호가 될 것이라고 믿었다. 즉 "독일 부활의 날은 갈리아의 수탉 울음소리에 의해 고지될 것이다."[121]

「서설」에서 나타나는 프롤레타리아트와 철학 사이의 관계에 관한 문제설정은 이 여정의 표현이다. 즉 공산주의로 나아가는 길, 그리고 혁명적 사상과 대중 사이의 일반적 관계에 관해 마르크스가 청년 헤겔파의 한 사람으로서 제시한 해석이다. 마르크스 입장에서 혁명은 철학자의 머리에서 먼저 태어나고, 그것은 두 번째 단계에서 노동자 대중을 장악한다. 마르크스가 망각한 것이 있다면 이는, 그가 "갈리아의 수탉 울음소리"를 미리 듣지 못한다면, 공산주의적 입장에서 "독일 부활의 날"을 공표할 수

---

120   *Ibid.*, 186; *CW*, Ⅲ, 183.

121   *Ibid.*, 187.

없을 것이라는 점이다—다시 말해 프랑스 노동자 운동이 존재하지 않았다면 마르크스나 헤세, 혹은 엥겔스나 바쿠닌, 그 누구도 1844년 무렵의 그 모습으로 존재할 수 없었다. 그리고 그것은 바로 오래지 않아 마르크스 자신이 『독일 이데올로기』에서 썼던 내용이기도 했다.

대중을 **장악한**, 그리고 "인민의 소박한 대지"[122]에 번개같이 **내리꽂힌** 이러한 **능동적인** 철학적 사유에도 불구하고, 프롤레타리아트는 그들의 고통과 욕구라는 측면에서만, "물질적 **토대**"와 혁명의 "**수동적** 요소"로서만 검토된다. 즉 그들은 철학적 사상에 의해 장악되고 "벼락을 맞는" 존재로 **놓여 있다.**

이런 전망과 이런 용어법은, 지금 다루고 있는 이 논설이 아직도 얼마나 좌파 헤겔주의와 "철학적 공산주의"라는 우주 속에 있는지를 명백히 보여준다. 이 논설은 포이어바흐의 영향력이 매우 두드러지는 저작이다. 1845년 포이어바흐와의 단절이 갖는 정치적 의의를 온전히 평가하려면 이 점이 강조될 필요가 있다. 이 문헌의 핵심 단락 하나를 통해 우리는 이러한 "수동적 프롤레타리아트"라는 주제가 형성되는 데 포이어바흐의 영향력이 어떤 역할을 했는지 이해할 수 있다. 그에 따르면 "이 [인류] 해방의 머리는 철학이요, 그 심장은 프롤레타리아트다."[123]

실제로 우리는 청년 헤겔파 일반과 특히 마르크스로부터 열정적인 환영을 받은 저작인 『철학 개혁에 관한 예비 테제』에서 **능동적**·정신적·관념론적·정치적이면서 자유로운 **머리**와 수동적·감성적·유물론적·사회적이고 고통받으면서도 "궁핍한"(그것의 욕구에 종속된) **심장**을 대조하는 이론 전

---

122   *Ibid.* "그리고 사상의 번개가 이러한 인민의 소박한 대지에 제대로 내리꽂히게 되면 **독일인**으로부터 **인류**로의 해방이 시작될 것이다."

123   *Ibid.*

반을 발견한다. 이런 모순은 철학적 수준에서 보면 **독일** 형이상학과 **프랑스** 유물론 사이의 모순이다. 그것은 "갈리아와 독일의 피"를 가진 "새로운 철학" 내에서의 종합을 통해 초월되어야만 한다.[124]

왜 이렇게 포이어바흐주의는 심장을 수동적으로 볼까? 이 문제를 살펴보면, 우리는 마르크스의 저술들에서 나오는 혁명의 심장인 프롤레타리아트의 수동성을 이해할 수 있다. 포이어바흐에 따르면 다음과 같다.

1. 심장은 열정Leidenschaft과 고통Leiden의 먹이가 된다. 심장은 **수동적**Leiden 방식으로 고통에 종속된다. (나는 이미 이 단어의 이중적 의미를 언급한 바 있다.)

2. 심장은 **욕구**다. 다시 말해 그것은 그것 바깥에 있는 존재에 의존한다. 그것을 정의하는 본질적 목적은 타자다. 그와 달리 사유하는 존재는 "자체적으로 관계를 맺고, 그 자신이 자신의 목적이며, 자기 안에 자신의 본질을 지니고 있다."[125]

3. 심장은 감성적이다. 즉 수용적이고 관조적이다. 포이어바흐는 심지어 "사상의 남성적 원리"에 대비되는 "감성적 관조의 여성적 원리"에 관해 말한다.[126]

4. 심장은 "유물론적"이다. "정신 및 사유 활동과는 구분되는 물질의 본질적 결정determination"은 "그것을 수동적 존재로 만드는 결정"이다.[127]

---

124 루게가 편집한 *Anekdota zur neuesten deutschen Philosophie und Publizistik*, Vol. 2, p. 76. (Zurich: 1843) 참고.

125 Feuerbach, *Principles of the Philosophy of the Future* (New York: 1966), p. 8.

126 앞 인용문은 *Das Wesen des Christianismus* (Berin: 1873), pp. 508-10. 뒤 인용문은 *ibid.*, p. 475.를 잘못 인용한 것이다.

127 Feuerbach, *Principles*, p. 32.

1844년 초반의 마르크스에게 파리의 프롤레타리아트는 독일의 철학적 사유에 대한 포이어바흐주의식 짝의 구체적 표현이자 "화신"으로 보였다. 자신의 "욕구"와 "고통"을 지닌 "프랑스"의 "유물론적" 심장이 **수동성**이라는 본질적 속성에 의해 정신적 활동과 대치된다.

이런 수동성이 어떤 함의를 지니는지 우리가 완전히 평가하려면, 포이어바흐가 수동성에서 실천, 즉 "수동적 실천"을 배제하지 않았다는 점에 유의할 필요가 있다. 수동적 실천을 정신의 배타적 권리인 **자기 활동**과 헷갈려서는 안 된다. 수동적 실천은 단순히 물질적 운동이자 심한 자극에 대한 순수한 반응이며, 감각적 인상(쾌락, 고통)과 욕구에 대한 **이기주의적** 반작용이기 때문이다. 이런 이유로 포이어바흐가 『기독교의 본질』에서 이기주의가 "세계에서 가장 실천적인 원리"라고 쓴 것이고,[128] 마르크스가 「유대인 문제에 관하여」에서 "실천적 필요, 자기 이익의 근거는 수동적"이라고 밝힌 것이다.[129]

포이어바흐주의식 정식에는 루게가 발전시킨 암묵적인 정치적 추론이 담겨 있다. 이 추론은 사회 영역은 이기적이고 실천적인 반면 정치는 정신적이고 능동적이라는 것이다. 마르크스는 이미 『독불연보』에 실린 논설들에서 이러한 추론을 거부했다. 그러나 그와 루게 사이의 단절은 아직 철저하지 않았다. 마르크스가 그 추론의 전제들을 승인했기 때문이다. 『전진』에 실린 논설에 와서야 비로소 그는 "수동적 프롤레타리아트"라는 관념을 버리게 되었다. 이런 루게와의 최종 단절은 즉시 포이어바흐와의 거래를 청산하는 것으로 이어졌다. 몇 달도 채 되지 않아 마르크스는 "열한 개 테제들"과 『독일 이데올로기』를 작성하게 되었다. 여기서 그는 **혁명**

---

128   Feuerbach, *The Essence of Christianity*, p. 114.

129   *CW*, III, 173.

적 실천이라는 범주를 통해 "수동적 실천"–"정신적 활동"이라는 포이어바흐주의의 딜레마를 극복하게 되었다.

이 문헌에 대한 현대의 해석가들이『독불연보』에 실린 논설들과 1845년과 1846년에 쓰인 저술들을 갈라놓는 차이를 언제나 분명히 자각하는 것은 아니다. 그들은 1843년과『독불연보』등장 사이에 거대한 단절을 위치시키고 후자에 실린 논설들에 "마르크스주의"적 의미를 부여한다. 그렇지만 노동자의 자기 해방 이론이라는 입장에서 보면 진실은 그와 사뭇 다르다. 1843년에 쓰인 수고들 및 편지들과『독불연보』사이에는 확실한 연속성이 존재한다. 큰 도약은 마르크스가 노동자 운동과 직접 접촉하게 된 **이후**인 1844년 말에 발생한다. 우리가 "도약"에 관해 사회학적 설명을 제공할 수 있는 것은 이러한 점 때문이다. 몇몇 사례가 우리에게 보여주는 바는「서설」을 훗날 "마르크스주의" 저작들(『신성가족』,『독일 이데올로기』등)에 흡수시키는 해석이, 결국 마르크스로 하여금 그가 쓴 것과는 **정확히 반대되는** 것을 말하게 만드는 것으로 끝나고 만다는 점이다.

오귀스트 코르뉘는 이 논설의 "과도적" 성격을 매우 잘 깨닫고 있었음에도, 마르크스의 사상을 요약하며 다음과 같이 썼다. "이 혁명을 완수하는 데 독일이 결여하고 있었던 것은, 현존 상황에 대한 급진적 비판에 **스스로 스며들어***penetrating itself* 그것을 작동하도록 만드는 물질적 토대인, 혁명적 대중이다."(강조는 미카엘 뢰비)[130] 각주에서 코르뉘는 마르크스의 경구를 다음과 같이 번역했다. "이론 그 자체는, 대중에게 **그것이 스며들** *it penetrates* 때 물질적 힘이 된다." 위 두 문장 사이의 차이는『독불연보』의 마르크스와 1844년 이후의 마르크스를 갈라놓는 차이이다. 한 경우는 활동이 철학적 비판 편에 서 있고, 철학적 비판은 대중에게 스며들어 그들

---

130   Cornu, *Karl Marx, op. cit.,* II, p. 282.

을 장악한다. 다른 경우는 바로 대중 자체가 자신의 혁명적 활동을 통해 의식을 획득하고 공산주의자가 되며 스스로 이론을 전유한다. 코르뉘의 "요약"은 "마르크스주의적"이지만 마르크스의 원문은 아직 마르크스주의 적이지 않다.

마르크스의 저작에서 자기 해방 이념의 중요성을 강조한 공로가 있는 루벨의 경우에도 「서설」에서 이 개념을 발견하길 바라면서 동일한 함정 에 빠진다. 이와 관련해 그는 다음과 같이 쓴다.

> "마르크스가 제시한 이러한 식의 노동자 운동 파악에서 가장 놀라운 점은, 프롤레타리아트의 계급의식을 대표하는 정당에 대한 어떠한 암시도 없다 는 점이다. 마르크스가 훗날 프롤레타리아 정당에 관해 정식화하게 되는 관 념들에 대해 우리가 이해하는 방식과 관련하여 여기에 귀중한 지침이 있다. 그는 **결코** 어떠한 정당도 노동자 계급의 "머리" 혹은 "두뇌" 역할을 할 수 있 다고 말하지 않을 것이다. 그 경우 후자가 최고 권위의 결정을 집행하기 위 한 기관으로 격하된다."[131]

우선 루벨의 이런 논평에서 가장 놀라운 점은, 이 논설에서 마르크스

---

131 Rubel, *op. cit.*, p. 102. 나는 이런 유형의 변론을 누구보다도 잘 이해할 수 있 다. 나 역시 그것을 시도했었기 때문이다. 나의 첫 번째 가설은 「서설」 이전 으로 근본적 단절을 위치시키는 것이었다. 그렇기에 나는 헛되이 다음과 같은 내용들을 찾고자 했다.

(a) 마르크스가 파리의 노동자 운동과 접촉한 시기가 1844년 2월보다 앞 선다는 증거.

(b) 서설에 있는 불편한 단락들이 어떤 "마르크스주의적" 의미를 갖는지.

이 두 가지 과제를 수행하는 데 실패한 후, 나는 가설 자체를 재고해야 하 며 단절을 『독불연보』 **이후**로 보아야 한다는 점을 깨달았다.

가 **정확히** 프롤레타리아트의 "머리와 두뇌 역할"을 하는 "권위", 다시 말해 철학(혹은 철학자)이 **존재**한다고 보았음에도 이러한 사실에 대한 어떠한 암시도 하지 않았다는 점이다. 마르크스가 무수한 말들 속에서 철학이 혁명의 **머리**라고, 혁명은 철학자의 두뇌에서 시작한다고, 프롤레타리아트는 이러한 "권위"에게는 그저 "물질적 무기", 다시 말해 집행기관일 뿐이라고 쓰지 않았던가?

「서설」의 주제들과 "노동자 계급의 머리로서 당" 이론이라는 가장 탁월한 이데올로기의 주창자(1902년에서 1904년까지의 레닌)가 파악한 것 사이에는 놀랄 만한 유사성이 존재한다. 1844년의 마르크스와 마찬가지로 『무엇을 할 것인가?』에서 레닌은 사회주의가 지식인들의 두뇌에서 태어나고, 이후 "외부로부터의 도입"을 통해 노동자 계급에게 침투한다고 썼다. 여기서 당은 마르크스의 저작에서 철학자가 한 것과 동일한 역할을 한다. 이미지 자체는 비슷하다. 즉 혁명적 사상의 "번개"가 레닌의 경우에는 "불꽃"이다. 왕성한 에너지의 중심이 현존하여 해방의 불에 "토대"와 "물질"을 제공하기는 하나 활기는 없는 대중을 발화시킨다고 가정한다는 점에서, 불꽃은 인상적인 이미지이다. 마르크스와 레닌은 혁명적 노동자 운동이 구체적으로 발전함에 따라 이런 전망을 버렸다. 그럼에도 이런 이미지가 매우 매력적인 이유는, 그것이 완전히 틀리지는 않았기 때문이다. 그것은 이론과 대중 사이의 변증법적 작용을 망각했다는 점에서 단지 불완전할 뿐이다. 일관된 혁명적 사상은 그것이 계급 자체의 문제, 열망, 투쟁으로부터 나오지 않는다면 제대로 등장할 수 없다. 위와 동일한 이미지를 차용하자면, 폭풍을 동반한 두터운 구름이 충돌해야만 번개도 칠 수 있는 법이다.

2

공산주의 혁명 이론 (1844~1846)

Ⅰ. 마르크스와 노동자 운동 (1844~1845)

마르크스의 이론과 당대 노동자 운동 사이의 관계에 대한 전통적 파악으로는 카를 카우츠키가 1908년 소책자『카를 마르크스의 역사적 업적 *Die historische Leistung von Karl Marx*』에서 개진한 것이 있다. 그에 따르면, 마르크스와 엥겔스는 "사회주의와 노동자 운동의 결합"을 가져왔는데, 이때 "사회주의"는 노동자 계급의 가장자리에서 착안된 일단의 이상향들로 이해되고, "노동자 운동"은 노동자 조직들이 순수하게 조합주의적으로 요구를 제시하는 활동으로 이해된다. 이런 전제에서 출발하여 카우츠키와 빅토르 아들러는 어렵지 않게 "사회주의는 외부로부터 노동자 계급에게로 도입되었다"고 설명하였다. 사실 카우츠키는 이미 1840년대에 사회주의자가 된 노동자들이 존재했다는 점을 인정하기도 했다. 그러나 카우츠키는 이런 노동자들은 단지 부르주아적 사회주의를 받아들였을 뿐이라고 이야기한다.[1] 엥겔스의 의견은 카우츠키와는 달랐다. 엥겔스는『공산당 선언』1890년 서문에 이렇게 썼다. "1847년에 사회주의는 부르주아 운동을, 공산주의는 노동자 계급 운동을 의미했다." 사회주의자들이 어떤 사람들이었냐 하면,

---

1   K. Kautsky, *Die historische Leistung von Karl Marx,* (Berlin: 1919).

"노동운동 외부에 서 있으면서 오히려 "교양 있는" 계급들에게 후원을 구하는 사람들이었다. 반면 노동자 계급 중 사회의 급진적 재건을 요구하고 단지 정치 혁명만으로는 충분하지 않다고 확신한 사람들이 그 당시 자신을 **공산주의자**라 불렀다. … 그리고 우리는 그렇게 이른 시기에 이미 "노동자의 해방은 노동자 계급 자신의 행위여야 한다"는 의견을 매우 단호하게 갖고 있었기 때문에, [선언에] 두 명칭 중 어느 것을 선택할지 전혀 머뭇거리지 않았다."[2]

이러한 엥겔스의 입장에 따르면, 마르크스주의적 공산주의에서 결정적인 정치적 특징들—사회 혁명과 프롤레타리아트의 자기 해방—은 이것이 "부르주아"적 사회주의가 아니라 **노동자** 집단들 및 조류들로부터 출발했다는 점이다.

마르크스는 다양한 공상적 사회주의 종파들(생시몽주의자, 오언주의자, 푸리에주의자, 카베주의자 등)이나 평등주의적 혁명 이념을 거부하고 부르주아적 박애나 왕의 기적적인 개입을 통한 사회 변화를 모색했던 "국가 사회주의자들"(루이 블랑)로부터는 공산주의 혁명을 이해하는 데 필요한 기원을 발견할 수 없었다. 그러한 이해는 "사회주의와 노동자 운동의 결합"의 산물이 아니라 1840년대 **노동자 운동 자체의 다양한 경험들에서 출발한 변증법적 종합**의 산물이었다. 또 이런 경험들은 "부르주아"적 사회주의의 영향에 의해 만들어진 것이 아니라 무엇보다 노동자 계급 고유의 전통들과 활동들에서 유래한 것이었다.

여기서 나는 1840년대 노동자 운동의 역사를 설명하지는 않을 것이다. 다만 저 운동 속에 있던 경향들에 대한 도식화된 그림 정도를 제공하

2 *CW*, XXVII, 60, 59-60.

려고 할 뿐이다. 그것은 마르크스의 이데올로기적 진화에서 "사회적 배경"으로 기여했다. 결론부터 말하자면, 나는 마르크스가 직간접적으로 알고 있던 집단과 운동 들에 대해서만 내 관심을 국한할 것이다. 그 집단과 운동 들이 확실하든 확실하지 않든 마르크스가 읽었던 것으로 보이는 역사가와 이데올로기 주창자 들의 저작들 속에서 기술되거나 옹호되었기 때문이다. 다시 말해 나는 1844년에서 1845년 사이 **마르크스가 접했을** 노동자 조직과 이데올로기 들을 묘사하고자 한다. 서론에서 내가 지적했듯이, 정치적 학설의 배경은 결코 "날 것의 상태"로 우리에게 주어지지 않는다. 예를 들어 마르크스의 혁명 이론이 형성되는 데 1840년에서 1844년까지의 기간 동안 노동자들의 공산주의가 어떤 역할을 했는지를 이해하려고 할 때 가장 중요하게 봐야 할 것은, 그 당시의 공산주의에 관해 1970년에나 나옴직한 글이 아니다. 데자미, 하이네, L. 폰 슈타인 등 마르크스가 읽고 분석하고 비판했던 저자들이 공산주의의 역할에 관해 어떻게 생각했는지가 중요한 것이다.

a) 파리의 공산주의 비밀 협회들 (1840~1844)

의심의 여지없이 마르크스는 프랑스 노동자들의 비밀 협회들에 관해 알고 있었을 뿐 아니라 공산주의적 장인들의 회합에 개인적으로 참석하기도 했다. 1860년에 그는 『포크트 씨』에서 이렇게 썼다.

> "파리에 처음으로 머물렀을 당시에 나는 프랑스 노동자 비밀결사체 지도자들 대다수뿐 아니라 그곳에서 살던 "동맹"의 지도자들과도 개인적 접촉을

수립했다. 그러나 그곳 중 어느 곳에도 가입하지 않았다."[3]

마르크스가 1844년에 남긴 증언은 훨씬 더 정확하고, 이런 노동자 모임들에 그가 깊은 인상을 받았음을 보여준다. 모임의 분위기는 「라인신문」의 "비겁한" 주주들의 회의 분위기와는 근본적으로 달랐다. 포이어바흐에게 보낸 1844년 8월 11일 자 편지에서 마르크스는 자신이 감탄하였음을 분명히 밝힌다.

---

3   CW, XVII, 79. 마르크스가 파리에 거주하는 동안 접촉했던 프랑스 비밀 협회들에는 어떤 곳이 있을까? 이 질문에는 암시와 가설을 통해서만 답할 수 있다. 가령 마르크스는 공산주의 잡지 『우애』의 편집진을 알았을 것이다. 마르크스가 파리에서 추방되었을 때 『개혁 La Réforme』과 더불어 이 잡지가 이에 항의했기 때문이다. 『우애』 1845년 3월호에 언급된 바에 따르면, "최근 경찰국장은 『전진』이라는 잡지에서 우리 두 나라 인민들 사이의 신성한 연합을 끊임없이 설파했던 독일 사회주의 문필가들을 추방했다. 그들 중에는 트레브[트리어] 출신 공산주의 철학자 샤를르 마르크스 씨가 있다." 이런 가설을 지지하는 예는 또 있다. 앞서 말한 정기간행물이 엥겔스가 마르크스에게 보낸 1846년 9월 16일 자 편지에서 다음과 같이 상당히 호의적으로 인용된다.

"『우애』에서 유물론과 유심론 사이에 엄청난 논쟁이 있었습니다. … 그러나 그 논쟁이 『우애』로 하여금 다양한 문명의 단계들과 그것이 공산주의적 방향으로 계속 발전해 갈 수 있음에 대한 매우 훌륭한 논설을 발표하는 것을 방해하지는 못했습니다." CW, XXXVIII, 66.

마르크스가 『우애』를 우호적으로 본 것에는 매우 큰 의의가 있다. 그 잡지가 **유물론적 공산주의자**와 **플로라 트리스탕의 추종자들**을 한데 집결시켰기 때문이다. 다시 말해 노동자들 속에서 존재하는 이 두 조류는 마르크스 자신의 생각과 가장 가까웠고, 이 둘이 『우애』로 뭉친 것은 일정 정도 마르크스가 그 후 달성하게 되는 이런 경향들의 종합(또 한편으로는 그것의 초월)을 미리 예견하는 것이다.

"당신은 프랑스 노동자들의 모임 중 하나에 참석해 봐야 합니다. 그러면 더
없는 신선함, 이 고생에 찌든 이들이 분출하는 고결함을 알아챌 수 있을 것
입니다. ··· 바로 우리 문명 사회의 이러한 "야만인들" 속에서 역사는 인류 해
방을 위한 실천적 요소를 준비하고 있는 것입니다."[4]

1844년 파리 비밀 협회들의 상황은 어떠했는가? 당대의 증언은 모두
파리의 프롤레타리아트 속에서 공산주의 이념들이 대규모로 확산되는
출발점이 1840년이었다는 데 동의한다.[5]

---

4 CW, Ⅲ, 355. 동일한 태도가 「1844년 수고」의 유명한 단락에서도 분명 나타
   난다. 이 단락은 아마도 포이어바흐에게 보내는 편지와 같은 시기에 작성
   되었을 것이다.

   "공산주의적 **장인들**이 서로 결사할 경우, 그들의 첫 번째 목적은 이론, 선전
   등이다. 그러나 동시에 이러한 결사의 결과로서 그들은 하나의 새로운 욕
   구—사회에 대한 욕구—를 획득하고, 수단으로 등장한 것이 목적이 된다.
   프랑스의 사회주의적 노동자들[ouvriers]이 함께하는 모습을 볼 때마다 항
   상 이러한 실천적 과정의 가장 빛나는 결과들을 관찰할 수 있다. ··· 인간
   의 형제애는 그들에게 단순한 문구가 아니다. 인간의 고귀함은 고된 노
   동을 하는 그들의 육체로부터 빛을 발해 우리를 비춘다." CW, Ⅲ, 313.

5 이 해에는 데자미, 피요가 조직한 벨빌 연회가 열렸다. 그것은 "공산당"을
   최초로 독자적이고 공개적으로 표명한 행사였다. 또한 오로지 노동자들로
   만 구성되었으며, 분명한 공산주의 강령을 지닌 "평등주의 노동자" 협회
   가 결성된 것도 바로 1840년이었다. 더 나아가 1840년에는 파리에서 진
   정한 "총파업"이 발생했다. 파업의 "주모자들"은 "공산주의 이념에 의해
   고무된" 것으로 보였다. De la Hodde, *Histoire des sociétes secrétes et du parti
   républicain de 1830 à 1848* (Paris: Julien, Lanie et Cie, 1850), p. 278. 참고.

   비밀 협회들에 침투했던 경찰 앞잡이 드 라 오드De la Hodde에 따르면, 1840년
   무렵 파리는 "공산주의에 심각하게 감염되기 시작했다." 1841년 뒤베르지에
   드 오란느Duvergier de Hauranne 같은 부르주아 자유주의 문필가들은 경보를 울
   리며 다음과 같이 진술했다. "몇 해 전만 해도 공화국의 이름으로 봉기들이 일

아마도 하인리히 하이네와 L. 폰 슈타인의 의견이 마르크스의 주목을 끌었을 것이다. 그 의견들은 1840년 이후 일어난 공산주의의 고양과 그것이 지닌 "대중운동"으로서의 성격을 보여주었다. 하이네는 마르크스가 파리에 머무는 동안 나눈 우정으로도 유명하다. 하이네는 1841년 12월 11일 「아우크스부르크 종합신문」에 통신원 보도를 한 편 썼다. 그에 따르면 파리에는 "단단한 머릿속에서 끓고 있는 절대적 평등이라는 이념이 실행되기를 바라며 오직 신호만을 기다리는 40만의 단단한 주먹들"이 존재하며, "공산주의 선전은 모든 사람이 이해하는 언어를 사용한다. 이 보편적 언어의 요소들은 굶주림, 욕망, 죽음과 같이 매우 단순하다."[6] 1843년 6월 15일에 발표된 다른 보도에서 하이네는 심지어 공산주의자들에 대해 "프랑스에서 긍정적인 주목을 받을 만한 유일한 당"이라고까지 말한다! 그리고 그는 이런 말을 덧붙인다. "조만간 이산가족이 된 생시몽주의자들 모두와 푸리에주의자들의 본부 전체가 성장 중인 공산주의 군대로 합류할 것이다."[7]

하이네에게 시인의 직관으로 남아 있던 것을 슈타인은 1842년 저작 『오늘날 프랑스의 사회주의와 공산주의*Der Socialismus und Communismus des heutigen Frankreichs*』에서 진지한 사회학적 분석으로 발전시켰다. 마르크스

어났지만, 오늘날 그 구호는 재산의 공동 소유다." 토레Thoré와 같은 민주주의 평론가들은 "파리, 리옹, 루앙 등지의 노동자들은 거의 다 많든 적든 공산주의 혹은 평등주의 분파를 신봉한다"고 주장했다. De la Hodde, *Histoiredes sociétes secrétes*, p. 267; Talmon, *Political Messianism* (London: Secker and Warburg, 1960), p. 391; Thoré, *La Vérité sur le parti démocratique* (Paris: Desessart, 1840), p. 22. 참고.

6 Heine, *Lutezia*, in *Mein Wervollstes Vermächtnis* (Zurich: Manesse Verlag, 1950), p. 256.

7 *Ibid.*, p. 278.

가 슈타인의 책을 1844년 내지 1845년까지는 연구하지 않았을 공산이 크다. 우리는 마르크스의 저술에서 그 전까지 해당 저작에 대한 언급도 그책의 주제들이 영향을 주었다는 어떤 흔적도 전혀 발견할 수 없다. 슈타인에 대한 최초의 언급은 『신성가족』에 등장한다. 『독일 이데올로기』를보면 그륀을 반대하는 데 할애된 장의 몇몇 단락에서 슈타인의 저작이 나온다. 여기서 그 책은 다음 예처럼 다소 동정적 시각으로 다뤄진다. "그륀의 날조는 슈타인의 저작보다도 훨씬 낮은 수준이다. 슈타인은 적어도 사회주의 문헌과 프랑스 사회의 실제 발전 사이의 연관을 설명하기 위해 노력했다."[8]

슈타인의 큰 공적은 사실상 프랑스 공산주의를 하나의 추상적 "원리"가 아니라 구체적인 역사적 운동으로, 새로운 계급—근대 프롤레타리아트—의 혁명적 열망의 표현임을 보여주었다는 점이다. 이 프롤레타리아트라는 요소는 "머릿수와 그들이 왕왕 보여준 용기 때문만이 아니라 그들의 단결 의식, 게다가 자신의 계획이 오직 혁명을 통해서만 실현될 수 있다고 보는 그들의 감정 때문에 위험"한 것이다.[9] 그가 헤스와 같은 "철학적 공산주의자들"로부터 비판을 받은 것은 이러한 이유 때문이었다.

슈타인에 따르면 부르주아지와 "잡화상"에 의해 철저히 거부당한 1839년의 계절단 반란(블랑키, 바르베스) 이후 새로운 시기가 시작됐다.

"그것은, 겉으로는 공화주의자들이 공산주의라는 이름을 내건 모든 것으로부터 단호하게 갈라섰다는 점에서, 내부적으로는 공산주의 운동이 이전까

---

8 *CW*, V, 492.

9 L. von Stein, *Der Socialismus und Communismus des heutigen Frankreichs* (Leipzig: O. Wigand, 1848), p. 9.

지는 결사체들의 협소한 범위 안에서 입을 다물고 있었던 반면, 1839년부 터 프랑스의 모든 곳, 모든 무소유 계급들에게서 급속한 진보를 이뤘다는 점에서, 선행했던 시기들과는 구별된다. 그리고 이 시기 이전의 공산주의가 결사체들과의 연계 속에서 등장했다면, 오늘날에는 결사체들이 공산주의 와의 연계 속에서 등장한다고 말하는 것이 적절할 것이다. 이것은 후자에게 실질적인 중요성을 부여하며 이제는 이미 아무도 이 점을 부정하지 않는다. [공산주의의—미카엘 뢰비] 모든 질문들과 문제들은 더 이상, 다른 사람들이 신봉자들의 광신적 분위기 속에서 경청해야 하는 이 사회 계급의 선택된 소 규모 집단의 업무가 아니다. 모든 사람은 이제 자신이 충분히 스스로 생각 하고 스스로 판단 내릴 수 있다고 여긴다. 공산주의 이념과 이론 들은 모든 작업장과 모든 노동자 거주지로 가는 자기 길을 찾았고, 미래에 관한 선동 은 그들 중 가장 하잘것없는 이들에게까지 영향을 끼쳐 왔다. … 마지막 반 란 이후 프롤레타리아트는 이제 자기 힘을 가져야 하고 어려운 일들을 함께 생각해서 대처해야 한다고 느꼈던 것으로 보인다."[10]

슈타인에게 이러한 발전의 첫 번째 명백한 징후는 1840년 10월 15일, 공 산주의 노동자 다르메스Darmès가 왕을 살해하려다 미수에 그친 사건이었다.

"여기서 사태는 명확해진다. 혁명의 씨앗이 뿌려졌다—저 프롤레타리아는 생각했다, 저 프롤레타리아는 행동했다, 그리고 민주주의자들이나 자유주 의자들로부터 전혀 충동질 당하지도 영향을 받지도 않았다. … 이렇게 독자 적인 프롤레타리아트가 무대에 들어서는 것은 그때까지 심지어 보수주의 자들이나 정부조차 불가능하다고 여겨 왔던 일이었다. … 사람들은 더 이상

---

10   Stein, *op. cit.*, p. 507.

다음 사실을 숨길 수 없었다. 인민 자체가 그 자신의[*eigenthümlich*] 삶을 살기 시작했다. 그들은 새로운 결사체들을 만들고 새로운 혁명을 꿈꾸며 왕이 누리는 삶에 반대해 그 손을 감히 치켜들었다. 다르메스는 "평등주의 노동자"라는 협회에 속해 있었다. 이 협회는 존재했고 그것은 광신적이었다. 그리고 어쩌면 그 수도 많고 힘도 셌을 것이다."[11]

따라서 우리는 슈타인의 분석에서 **어떤 핵심 이념들**이 등장하고 있음을 목격한다. **마르크스가 "철학적" 공산주의에서 "프롤레타리아적" 공산주의로 이행하는 과정에서 이 이념들이 미친 영향은 과소평가되어서는 안 된다. 프롤레타리아트의 혁명적 경향, 그들의 단결 의식,** (소수가 아닌) **노동자 대중의 독자적 표현으로서 공산주의 운동**이 바로 그것이다. 이런 주제들은 "공상적" 혹은 "철학적" 사회주의 문헌에는 전혀 없는 것들이었다. 마르크스는 슈타인의 책을 읽고, 또 **노동자 협회들과 직접 접촉함으로써** 그것들을 발견해야 했다.

파리의 비밀 협회들은 이데올로기적 수준이 상승했다는 의미에서나 그 구성원들의 프롤레타리아적 성격에서나 사실상 1839~40년 이래 근본적 변화를 겪었다. 물론 우리는 공산주의 협회들에 대한 경찰 보고서들에 나오는 왜곡된 진술을 거부해야 한다("대역자 무리", "범죄자들" 등). 모든 교육 작업이 협회의 모임들에서 진행됐다. 그것은 사회주의자들, 바뵈프주의자들, 공산주의자들의 잡지와 소책자 등에 대한 독서, 논평, 토론을 통해 이루어졌다. 이런 작업은 차후 작업장에서 반향을 일으켰다.[12]

---

11 Stein, *op. cit.*, pp. 509, 510, 511.

12 Tchernoff, *Le Parti Républicain sous la Monarchie de Juillet* (Paris: A. Pedone, 1901), pp. 370-371. 참고. 하인리히 하이네는 파리 노동자들 사이에서 가장 널리 읽힌

1840년 이후 공산주의 문헌의 대거 확산은 노동자 계급 외부에서 일어난 일이 아니었다. 노동자들은 공산주의 잡지들의 편집에 참여했고(예컨대 1841년 『인도주의자l'humanitaire』) 공산주의 이데올로기 주창자들은 몇몇 노동자 비밀 협회와 긴밀하게 접촉하고 있었다.[13] 이러한 이데올로기적 자기 교육 노력과 더불어 공산주의적 노동자들이 가진 "지식에 대한 갈망"은 비밀 협회들의 사회적 구조가 "프롤레타리아화"되어 가는 과정이었다. 그것은 마르크스부터 시작해 모든 관찰자들에게 충격을 주었고, 마르크스는 『신성가족』에서 이 점을 여러 차례 언급한다.[14]

책들의 목록을 제시한다. "… 옛날 로베스피에르가 한 연설들의 새 출판물, 마라의 2수sous 짜리 소책자, 카베의 『혁명의 역사』, 코르므냉의 유독한 풍자시, 부오나로티의 『바뵈프의 음모』." Heine, *Lutezia*, April 30, 1840, in *Mein Wertvollstes Vermächtnis*, p. 280.

13   이에 대한 가장 흥미로운 사례는 전적으로 노동자들로만 이루어진 '혁명적공산주의자협회'를 들 수 있다. 이 협회는 '평등주의노동자협회'로부터 갈라져 나온 조직이었다. 이들이 갈라져 나온 이유는 맹목적인 규율 및 특히 내부 **토론의 부재** 때문이었다. 새로운 협회와 유물론적 공산주의자인 데자미, 메이, 사바리, 차라생, 피요, 라오티에르 사이에서는 직접적 연계가 매우 빠르게 확립되었다. '혁명적 공산주의자' 지도부는 데자미와 피요가 조직한 벨빌 공산주의자 연회의 참석자 1,200명에 속해 있었다. De la Hodde, *La Naissance de la République* (Paris: 1850), p. 19.

14   공화주의 협회("인간의 권리 협회" 등)를 금지하는 1834년의 여러 법률 이후 비밀결사의 시대가 시작됐다. 부르주아지 혹은 "온건" 분자들은 점차 비밀결사를 그만두었다. 그런 협회들의 선두로 블랑키가 "인간의 권리 협회"의 잔해를 가지고 만든 "가족단"(1833~36)의 경우, 우리는 여전히 중간 계급들에 속한 집단들을 발견할 수 있다. "계절단"(1837~39, 블랑키, 바르베스, 마르탱 베르나르)의 경우 병사와 학생이 의심스러운 집단으로 여겨져 회원에서 제외됐다. 이 협회는 모두 노동자 계급으로 구성되었다. 드 라오드에 따르면 "당시 비밀 협회들에서 회원 자격이 거의 완전히 새로워졌다. 그들은 부르주아지의 유해 분자들로부터 신입 회원을 모집하기보다 이제 전적으로 밑바닥 인민 층에서 회원을 충원했다." 그가 부언하기를 그 계급은 "격변이 일어나도

그렇지만 이런 비밀 협회들의 회원이었던 "프롤레타리아들"이 산업
노동자라기보다는 직인 신분의 장인이었다는 점도 유념해야만 한다.[15]

잃을 것이 없다는 큰 이점을" 지니고 있다. Tchernoff, *Le Parti républicain*, p. 383; De
la Hodde, *Histoire des societés secrétes*, pp. 217-218.

이러한 프롤레타리아적 성격은 평등주의노동자협회에서 훨씬 더 분명하게
나타났다. 결사의 이름과 하부 단위의 이름("주", "월", "계절"이 아니라 "업종"
, "작업장", "공장" 등)뿐 아니라 강령 역시 전통적인 바뵈프주의적 정식화(평등
주의 사회, 인민 독재)와 더불어 노동자 계급의 대표적 요구들(법정임금, 공
제학교 등)을 포함했다. 또한 그곳의 활동은 1840년 파업과 같은 대중운동
과 연계되어 있었다. G. Sencier, *Le Babouvisme Après Babeuf* (1830-1848) (Paris: M.
Rivère, 1912), pp. 270-271.

15 나는 1838년에서 1847년 사이 공산주의 결사체 회원들의 사회적·직업적
구성을 보여주는 목록을 작성하고자 시도했다. 이 목록은 다음 집단들에
근거한다.

a) 1838년에서 1841년 사이에 체포된 몽생 미셸의 정치범들.
b) 이름이 알려진 평등주의 노동자와 혁명적 공산주의자의 지도부.
c) 벨빌 공산주의 연회(1840)에 초대된 사람들.
d) 1841년에 체포된 잡지 『인도주의자』를 창간한 사람들.
e) 1847년 체포된 "유물론적 공산주의자" 협회 회원들.

이렇게 수합한 67명의 공산주의자들 중 53명(79퍼센트)의 배경이 장인이
었다. 즉 제화공 혹은 장화 제조공 9명, 가구공 혹은 목수 6명, 인쇄공 혹
은 식자공 5명, 재봉공 4명, 주물공 3명, 보석 세공사 2명, 기계공 2명, 모자
제조공 2명, 건설 노동자 2명, 구리 세공사 2명, 양말 제조공 2명, 이발사 2
명, "노동자"(직업 미상) 2명, 판지 제조공 1명, 상감 세공사 1명, 자물쇠 제
조공 1명, 제도공 1명, 여행 안내인 1명, 도금사 1명, 요리사 1명, 시계 제조
공 1명, 제본공 1명. 14명(21퍼센트)은 중간 계급에 속했는데, 상인 5명, 언
론인 3명, 학생 2명, 변호사 1명, 관리 1명, 제조업자 1명, 교수 1명이었다.
이 목록의 출처는 A. Zevaes, "Une révoluton manquée" [1839년 5월 12일
봉기], *Nouvelle Revue Critique*, 1933; Sencier, *Le Babouvisme après Babeuf. Le premier
banquet communiste*, (le 1ᵉʳjiollet 1840). 우리가 이런 인물들을 "바뵈프주의자들"
로 A. 소불이 손에 넣은 사람들(파리의 『인민의 호민관*Tribun du Peuple*』 구독
자들에 근거함)과 비교한다면, 우리는 혁명력 4년의 바뵈프주의와 1840

이데올로기 수준에서 비밀 협회들 안에 지배적인 두 가지 조류는 신바뵈프주의(부오나로티)와 "유물론적" 공산주의(데자미)였다. 마르크스는 아마도 1844년 무렵에 『바뵈프의 음모』라는 부오나로티의 책을 공부했을 것이다. 마르크스는 『신성가족』에서 처음으로 바뵈프와 부오나로티를 언급한다. 그리고 그가 쓴 노트에 있는, 책을 준비하고자 쓴 예비 개요 속에서 우리는 이런 목록을 발견하게 된다. "사회 클럽, 에비르, 르루, 르클레르"와 더불어 "모렐리, 마블리, 바뵈프, 부오나로티." 또한 이 노트에서 우리는 1845년에 작성된, 독일어로 번역하려고 한 책들 목록 상단에서 "부오나로티, 2B"("2 Bände", 즉 2권)가 있는 것을 발견한다.[16]

바뵈프주의의 몇몇 특징들은 19세기까지 이어졌다. 실상 그 특징들은 부오나로티가 1828년에 브뤼셀에서 출간한 저작을 통해 부여한 것이었다. 이 책의 중심 주제는 1848년 이전까지 혁명 운동에 심대한 영향을 끼

년의 "신바뵈프주의" 사이에 존재하는 차이와 연속성에 대한 몇 가지 지표를 얻을 수 있다. 소불에 따르면 장인과 상점주가 『인민의 호민관』 구독자 중 72.3퍼센트를 차지했고, 하급 사무원, 공무원이 9.5퍼센트, 상인이 7.4퍼센트, 제조업자가 3.1퍼센트, 자유주의 성향의 전문 직종에 있는 사람들이 7.4퍼센트였다. (A. Soboul, "Personnel sectionnaire et personnel babouviste," in *Babeuf, Buonarroti* (탄생 200주년 기념), Societé des êtudes Robespierristes, Nancy, pp. 91-92.) 그러나 우리가 첫 번째 집단에서 "상인"인 상점주를 제하면, 장인과 소상점주가 차지하는 비율이 60.6퍼센트가 된다. 이런 변화가 일어나는 이유는 다음과 같다. 즉 18세기 **상퀼로트**가 분해되기 시작하여 "잡화상", 상인, 상점주, 소상인, 하층 사무원의 정치적 표현은 『개혁』과 르드뤼 롤랭에 의해 제공된 반면, 직인 신분의 장인들과 노동자에게 정치적 표현을 제공한 것은 공산주의였기 때문이다. 그렇다고 해서 우리가 두 현상 사이의 상대적 연속성—1796년과 1840년 사이에 존재하는 장인들의 사회적 토대와 "자코뱅-평등주의" 이데올로기의 연속성—을 망각해서는 안 된다.

16 "Marxens Notizbuch," MEGA, BD 5, 1 Abt. (1932), pp. 549-550.

쳤다. 그리고 심지어 그 후에도 (블랑키를 통해) 영향력이 지속되었다. 책의 주제는 다음과 같다.

(a) 비밀 협회의 봉기적 음모를 통한 권력 장악. 계몽된 엘리트인 음모가들에게 결정적 역할이 할당되고 성공한 폭동이 대중의 혁명적 경험을 대신한다. 부오나로티가 평등단 운동에 자신이 19세기에 수행한 음모적 활동의 몇 가지 특징들을 덧보태 실제의 평등단보다 더 "종파"적인 성격을 부여했을 수도 있다.[17] 그렇지만 노동자 운동과 비밀 협회들에게로 퍼져 나갔던 것은 바로 이런 형태의 바뵈프주의였다.

(b) 봉기의 승리 이후 자코뱅식 "혁명적 독재"의 필연성. 부오나로티는 이렇게 말한다. "프랑스 혁명의 경험, 특히 국민공회의 곤란과 동요는 내가 보기에 다음의 사실을 충분히 입증했다. 즉 불평등과 전제의 체제 아래서 자신의 견해가 형성된 인민에게는 모든 것을 재생하는 혁명의 초기에 자신의 투표로 이 혁명을 지도하고 완수해야 하는 사람을 선택할 능력이 형편없이 부족하다. 그런 어려운 임무는 현명하고 용기 있는 시민들에 의해서만 수행될 수 있다. 그들은 자신의 조국과 인류에 대한 사랑으로 충만하고 공공의 악폐들이 발생한 원인들을 오랫동안 연구해 왔기 때문에, 일반적인 편견과 악행을 뒤흔들고, 동시대인들의 식견을 능가하며, 황금과 속물적 권세를 멸시하여, 자신의 행복을 평등의 승리를 확보함으로써 불멸의 존재가 되는 것과 동일시한다."[18]

이러한 자코뱅식 독재론의 철학적 전제는 18세기 기계적 유물론자들

---

17   C. Mazauric, *Babeuf et la Conspiration pour l'Egalité,* Ed. Sociales (Paris: 1962), p. 180.

18   Buonarroti, *Conspiration pour l'Egalité, dite de Babeuf,* Ed. Sociales (Paris: 1957), p. 111.

의 명제다. 그들에 따르면 "환경, 혹은 교육이 인간의 성격과 견해를 형성한다." 이것은 다음과 같은 당연한 정치적 결론을 내포했다. 즉 현재 환경이 변화하지 않은 한 대중은 계속 타락하고 무지몽매한 상태에 빠져 있을 것이다—따라서 대중의 **위에 있는** 어떤 혁명적 세력, 입법자, 부패하지 않는 자, 혹은 부오나로티의 경우에는 "동시대인들의 식견을 능가"하고 "일반적인 편견과 악행을 뒤흔들" "현명하고 용기 있는 시민들"과 같은 엘리트가 필요하다.

비밀 협회의 이념과 "현명한 시민들"의 독재라는 이념은 동일한 이데올로기적 상부구조의 두 측면이다. 그것은 내가 이미 언급했던 높은 곳에 존재하는 구원자라는 부르주아적 신화와 노동자의 자기 해방이라는 기획 사이에 놓여 있다.[19]

(c) 사적 소유를 철폐하고 부자의 지배를 끝장내는 평등주의적 혁명에 대한 바람. 프랑스의 산업 발전과 더불어 바뵈프 시대와 1848년 사이에 이런 바람이 발전했다. "공유" 공산주의는 점차 "공동체주의적" 공산주의로 변화했고 "가난한 자"와 "부자" 사이의 대비는 "프롤레타리아"와 "부르주아" 사이의 대비로 대체되었다. 사실상 평등주의적 혁명은 중세 시대 말기부터 수세기 동안 지속된 무소유 대중의 꿈이었으나 산업 프롤레타리아트가 등장한 19세기에 들어서야 비로소 평등주의를 사회가 생산수단을 전유하는 것과 완전히 동일시하게 되었다.

---

19 1840년대의 신바뵈프주의는 이러한 의미에서 바뵈프 및 부오나로티에 비한다면 하나의 전진을 의미했다. 자코뱅 독재는 더 이상 혁명적 독재를 위한 본보기로 여겨지지 않았다. 블랑키, 데자미, 피요는 로베스피에르와 자코뱅보다는 에베르와 에베르주의자들을 자신의 본보기로 취했다.

비밀 협회들과 노동자들의 전위 속에서 관찰되던 두 번째 조류는 데자미, 피요, 게이, 샤라베, 메이 등에 의해 대표되고, 대중적 소책자와 경찰의 박해로 단명한 잡지들(『평등주의자l'Egalitaire』, 『공동체le Communautaire』, 『인도주의자』, 『우애』)을 통해 표현된 "유물론적 공산주의"였다.

우리는 1843년 마르크스가 데자미 및 그에 의해 대표되던 경향에 대해 얼마나 관심을 보였는지 살펴보았다. 『신성가족』에서 데자미와 게이는 "가장 과학적인 프랑스 공산주의자들"로 언급된다.[20] 그리고 마르크스의 노트에 적힌 이 책의 계획을 보면, "데자미, 게이"와 "『우애』, 『평등주의자』, 『인도주의자』"에 대한 언급이 존재한다. 이 노트에 포함된 책 목록에서 마르크스는 "부오나로티, 2B" 다음에 "데자미 코드, 같은 저자. 라므네 논박, 같은 저자. 『평등주의자』 2 노트."라고 썼다.[21]

데자미의 저작은 음모적 바뵈프주의와 카베의 "평화적 선전" 사이의 대립을 초월하고자 했다. 이런 입장에서 볼 때 데자미의 가장 흥미로운 저작은 『중상, 그리고 카베의 정책Calomnies et politique de M. Cabet』(1842)이다. 마르크스는 이 책을 「라인신문」 1843년 1월 12일 자 논설에서 인용했다.

이 소책자에서 데자미는 카베가 설교했던, 부자가 공산주의로 "개종"함으로써 계급의 전반적 화해를 이룬다는 신기독교적 몽상(이 이데올로기는 카베로 하여금 "부르주아"적인 공상적 사회주의에 가까워지게 했다)에 **프롤레타리아적** 공산주의의 독자적 **행동**을 대립시키며 이렇게 말한다. "부르주아지의 협력이 공동체의 승리에 필수불가결하다는 믿음은 치명적인 오류다." 그리고 나서 그는 카베가 벨빌 공산주의 연회에 참여하기를 거절한 일을 비판하며 다음과 같이 덧붙였다. "당신은 이 연회에 참석하기

---

20   CW, IV, 131.

21   "Marxens Notizbuch," *op. cit.*, pp. 549-550.

를 거부했다. … 프롤레타리아트가 자신의 선두에 몇몇 **부르주아**를, 몇몇 **저명한 이들**을 앞세우지 않고 스스로 자신만의 공산주의 깃발을 내걸고 자 하고 있기 때문에, 당신은 애당초 매우 불만스러웠던 것 같다."[22] 데자 미의 주된 관심은 이카리아인들이 제안한 "부자와 빈자 사이의 우애"와 는 달리 **프롤레타리아의 단결**이 공고해지는 것이다. "시간을 허비하지 않 고 프롤레타리아트가 단결할 수 있는 공통의 지반을 발견하여 다른 일이 진행되기에 앞서 맨 먼저 자신만의 단결을 확립하는 것이 그 어느 때보다 필요하다."[23]

그렇지만 데자미에게도 여전히 카베와 공통적인 점이 일부 있었다. 즉 선전에 무제한적인 신뢰를 보내는 것이 그것이었다. "그것이 내가 '선 전하라, 선전하라, 선전하라'를 결코 그치지 않고 외칠 것이라고 말하는 이유이다. 진실과 선전, 그리고 해방은 승리할 것이다."[24] 그는 이 주제를 모든 연설에서 반복했다. 예컨대 벨빌 연회의 건배사는 이랬다. "시민 여 러분! 모두가 잘 살게 되는 가장 빠른 길은 **평등주의 교육**입니다. 그것이 우리의 확고한 신념입니다."[25]

마지막으로, 데자미는 구원자 신화와 자코뱅 독재를 단호하게 비난했 다(반면 자신이 제2의 예수라고 생각했던 카베는 이를 칭송했다). 로베스피에르 를 "진정한 평등의 교사들"—사회 클럽, 쇼메트, 에베르, "유물론과 재산 폐 지" 지지자들—과 대비하면서, 데자미는 "모든 이의 구원은, 그 누가 되었든

---

22 T. Dézamy, *Calomnies et politique de M. Cabet. Réfutations par des faits et par sa biographie* (Paris: Prévost, 1842), pp. 4, 8.

23 *Ibid.*, p. 3.

24 *Ibid.*, p. 37.

25 *Le Premier Banquet communiste*, 1er juillet 1840, p. 5.

결코 한 사람이 아니라 오직 하나의 원리에만 의존할 수 있다"고 강조한다.[26] 그 책은 다음과 같은 열정적이고 예언적인 경고로 마무리된다.

"프롤레타리아여! 나는 바로 여러분에게 이러한 숙고들을 이야기하는 것이다. 자칭 구원자들에게 이미 천번은 **배신당하고 팔아넘겨졌고 비방당하고 고문당하며 조롱당해 온** 여러분들에게 말이다! 만약 당신들이 또다시 개인숭배에 굴복한다면, 잔혹하고 통렬한 환상을 다시 한번 경험케 될 것이다!!!"[27]

b) 파리의 의인동맹

의인동맹에 마르크스를 소개한 사람은, 마르크스 및 루게와 마찬가지로 바노 가 38번지에 거주하던 의사 모이러German Mäurer나 그렇지 않으면 의사 에베르베크August Hermann Ewerbeck였을 것이다. 그들은 파리에 있던 의인동맹의 주요 지도자들이었다. 마르크스는 1844년 4~5월경에 처음으로 의인동맹의 장인들과 접촉하였다. 이에 대해 우리가 가지고 있는 첫 번째 명백한 증거는 5월 19일 자 편지다. 루게는 자신의 어머니에게 보내는 편지에서 **이런 말을 한다.** 마르크스가 "단지 자기 당과 자기 사람을 갖고자 그(헤르베그)와 독일 장인들을 자기 편으로 끌어들였습니다."[28] 친구 프라이셔에게 보낸 7월 9일 자 다른 편지에서 루게는 이 사실을 다시 언급한다. "설명"은 좀 달랐지만 처음 편지만큼이나 "예리한" 내용이었다. "마르

---

26   Dézamy, *op. cit.*, pp. 38, 41, 42, 45.

27   *Ibid.*, p. 47.

28   Ruge, *Briefwechsel und Tagebuchblätter aus den jahre 1825-1888,* P. Nerrlich (Berlin: Weidmannsche Buchhandlung, 1886), p. 350.

크스는 이 도시의 독일 공산주의에 푹 빠졌다네. 사교성 때문일 테지. 말하자면 그들의 지루한 활동이 정치적으로 중요하다는 점을 그가 발견하는 것은 가능치 않기 때문이네."[29] 마르크스 자체로 보면,『포크트 씨』에 나오는 짧은 언급 외에 우리가 가진 유일한 증거는, 그가 포이어바흐에게 보낸 1844년 8월 11일 자 편지다. 그 편지는 우리에게 의인동맹의 공산주의적 장인들에 대한 마르크스의 공감과 유보를 보여준다. "나는 스위스, 런던, 파리의 독일 장인들이 해낸 이론적 공로들을 잊지 않고 강조하고자 합니다. 그렇지만 독일 장인은 여전히 지나치게 장인 상태에 머물러 있습니다."[30] 마지막으로, 1845년 2월 1일 자 경찰 보고서가 있다. 이 보고서는 의인동맹 파리 지부 모임에 마르크스가 "적극 참석"하고 있음을 확인시켜 준다.[31]

파리의 독일인 협회들은 프랑스 공화주의 결사체들과 더불어 진화했고 항상 그들과 긴밀한 접촉을 유지했다.[32] 1836년에 창립된 의인동맹은 곧

29　*Ibid.*, p. 359.

30　*CW*, III, 355.

31　Cornu, *op. cit.*, III, p. 7.에 나온다.

32　1830년 파리에서 망명 중인 독일 언론들의 결사체인 언론협회*Pressverein*가 만들어졌다. 그것은 프랑스 "애국언론협회"와 연계되어 있었다. 언론협회는 이윽고 독일인민협회*Deutschen Volksverein*가 되었고, 이는 '인권협회'와 연계되어 있었다. 1834년 공공결사금지법 하에서 후자가 해산되자 독일인민협회는 와해되었고, 베네데이Jacob Venedey와 슈스터Theodor Schuster가 이끄는 음모적 협회인 법외자동맹*Bund der Geächteten*이 등장했다. 전자가 이끄는 "애국적 독일인" 경향과 후자가 설교하였고, 이들과 프랑스 사회주의와 가까운 또 다른 경향 사이에 이데올로기 투쟁이 벌어졌다. 이 갈등은 인권협회를 분열시킨 것과 유사하여, 1836년의 분열로 오로지 노동자들로만 이루어진 의인동맹*Bund des Gerechten*이 구성되었다. 이러한 진화는 "가족단"과 "계절단"이라는 협회들이 겪은 일과 닮았다. 이 주제에 대해서는 다음을

신바뵈프주의 경향의 비밀 협회가 되었고, 그 회원 수는 대략 1천 명 정도 였다.[33] 그들은 계절단(블랑키, 바르베스, M. 베르나르)과는 형제적 제휴 관계 였다.[34]

빌헬름 바이틀링의 저술들은 "프롤레타리아화된" 장인들의 열망과 이데올로기적 경향을 가장 충실하게 표현한 것이다. 의인동맹은 그들의 전위를 대표했다.

마르크스는 「1844년 수고」 서문에서 "그 내용을 보았을 때 **독창적인 독일어 저작**" 중에 헤스와 엥겔스의 저작과 더불어 바이틀링의 저작―엥 겔스에 따르면 "독일 프롤레타리아트 최초의 독자적 이론 활동"[35]―을 포

참조하라. A. W. Fehling, *Karl Schapper und die Anfänge der Arbeiterbewegung bis zur Revolution von 1848,* Inaugural Dissertation, typescript, University of Rostock: 1922, pp. 41-42; A. Ewerbeck, *L'Allemagne et les Allemands* (Paris: Garnier Frères, 1851), p. 589; Engels, "On the history of the Communist League," preface to Karl Marx, *Revelations concerning the Communist trial in Cologne,* 1853, in *CW,* XXVI, p. 313.

33 *Zwei Jahre in Paris* (Liepzig: W. Jurany, 1846), p. 338.에서 루게가 내린 평가.

34 의인동맹은 1839년 5월 12일 프랑스 노동자들과 함께 "블랑키주의" 쿠데 타에 참여했다가 그 후과로 고통받았다. 주요 지도자들은 체포되어 프랑 스에서 추방당했다. 1839년에서 1841년 이후 동맹 활동의 중심지는 런 던이 되었다. 런던에는 샤퍼Karl Schapper, 몰Joseph Moll, 바우어Heinrich Bauer가 살았다. 그래도 프랑스 지부는 계속 존재하였고 에베르베크가 지부를 이 끌었다. 1836년에서 1839년 사이 의인동맹의 이데올로기는 파리 바뵈프주 의자들의 이데올로기와 매우 가까웠다. 엥겔스는 의인동맹에 관해 "원래 … 바뵈프주의를 떠올리게 하는 프랑스 노동자-공산주의의 독일인 지류"였 다고 말한다. 그리고 장 자크 피요가 쓴 『대저택도 아니고 초가집도 아니다 *Ni châteaux ni chaumières*』(1840)와 같은 저작들이 독일 장인들에게서 전반적 으로, 그리고 특히 의인동맹 회원들에게서 매우 인기가 있었다. 훗날 "이 카리아 공산주의자"였던 에베르베크의 영향력 아래서 카베의 이념 역시 의인동맹 안에서 일정한 영향력을 갖게 되었다.

35 *CW,* XXVI, 315.

함시켰다.[36] 바이틀링에 대한 마르크스의 관심과 찬사는『전진』에 실린 논설을 보면 훨씬 더 명백하다. 이 글에서 마르크스는 바이틀링의 "빛나는 저작들", "독일 노동자들에 의한 이렇게 열렬하고 빛나는 문필 데뷔", "프롤레타리아트의 이렇게나 거인 같은 **아이 신발**" 등이라고 쓴다.[37]

재단사였던 바이틀링은 진정한 "유기적 지식인"이었고, 포이어바흐의 말마따나[38] "그가 속한 신분의 예언가"였다. 바이틀링의 작업은, 그것이 보인 빛나는 직관과 공상적인 한계라는 점에서 모두 1840년대 독일의 직인 출신 장인들의 "이데올로기적 우주"를 반영한 것이었다. 그의 첫 번째 저작『존재와 당위로서 인류』(1838)는 의인동맹 중앙위원회의 요청에 따라 재산공유제의 가능성을 입증하고자 하는 회원들의 욕망을 충족시키고자 작성된 것이었다. 그는 두 번째 저작『조화와 자유의 보증』(1842)에서 다음과 같이 썼다. "이 저작은 내 것이 아니라 모두의 것이다. 다른 사람들의 도움이 없었다면, 나는 그것을 완성할 수 없었을 것이다. … 나는 이 저작 안에 내 형제들의 모든 물질적·정신적 힘을 그러모았다."[39]

『조화와 자유의 보증』은 의심의 여지없이 바이틀링의 가장 훌륭한 책으로, 혁명적 현실주의로 가득 차 있는 동시에 공상적 메시아주의로 충만한 책이다. 노동자 운동의 이데올로기 역사에서 그것은 푸리에나 카베의 "공상적 사회주의"와 프롤레타리아적 공산주의 사이의, 차르 알렉산더 1세에 대한 호소와 자기 해방적 노동자 혁명 사이의 과도적 단계를 대변한

36　*CW*, III, 232.

37　*CW*, III, 201.

38　Fr. Mehring, *Geschichte der Deutschen Sozial-Demokratie* (Berin: Dietz Verlag, 1960), p. 107.

39　W. Weitling, *Garantien der Harmonie und der Freiheit* (Berlin: Buchhandlung Vorwärts, 1908), pp. 7, 8.

다. 그것의 모순적 성격은 그 자체로 산업화의 증대에 직면하여 프롤레타리아트화되는 장인들의 모순적이고 불안정하며 동요하는 상황에서 비롯된 것이다.

이 책의 "혁명적 측면"은 『조화와 자유의 보증』에 나오는 다음 주제들에서 표현된다.

(a) 사물의 현재 상태는 그 태내에 그것의 혁명적 파괴의 원인을 품고 있다. "존재하는 모든 것은 그 태내에 혁명의 씨앗과 영양분을 품고 있다."[40]

(b) 진보는 오직 혁명을 통해서만 가능하다. "그 어느 곳에서고 간에 우리가 저 사람들[권력과 돈을 소유한 사람들]이 이성에 귀 기울이는 것을 본 적이 있는가? 역사에 물어보라. 만약 그렇게 해 본다면, ··· 영국, 프랑스, 스위스, 아메리카, 스페인, 스웨덴, 노르웨이, 네덜란드, 벨기에, 그리스, 터키, 아이티 및 모든 나라에서 정치적 자유가 증진된 것은 모두 혁명 덕분이다."[41]

(c) 혁명은 대중의 이해에 기반을 둬야 하기 때문에 정치 혁명이 아니라 사회 혁명이어야 한다. "일부 속물 정치인들은 정치 혁명이 먼저 와야 한다고 말한다. ··· 나는 답한다. 만약 우리가 우리 자신을 희생해야 한다면, 그 일을 가장 필요한 것을 위해, 우리와 사회를 위해 하는 것이 더 나을 것이다. ··· 그[독일 농민]는 공화국이 무엇인지 거의 알지 못한다. ··· 만약 그가

---

40 Weitling, *op. cit.*, p. 248.

41 Weitling, *op. cit.*, p. 226. 이것은 이미 『존재와 당위로서 인류』에서 제시된 견해다. "여러분이 여러분의 적들과 협상을 통해서 뭐라도 얻어 내는 데 성공할 수 있으리라 믿어서는 안 될 것이다. 여러분의 희망은 오로지 여러분의 칼에 달렸다. ··· 사회 개혁 계획에 관한 최상의 저작은 우리의 피로 쓰일 것이다." Weitling, *Die Menschheit, wie sie ist und wie sie sein sollte* (Paris: 1838), pp. 31-32.

자신의 이해가 관련되어 있다는 점을 안다면, 그는 운동의 편으로 쟁취
될 수 있다. 우리는 오직 인민 대중의 이해를 통해서만 그들을 쟁취할 수
있다."[42] 그리고 인민은 승리했을 때 끝까지 가기를 바라지 반쪽짜리 조
치들에 머뭇거리지 않을 것이다. "영국만큼 지독한 상황이 모든 나라들
에서 벌어진다고 상상해 보라. 사회 혁명이 이러한 상황에서 발발한다고
상상해 보라. 승리한 인민이 진보적 조치들에 만족할 것인가?"[43] 마지막
으로, 다가올 사회 혁명은 "여러가지 뒤섞인 본성"을 가질 것이다. 그것은
물리적 폭력과 "정신적 폭력"을 모두 사용할 것이고, 유럽에서 "최후의 [혁
명적] 폭풍"이 될 것이다.[44]

　　혁명적 전망과 공상적 경향 사이의 연결고리를 제공하고, 따라서 전체
적으로 일정한 일관성을 제공하는 주제는 자코뱅-바뵈프주의에서 기원한
것이었다.

"통상적인 충고처럼 우리가 모두 적당히 계몽*aufgeklärt*될 때까지 기다리기를
바라는 것은 문제를 모두 방기한다는 것을 의미한다. 적어도 사적 이해들 간
에 사회의 불평등 및 갈등이 계속되는 한, 결코 모든 인민이 동등한 정도의 계
몽에 이르지 못할 것이기 때문이다."[45]

이것은 단지 "인민의 무지몽매"라는 낡은 주제의 변종에 불과하다. 여

42　Weitling, *Gaerantien*, pp. 246-247.

43　*Ibid.*, p. 231.

44　*Ibid.*, p. 247.

45　*Ibid.*, p. 247.

기서 인민은 평등의 체제가 수립된 후에도 계몽되지 않을 것이다. 이런 이데올로기는 이카리아 공산주의와는 지독히 대립되는 것이다. **그러나 이들 모두 18세기로부터 물려받은 동일한 "계몽" 관념, 즉 이론적이고 순종적인 도제 기간으로써의 "인민의 교육"을 견지한다.** 부오나로티와 바이틀링은 현존 체제 하에서는 그러한 "교육"으로 인민을 계몽하는 것이 가능하지 않다고 보았다. 반면 카베는 "평화적 선전"을 맹목적으로 신뢰했다. 그러나 그들 모두 **"계몽"을 실천을 통한 의식의 획득이 아니라 "훈련" 의 산물이라고 이해한다.**

혁명은 의식적 프롤레타리아트의 작업이 아니기 때문에, 온갖 자코뱅적 혹은 메시아주의적 사변들로 가는 길이 열리게 된다. 바이틀링은 혁명적 상황에 있는 인민을 "주인"이 "능숙하게 작동시켜야" 하는 "기계"에 비견했다. 그리고 "노동자들을 조직하는 독재자"와 "자신의 군대를 지휘하는 공작"을 같은 위치에 놓는다.[46] 요컨대 왜 혁명이 군주의 작업이면 안된다는 것인가? 바이틀링은 그러한 사태가 전혀 불가능하다고 보지 않는다. 그리고 그러한 가능성을 뒷받침하기 위해 다음과 같이 역사로부터 한 가지 사례를 불러낸다. "스파르타에서는 왕들이 두 번이나 재산공유제를 도입했다. 3천 년 동안 그들의 사례를 따르고자 한 어떠한 이도 발견되지 않았더란 말인가?"[47]

마지막으로 우리는 『조화와 자유의 보증』에서 공상적 사회주의의 모든 메시아적 몽상들, 라므네, 카베, 생시몽 등등의 모든 "신기독교적" 주제들을 발견한다. "첫 번째 메시아의 가르침을 완수하기 위해 두 번째 메시아가 올 것이다. 그는 낡은 사회질서의 부패한 구조를 파괴하고, 눈물의

---

46   *Ibid.*, p. 234, 253.

47   *Ibid.*, p. 247, 258.

샘물이 망각의 바다로 흐르게 만들며, 지상을 낙원으로 바꿀 것이다."[48]

c) 차티즘

마르크스가 차티즘에 관한 정보를 처음으로 얻은 것은 바로 뷔레의 『영국과 프랑스에서 노동계급의 빈곤에 관하여De la Misère des Classes Laborieuses en Angleterre Et en France』(1840)를 통해서였을 공산이 크다. 마르크스의 1844년 노트들에는 그 책에서 가져온 수많은 발췌문이 존재한다.[49] 그렇지만 엥겔스의 저작 『영국 노동계급의 상황』(1845)이 영국 노동자 운동에 관한 그의 생각에 기준점을 제공했음이 분명하다. 이미 1844년에 마르크스는 『스위스 공화주의자Républicain suisse』와 『프랑스연보Französische Jahrbücher』, 『전진』에 실린 엥겔스의 논설들을 통해 이 저작의 중요 주제들을 알았다. 그럼에도 불구하고 마르크스는 영국에 처음 머물렀던 1845년 7~8월이 되어서야 "차티스트 좌파"의 지도자들(하비, 존스)과 직접 접촉할 기회를 가질 수 있었다.[50] 『독일 이데올로기』에는 (즉 마르크스가 영국을 방문한 후) "비판적 정신"의 공허한 노작들과 대비되는 대중적 노동자 운동의 구체적 사례로서 차티스트 당파에 대한 언급이 종종 나온다.

뷔레로부터 가져온 발췌문들이 포함된 마르크스의 노트(미출간)는

---

48   *Ibid.*, p. 253.

49   MEGA, I, 3, pp. 411-412. (여기에는 노트들에 대한 설명만 있다. 노트 자체는 암스테르담 국제사회사연구소에 소장되어 있다.)

50   D. B. Ryazanov, "Introduction to Marx and Engels," *The Communist Manifesto* (London: 1930), p. 16. 브래드포드에서 마르크스와 엥겔스에게 보낸 1845년 10월 20일 자 편지에서 베르트는 "오랜 친구 하비"에 관해 쓴다. G. Weerth, *Samtliche Werke*, Bd, 5 (Berlin: Aufbau Verlag, 1957), p. 182.

1845년 브뤼셀에서 편찬된 것으로 암스테르담 국제사회사연구소의 '마르크스-엥겔스 문서실'에 있다. 발췌문들은 주로 산업혁명이 야기한 사회 관계의 심각한 교란을 다룬다. "현대 산업 체제에서 주인과 직공 사이에는 어떠한 종류의 도덕적 유대도 전혀 존재하지 않는다. 그리고 이러한 생산의 두 주체들은 **인간**으로서 서로 완전히 소외되어 있다[강조는 마르크스]." 기계는 "생산에 동참하는 인구를 대립되는 이해를 가진 두 개의 서로 다른 계급으로 분할한다. 노동 도구의 소유자와 임금노동자 계급이 그것이다." 이러한 생산의 주체들이 "서로 고립되어 있고 서로를 잘 알지 못하고 서로에게 냉담한 적으로서 분리되어 있지는 않는가?" 결국 "노동자와 고용주 사이에는 음울한 적대감이 만연해 있어서 아주 조금의 기회만 있어도 그것이 터져 나오고 그때마다 폭력성이 배가된다."[51] 차티즘에 관한 단락들(마르크스가 읽기는 했으나 옮겨 적지는 않은 곳)은, 뷔레가 계급투쟁—그는 이를 "사회적 전쟁"이라고 부른다—과 차티스트 운동, 프롤레타리아트의 혁명적 경향 속에서 산업 발전의 불가피한 산물들을 무수히 인식했음을 보여준다.[52]

---

51   *Marx-Engels Archief*, International Institute of Social History, shelf-mark B28. 마르크스가 사용한 판본은 E. Buret, *De la mis re des classes laborieuses en Angleterre et en France, in Cours d'economie politique*, Ed. Vahlen (Brussels: 1834)이다. 발췌문들은 pp. 557, 579, 598.에 있다.

52   "선진국들에서 그들(노동자들)은 자신의 빈곤을 억압으로 여기며, 이미 그들에게는 자신들이 빈곤에서 벗어나기 위해서는 폭력에 의존해야 한다는 견해가 생겨났다." "대규모 산업국인 영국은 또한 사회적 전쟁의 나라이기도 하다. 그것은 [노동자들의] 단결로, 최근 2년간은 차티스트 연합으로 표현되었다." 뷔레는 "하층 계급들 사이에서 차티즘으로 표현되는 반란의 정신이 급격히 발전한 점"을 언급하면서 영국의 사회적 위기를 다음과 같이 "파국적"인 그림으로 그려 낸다. "이 글을 쓰고 있는 지금, 노동자와 자본가, 이 두 계급 사이의 불만과 분열이 영국에서 정점에 다다랐다. 이 상황을 목도한 이들

같은 시기 다른 노트에서 우리는 칼라일의 『차티즘』(1840)에서 가져
온 발췌문들을 발견한다. 그것 역시 산업이 유발한 새로운 사회관계, 맹
목적인 경제 기제에 맞선 노동자들의 반란, 장차 일어날 노동자 봉기라는
"파국적" 본성과 같은 주제들이다.

"그[노동자]가 어떻게 자신의 고용주와 관계를 맺는가? 우애로운 유대와 상
호 원조를 통해서인가 아니면 적대와 대립, 서로의 필요성에 따른 속박뿐인
가? … 만약 인간이 신에 대한 믿음을 잃었다면, 끔찍한 세계-증기기관처럼,
끔찍한 팔라리스의 황소처럼, 그들을 강철로 된 배 속에 가둬 버리는 숙명
과 기계라는 무신無神에 맞서 인간이 가진 유일한 방책은 희망이 있든 없든
하나다—**반란!** … 말할 줄 아는 계급들은 서로 자신을 위해 말하고 논쟁하면
된다. 깊이 매장된 거대한 농인 계급은 자신의 고통을 호소하려면 지진을
일으켜야 하는 엔켈라두스처럼 누워 있다!"[53]

엥겔스도 산업의 진보와 영국 프롤레타리아트 내에서 일어난 계급의
식의 진보 사이에 일정한 관계가 있음을 지적한다.[54]

이라면 모두 동의할 것인 바, 그것은 진정한 분리이자 내전 준비와 다름없
다." E. Buret, *op. cit.*, pp. 563-565.

53 *Marx-Engels Archief*, shelf-mark B35; T. Carlyle, *Chartism* (London: James Fraser, 1840),
pp. 12-13, 37, 89.

54 "랭커셔, 그리고 특히 맨체스터는 가장 강력한 노동조합의 소재지이자
차티즘의 중심점이고, 사회주의자들의 수가 가장 많은 곳이다. 공장 제도
가 어떤 산업 부문을 장악하면 할수록 그곳에 고용된 노동자들은 노동운
동에 더욱더 많이 참여하게 된다. 노동자와 자본가 사이의 대립이 날카
로워질수록 노동자들 속에서 프롤레타리아 의식은 더욱더 분명해진다.
… [후자는] 독자적 이해와 원칙을 가지고, 모든 재산 소유자들의 그것과

그는 1845년에 나온 자신의 책에서 차티즘이 진화해 온 역사를 묘사한다. 그 기원은, 평화 시기의 도래와 함께 급진 당파로 바뀌는 1780년대 민주주의 당파에서 시작한다. 1835년 런던노동자협회(윌리엄 러벳)의 위원회에 의해 인민헌장이 작성되었다. 헌장의 6개 조항은 "무해해 보였으나 영국 헌법 전체를 전복하기에 충분하다." 1839년에 웨일스에서 폭동 수준의 엄청난 파업들이 발생했다. 그때 차티스트들은 "신성한 달scared month"과 총파업이라는 옛 관념을 부활시켰다. 그 후 1842년 파업이 발발했고 부르주아지는 그것을 배신했다. 그 일은 버밍엄 대회(1843)에서 차티스트 프롤레타리아트가 부르주아 급진주의로부터 결정적으로 분리하게 되는 결과를 낳았다.[55] 이 파업에 관해 하이네는 차티스트와 공장 노동자들의 결합이 "어쩌면 우리 시대의 가장 중요한 현상이었다"고 말했다.[56] 엥겔스는 "특히 다음번 공황이 완전한 결핍이라는 힘을 통해 노동자들로 하여금 정치적 처방 대신 사회적 처방으로 향하게 만들 때" 차티즘과 사회주의가 함께 가는 것은 불가피하다고 생각했다. 그러나 그는 오언주의적 사회주의자들을 호되게 비판했다. 그들의 교조주의, 그들의 추상적이고 형이상학적인 경향, 그들의 박애주의적이고 "평화적인" 환상이 비판의 이유였다. 그는 이렇게 예언했다. "사회주의가 현재 형태로는 노동자 계급의 공동 신조가 결코 될 수 없다." 그와는 달리 미래는 "차티즘을 거치고, 그것의 부르주아적 요소들을 추방하며, 많은 사회주의·차티스트 지도자들의 마음속에 이미 도달해 있는 형식을 취하는 참된 프롤레타리아적 사회주의"에

는 대비되는, 사물을 바라보는 독자적 방식을 가진 하나의 독자적 계급을 형성한다." *CW*, IV, 528-529.

55   *CW*, IV, 518-523.

56   Heine, *Lutezia* (1842년 9월 17일), in M. W. *Vermächtnis, op. cit.*, p. 284.

속해 있을 터였다. 오언주의적 사회주의자들은 "원래 부르주아지로부터 생겨났으며, 그러한 이유 때문에 노동자 계급과 완전히 융합할 수 없다. 사회주의와 차티즘이 결합하는 것, 프랑스 공산주의가 영국 방식으로 재생산되는 것이 그 다음 단계일 것이며, 그것은 이미 시작되었다."[57]

이러한 언급을 통해 우리가 알 수 있는 점은, 엥겔스가 미래의 "차티스트 사회주의"를 프랑스 공산주의와의 비교 속에서 이해했다는 것이다. 그것은 슈타인이 이해했던 방식과 같다. 다시 말해 그것은 부르주아적 기원을 가진 공상적 분파와는 질적으로 다른 노동자 계급 토대와 사회주의 강령을 가진 대중운동을 가리켰다. 따라서 영국 프롤레타리아 운동에 관한 엥겔스의 분석은 프랑스에서 슈타인이 했던 것과 동일한 노선을 따랐다. 이 둘은 아마도 마르크스의 작업을 그들과 동일한 방향으로, 즉 **노동자 대중의 독자적 표현으로 간주되는 공산주의 운동**으로 이끌었을 것이다.

우리는 플로라 트리스탕의 이론을 차티즘만의 고유한 이데올로기라고 간주할 수 없다. 그렇지만 의심할 바 없이, 그는 바로 차티즘 운동과 프랑스 직인 용역 제도의 개혁 시도라는[58] 토대 위에서 노동자의 자기 조직과 자기 해방에 관한 견해를 발전시켰다.

---

57 *CW*, IV, 524-527.

58 아돌프 보예Adolphe Boyer와 아그리콜 페르디귀에Agricol Perdiguier, 피에르 모로 Pierre Moreau와 같은 노동자들의 저술 속에서 표현된 "직인 용역 체제의 남용 개혁" 운동은 여전히 장인의 정신으로 충만했다. 그러나 적어도 그것으로부터 하나의 강력한 이념이 출현했다. 그것은 노동자는 하나의 공동체를 구성하고 있고, 공동의 적에 맞서 어떠한 직업적 혹은 종파적 논쟁과도 상관없이 **단결**해야 한다는 것이었다. 다음을 참고. A. Boyer, *De l'état des ouvriers et de son amélioration par l'organisation du travail*, Dubois Editeur (Paris: 1841), pp. 48, 50; P. Moreau, *De la réforme des abus du compagnonnage et de l'émancipation du sort des travailleurs* (Paris: Prévot, 1843), p. 160; A. Perdiguier, *Le Livre du compagnonnage* (Paris: published by the author, 1840), p. 217.

플로라 트리스탕이 차티즘을 알게 된 것은, 1839년 그가 영국을 네 번째로 방문했을 때였다. 트리스탕은 『런던 산책*Promenades dans Londres*』(1840)에서 차티즘에 대한 열정적 평가를 내놓았다.[59] 그는 차티즘의 본질적인 사회적 성격과 함께 귀족뿐 아니라 "상업적 특권"과 "상점주"에 대해서도 반대하는 프롤레타리아적 대중 조직이라는 차티즘의 본성을 놀랄 만큼 훌륭하게 포착했다. 무엇보다 그는 같은 책에서 다음과 같이 썼다.

> "이런 위대한 투쟁, 사회질서를 변혁할 운명의 투쟁은—모든 것을, 부와 정치 권력을 통제하는…—재산 소유자들 및 자본가들과, 아무 것도, 땅도 자본도 정치 권력도 가지고 있지 않은 도시 및 시골의 노동자들이 서로 맞서는 투쟁이다."[60]

그로 하여금 『노동자 단결*Unoin Ouvrière*』을 쓰도록 고무한 것은 차티즘의 "정치" 강령보다는 "조직" 경험이었다.

『노동자 단결』의 두 가지 중심 주제는 다음과 같다.

---

59 "영국에서 이제껏 구성된 결사체 중 가장 무시무시한 결사체가 차티스트들의 결사체다. … 이 결사체의 가지들은 모든 곳에 뻗쳐 있다. 모든 제작소, 모든 공장, 모든 작업장에서 차티스트 노동자들을 찾아볼 수 있다. 시골 오두막집에도 차티스트들이 있다. 그리고 자신들의 미래에 대한 신념을 가진 인민들의 이러한 신성 동맹은 매일 더 크게, 더 강하게 성장하고 있다. … 예외 없이 모든 이들이 귀족적·종교적·상업적 특권의 금지를 바란다. … 절반짜리 조치로 차티스트들을 만족시킬 수 있다고는 바랄 수 없을 것이다. 그들은 귀족의 특권을 상점주에게 옮기는 것이 목적인 당파에게는 결코 신뢰를 주지 않을 것이다." *Flora Tristan's London Journal, 1840* (London: 1980), pp. 40-41.

60 *Ibid.*, p. 39.

1. 프롤레타리아트의 통일. 플로라 트리스탕은 장인들의 결사체(직인 협회, 상호부조 협회 등)를 근본적으로 비판하는 것에서부터 시작했다. 그의 비판은 페르디귀에, 모로, 고세와 같은 "개혁가들"로부터 영감을 받았으나 그들을 훨씬 더 뛰어넘었다.[61] 그는 그것들을 "**개인적 고통을 덜어 주는 것**을 유일한 목적으로 삼는 **특수한 협회**"로, "**노동자 계급의 물질적, 도덕적 처지**를 어떠한 방식으로든 변화시키거나 심지어 개선할 수도 없는 (그리고 그런 주장도 하지 않은)" 협회로 보았다. 그는 협동조합주의 역시 다음과 같이 비판했다. "노동자 계급을 작고 특수한 협회들로 분할하는 이렇게 그럴싸하나 대단찮으며 이기적이고 부조리한 조직 형태 … 노동자들을 죽음으로 내모는 파편화 체제."[62] 이러한 프롤레타리아들의 분열, 즉 "그들이 겪는 비애의 참된 원인"에 대해 플로라 트리스탕은 『노동자 단결』을 대립시킨다. 그것의 본질적 목적은 "**노동자 계급**의 간결하고 불변하는 **단결**을 창출하는 것"이다. "여러분들이 볼 수 있듯이, 노동자들이 만약 스스로 구원받기를 원한다면, 그들에게 열려 있는 단 한 가지 수단이 존재한다. 여러분은 **단결**해야 한다." "그러하기에 노동자들은 여러분들끼리의 대단찮은 경쟁은 한쪽에 제쳐 두고 여러분들의 특수한 결사들과 나란히 간결하고 견고하며 불변하는 **결합**을 형성해야 한다."[63]

2. 프롤레타리아트의 자기 해방. 플로라 트리스탕은 1789년의 부르주아 혁명과 미래의 프롤레타리아트 해방을 비교하는 것을 통해 이것을 연역했다. "사실상 부르주아는 '머리'였던 반면 인민은 그들의 '손' 역할을 했다.

---

61 F. Tristan, *Union Ouvrière* (Paris: Prévot, 1843), pp. 12-13. "나는 노동자 문필가 3명이… **일반적 결합**을 위한 계획을 제시하려고 꿈꾸지 않았다는 사실을 어떻게 평가해야 할지 알지 못한다…."

62 *Ibid.*, pp. 15-17.

63 *Ibid.*, pp. 8, 17, 18, 25.

그들은 솜씨 좋게 인민을 이용하는 법을 알고 있었다. 그에 반해 여러분 프롤레타리아들에게는 여러분을 도와줄 사람이 아무도 없다. 따라서 여러분들은 '머리'와 '손' 역할을 모두 해야 한다." 그는 노동자들의 운명에 대한 정부 당국의 무관심에서도 이것을 연역했다. "노동자들이여, 과거 25년 동안 여러분들에게 약속해 왔던 개입을 더 이상 기다리지 말자. 정부가 여러분의 운명을 개선시키는 데 직접 관여**할 수도 없거니와** 관여하기를 **바라지도 않는다**는 점을 여러분은 경험과 사실을 통해 충분히 알 수 있다. 여러분이 겪고 있는 빈곤, 슬픔, 굴욕의 미로에서 어떻게 하면 벗어날지는, 만약 여러분이 그것을 확고하게 바란다면, 전적으로 여러분에게 달렸다."[64]

슈타인은 플로라 트리스탕의 저작이 갖는 중요성을 다음의 명료하고 간결한 단락으로 요약했다.

"어쩌면 다른 개혁가들보다도 더 강력하게, 노동자 계급이 단일한 실체이고, 그들이 자신이 처한 상황에서 벗어나길 바란다면, 이러한 점을 깨닫고 공동의 목적을 향해 공동의 의지와 힘을 가지고 연대하여 행동해야 한다는 의식이 바로 그를 통해서 분명하게 나타나게 된 것이다"[65]

엥겔스는 1844년에 『노동자 단결』을 읽었으며, 『신성가족』의 짧은 단락에서 트리스탕을 "천민"으로 다루는 "비판적 비판주의"의 공격에 맞서 그를 옹호했다.[66]

---

64   *Ibid.*, pp. 4, 27.

65   In Rubel, "Flora Tristan et Karl Marx," *La Nef* (Paris: January 1946), p. 71.

66   *CW*, IV, 19. 위와 같이 말하였지만, 트리스탕의 "천민" 이론이 여전히 "공상적

d) 슐레지엔 직조공 봉기

여기서 우리는 어떤 조직이나 이데올로기가 아니라 바로 역사적 사건에 관심을 갖는다. 그것은 1844년 6월에 슐레지엔에서 일어난 직조공 봉기다. 이 봉기는 마르크스에게 "촉매"로, 이론적-정치적 전복의 계기로, 이미 그에게 파리에서의 독서와 접촉을 통해 분명해지고 있던 프롤레타리아트의 잠재적인 혁명적 경향을 구체적이고 격렬하게 보여주는 경우로 이바지했다.

니콜라예프스키와 맨헨-헬펜 등 일부 문필가들에 따르면, 마르크스는 다음과 같은 실수를 했다.

"슐레지엔 직조공들의 절망적 반란을 과대평가했다. … 이것은 자본가들에 맞선 조직된 산업 노동자들의 등장이 전혀 아니었고, 영국에서 반세기 전에 일어났던 일과 같이 기계를 부수는 절망적이고 가난에 찌든 가내 노동자들

사회주의" 색채를 많이 띠고 있었다는 점 역시 사실이었다. 오언과 콩시데랑의 푸리에주의("노동자의 궁전"), 루이 블랑("노동의 조직")의 영향력이 그의 『노동자 단결』에서 뚜렷하게 나타난다. 왕, 성직자, 귀족, "공장주", 심지어 금융가와 부르주아의 박애에 대한 전통적 호소 역시 등장한다. 『노동자 단결』의 사회 강령은 매우 막연하고("일손들의 소유", "노동의 권리") 혁명적 방법은 엄격하게 제외되었다. "1789년 이래로 **많은 정부들**이 타도되었다. 그런데 노동자들이 이러한 혁명들로부터 무엇을 얻었는가? 그 혁명들은 항상 노동자들의 희생 아래 일어나지 않았는가? … 혁명 과정에서 그들[인민]은 대단히 작은 이익을 얻었다." Flora Tristan, *Union Ouvrière*, pp. 81-87, 118-119.

막시밀리앙 루벨은 "플로라 트리스탕과 카를 마르크스"라는 논설에서 『노동자 단결』에 담긴 자기 해방이라는 주제가 마르크스에게 끼친 영향력을 강조하는데, 이는 나름 정당한 것이다. 그러나 그는 혁명, 공산주의와 같이 사소하지 않은 몇몇 "차이들"을 제쳐 놓았다. Rubel, "Flora Tristan et K. Marx," pp. 74-76.

의 거친 폭동이었다."[67]

그렇지만 마르크스가 『자본론』에서 지적했듯이 "이러한 근대 '가내 공업'은 시대에 뒤떨어진 가내 공업과는 이름 말고는 아무런 공통점이 없다." 그것이 "이제 공장의 외부 부서, 혹은 매뉴팩처 작업장, 창고로 전환되었"기 때문이다. 노동력의 착취는 "진정한 공장에서보다 근대 매뉴팩처에서 더욱 파렴치한 방식으로 수행된다."[68]

그러나 사건에 대한 간략한 분석만으로도, 이 사건이 진정 프롤레타리아와 자본가 사이의 충돌이었으며, 장인들이 기계에 반대한 "러다이트" 운동과는 달랐다는 점을 충분히 보여줄 수 있다.[69] 봉기가 목표로 삼은 것

---

67 Nicolaievsky and Maenchen-helfen, *Karl Marx, Man and Fighter* (London: 1936), p. 73. 또한 Mehring, *Aus dem literarischen Nachlass von Karl Marx, Friedrich Engels und Ferdinand Kassalle*, Bd. 2 (Stuttgart: 1902), p. 29.의 다음 내용을 참고했다. "내용과 관련해서도 그의 논쟁은 때때로 과장된 듯 보였다. 특히 슐레지엔 직조공 봉기에 관한 그의 역사적 판단이 그러했다. 그 문제에 대한 오늘날 우리의 관점과 마찬가지로, 그것을 정치적 발전에 도움이 되기보다는 방해물에 불과한 단순한 기아 폭동으로 파악했다는 점에서 루게의 판단이 좀 더 옳았다."

68 *Capital*, I, Harmondsworth (Penguin), 590-591. "가내 노동자"의 생활수준에 대해서는 pp. 595-599.를 볼 것.

69 우리는 봉기 초반에 페테르스발덴이라는 슐레지엔 지역 마을의 직조공들이 자생적으로 만든 노래 한 곡을 발견할 수 있다. 마르크스는 『전진』에서 봉기 세력의 의식 수준을 알려 주는 증거 중 하나로 이 노래를 인용한다 (*CW*, III, 201). 그리고 그 노래는 하이네의 유명한 시에 영감을 주게 된다. 그것은 자본주의적 착취에 맞선 직조공 봉기에 다음과 같이 분명한 표현을 제공한다.

이곳에서 가난한 사람을 억압하는
너희가 빈곤의 근원이다

은 **기계**가 아니라 **부르주아**였다. 무엇보다 이 봉기는 슐레지엔과 보헤미아 전역, 프라하와 심지어 베를린까지 큰 반향을 일으켰고, 1844년 6월, 7월, 8월 내내 파업과 폭동이 연이어 발생했다. 이것은 직조공 봉기가 단지 지역적 사건이 아니라 널리 퍼져 있던 감정이 폭발한 것이었음을 보여준다. 따라서 불안감을 느낀 독일 부르주아지는 곳곳에 "노동자 계급의 복지를 위한 협회"를 결성하는 데 착수했다.

메마른 빵을 그의 입에서
앗아 가는 것은 바로 너희다
…
그러나 너희의 돈과 너희의 재산은
어느 날 사라질 것이다
햇빛을 받은 버터마냥
그때가 되면 너희는 어떻게 될까?
K. Obermann, *Einheit und Freiheit 1815-1849* (Berlin: Dietz Verlag, 1950), p. 206;
Mehring, *Geschichte der Deutschen Sozial-Demokratie*, pp. 227-228. 참고.

1844년 6월 4일 츠반지거라는 제조업자(그는 기아 임금을 지불하고 있었고 이 지역에서 부자들이 자행하는 억압의 화신 같은 자였다)의 집 창문 아래서 한 무리의 사람들이 이 노래를 부르고 있자 경찰은 그중 한 사람을 체포했다. 이것은 컵에서 물이 넘치게 만든 한 방울의 물이 되었다. 그날 오후 반항적인 군중은 기업가들의 집을 약탈했고 그들의 회계장부를 파기했다. 일부는 집에 불을 지르자고 했으나 대다수는 그것을 받아들이지 않았다. "소유자들이 보상을 받을 것이기 때문"이었다. 따라서 "우리는 이번에는 그들이 파멸해서 굶주림이 무엇인지 배우기를 바란다"는 것이었다. 6월 5일, 직조공 군중 3천 명이 이웃 마을(랑엔빌라우)로 행진했고 그곳에서도 비슷한 장면이 연출됐다. 그렇지만 군대가 이 사실을 듣고 곧장 개입하여 비무장한 군중에게 발포했다. 노동자 11명이 사망하고 24명이 부상당했다. 절망한 군중은 이에 대항했고 돌과 몽둥이를 가지고 병사들을 마을에서 물러나게 만들었다. 이 승리는 오래가지 못했다. 6월 6일 보병 3개 중대와 포병 1개 중대가 도착하여 봉기를 진압했다. 생존자들은 근처 산이나 숲으로 도망쳤으나 군대는 그들을 추격했다. 결국 38명이 체포되어 중노동이라는 무거운 형을 받았다. Mehring, *Geschichte der Deutschen Sozial-Demokratie*, pp. 228-230. 참고.

파리에 있던 독일 민주주의자들은 봉기의 의의와 급진적 성격을 알아챘다. 7월 6일『전진』은, 아마도 마르크스가 정보를 얻은 출처 중 하나였을 다음과 같은 비망록을 발표했다.

> "1844년 6월 어느 날, 슐레지엔 페테르스발덴과 랑에빌라우에서 직조공 5천 명이 몽둥이와 칼, 돌 등을 깡마른 주먹에 쥐고 들고일어나서 몇 개 대대나 되는 병사들과 용감한 전투를 벌였다! 그들은 산업 군주들의 궁전을 약탈했는데, 빚 장부와 신용장을 파기하는 것 외에는 아무것도 훔치지 않았다. … 요컨대 우리 조국 독일 땅에서, 평상시에는 매우 조용한 곳이던 이곳 슐레지엔에서 처음으로 세계를 인류의 더 큰 발전으로 부득불 나아가도록 만드는 사회 변혁의 예고가 등장했다."[70]

7월 10일 하이네는『전진』에 "가난한 직조공"이라는 시를 발표했다. 이 시에서 그는 낡은 독일의 수의를 짜며 그릇된 신, 부자들의 왕, 그릇된 조국을 저주하는 노동자들을 묘사한다. 7월 13일『전진』에 또 다른 비망록이 나왔다. 이 글에서 직조공의 봉기는 "신세계의 도래를 고지하는 여명"으로 묘사된다. 결국 이 봉기를 그렇게도 얕잡아 보던 루게 자신도 7월 19일 슈탈Stahr이라는 친구에게 "슐레지엔의 **공산주의** 폭동"이라고 말하게 되었다.[71]

『전진』의 슐레지엔 통신원이 보낸 한 기사는,[72] 독일 프롤레타리아트

---

70 *Vorwärts*, Pariser Deutscher Zeitung, July 6, 1844, p. 4.

71 Ruge, *Briefwechsel, op. cit.*, p. 364.

72 *Vorwärts*, "Schlesische Zustände," December 4, 1844, p. 3. (익명의) 통신원은 다음과 같이 썼다. "나는 최근 철도 노동자들 몇몇과 이야기를 나누고서 우리 사회의 상황과 토대, 그리고 새로운 사물의 질서에 관한 원리들에 대해 그

중에서 일정 층들이 높은 의식 수준을 가지고 직조공들과 연대했을 뿐 아니라 반란자들이 조금만 더 오래 저항을 지속했더라면 이 충돌이 확산되었을 가능성이 높다는 점을 확실히 보여준다.[73]

e) 마르크스의 이론적 종합

어떤 의미에서, 마르크스의 이론적 작업 과정은 1846년에 포이어바흐를 포함한 청년 헤겔주의와 모든 연관을 명확히 단절하는 결과를 가져

들이 분명하게 파악하고 있다는 데 정말로 놀랐다." 12월 7일 자 마지막 기사에서 그는 다음을 덧붙였다. "페테르스발덴과 랑에빌라우의 분노가 단지 조만간 끝이 날 서곡의 시작일 뿐이라고 남몰래 확신하고 있을 사람도 있을지 모른다. … 유산자와 무산자, 부자와 빈자 사이의 차이가 우리 사이에서 사라지기 위해서는, 아마도 우리가 예고편으로 본 연극을 노동자 대중이 결말까지 완성하는 것이 필요할 것이다."

73 통신원은 한 철도 노동자의 진술을 (문자 그대로) 보도했다. "우리가 여기서 일을 하는 한, 우리는 생계를 꾸리는 것이다. 그러나 우리는 주로 금융가들의 이득을 위해 우리가 강탈당한다는 점을 매우 잘 알고 있다. 그들은 도시에, 시장에 있고 우리가 흘린 땀으로 잘 지내고 있다. … 우리는 우리가 건설한 기차를 이용하는 마지막 사람이 되어야 할 것이다. … 우리가 가진 유일한 이점은, 수천 명이 떼 지어 있기 때문에 우리가 서로를 알게 되었고, 그러한 오랜 상호 관계를 통해 우리 대다수가 더욱 영리해졌다는 점이다. 우리 중에서 극소수만이 낡은 우화들을 아직도 믿는다. 우리는 이제 저명인사와 부자에 대한 존경심을 전혀 갖고 있지 않다. 사람들이 감히 집에서 애써 조용히 생각하던 것을 우리는 이제 큰 소리로 말한다. 즉 부자를 부양하는 것은 바로 우리이고, 만일 그들이 일하려 하지 않는다면 우리 입장에서는 그들이 우리에게 빵을 구걸하거나 굶어 죽도록 내버려 두는 것으로 족할 것이라고. 정말로, 직조공들이 더 오랫동안 저항했다면 우리들 사이에서 시끄러운 일이 일어났을 것이다. 직조공들의 일은 기본적으로 우리 일이기도 하다. 우리도 2만 명이나 슐레지엔에서 기차 일을 하고 있기 때문에, 우리 역시 뭔가 발언을 할 수밖에 없었을 것이다." *Vorwärts*, December 4, 1844, p. 3.

왔다. 이러한 과정을 그에게서 촉발시킨 것이 바로 직조공 봉기였다. 이 과정 동안 혁명적 공산주의 운동에 관한 마르크스주의적 이해가 점차 다양한 측면에서 발전했다.

이러한 이론적 작업은 무에서부터 시작된 것이 아니었다. 그것은 유럽 노동자 운동의 실제 경향들과 그 경향들의 이데올로기적 표현들로부터 출발한 것이었다. 또 그것은 부르주아 사회와 프롤레타리아의 조건에 대한 과학적·비판적 분석에서부터 출발한 것이기도 했다. 그러한 분석은 당대 과학과 철학의 성과인 고전파 정치경제학, 공상적 사회주의자들의 "사회학" 및 헤겔의 변증법을 비판하면서도, 그로부터 도움을 받았다.

마르크스는 변증법적 종합, 단편적이고 산만하며 부분적으로 존재하는 요소들과 노동자 운동의 다양한 경험 및 이데올로기 등의 초월, 그리고 프롤레타리아의 상황에 적합한 일관적·합리적 이론의 생산을 달성했다. 그것은 다음 방식을 통해서였다.

(a) 그러한 경험과 이데올로기 등이 지닌 사회적(장인적, 소부르주아적), 민족적, 혹은 이론적 제약들을 초월함으로써

(b) 그러한 경험과 이데올로기 등을 자본주의와 부르주아 사회의 사회 경제적 현실과 대조함으로써

이러한 "보존과 초월"의 과정 속에서 역사적·구체적 출발점을 이루는 경향들이 몇 가지 있다. 즉 바뵈프주의의 혁명적 전통, 1840년대 "유물론적 공산주의"(데자미), 노동자들 스스로의 자기 조직 및 자기 해방의 노력들(차티즘, 플로라 트리스탕), 대중의 혁명적 행동과 같은 실천(차티스트 반란, 슐레지엔 직조공 봉기) 등이 그것이다.

그러나 이러한 종합은 기계론적 유물론, 장인적 유산, 음모적 습성, 자코뱅적·메시아적 경향, 소부르주아적 급진주의와의 혼동 등—요컨대 과거로부터 혹은 부르주아 이데올로기로부터 물려받았고 프롤레타리아의 조건과는 이제 맞지 않는 모든 특징—을 뛰어넘어야만 달성될 수 있었다.

다음에 비추어볼 때 마르크스의 이론이 상당 부분 시대를 앞선 것이었다는 점도 부연해야 할 것이다.

(a) 유럽 경제의 후진적 상태와 노동 대중 사이에서 숙련직의 우세.

(b) 노동자 운동의 취약성 및 조직적·이론적 미성숙.

(c) 프롤레타리아 혁명의 승리를 불가능하게 만드는 사회 계급들 간의 역관계.

II. 단절: 혁명 이론, 1844~1846

a) 「1844년 수고」

마르크스의 공산주의 이론이 발전하는 과정에서 「1844년 경제학 철학 수고」는 『독불연보』의 논설들과 비교해 보면 분명 "진보"를 의미한다. 역사와 경제학에 대해 독서하고, 파리에서 노동운동과 처음으로 접촉한 데 영향을 받아, 마르크스는 결국 공산주의에 도달했다(「1844년 수고」는 자신을 '공산주의자'라고 밝힌 그의 첫 번째 저술이다). 또한 그는 "능동 철학"이라는 청년 헤겔주의적 주제를 버렸고, 프롤레타리아트의 조건에 대한 경제학적 분석의 윤곽을 잡았다. 그럼에도 불구하고 이 문서는 여전히 많든 적든 "포이어바흐적"이다. 『기독교의 본질』에 나오는 종교적 소외 비판이라는 도식이 경제생활에 적용되었기 때문이다. 신은 사적 소유로 바뀌고, 무신론은 공산주의로 변형된다. 무엇보다 이런 식의 공산주의는 소외의 초월로서 다소 추상적 방식으로 제시되고, 혁명적 실천의 구체적 문제들은 거의 보기 어렵게 된다.

「1844년 수고」에서 프롤레타리아트는 무엇보다 "소외된 계급"으로 여겨진다. 마르크스의 분석은 "사실적 상황"을, 노동자가 자신의 노동생산물과의 관계에서 놓인 역설적 위치를 묘사한다.

> "우리는 **실제** 사실로부터 시작한다.
>
> 노동자는 더 많은 부를 생산하고 그의 생산의 힘과 규모가 더욱 증가하면 할수록 더 가난해진다. 자신이 더 많은 상품을 만들수록 노동자는 더 싼 상품이 된다. 인간 세계의 **가치 절하**는 사물 세계의 **가치 증대**와 정비례 관계에 있다."[74]

마르크스에게 이러한 현상의 본질은 **노동 소외** 과정이다.

> "이러한 사실은 단순히, 노동이 생산하는 대상─노동생산물─이 **낯선 실체**로써 생산자에게서 **독립해 있는 힘**으로써 노동에 맞선다는 점을 표현한다. … 자기 생산물에 대한 노동자의 **소외**는 그의 노동이 하나의 대상, **외재적** 존

---

[74] "노동자는 더 많이 생산할수록 더 적게 소비해야 한다. 그는 더 많은 가치를 창출할수록 더 무가치해지고 더 천해진다. 그의 생산물이 더 좋아질수록 노동자는 더 볼품없게 된다. 그의 대상이 더 문명화될수록 노동자는 더 미개해진다. 노동의 힘이 더 세질수록 노동자는 더 무력해진다. … 노동이 부자를 위해 훌륭한 물건을 생산한다는 점은 사실이다─그러나 노동자에게 노동은 궁핍을 생산한다. 그것은 궁전을 생산한다─그러나 노동자에게는 오두막뿐이다. 노동은 아름다운 것을 생산한다─그러나 노동자에게는 결함뿐이다. 노동은 노동을 기계로 대체하지만, 노동자의 일부분을 미개한 노동으로 되돌리고 다른 부분을 기계로 바꿔 놓는다." CW, III, 271-272, 273.

재가 된다는 점뿐 아니라 그것이 **그의 외부에** 독립적으로 그에게 낯선 실체로 존재하며 그에게 맞서는 자체적인 힘이 된다는 점을 의미한다. 그것은 그가 대상에 부여한 생명이 적대적이고 낯선 실체로써 그에게 맞선다는 점을 의미한다."[75]

이러한 분석은 분명 포이어바흐의 종교적 소외 비판과 동일한 구조를 띤다. 게다가 마르크스 자신도 다음과 같이 빈번히 두 가지 소외 형태 사이의 유사성을 언급한다. "그것은 종교에서도 마찬가지다. 인간이 신에게 빠지면 빠질수록 자신이 보유하는 것은 점점 더 적어진다. 노동자는 자신의 생명을 대상에 투여한다. 그러나 이제 그의 생명은 더 이상 그에게 속하는 것이 아니라 대상에 속한다."[76] 이런 유사성은 심지어 노동자로 하여금 사적 소유를 소외의 원인이 아니라 결과로 보도록 만든다. "그러나 이 개념에 대한 분석은 사적 소유가 소외된 노동의 원인으로써, 근거로써 나타나지만, 신이 **원래** 인간의 지적 혼란의 원인이 아니라 결과이듯이 사적 소유가 도리어 결과라는 것이다. 나중에 가서 이 관계는 상보적인 것으로 바뀐다."[77] 물론 이러한 비교의 타당성은 제한적이고, 마르크스는 사적 소유를 "인간의 지적 혼돈의 결과"로 간주하는 함정에는 빠지지 않았다. "종교적 소외 그 자체는 오직 **의식**, 인간의 내적 삶의 영역에서 발생한다. 그러나 경제적 소외는 현실 삶의 영역이고 따라서 그것의 초월은 양 측면을

---

75 *CW*, III, 272.

76 *Ibid.*, Feuerbach, in *The Essence of Christianity* (1854), p. 30. 참고. "신이 주체가 되면 될수록 인간은 점점 더 스스로의 주체성을 완전히 빼앗기게 된다. 신은 본질적으로 그가 양도한*entäusserte* 자아이기 때문이다."

77 *CW*, III, 279-280.

모두 포괄한다."[78]

　공산주의와 관련하여, 마르크스는 그것에 대한 자신만의 이해를 확립하기 전 시기인 1840년대에 번성했던 조야한 형태, 공상적 형태 혹은 관념적인 형태 들에 대해 평가한다.

　"조야한" 공산주의에 대한 비판은 이미 루게와의 서신 왕래 속에서 등장한다. 그런데 「1844년 수고」에서 마르크스는 이 비판을 상당히 발전시킨다. 그에 따르면 이러한 공산주의는 단지 사적 소유 관계의 **"일반화이자 완성"**이다.

> "여기서 생활과 실존의 유일한 목적은 직접적, 물리적 소유이다. 노동자라는 범주는 없어지지는 않고 모든 사람에게로 확장된다. 사적 소유관계는 사물 세계에 대한 공동체의 관계로 존속한다. 마지막으로, 이렇게 사적 소유에 보편적 사적 소유를 대립시키는 운동은 **혼인**(의심 없이 **배타적 사적 소유 형태**)에 여성이 **공동체적 공동** 소유의 일부가 되는 **여성공유제**를 대립시키는 가장 야만적 형태로 표현된다. … 이런 유형의 공산주의는—모든 영역에서 인간의 인격을 무시하기 때문에—그저 그것의 부정인 사적 소유의 논리적 표현일 따름이다. 스스로 하나의 힘이 된 일반적 **시기심**이란, **탐욕**이 단지 **또 다른** 방식으로 스스로를 재확립하고 스스로를 만족시키는 기만책이다. 사적 소유에 관한 각종 생각은 그 자체로, **적어도** 시기심이라는 형태로 **더 부유한** 사적 소유에 반대하게 되고, 재산을 평범한 수준으로 한정하려는 충동이 나타난다. … 이러한 사적 소유의 폐기가 얼마나 현실적 전유에 걸맞지 않은지는, 그것이 사실상 문화 및 문명 세계 전체에 대한 추상적 부정이자 가난하고 조야하며 욕구 없는 인간의 부자연스러운 단순성으로의 퇴보

78　*CW*, III, 297.

라는 점에 의해 증명되는 바, 그는 사적 소유를 넘어서는 데 실패했을 뿐 아니라 그것에 도달조차 하지 못했다."[79]

바뵈프주의를 겨냥했을 개연성이 가장 높은 이러한 비판은 마르크스의 향후 저술에서 재차 발견된다. 이를테면 『신성가족』에서 『공산당 선언』까지, 바뵈프의 공산주의는 항상 "조야한" 것으로 묘사된다. 그렇지만 마르크스의 이후 저작들과 비교해서 「1844년 수고」가 이러한 "조야함"에 대한 비판에 지면을 지나치게 할애한다는 점을 강조할 필요가 있다. 이것은 프랑스 공산주의에 대한 신헤겔주의자나 독일 망명자들의 반응과 쉽게 비교되는 태도이다. 포이어바흐는 자신의 "고결한" 공산주의를 "속류" 공산주의와 대비했다. 하이네는 공산주의자들에 대해 공감했지만 "그들은 단단한 손으로 무자비하게 모든 아름다운 대리석상을 박살낼 것"이라고 애석해 한다.[80] 그렇지만 마르크스는 『독일 이데올로기』에서 "진정한 사회주의자들"의 "조야한 공산주의" 비판을 조롱한다. "프랑스 공산주의는 **실제** 대립의 이론적 표현이기 때문에 명백히 '조야'하다. … 사실상 이 신사들 모두["진정한 사회주의자"]가 남다른 예민한 감각을 보여준다. 모든 것이, 특히 물질이 그들에게 충격을 준다. 또한 그들은 모든 곳에서 조야함에 대해 불평한다."[81]

「1844년 수고」는 조야한 공산주의의 대립물, 즉 "철학적 공산주의"도 비판의 목표로 삼는다. 마르크스는 "사적 소유 **관념**을 폐지하기 위해서라면 공산주의 **관념**만으로도 완전히 충분하다. 현실의 사적 소유를 폐지하

---

79   *CW*, III, 294-295.

80   Heine, *Lutèce* (preface), (Calmann-Lévy 1893), p. xii.

81   *CW*, V, 459-460.

기 위해서는 **현실에서** 공산주의적 행동을 취해야 한다"고 말한다. 심지어 수고 본문에서는 포이어바흐에 관한 열한 번째 테제의 전조가 되는 정식화를 발견할 수 있다. "우리는 어떻게 **이론적** 반정립의 해결이 **오직 실천적** 방식으로만 가능한지를 인간의 실천적 에너지 덕분에 깨닫는다. 이러한 해결은 따라서 단순히 오성의 문제가 결코 아니라 삶의 **현실적** 문제이다. **철학**은 이 문제를 해결할 수 없는데, 그 이유는 엄밀히 말해 철학이 이 문제를 단순히 이론적 문제로 이해하기 때문이다."[82]

마지막으로, 마르크스가 카베, 빌가르델 등의 공상적 공산주의를 반대하는 것이 드러난다. 그들의 공산주의는 "서로 동떨어져 있으나 사적 소유에는 반하는 역사적 현상들 사이에서… 자신을 위한 하나의 **역사적** 증거를 찾는다." 그와 달리 마르크스의 입장에서 공산주의는 정확히 사적 소유 체제 내부에 존재하는 모순들에 기반을 둔다. "혁명 운동 전체가 **사적 소유** 운동—보다 정확히 말해 경제 운동—속에서 필연적으로 그것의 경험적, 이론적 토대를 모두 발견한다는 점을 깨닫는 것은 손쉬운 일이다."[83]

따라서 조야한 공산주의, 관념론적 공산주의, 공상적 공산주의 등의 형태로부터 자신의 공산주의를 구분해낸 후, 마르크스는 그것을 한 유명한 단락에서 다음과 같이 정의한다.

"인간에 의한, 인간을 위한 **인간** 본질의 현실적 **전유**: 따라서, 사회적(즉 인간적) 존재로서 자기 자신에게로 인간의 완전한 복귀—의식적으로 완수되고 앞선 발전의 모든 부를 포괄하는 복귀—로써 공산주의 … 그것은 인간과 자연, 그리고 인간과 인간 사이의 충돌의 **진정한** 해결—존재와 본질, 대상화

---

82 *CW*, III, 313, 302.

83 *CW*, III, 297.

와 자기 확립, 자유와 필연, 개체와 유 사이의 참된 해결—이다. 공산주의는 역사의 수수께끼가 해결된 것이고, 그것은 스스로를 이러한 해결로 받아들인다."[84]

종교적 소외와 노동 소외, 신과 사적 소유 사이의 비교는 이제 "탈소외" 수준에서—무신론과 공산주의 사이의 비교로—이루어진다. 마르크스는 두 운동 사이의 역사적 연속성을 가정하는 것에서 시작한다. 즉 "공산주의는 처음부터(오언) 무신론으로 시작한다."[85] 마르크스는 이 둘의 "박애적"—아마도 어원학상의 의미로 볼 때, 이 용어를 '인간주의'와 동일한 것으로 사용하는 듯하다—성격 때문에 그것들을 동일시하는 데에 이른다. 다만 이 같은 "박애"는 무신론 입장에서는 추상적이고, "공산주의" 입장에서는 실천적이다. 즉 "무신론의 박애는 그러므로 처음에는 **철학적이고** 추상적인 박애다. 그리고 공산주의에서의 그것은 곧장 현실적이고 곧장 **행동**으로 기울어져 있다."[86] 마지막으로 그는 그것들을 부정의 부정을 통해, "매개"를 통해 실현되는 인간주의의 두 가지 형태로 간주한다. "무신론이 종교의 지양을 통해 그 자신과 매개하는 인간주의인 반면 공산주의는 사적 소유의 지양을 통해 그 자신과 매개하는 인간주의이다."[87]

이러한 매개 형태들과 마주친 마르크스는 더 높은 수준인 "실증적 인간주의"를 제시한다. "이러한 매개의 지양을 통해서—그렇지만 매개는 그

---

84   *CW*, Ⅲ, 296-297.

85   *CW*, Ⅲ, 297.

86   *CW*, Ⅲ, 297, 341. 무신론은 "이론적 인간주의의 도래"인 반면 공산주의는 "현실의 인간적 삶의 입증"이다.

87   *CW*, Ⅲ, 341.

자체로 필연적인 전제다—비로소 실증적으로 자기로부터 비롯된 인간주의, **실증적** 인간주의가 등장한다." 이러한 인간주의는 결과적으로 공산주의의 "너머"로서 등장하는데, 이것은 여전히 "부정의 부정으로, 사적 소유의 부정이라는 매개를 통한 인간 본질의 전유—그러나 아직 **참되고** 그자체로 기원한 상태라기보다는 사적 소유로부터 유래한 상태—로" 남는다.[88] 이러한 고찰은 의심의 여지없이 포이어바흐로부터 영감을 받은 것이다. 실제로 마르크스는 포이어바흐의 위대한 공적 중 하나로 그가 "스스로를 절대적 긍정이라고 주장하는 부정의 부정에 스스로에게 긍정으로 기초해 있는 자립적 긍정을 대립시킨 것"을 언급하며, 포이어바흐에 관해 다음을 강조한다.

"부정의 부정 속에 담긴 자기 긍정 및 자기 확립으로서의 긍정이라는 입장은 아직 자체적인 확인이 없는 입장으로 취해진 것이다. 그로 말미암아 그것은 그 대립물을 짐으로 지고 있고, 그 자신을 의심하여 그로 말미암아 증명을 필요로 하며, 그로 말미암아 자기 존재로써 자기 자신을 증명하는 입장에—하나의 승인된 입장에도—있지 않다. 이런 이유로 그것은 자기 자신에 기초해 있는 감각적 확실성이라는 입장과 직접적이고 즉각적으로 맞서게 된다."[89]

마르크스는 여기서 단지 『미래 철학의 원리들』을 쓴 포이어바흐의 견해를 발전시키고 있을 뿐이다.

---

88   *CW*, III, 341-342, 313.

89   *CW*, III, 328, 329.

"자기 매개적 진리는 여전히 그것의 반대 진술에 들러붙어 있는 진리다. 사
람들은 어찌되었든 나중에 지양되는 반대 진술에서부터 시작한다. 그렇지만
반대 진술이 지양되고 부정되어야 하는 것이라면, 내가 왜 즉각적으로 그것
의 부정에서부터 시작하지 않고 그것에서부터 시작해야 하는 것인가?"[90]

수많은 해석자들이 놓친 「1844년 수고」의 어떤 주제, 즉 공산주의의 "한
계"와 그것의 "초월"을 이해하기 위해서는, 이 "실증적 인간주의"라는 개념
에서 시작해야만 한다ー이는 마르크스가 후기 저술들에서는 딱 잘라 포기
하게 된 개념과 주제다. 이 「수고」에서 마르크스는 공산주의를 단순히 "참된
인간 사회"를 놓는 "혁명적 계기"로 보는 듯하다.

"공산주의는 부정의 부정으로서의 위치이고, 따라서 인간 해방과 갱생의
과정 속에서 다음 단계의 역사적 발전에 필요한 **실제** 국면이다. **공산주의**
는 머지않은 미래의 필수 형태이자 역동적 원리다. 그러나 공산주의 그
자체가 인간 발전의 목적이나 인간 사회의 형태는 아니다."[91]

마르크스는 심지어 공산주의의 "자기 초월"과 의식에 의한 그것의 "초
월"에 대해 말한다.

---

90 Feuerhabh, *Principles of the Philosophy of the Future* (Indianapolis: 1966), p. 54. 1926
    년 루카치는 모제스 헤스에 관한 주목할 만한 연구에서 어떻게 포이어바흐
    의 "즉각적 지식" 이론이 일부 청년 헤겔파의 "윤리적 공상주의에 대한 인
    식론적 정당화"였는지 보여준다. Lukács, *Political Writings 1919-1929* (London:
    1972), pp. 202, 206.

91 *CW*, III, 306.

"그것은 실재하는 사적 소유를 폐지하기 위해 공산주의적 행동을 **실제로** 취해야 한다. 역사가 그것을 인도할 것이고, 이미 우리가 **이론**적으로 자기 초월 운동으로 알고 있는 이러한 운동은 실제 현실에서는 매우 험난하고 오래 걸리는 과정이 될 것이다. 그러나 시작부터 이런 역사적 운동의 목표 뿐 아니라 그것의 제한적 성격에 대한 의식—그런 운동을 넘어서 도달한 의식—을 획득했다면, 우리는 그것을 실질적 전진으로 여겨야 할 것이다."[92]

사실상 「1844년 수고」에서는 소외된 계급 프롤레타리아트와 탈소외 운동으로써의 공산주의 사이의 관계에 대해 추상적으로 다룬 것 말고는, 노동자와 공산주의 사이의 관계 문제나 해방적 혁명의 문제에 대해서는 실질적으로 아무런 주목도 하지 않는다.

공산주의적 노동자들을 언급한 것은 오직 한 번—프랑스 노동자들의 회합들에 대해 다룬 유명한 단락—뿐이다.

"공산주의적 장인들이 서로 결사를 이룰 때, 그들의 첫 번째 목적은 이론, 선전 등이다. 그러나 동시에 이러한 결사의 결과로, 그들에게는 새로운 욕구— 협회에 대한 욕구—가 생기고 수단으로 등장한 것이 목적이 된다. 이러한 실천적 과정 속에서, 프랑스의 사회주의적 노동자들이 모여 있는 것을 볼 때마다 그것의 가장 빛나는 결과들이 관찰되는 것이다. 흡연, 음주, 식사 등과 같은 것은 더 이상 접촉의 수단이나 그들을 하나로 모으는 수단이 되지 않는다. 또 다른 결사를 목적으로 하는 결사, 협회, 대화는 그들에게는 충분하다. 인간의 형제애는 그들에게는 단순한 문구가 아니라 삶의 현실이고, 그들의 노동으로 단단해진 육체에서는 인간의 고귀함이 빛을 발한다."[93]

---

92   *CW*, III, 313.

93   *CW*, III, 313.

이러한 언급은 헤겔로부터 직접 영감을 받은 것이다. 헤겔은 『법철학』에서 이렇게 썼다. "순수하고 단일한 통일은 개인의 참된 내용이자 목적이고 개인의 운명은 보편적 삶의 영위이다."[94] 그러나 그것은 또한 다음 사실을 보여주는 바, 파리의 공산주의 운동과 처음으로 접촉한 결과 마르크스는 프롤레타리아트 속에서―사적 이해를 추구하는 원자론적 개인주의에 모든 것을 바치는 부르주아지와는 다르게―연대와 결사를 추구하는 그들의 본령, 다시 말해 이미 맹아적으로 미래 사회의 본보기를 제공하는 계급을 보았던 것이다.

b) 「프로이센 왕과 사회 개혁」(『전진』)

마르크스는 1844년 8월 파리에서 나오던 잡지 『전진』에 「논설 "프로이센 왕과 사회 개혁, 한 프로이센인이"에 대한 비판적 평주들」을 발표했다. 전반적으로 이 글의 중요성은 "마르크스학 학자들"에 의해 유독 과소평가되어 왔다. 그들 중 일부(니콜라예프스키와 맨헨-헬펜, 메링)는 심지어 슐레지엔 직조공 봉기를 부정적으로 평가한 루게와 한편에 섰다. 그러나 혁명 이론(심지어 마르크스의 전반적인 이데올로기적 진화)과 관련하여 이 논설은 중요한 의의를 지닌다. 즉 이 글은 「포이어바흐에 관한 테제」와 『독일 이데올로기』로 이어지는 지적 여정의 출발점이었다. 이를테면 이 글은 마르크스의 사상 변천에서 하나의 새로운 국면, 다시 말해 프롤레타리아트의 혁명적 자기 해방이라는 이론이 형성되는 국면을 열었다.

이 과정을 "열어젖힌" 사건은 이미 언급하였듯이 슐레지엔 직조공 봉기였다. 이 봉기가 마르크스에게 얼마나 중요했는지 평가하려면, 우리는

---

94 Hegel, *op. cit.*, p. 156.

봉기가—노동자 계급 내에, 부르주아지 내에, 심지어 왕과 관련하여—독일에 소동을 불러왔을 뿐 아니라 『독불연보』에서 제시한 "연속 혁명" 명제 역시 놀랄 만큼 확증시켜 주었다는 점을 고려해야 한다. 사실 마르크스가 프롤레타리아트야말로 독일에서 유일한 혁명적 계급이라고 예고한 후—다소 추상적인 추론에 의거했으며 모든 겉모습과는 모순되었지만(독일에는 노동운동이 부재했다)—몇 달도 채 되지 않아, 독일 노동자 계급이 역사적 무대에 입장했음을 나타내는 반란이 발생했다. 쾰른에서 게오르크 융Georg Jung이 마르크스에게 쓴 다음 편지(1844년 6월 26일)는 기본적으로 마르크스가 이 사건에 관해 생각했던 것과 일치했다.

"슐레지엔의 소요는 의심할 바 없이 그것이 우리를 놀라게 했던 것만큼이나 당신을 놀라게 했습니다. 그것은, 당신이 『독불연보』에 썼던 「헤겔 법철학 비판 서설」에서 끌어낸 독일의 현재 및 미래의 상을 교정하는 인상적인 증거입니다. … 당신 말마따나 단 몇 달 전만 해도 대담하고 완전히 새로운 구성물이었던 것이 거의 상투어처럼 빤한 것이 되어 버렸습니다."[95]

우리는 이제 마르크스가 직조공들의 운동을 열렬히 환영하면서 그것의 "이론적, 의식적 성격"을 강조한 이유를 이해할 수 있다.

"우선 **직조공의 노래**를, 저 대담한 투쟁 **호소**를 상기하라. 그 속에서 난로와 집, 공장이나 거주 지역은 한번도 언급되지 않는다. 그 대신에 그 속에서 프

---

95 *Marx-Engels Archief,* International Institute of Social History, Amsterdam, shelfmark D5. 이 편지는 국제사회사연구소에 의해 마르크스와 연결된 사회주의 서클들의 서한집에 포함되어 출판될 예정이다. 그중 일부는 Cornu, *op. cit.,* III, p. 83.에 프랑스어 번역으로 세상에 나와 있다.

롤레타리아트는 즉시 인상적이고, 날카롭고, 억제되지 않으며, 강력한 방식으로 사적 소유 사회에 대한 자신의 반대를 공포한다. 슐레지엔 봉기는 정확히 프랑스와 영국 노동자들의 봉기가 **끝난** 지점, 즉 프롤레타리아트의 본성에 대한 의식에서 **시작**한다. 그 행동 자체가 이러한 **뛰어난** 성격을 지니고 있다. 이러한 노동자들은 경쟁자인 기계뿐 아니라 소유의 자격을 나타나는 장부를 파괴하였다. 그리고 다른 모든 운동들의 목적이 일차적으로 오직 눈에 보이는 적인 **산업적 기업체의 소유주**에 맞서는 것이었던 것에 반해 이 운동은 그와 동시에 숨은 적인 은행가에 맞서고자 한다. 마지막으로, 영국 노동자들의 어떠한 봉기도 그러한 용기와 사상, 끈질김을 가지고 수행되지는 않았다."[96]

이러한 그림이 올바른 것이었든 아니면 과장된 것이었든—이 사건에 대한 나의 간략한 조사는 마르크스의 견해를 지지하는 것으로 보인다. 다만 프랑스와 영국의 반란들에 비해 이 운동이 더 우월하다고 하는 점은 예외다. 이 지점에서는 분명 열린 토론이 있어야 할 것이다—본질적으로 마르크스에게 직조공 봉기는 "능동적 사유-수동적 프롤레타리아트"라는 도식을 제외한 「서설」의 명제를 완전히 확증해 주는 의미를 지녔다. 결과적으로 이 『전진』의 논설은 슐레지엔 소요에 비추어 그 명제를 되풀이하면서도 **포이어바흐주의 도식은 버린 것**이라 할 수 있다.

우선 마르크스는 프롤레타리아트의 혁명적 대담성을 자유주의 부르주아지의 **수동성**과 비교한다. 이 주제는 『독불연보』에서의 주제와 같은 것이다. 그러나 형용사 "수동적"이 이제 부르주아지에게 사용된다. "미약한 직조공들을 처리하는 데에는 몇몇 병사들로도 족하기 때문에, 공장 및

---

96   *CW*, III, 201.

기계 파괴는 … 왕이나 당국에 어떠한 '놀람'도 일으키지 않는다"고 말한 루게에게 답변하면서[97] 마르크스는 다음과 같이 묻는다.

> "언론 자유와 헌법에 대한 자유주의 부르주아지 **전체**의 열망을 박살내는 데 **단 한 명의** 병사도 필요하지 **않았던** 나라에서, 수동적 복종이 일상사인 나라에서—그러한 나라에서 미약한 직조공들에 맞서 무장력을 전개할 필요성이 **사건이 아닐** 수 있고 **놀랄 만한** 사건이 아닐 수 있단 말인가? 무엇보다 첫 번째 조우에서는 직조공들이 승리했다. 그들은 그 후 부대가 증원되고 나서야 진압되었다."[98]

심지어 직조공 봉기는 "[부르주아지]와 프롤레타리아트 사이의 긴장되고 곤란한 관계"가 전자의 "전복 가능성과 무능"을 증가시킨다는 점을 보여준다.[99] 마르크스의 다음 결론은 분명 「서설」의 결론과—다시 말해 이론의 역할에 관한 것을 빼고는—일치한다. "독일 부르주아지의 무능이 독일의 **정치적** 무능인 것처럼, 독일 프롤레타리아트의 역량—독일의 이론은 차치하고서라도—은 독일의 **사회적** 역량을 대변하기 때문이다."[100] 그리고 마르크스는 직접 독자에게 『독불연보』에 실린 자신의 논설을 언급한다. "그는 나의 「헤겔 법철학 비판 서설」(『독불연보』)에서 이 현상을 이해하기 위한 첫 단초를 발견할 것이다."[101]

---

97 Ruge, "Der König von Preussen und die Sozialreform," *Vorwärts*, July 27, 1844, P. 4; *CW*, III, 189.

98 *CW*, III, 190.

99 *Ibid.*

100 *CW*, III, 202.

101 *Ibid.*

루게에게 슐레지엔 봉기는 실패한 것이었다. "아직까지 여전히 모든 곳에 스며드는 정치적 영혼이 전체 문제에 생기를 불어넣지 않았기" 때문이라는 것이었다.[102]—이것은 순전히 헤겔주의 입장인데, 마르크스도 1842년에는 이런 입장을 견지했다. 그렇지만 마르크스는 프랑스 프롤레타리아트가 일으킨 최초의 폭발이 패배한 이유를 그들의 정치적 환상, "그들의 정치적 오성"Verstand으로부터 설명한다. 예컨대 리옹 노동자들의 경우 그것은 "그들의 통찰을 그들의 진정한 목적으로 왜곡했고, 따라서 **정치적 오성**은 그들의 **사회적 본능을 기만했다.**"[103] 이런 방식으로 정치 혁명에 대한 사회 혁명의 우위라는 『독불연보』의 또 다른 주제가 논쟁에 들어왔다. 여기에서 마르크스는 루게에 반대하여 사회문제들에 대한 정치적 해결책은 결코 있을 수 없다는 점을 보여준다. 그는 빈곤에 반대해 국민공회, 나폴레옹, 영국 국가 등에서 취했던 모든 "정치적" 조치들이 실패했던 역사 사례를 이용한다.[104] 재차 직조공 봉기가 루게에게는 "인민이 공동체로부터 고립"되었고 "그들의 사상이 사회적 원리들로부터 분리"되어 있었던 지역적, 부분적 사건이었던 것에 반해,[105] 마르크스는 이미 「유대인 문제에 관하여」에서 세운 전제들을 발전시키면서(사회 운동들의 "인간적"·보편적 성격과 정치 혁명들의 부분적·제한적 성격) 여기서 이렇게 말한다. "**산업 노동자들**의 봉기가 제 아무리 **부분적**일지라도 그것은 그 자체 내에 **보편적** 영혼을 담고 있다. **정치적** 봉기가 제 아무리 보편적일지라도 그것은

102　Ruge, "Der König von Preussen," p. 4; CW, III, 203.

103　CW, III, 204.

104　CW, III, 194-197.

105　Ruge, op. cit.; CW, III, 204.

가장 거창한 형태 속에서조차 **편협한** 정신을 담고 있다."[106] 루게는 "정치적 영혼이 없는 사회 혁명은… 불가능하다"고 선포하며 논설을 마무리한다—이에 대해 마르크스는 사회주의 혁명을 "사회적 영혼을 가진 정치 혁명"으로 묘사하면서 응답한다.

> "**혁명** 일반—현존 권력의 **타도**와 낡은 관계들의 **해체**—은 **정치적** 행위다. 그런데 **사회주의**는 **혁명** 없이는 실현될 수 없다. **파괴**와 **해체**를 필요로 하는 한 그것은 이러한 정치적 행위를 필요로 한다. 그러나 그것의 **조직** 활동이 시작되는 곳에서, 그것의 **진정한 목적**, 그것의 **영혼**이 표면화되는 곳에서— 그곳에서 사회주의는 **정치적** 망토를 벗어 던진다."[107]

또한 마르크스는 슐레지엔 봉기에 대한 분석으로부터 나온 **새로운 결론**에 도달한다. 그것은 『독불연보』에는 있지 않던 견해였다. 그는 "사회주의를 위한 독일 프롤레타리아트의 탁월한 역량"[108]이 철학은 "차치하고서라도", 철학자들의 몫인 "사상의 번개"가 없더라도 구체적으로 나타날 수 있다는 점을 발견한다. 마지막으로 그는 프롤레타리아트가 혁명에서 "**수동적** 요소"가 아니라는 점을 발견했다. 그와 정반대로 "철학적 인민은 오직 사회주의에서만 그들에게 상응하는 실천[Praxis]을 발견할 수 있다. 따라서 오직 **프롤레타리아트** 속에서만 그들은 자신들의 해방의 역동적 요소[tätige Element]를 발견할 수 있다." 이 한 문장 속에서 우리는 「서설」에 비해 새로운 세 가지 주제를 감지할 수 있다.

---

106   *CW*, III, 205.

107   *CW*, III, 205-206.

108   *CW*, III, 202.

(a) 인민과 철학은 더 이상 두 개의 분리된 항으로, 후자가 전자에 스며드는 것으로 제시되지 않는다. "철학적 인민"이라는 표현은 이러한 대조를 뛰어넘었다는 점을 보여준다.

(b) 사회주의는 더 이상 순수한 이론이자 "철학자의 머리에서 태어난" 이념이 아니라 **실천**으로써 제시된다.

(c) 프롤레타리아트는 이제 명백히 해방에서 **능동적** 요소가 된다.

이러한 세 가지 요소는 이미 프롤레타리아트의 사기 해빙 이론의 첫 번째 길잡이가 되고 「포이어바흐에 관한 테제」에서 혁명적 실천 범주로 이어진다.

마르크스가 "바이틀링의 뛰어난 저술들"을 보게 된 계기 역시 직조공 봉기였다. 이제 마르크스는 바이틀링의 저술들에서 "독일 노동자들 일반의 교육 수준이나 교육 역량", "독일 노동자들의 맹렬하고 뛰어난 문필 데뷔", "그들의 거인 같은 **아이 신발**"을 감지하며, 이를 독일 부르주아지의 정치 문헌에서 보이는 "겁 많은 평범함"과 비교한다.[109] 새로 등장한 주요 이념은 기본적으로 프롤레타리아트의 사회주의를 향한 잠재적 경향에 대한 것이었다. 지금껏 나는 루벨과 같이 「서설」의 주제와 "노동자 계급의 두뇌"로서 당 이론을 대조시켜 온 사람들이 범한 오류를 논증하고자 해왔다. 이제 나는 반대 방향의 오류를 다뤄야 한다. 게오르크 멘데는 저작에서 마르크스가 혁명적 민주주의자에서 공산주의자로 진화해 온 것을 다루면서, 카우츠키가 견지했던 "외부로부터 노동자 계급에게로 사회주의를 도입한다"는 입장을 마르크스 탓으로 돌리고자 한다―그 당시 마르크스는 프롤레타리아트를 "장악하는 사상"이라는 도식을 버리고 있었다.

멘데는 이 『전진』 논설에 관해 분석하면서 이렇게 말한다. "또 다른 언급은 자생성과 의식성 문제, 사회주의 의식이 프롤레타리아트에게로 외부로부터 옮겨 와야 할 필요성이라는 문제에 관한 것이다." "**사회적 곤궁**이 **정치적** 오성을 생산한다는 것은 매우 부정확하다. 그와 달리 그 반대가 정확한 것이다. 즉 **사회적 안녕**이 **정치적** 오성을 생산한다. 정치적 오성은 유심론적인 것이고 이미 가진 사람, 이미 안락하게 지내는 사람에게 부여된다."[110] 그러나 마르크스가 위의 관찰을 통해 보이고자 한 것은 정확히 그와는 반대되는 것이었다. 다시 말해 부르주아지의 사회적 안녕이 정치적 (즉 부르주아적) 오성을 생산하는 데 반하여 사회적 곤궁은 오직 **사회적 오성**(즉 사회주의)을 생산한다. 무엇보다 그는 해당 인용문 앞 단락에서 명백히 다음과 같이 쓴다. "왜 익명의 저자는 가장 단순한 논리에 따라 사회적 오성과 사회적 곤궁을, 정치적 오성과 정치적 곤궁을 짝지우지 않는가?" 그리고 다음 단락에서 그는 어떻게 리옹에서는 정치적 오성이 "그들[노동자들]의 통찰을 그들의 진정한 목적으로 왜곡했"고 "사회적 본능을 기만했"는지 설명한다.[111] 다른 말로, "정치적 오성"이 문제를 혼란스럽게 하기 위해 외부로부터 들어오지 않는다는 점을 두고 보자면, 프롤레타리아트의 "본능"이 그들로 하여금 사회주의로 이끌 수 있다는 것이다. 루벨과 멘데의 상호 보완적 오류는 마르크스의 「서설」과 마르크스의 『전진』 논설 사이에 커다란 진화와 참된 "질적 도약"이 있었다는, 사실상 거의 "변증법"적인 논증을 제공한다.

이러한 진화는 마르크스가 파리에서 노동자들의 공산주의를 발견한

---

110   G. Mende, *Karl Marx: Entwicklung von revolutionären Demokraten zum Kommunisten* (BerinL Dietz Verlag, 1960), p. 105. 마르크스는 *CW*, III, 203.에서 이를 인용했다.

111   *CW*, III, 203-204.

일이나 직조공 봉기 등 1844년 2월과 8월 사이에 일어난 일 등을 감안할 때에야 이해할 수 있다.

『전진』논설에서 알 수 있듯이, 노동운동과의 접촉과 자신의—경제적·역사적·정치적·사회적—연구를 통해 마르크스는 "철학적 공산주의"와 포이어바흐주의적 "인간주의"라는 애매한 세계(이것의 이데올로기적 연장延長이 "진정한 사회주의"다)에서 탈출하기 시작한다. 『신성가족』에서부터 『독일 이데올로기』에 이르는 이후 저술에서 그는 저 세계에 대해 급진적이고 명시적인 비판을 가한다. 여기서 1844년 8월의 「비판적 평주들」은 이미 암묵적 단절을 상징한다. 실제 혁명적 사건에 의거하여 그것은 (이미 『독불연보』의 논설들에서 이루어진 바) 헤겔주의 국가철학뿐 아니라 철학과 세계, 이론과 실천 사이의 관계에 대한 포이어바흐식 파악을 문제 삼는다. 프롤레타리아트 속에서 해방의 **능동적 요소**를 발견하면서, 마르크스는 포이어바흐나 철학에 관한 말은 단 한마디도 하지 않으면서도, 자신이 아직 「서설」에서 고수했던 도식과 단절한다. 혁명적 운동 위에 수립된 이러한 실천적 입장에 따라 길은 열렸다. 그리고 그 길은 「포이어바흐에 관한 테제」로 이어진다.

루게와 몇몇 다른 신헤겔주의자들은 이 논설의 의의를 포착하는 데 실패했다. 프뢰벨에게 보낸 1844년 12월 6일 자 편지에서 루게는 마르크스의 논설로 인한 당혹감을 보여준다. 그는 저자의 "증오와 광기" 외에는 그 논설을 평가할 수 없었다. "우리의 차이를 적절한 한계 안에 두려는 제 노력에도 불구하고, 마르크스는 모든 곳에서 그것을 극단으로까지 끌고 갔습니다. 그는 저에 대한 모욕과 속물적 표현을 탐닉하고 하다못해 파렴치한 증오와 분노를 활자화했습니다. 이 모든 일은 대체 무슨 연유 때문일까요? … 제 입장에서 저는 제 적수의 증오와 광기 말고는 아무런 동기도 알 수 없습니다."[112] 그것은 융과 쾰른의 다른 청년 헤겔주의자들도 마찬가지였다. 그들은 마르크스와 루게 사이의 단절이 지닌 이데올로기적 의의를 이해할 수 없었고 그것을 개인적 요인들로 치부했다. 마르크스에게 보낸 1844년 11월 19일 자 편지에서 엥겔스는 다음과 같이 썼다.

> "이를테면 융은 다른 이들과 마찬가지로 우리와 루게 사이의 차이를 원칙의 차이로 받아들일 수 없었고 여전히 그것이 단순히 개인적 언쟁이라고 믿길 고집합니다. 루게는 전혀 공산주의자가 아니라고 말했을 때, 그들은 그것을 전혀 믿지 않았고, 루게와 같은 '문헌적 권위자'가 경솔하게 버림당하게 된다면 어떠한 경우라도 그것은 애석한 일일 것이라고 단언합니다."[113]

이러한 "전반적 몰이해"의 이유를 아마도 「비판적 평주들」의 "참신함"에서, 혹은 보다 정확하게 말하자면, 그 글에서 단절에 대해 넌지시 비추기는 했으나 그것의 이론적 함의는 아직 발전되지 않았으며, 글 자체가 이미 함축적으로 청년 헤겔파의 "이데올로기 영역" 바깥에 놓여 있었다는 사실에서 찾을 수 있을 것이다.

c) 『신성가족』

『신성가족』은 마르크스와 엥겔스가 함께 저술한 최초의 저작이다. 두 사람이 1844년 8~9월 파리에서 역사적인 조우를 한 직후 이 책이 나왔다.

---

112   Ruge, *Briefwechsel*, p. 382.

113   *CW*, XXXVIII, 9-10.

엥겔스가 1885년에 쓴 바에 따르면, 이 시기에 "모든 이론 영역에서 우리가 완벽하게 동의한다는 것이 명백해졌다."[114] 그렇지만 이러한 근본 문제들에 대한 동의에도 불구하고 그들 사이에 차이와 각자마다 고유한 뉘앙스가 존재했다는 점을 부정하는 것은 터무니없는 일일 것이다. 이러한 부정은 엥겔스의 사회주의가 "영국" 태생이고, 마르크스의 사회주의는 "프랑스" 태생이라는 데 기인한다. 이러한 이유에서(마르크스의 철학과 엥겔스의 변증법적 유물론에 관한 지칠 줄 모르는 논쟁을 결판 내기를 바라는 것은 아니다), 나는 이 책에서는 명백히 엥겔스의 저술들과는 구분되는 마르크스의 저술들에만 주의를 기울이는 것으로 범위를 제한할 것이다. 『신성가족』의 경우에는 이러한 구분이 아주 쉽다. 우리는 이 책의 어떤 부분을 엥겔스가 썼는지 알고, 그 부분도 매우 짧기 때문이다—더욱이 해당 부분에서는 차티즘에 대해 빈번하게 언급되는데, 이는 영국이 그의 정치적 진화 과정의 배경이었다는 점을 입증해 준다.

『신성가족』의 중심 주제 중 하나는 "정신"과 "대중"을 대립시키는 "비판적 비판주의"에 대한 급진적 비판이다. 이러한 문제 설정의 기원은 1842년에서 1843년 사이 자유주의와 신헤겔주의 언론의 몰락으로까지 거슬러 올라간다. 이 사건은 "독일 사상"과 "독일 현실" 사이(다시 말해 청년 헤겔파에 따르면 "정신"과 "대중" 사이)의 격차를 드러냈다. 그때 이래로 세 가지 입장이 형성되었다.

(a) "브루노 바우어 일파"의 입장. 이들에게 "대중"은 "비판적 사유"와는 화해할 수 없는 적이었다.

(b) 루게의 입장. 이들의 경우, "대중의 교육은 이론의 실현"이고 "이론이 가

---

114   CW, XXXVI, 318.

리키는 방향으로 대중을 움직이게 하는 것"이 필요하다고 보았다.[115] 이
입장의 변종이 「헤겔 법철학 비판 서설」에서 마르크스가 내세운 정식—
"사상의 번개"가 "인민의 소박한 대지"를 내리쳐야 한다—이었다.

(c) 1846년 이후 마르크스의 입장. 사회주의 이론과 혁명적 프롤레타리아트
사이의 변증법적 상호 의존성. 이 입장과는 다르게 위 두 입장은 한 지점
에서 결정적으로 같았다. 그것은, 바우어의 경우처럼 정신만이 대중의 위
에서 그리고 바깥에서 작동해야 하는 **능동적** 요소이며, 다른 한편으로 루
게(그리고 1844년 2월의 마르크스)의 경우처럼, 정신이 대중을 "장악"하
고 "그들을 움직이게" 해야 한다는 것이었다.

　『신성가족』에서 마르크스가 비판의 목표로 삼은 것은 엄격한 의미에
서 바우어의 정식뿐 아니라 위와 같은 전제였다. 그것은 연초까지만 해도
마르크스 자신의 입장이기도 했다. 이런 의미에서 이 책은 『전진』 논설에
서 대략적으로 쓴 견해들의 연속이자 심화이고, 「헤겔 법철학 비판 서설」
에 대한 참된 "자기비판"이라고 할 수 있다. 브루노 바우어에 따르면, "정
신의 참된 적은 바로 대중 속에서 찾아야만 한다. 이제껏 역사상 모든 위
대한 행동들은, 대중이 그것에 흥미를 가지고 열광하였기 때문에 애당
초 일을 그르치고 실패하곤 했다."[116] 마르크스는 우선 이러한 이데올로기
가 **"헤겔의 역사 파악이 비판적으로 희화화되어 완성된 것"**과 다를 바 없다
고 본다. 이것은 다시 말해 **정신과 물질, 신**과 세계 사이의 대립이라는 **기**

115　Ruge, *Gesammelte Schriften* (Mannheim, 1847), Bd. III, p. 220; Bd. VI, p. 134.

116　Bauer, *Allgemeine Literatur Zeitung*, Heft I, 1843, p. 2, in D. Hertz-Eichenrode,
　　　"Massenpsychologie bei den Junghelianer," *International Review of Social History*, VII,
　　　2 (1962), p. 243.

독교적-독일적 교리의 **사변적** 표현일 뿐이라는 것이다. 그것은 "**추상적** 혹은 **절대**정신을 전제하며, 인류는 다양한 수준의 의식 혹은 무의식을 가진 채 정신을 담지하고 있을 뿐인 단순한 **대중**에 불과하다는 식으로 이 정신은 발전한다."[117] 마르크스는 이른바 바우어의 이론들에 존재하는 "감춰진 의미"를 폭로하면서 그것의 논리적 귀결인 다음 도식—**바로 마르크스 자신이 1844년 2월에 가지고 있던 도식**—에 대해 비판을 가했다. 즉 "한편에는 수동적이고, 정신이 없고, 비역사적이고, **물질적인** 역사의 요소로서 대중이 존재한다. 다른 한편에는 모든 역사적 행동을 전진케 하는 능동적 요소로서 정신, **비판**, 브루노 씨와 그 일파가 존재한다"고 말했다.[118] 이러한 대비는 더 나아가 또 다른 형태로 표현된다. "소수의 잘 선택된 개인들이 능동적 정신으로서 정신이 부재한 **대중**이자 **물질**인 나머지 인류와 대치하게 된다."[119] 이러한 이데올로기는 바우어와 같은 신헤겔주의자들만의 것이 아니라 "**인민 주권**에 반대해 **이성의 주권**을 선언"하고 있던 프랑스의 "순리파doctrinaire"(기조, 루아예콜라르) 같은 이들의 이데올로기이기도 했다. 이러한 정식은 마르크스가 보기에 부르주아 개인주의와 연결되어 있었다. "만약 **현실** 인류의 활동이 인간 개개인으로 이루어진 **대중**의 활동과 다름 없다면 **추상적 일반성, 이성, 정신**은 오히려 소수의 개인들에 국한된 추상

---

117   *CW*, IV, 85. 또한 *CW*, IV, 94, 141. 참고.

118   *CW*, IV, 86. 또한 *CW*, IV, 135.의 다음 내용을 참고하라. "정신과 대중의 대립은 비판적인 '사회의 조직화'를 뜻한다. 여기서 정신 혹은 **비판**은 조직하는 **노동**을 대변하고, 대중—**원료**와 역사—은 그 산물일 따름이다." 또한 *CW*, IV, p. 66. 참고. "한편에 '**신성한 요소**'(루돌프)가… 유일하게 능동적인 원리로 존재하고—다른 편에 수동적 '세계 체제'와 그에 속하는 인류가 존재한다."

119   *CW*, IV, 86.

적 표현을 가져야만 한다."[120] 이러한 관찰을 통해 우리는 다음을 알 수 있다. 즉 "브루노 바우어와 그 일파"의 관점에 대한 마르크스의 비판은 그와 동시에 암묵적으로 "무지한 대중"에 "계몽된 소수"를 대립시키는 모든 정치 이데올로기에 대한 비판이기도 하다는 것이다. 그로 인해 우리는 이제 마르크스의 사유가 19세기 자코뱅 및 자코뱅-바뵈프주의 사조와 얼마나 멀리 떨어져 있는지 판단할 수 있다. 같은 차원에서, 마르크스가 바우어의 "비판 신학"이 "세계의 비판적 구원자이자 구세주의 수태고지"와 같다고 썼을 때,[121] 그는 이런 이데올로기가 "높은 곳에 존재하는 구원자" 신화와 연관이 있다는 점을 시사한 것이고, 이러한 이데올로기 구조에 대해 근본적으로 반대하는 가운데 공산주의 이론을 수립한 것이다. 마지막으로, 바우어의 이론에 대한 비판을 통해 마르크스는 프롤레타리아트의 자기 해방이라는 견해에 더 가까이 다가가게 된다.

마르크스는 청년 헤겔주의 관념론과 단절하고 나서 또 다른 극단으로 넘어가 18세기 프랑스 유물론에 의거해 자신의 공산주의를 제시한다. 이러한 이행 과정에서 "경첩" 역할을 하는 주제가 **절대적** 사회주의로부터 **대중 유형**[massenhaften]의 세속적 공산주의와 사회주의를 분리시켜 주는 비판적 격차"라는 것이었다. 전자의 경우가 오직 **단순한 이론** 속에서의 해방"에만 연루되어 있는 반면, 후자는 "물질적, 실천적 격변이 반드시 필요하다고 보는 대중"에 관한 것이다. 한 학파의 경우 인간은 "의식 안에서 그들의 **추상적 자아**를 변화시킴으로써" 스스로를 변화시키는 반면 다른 학파의 경우 변화는 "그들의 **실제** 존재 속에서 일어나는 **실제** 변화"에 의해 일어난다.[122] 마르크스는 자신의 공산주의를 다음과 같이 설명했다.

---

120 *CW*, IV, 85.

121 *CW*, IV, 112.

122 *CW*, IV, 94-95, 53.

"**대중적 사고**를 가진 공산주의적 노동자들이 이를테면 맨체스터나 리옹의 작업장에 고용되었다. … [그들은] … 자신의 산업적 주인들이나 자신의 실질적 처지 악화가 "순수한 사유"를 통해 논파할 수 있을 것이라고 믿지 않는다. 그들은 매우 고통스럽게 **존재**와 **사유** 사이의, **의식**과 **삶** 사이의 **차이**를 깨달았다. 그들은 재산, 자본, 화폐, 임금노동 따위가 두뇌 속의 허구적 관념이 전혀 아니며 그들의 자기소외[*selbstentfremdung*]에서 나온 매우 실천적이고 매우 객관적인 산물들임을 알아차렸다. 따라서 그들은 그러한 것들이 실천적, 객관적 방법으로 철폐되어야만 한다는 점을 안다…. "[123]

맨 먼저 변화되어야 할 것은 의식이나 "자아"가 아니라 바로 현실적, "외재적" 조건들이라는 식의 이러한 핵심 개념은 새로운 것이 아니었다. 우리는 이를 이미 18세기 유물론자들로부터 발견한다. 이것은 마르크스가 『신성가족』에서 "브루노 바우어와 그 일파"의 공격에 맞서 프랑스 유물론을 방어할 뿐 아니라 심지어 18세기 경향들 중 하나—"비데카르트적" 유물론 분파—가 "곧장 **사회주의**와 **공산주의**로 이어진다"고 주장하기까지 하는 이유를 곧장 설명해 준다.[124]

"인간들의 선한 본성 및 평등한 지적 자질, 경험·습관·교육의 전능함, 그리고 인간에 대한 환경의 영향, 산업의 거대한 의의, 즐거움의 정당성에 대한 유물론의 가르침으로부터, 어떻게 유물론이 필연적으로 공산주의 및 사회주의와 연결되는지 알게 되는 데에는 어떤 대단한 통찰력이 필요하지 않다. … 만약 인간이 환경에 의해 만들어진다면, 그의 환경 역시 인간적인 것으로

---

123   *CW*, IV, 53.

124   *CW*, IV, 130.

만들어져야 한다."[125]

마르크스는 한 가지 역사의 도식을 그린다. "인간의 발전 전체는 … 교육과 **외부** 환경에 달려 있다"는 콩디악에게서, "교육의 전능함"을 인정한 엘베시우스에게서, 전반적으로 로크에게 영감을 받은 모든 프랑스 유물론자들에게서,[126] 그는 위의 같은 중요한 구조를 발견했다. 그리고 그것이 푸리에, 오언, 카베, 바뵈프주의자들, 그리고 무엇보다 "유물론의 가르침을 **진정한 인간주의**의 가르침이자 공산주의의 **논리적** 토대로 발전시켰"던 "한층 과학적인 프랑스 공산주의자들, 데자미, 게이 등"의 공산주의로 곧장 이어진다는 것이다.[127] 다시 말해 마르크스에게 공산주의의 이론적 출발점이자 역사적 뿌리, 철학적 토대는 "환경이 인간을 만들고, 인간을 변화시키기 위해서는 환경이 변화되어야만 한다"는 유물론적 명제 속에서 발견되는 것이다.

이러한 근본적 선택을 통해 마르크스는 다시 한번—그리고 마지막으로—"포이어바흐주의자"로 등장하게 된다. 포이어바흐와 프랑스 유물론자들을 비교한 후 마르크스는 이렇게 결론짓는다.

"포이어바흐가 **이론** 영역에서 **인간주의**와 일치하는 **유물론**의 대표자인 것

---

125   *CW*, IV, 130-131.

126   *CW*, IV, 129, 130.

127   *CW*, IV, 131. "푸리에는 프랑스 유물론자들의 가르침을 가지고 곧장 전진한다. 조야하고 비문명화된 유물론자들이지만 공산주의를 발전시킨 바뵈프주의자들 역시 **프랑스 유물론**으로부터 **직접적으로** 파생된 것이다. … **벤담**의 **올바로 이해된 이익**의 체제는 엘베시우스의 도덕론에 입각한 것이었고, **오언**은 벤담의 체제를 가지고 작업하여 영국 공산주의를 세웠다."

처럼 프랑스 및 영국의 **사회주의**와 **공산주의**는 **실천** 영역에서 **인간주의**와 일치하는 **유물론**을 대표한다."[128]

「헤겔 법철학 비판 서설」에서부터 『신성가족』까지의 진화가 얼마나 역설적인지를 지적할 필요는 없을 것이다. 1844년 2월의 독일 관념론자 마르크스와 같은 해 연말의 프랑스 유물론자 마르크스는 모두 내포적으로나 명시적으로나 "포이어바흐주의자"였던 것이다! 이는 마르크스를 오로지 포이어바흐의 "영향력"이라는 측면에서만 해석하는 것이 쓸데없는 일임을 보여준다. 다른 곳에서와 마찬가지로 여기서 이 "영향력"이라는 것은 수동적 수용이라기보다는 "영향을 받고" 있는 저자에 의한 취사선택과 재해석일 따름이다. 이러한 지적 작용들은 저자의 이데올로기적 진화 과정 속에서 근본적으로 변화할 수 있다.[129]

이러한 역설은, 포이어바흐 자체에 존재하는 다의적이고 애매하며 분열된 본성에 그 기원을 두고 있다. "독일적"이면서 동시에 "프랑스적"이며 "머리"의 지지자이면서 동시에 "심장"의 지지자인 포이어바흐는, 때로는 자기가 "프랑스와 독일의 피를 모두 가진"[130] 새로운 철학 속에서 그것들의 융합을 지지한다고, 또 때로는 이 모순을 변증법적으로 극복하려고 하지 않으면서 "활동들의 구획 설정"을[131] 지지한다고 선언한다.

---

128   *CW*, IV, 125

129   Goldmann, *The Human Sciences, op. cit.* (London: 1969), Chapter III. 참고.

130   Feuerbach, *Preliminary Theses*, in Ruge, *Anekdota, op. cit.*, p. 76.

131   Feuerbach, *The Essence of Christianity* (London), pp. 291-292: "따라서 나는 이성이 욕망에 의해 흐려지지 않도록 사유의 영역에서 심장의 욕구를 일축한다. 활동들의 구획 설정에는 삶과 사유의 지혜가 존재한다. … 따라서 필연적으로 합리적 사유를 하는 사람들이 믿는 신은 사유 속에서나 이성 속에서나 오직 자신

마르크스는 이러한 이원론에 계속 갇혀 있었다. 「헤겔 법철학 비판 서설」에서 그는 "독일의 머리"와 "사상의 번개"에 의한 인간의 변화라는 쪽을 취한다. 그러나 『신성가족』에서 그는 "프랑스의 심장"과 "환경"의 변화를 우위에 놓는 입장 쪽에 있다.

『신성가족』은 사실상 마르크스의 사상 발전에서 형이상학적-유물론적 시기이다. 그 시기의 본질적 내용은 "**존재**와 **사유**의 사변적이고 신비주의적인 동일성" 및 "마찬가지로 **실천**과 **이론**의 신비주의적인 동일성"에 대한 부정이자 "사유와 구별되는 어떠한 **존재**도, **정신의 자발성**과 구별되는 어떠한 **자연 에너지**도, … **머리**와 구별되는 어떠한 **심장**도, **주체**와 구별되는 어떠한 **대상**도, **이론**과 구별되는 어떠한 **실천**도" 인정하지 않는 바우어의 경향에 대한 부정이다.[132] 그러한 부정은 "신비주의적인 것", "비판적 고찰 없이 사유라는 남성적 원리와 감각적 관조라는 여성적 원리를 즉각 일체시하는" "정신적 자웅동체"에 대한 포이어바흐의 비판과 대단히 닮았다.[133]

"신비주의적인 동일성"을 거부하고 물질적인 것, 객관적인 것, 실천, "환경" 등을 의미하는 "심장"의 우위를 단언한 이러한 "프랑스 유물론" 시

의 만족만을 추구하는 심장의 신이 아니다."

엥겔스는 『루트비히 포이어바흐와 독일 고전철학의 종말』(1886)에서 『신성가족』의 포이어바흐주의적 성격을 다음과 같이 확증한다. "이제 포이어바흐의 『기독교의 본질』에 이르면, … 열정이 보편적이었다. 우리는 모두 잠시 동안 포이어바흐주의자들이었다. 마르크스가 얼마나 열정적으로 새로운 파악을 환영했는지, 그가 그것에서─모든 비판적 유보 조항들에도 불구하고─얼마나 많은 영향을 받았는지는 『신성가족』을 읽어 보면 된다." *CW*, XXVI, 364.

132 *CW*, IV, 141.

133 영역본에서 인용하지 않았다. 영역본은 개정된 제2판을 번역한 것이다. *Das Wesen Des Christentums*, Vol. 2 (Berlin: 1956), p. 455.를 보라.

기는 마르크스의 이론적 진화에서 하나의 필수적인 단계였고, 이 시기에 그는 이전의 신헤겔주의 단계에 대해 근본적으로 반작용했다. 그러나 이 시기는 여전히 "심장"과 "머리"의 비신비주의적 통일을 안정적으로 이룰 수 없었기 때문에 불완전하고 "형이상학적인" 상태로 남아 있다.

이 단계는 「포이어바흐에 관한 테제」에서 "부정의 부정"에 의해 극복될 터인데, 여기서는 포이어바흐와 18세기 유물론에 대한 비판을 통해 이론과 실천의 통일이 재구성된다. 그런데 이번에는 그것이 비사변적 통일이자 대립물들의 지양*Aufhebung*을 통한 변증법적 종합일 것이었다. 또 그것은 "인간의 변화가 환경의 변화와 일치"하는 것으로서 **혁명적 실천**이 등장하게 되는 "일원론적"·유물론적·변증법적 계기가 될 것이었다.

"대중의 공산주의"라는 개념 수준에서도 『신성가족』의 유물론적 일면이 분명히 나타난다. 이 개념에 쓰인 '*Massenhaft*'라는 용어는 무엇보다도 물질적·구체적·실천적 의미를 지니고, 그 자체로 바우어의 "정신적인 것"의 대립물이다. 이러한 구조는 마찬가지로 중요한 또 다른 일면을 가지는데, 즉 이 용어는 "프롤레타리아 대중"을 의미한다. 이 개념은 "소수의 잘 선택된 개인들"을 "비판적 정신"의 화신으로 여기는 바우어의 이론과 대립한다. 요컨대 "대중의 공산주의"는 바우어의 "비판적 사회주의"에 대한 대립물이자 혁명적 프롤레타리아 대중의 실천적·물질적 운동으로써 나타난다.

이러한 공산주의가 실현되는 구체적인 역사 과정은 프롤레타리아트의 자기 해방 과정이다. 이는 프롤레타리아트가 그들의 빈곤을 자각하고 이로써 혁명적 행동으로 나아가는 것을 통해 이루어진다. 프롤레타리아트의 조건은 인간의 완전한 상실이지만, 이러한 상실에 대한 의식을 통해 재전유의 길이 열린다. 즉 "프롤레타리아트 계급은 … 헤겔의 표현을 빌자면, 자신의 실추 속에서의 그 실추에 대한 **분노**라고 할 수 있"고, 그들은 "자신의 정신적·육체적 빈곤을 의식하는 빈곤이자 자신의 비인간화를 의식하는 비인간화"이다. 또한 "프롤레타리아트는 스스로를 해방시킬 수 있으며 또한 그렇게 해야만 한다*sich selbst befreien.*"[134]

반란의 토대[135]이자 객관적 빈곤과 행동 사이의 "매개"로서 의식에 결정적 역할이 할당된다. 높은 곳에서의 개입이 전혀 필요없는 노동자 대중의 "정신적 능력"에 관한 다음과 같은 마르크스의 단언은 이 점을 설명해 준다. "무엇보다 영국과 프랑스의 하층 계급들에게서 나온 산문과 시는 하층 계급들이 **비판적 비판주의라는 신성한 혼령의 그림자**가 직접 드리우지 않더라도 실로 스스로의 정신을 고양시키는 방법을 알고 있다는 점[비판주의]을 보여주게 될 것이다." 마르크스는 1844년 8월에 포이어바흐에게 보낸 편지(와 「1844년 수고」에서)에서 언급한 것을 거의 동일한 언어로 반복한다. 그것은 그가 파리에서 참석한 여러 노동자 회합으로부터 겪은 경험에서 고무되어 나온 언급이었다. 그에 따르면, "사람들은 프랑스와 영국 노동자들의 학구적 태도, 지식에 대한 열망, 도덕적 에너지, 멈추지 않는 발전에 대한 충동을 알아야 한다. 그것은 이 운동이 **인간적** 고결함을 지녔다는 생각을 가질 수 있게 해 준다."[136] 그러나 마르크스가 프롤레타

---

134 *CW*, IV, 36, 37.

135 사실 유물론에 의해 고무된 "환경의 전능함"에 관한 정식화들 중 어떤 것은 반란이 의식의 매개 없이 물질적 빈곤에 의해 직접 발생한다고 제시한다. "인간은 프롤레타리아트 속에서 스스로를 상실하였고, 그와 동시에 그 상실에 대한 이론적 의식을 얻었을 뿐 아니라, 더 이상 제거할 수 없고 더 이상 숨길 수도 없는 긴급한 지상명령적 곤궁*Not*—필요[*Notwendigkeit*]의 실천적 표현—을 통해 이러한 비인간성에 맞선 반란으로 내몰린다." *CW*, IV, 37. 의식의 획득과 빈곤에 의해 결정되는 반란이 분리된 두 과정으로 나타나는 이러한 "이원론적" 정식화는 『독일 이데올로기』에서 극복된다.

136 *CW*, IV, 135, 84.

리아의 의식 수준이 상이하다는 점을 알지 못하고 있던 것은 아니었다. 다음 인용하는 언급에서, 그는 심리적 의미에서의 "계급의식"과 프롤레타리아트의 "역사적 임무에 관한 의식"을 분명히 구분한다. 이 언급은 루카치에게 영감을 주었고, 『역사와 계급의식』의 계급의식에 관한 장에서 그는 이를 제사題辭로 이용했다.

> "그것은 이러저러한 프롤레타리아나 혹 심지어 프롤레타리아트 전체가 바로 지금 자신의 목표로 **간주하는 것**이 무엇이냐는 문제가 아니다. 그것은 **프롤레타리아트가 어떤 존재냐**는 문제이고, 그 **존재**에 부합하여 그들이 역사적으로 하지 않을 수 없을 것이 무엇이냐는 문제다. 그들의 목표와 역사적 행위는 오늘날 부르주아 사회의 조직 전체 속에서뿐 아니라 그들 자신의 생활 처지 속에서 분명하고 돌이킬 수 없을 정도로 예시되어 있다. 영국과 프랑스 프롤레타리아트 중 대다수가 이미 자신의 역사적 임무를 **의식하고** 있으며 그 의식을 완전히 명료한 것으로 발전시키기 위해 끊임없이 작업하고 있다는 점을 여기서 설명할 필요는 없을 것이다."[137]

"환경"의 유물론이 이 정식화에서 나타난다.—"그들의 목표와 역사적 행위는 … 분명하고 돌이킬 수 없을 정도로 예시되어" 있지만, 이러한 행위가 "자동적으로" 일어나는 것이 아니라 프롤레타리아트가 자신의 역할을 의식하게 됨으로써 실행에 옮겨진다는 점을 시사하면서 단락은 끝을 맺는다. 무엇보다 비록 그것이 아직 "그 의식을 완전히 명료한 것으로 발전시킨" 것은 아닐지라도—이것은 역사적 임무에 관한 "시원적" 의식과 "명료한" 의식이라는 제2의 구분을 도입한다—프롤레타리아트 중 일부가

137　*CW*, IV, 37.

이미 이러한 의식을 획득했다는 점을 인식하면서, 마르크스는 사회주의를 지향하는 프롤레타리아트의 역사적 경향이 존재함을 재차 단언한다. 이론가의 역할은 더 이상 수동적 대중에게 "사상의 번개"를 퍼붓는 것이 아니라, 스스로의 지적 노동을 통해 아직은 어렴풋하고 형체가 없는 의식을 완전하게 명료하고 일관된 것으로 발전시켜 나가려고 하는 프롤레타리아트를 돕는 것이 된다.

마르크스가 당대 다른 사회주의·공산주의 조류와의 관계 속에서 어떻게 자신의 "대중의 공산주의"를 위치시키는가? 『신성가족』에서 그 구획선은 공상적 사회주의와 과학적 사회주의 사이에 그어진 것이 아니라 유물론적 공산주의와 "비판적 사회주의" 사이에 그어진다. 이것은 이 저작의 일반적 지향에 부합한다. 마르크스는 자신의 공산주의에 대한 파악을 철학적 수준에서 18세기 유물론의 연장으로 제시한다. 그의 생각에는 정치적 수준에서 공산주의 이데올로기가 최초로 역사에 등장한 것은 프랑스 혁명기 "사회적" 조류들 속에서이다(특히 바뵈프주의). 즉 "추후 진행 과정에서 **르클레르**와 **르루**가 주요 대변자로 활약하였고, 결국 **바뵈프**의 음모와 더불어 일시적으로 해산되었던 **사회 클럽**에서 1789년부터 시작한 혁명 운동은 **공산주의** 이념을 등장시켰다. 그리고 **바뵈프**의 친구 **부오나로티**가 그것을 1830년 혁명 이후 프랑스에 다시 도입했다. 시종일관 발전해 온 이 이념은 **새로운 세계 질서의 이념**이다."[138] 그러나 바뵈프주의에 대해서조차 그가 특히 관심을 가진 것은 바로 그것의 "유물론적" 측면이다. 그에 따르면, "조야하고 비문명화된 유물론자들이지만 공산주의를 발전시킨 바뵈프주의자들 역시 **프랑스 유물론**에서 **직접적으로** 파생된 것이다."[139] "공산주의를 발전시킨" 대변자들은 누구였는가? 같은 단락 말미에

---

138 CW, IV, 119.

139 CW, IV, 131.

그 대답이 나온다. "마치 오언처럼 한층 과학적인 프랑스 공산주의자들, **데자미, 게이** 등이 유물론의 가르침을 **진정한 인간주의**의 가르침이자 **공산주의의 논리적** 토대로 발전시켰다."[140] 이런 언급은 매우 중요하다. 이것이 과학적 공산주의자들과 공상적 공산주의자들을 하나로 묶는 것이고, 그들의 유일한 공통적 특징—"공산주의의 논리적 토대"인 유물론—을 가지고 데자미와 오언처럼 근본적으로 다른 두 이데올로기적 세계를 동일시하고 있기 때문이다. 무엇보다 오언을 예로 선택한 것 역시 위와 같은 의미를 지닌다. 오언은 공상적 사회주의자들 중에서도 "인격이 환경에 의해 형성된다"는 이론의 가장 일관된 지지자였고 자신의 사회주의 기획을 그러한 가정 위에 수립했다. 마르크스의 미출간 노트들에는 오언이 쓴 『새로운 도덕 세계의 서』의 단락들을 독일어로 요약한 것이 있다. 여기서 저자는 사회주의를 "외부 환경들의 완전히 새로운 결합을 창출하여 이로써 오늘날 인류를 둘러싼 해로운 영향을 억누르는 것"으로 정의한다.[141]

d) 「포이어바흐에 관한 테제」

『루트비히 포어어바흐와 독일 고전철학의 종말』1888년 서문에서 엥겔스는 「포이어바흐에 관한 테제」를 "새로운 세계관의 천재적인 맹아를 간직하고 있던 최초의 기록"이라고 묘사했다.[142] 실제로 마르크스는 1842년부터 1844년까지 여전히 청년 헤겔주의의 "이데올로기 영역" 안에서

---

140   *Ibid.*

141   *Marx-Engels Archief*, International Institute of Social History, shelf-mark B34, p. 13.

142   *CW*, XXVI, 520.

작업하고 있었고,『신성가족』에서의 마르크스가 잠시 18세기 유물론과 같은 편이 되었다면,「포이어바흐에 관한 테제」에서 그는 **새로운 세계관** Weltanschauung을 제시한다. 이러한 의미에서 말하자면,「포이어바흐에 관한 테제」는 마르크스의 첫 번째 "마르크스주의적" 저술이었고 그가 "최종 완성한" 철학의 기반을 개설한 첫 번째 원전이었다. 이 사유에 대해 그람시는『옥중수고』에서 **"실천철학"**이라는 적절한 표제를 찾아냈다.

「포이어바흐에 관한 테제」에는 적어도 세 가지 수준이 존재한다. 이 세 개는 긴밀하게 서로 얽혀 있는 주제로 각각이 서로 관련되어 있다. 각 수준을 "인식론적", "인류학적", "정치적" 수준으로 언명할 수 있을 것이다. 그러나 이렇게 언명하는 것이 문제를 잘못 설명하는 것이 될 수도 있다. 우리가 여기서 다루려는 것은 전통적인 인식론·인류학·정치학과의 근본적인 단절이기 때문이다. 엄밀한 "논리적" 입장에서 보면,「포이어바흐에 관한 테제」에 대한 분석은 "추상"에서 "구체"로, 다시 말해 이론과 실천 사이의 관계라는 일반적 문제에서 혁명적 행동이라는 역사적 문제로 진행되어야 한다. 나는 그 반대 반향으로 분석을 진행할 수밖에 없다. 왜냐하면 마르크스의 진화 자체가 그러한 경로를 밟았기 때문이다. 즉 그의 출발점은『전진』에 실린 논설에서의 정치적 분석이었다. 이것은 그로 하여금 추상적 수준에서 포이어바흐주의적 가정들을 수정하도록 만들었다.

노동운동과 직조공 봉기를 접한 마르크스는『전진』의 논설에서 프롤레타리아트가 해방의 **능동적** 요소라고 결론 내렸다. 그렇다면 어떤 형태의 활동을 염두에 두었던 것일까? 분명 그것은 "현존 상황"에 맞서 투쟁하는 노동자들의 **혁명적 활동**이었다. 이제 이러한 "대상적" 활동, 이러한 **실천은**―역사에서 결정적이고 인간에게 본질적인―"머리"의 이론적·정신적 활동과 이기적이고 "수동적"이며 조야하고 "유대인 같은"(포이어바흐에게 유대교는 "실천적 이기주의"의 최종 표현이었다) 활동이라는 오직 두 가지 범주만을 아는 포이어바흐의 도식과는 심한 모순 관계에 놓였다.[143] 따라서 마르크스는 프롤레타리아트의 **혁명적** 실천에서 참된 인간적 활동의 원형을 발견한다. 그것은 순수하게 "이론적"이지도 않고, 이기주의적이거나 수동적이지도 않으며, 다음과 같이 대상적objective이고 실천적-비판적이다.

> "포이어바흐는 사유 대상들과는 현실적으로 구별되는 감각적인 대상들을 원한다. 그러나 그는 인간 활동 그 자체를 대상적 활동으로 파악하지 않는다. 따라서 그는 『기독교의 본질』에서 이론적 태도만을 진정으로 인간적인 태도라고 간주하며, 반면에 실천[praxis]은 오직 그것의 더러운 유대인적 현상 형태 속에서만 파악되고 고정된다. 그러므로 그는 '혁명적', '실천적-비판적' 활동의 의의를 깨우치지 못한다."[144]

마르크스에 따르면, 이러한 혁명적 실천에는 우선 정치적-사회적 의미—대중의 행동을 통한 사회 구조의 타도—가 존재한다. 그러나 그가 이 용어에 따옴표를 쳤다면, 그 이유는 그것에 더 폭넓은 의미를 부여하기 때문이다. 여기에는 인간 활동에 의한 자연의 변형, 즉 노동이 포함된다. 그렇지만 마르크스가 혁명적 실천을 일러 'Revolutionäre Praxis'라는 표현을 사용한 것은 의미심장한 일이다. 그것이 이 범주의 직접적인 "정치적" 기원을 보여주기 때문이다. 엥겔스는 그 기원을 알지 못한 채, 혹은 "혁명"과

---

143 Feuerbach, *The Essence of Christianity*, p. 113: "그들[유대인]의 원리, 그들의 신은 세계에서 가장 실천적인 원리, 즉 이기주의다."

144 *CW*, V, 3. 나는 여기서 1888년 엥겔스가 살짝 수정한 것이 아닌 마르크스의 원문을 인용한다.

"노동"이라는 두 의미를 확실히 포괄하는 보다 분명한 용어를 사용하고자 '*umwälzende Praxis*'("혁명화하는 실천")이라는 표현을 사용한다.[145]

이러한 행동은 대상적*gegenständlich*이다. 왜냐하면 포이어바흐주의적 정신의 순수한 주체적 활동과 달리 그것은 현실 세계에서 "스스로를 대상화하"기 때문이다. 그러한 활동이 자연과 사회를 변화시키기 때문에 그것은 **혁명적**이다. 또한 실천이 비판 이론에 의해 인도된다는 점, 비판은 실천을 지향한다는 점, 그리고 실천이 현존 상태를 "비판"(부정)한다는 점, 이 세 가지 의미에서 그것은 **실천적-비판적**이다.

혁명적 실천 범주는 또 다른 도식도 파괴한다. 그 도식은 "교육의 전능함"을 "외부 환경에 의해 형성된" 인간의 수동성과 대립시키는 프랑스 유물론자들의 도식이었다. 즉 "환경의 변화와 교육에 관한 유물론적 교의는 환경이 인간에 의해 변화되며 교육자 자신도 교육받아야 한다는 것을 잊고 있다. 따라서 이 교의는 사회를 두 부분으로 나누는데 그중 하나는 사회보다 우월하다. 환경의 변화와 인간 활동의 변화 혹은 자기 변혁의 일치는 오직 **혁명적 실천**으로서만 파악될 수 있고 합리적으로 이해될 수 있다."[146] 환경과 인간 자신—즉 행동의 주체(자기 변혁*Selbstveränderung*)—을 동시에 변화시키는 혁명적 실천은 실상 **18세기 유물론(환경의 변화)과 청년 헤겔주의(의식의 변화) 사이의 대립을 초월하는 것이자 지양***Aufhebung***하는 것**이다. 독일 관념론과 프랑스 유물론을 번갈아 가며 수용했던 마르크스는 포이어바흐에 관한 세 번째 테제에서 바로 "새로운 세계관의 천재적인 맹아"를

---

145   *CW*, V, 4, 7.

146   *CW*, V, 4. 엥겔스의 번역본에서 오언은 이 교의의 전형적 사례로 제시된다. *CW*, V, 7. 『신성가족』에서는 오언이 바로 환경에 관한 이론을 완전히 지지한다는 이유로 참된 "유물론적" "과학적" 공산주의자로 제시되었기 때문에 이러한 선택은 흥미로운 일이다.

정식화한다. 그것은 그의 사상—이면서 18세기와 19세기 철학 사상—의 과거 단계들을 "부정"하는 동시에 "보존"하면서 초월하는 것이다. 세 번째 테제는 또한 정치적 수준에서, 1840년대 공산주의의 딜레마를 극복할 수 있게 해 주었다. 당시 공산주의는 "사회 위에 올라선" 집단이나 "현명하고 고결한 시민들" 중 엘리트에게 환경을 변화시킬 임무—그 방법은 급습을 통한 권력 장악이다—를 맡기는 "바뵈프주의-유물론적" 조류와 "사람 먼저" 변화시키자고 제안하면서 오직 선전과 설득의 힘으로만 군주와 부르주아, 프롤레타리아가 공히 공동체적 생활 방식의 장점을 깨닫게 되기를 바라는 "공상적-평화주의적" 조류로 갈라져 있었다.

마지막으로, 혁명적 실천 범주는 혁명을 통한 프롤레타리아트의 자기 해방이라는 마르크스주의 입장의 **이론적 기반**이다. 환경의 변화와 인간의 변화가 일치한다는 점은 현존 상태에 맞선 투쟁 과정에서 프롤레타리아트가 자신을 변혁하고 자신의 의식을 발전시키면서 새로운 사회를 건설할 수 있게 된다는 것을 의미한다. 이러한 과정은 혁명의 순간 그 절정에 다다른다. 이 순간 광범위한 대중은 "변화"하고, 자신의 행동을 통해 환경을 변화시키는 과정에서 자신의 역할을 의식하게 된다. 세 번째 테제에 의거한, 공산주의 혁명을 통한 노동자 계급의 자기 해방 및 자신의 혁명적 실천을 통한 프롤레타리아트의 자기 교육이라는 이념은 차이가 있을 뿐, "사회보다 높은 곳"에 있는 어떤 존재에 호소하는 방식들—"계몽된 절대주의"에 대한 백과전서파의 바람, 군주들에 대한 공상적 사회주의자들의 호소, 자코뱅주의, 자코뱅-바뵈프주의 등—에 불과했던 18세기 유물론의 다양한 "정치적 귀결들"을 뛰어넘는 것이다. 그와 동시에 마르크스는 모든 "관념론"적 사회주의 조류(독일의 "진정한 사회주의") 및 "평화주의적" 반혁명 조류("이카리아인들")와 갈라섰다.

물론 이 모든 내용이 세 번째 테제 속 **작은 껍데기** 안에서 발견되는 것은 아니다. 이러한 내용들은 『독일 이데올로기』에 가서 **대중에 의한 공산주의 혁명**이라는 엄격하고 일관된 이론 속에서 발전하게 될 주제였다.

여덟 번째, 아홉 번째, 열 번째 테제는 말하자면 세 번째 테제의 "사회학적" 연장이다. 낡은 유물론은 관조적anschauend 개인과 "사회적 환경"을 대립시킨다. 여기서 사회적 환경은 "부르주아 사회"*Bürgerliche Gesellschaft*를 의미하며, 이는 개인의 의지나 행동과는 독립해 있는 "자연적인" 일련의 사회적·경제적 법칙들로 받아들여진다. "관조적 유물론, 즉 감성[*Sinnlichkeit*]을 실천적 활동으로 이해하지 않는 유물론이 도달하는 최고점은 개별 개체들 및 시민사회의 관조[*Anschauung*]이다."[147] 능동적 인간에서 시작하여 "환경"과 사회를 변화시켜 가는 새로운 유물론에 따르면, "모든 사회적 삶은 본질적으로 실천적이다."[148] 그것의 입지점은 "인간 사회", 다시 말해 "정치적"이고 구체적인 사회관계의 망이자 인간이 자신의 역사적 활동 및 자연에 맞선 투쟁 등을 위해 만든 구조로서의 인간 사회이다. 즉 "낡은 유물론의 입지점은 시민사회이다. 새로운 유물론의 입지점은 인간 사회 혹은 사회적 인류이다."[149]

이 테제를 이해하기 위해 우리는 "부르주아 사회"와 "인간 사회"라는 용어들의 불분명한 의미를 평가할 필요가 있다. '*Bürgerliche Gesellschaft*'는 **시민** 사회 범주, 즉 사회적 관계에 대한 "개인주의적" 인식 방법으로도, **부르주아** 사회, 즉 부르주아지가 지배 계급이거나 지배 계급으로 되어 가고 있는 자본주의 사회로도 쓰인다. 이와 유사하게 "인간 사회"는 한편으로 (당

---

147 *CW*, V, 5. (영어판 전집에는 '*Bürgerliche*'가 "부르주아"보다 "시민"으로 번역됐다.)

148 *Ibid.*.

149 *Ibid.*. n. 147.을 보라.

대의) 사회적 삶에 대한 "실천적", "사회학적" 파악을, 다른 한편으로 미래의 사회주의 사회를 의미한다. "시민사회"가 부르주아 사회의 이데올로기이고 "인간 사회"가 사회주의 사회를 위해 싸우는 혁명가들의 이론인 한에서 각각의 두 가지 의미는 서로 겹친다.

그렇지만 혁명적 실천 범주는 이론과 실천, 지식과 행동 사이의 관계 수준에서 보다 추상적이고 일반적으로 발전한다.

「포이어바흐에 관한 테제」에서 제시된 바 포이어바흐와 낡은 유물론의 "인식론gnoseology"은 사회적, 자연적 현실을 순수한 대상으로 그리고, 주체의 감성을 수동적 **관조**로 그리며, 이론적 지식을 현실에 대한 단순한 **해석**으로 그린다. 마르크스는 첫 번째 테제의 시작 부분과 다섯 번째 테제에서 앞의 두 가지 가정을 비판한다. "지금까지의 모든 유물론(포이어바흐의 유물론을 포함하여)의 주요한 결함은 대상[*Gegenstand*], 현실, 감성[*Sinnlichkeit*]이 **감각적 인간 활동, 실천**으로써 주체적으로 파악되는 것이 아니라 **객체**[*Objekts*] 혹은 **관조**의 형식 속에서 파악된다는 점이다. 그러므로 유물론과 대비되어 **능동적** 측면은 관념론에 의해 추상적으로 제시된다—물론 그것은 현실의 감각적 활동 자체를 알지 못한다."(첫 번째 테제) "**추상적 사유**에 만족하지 않는 포이어바흐는 **관조**[*Anschauung*: 엥겔스의 번역본에서는 "감각적 관조"]를 추구한다—그러나 그는 감성[*Sinnlichkeit*]을 **실천적**, 인간적-감각적 활동으로 파악하지 않는다."(다섯 번째 테제)[150]

포이어바흐와 마르크스가 사용한 '*Sinnlichkeit*'라는 단어의 이중적 의미를 고려하기만 해도 이러한 "경구들"의 함의는 다시 한번 완전히 분명해진다. 한편으로 그것은 "물질성", 구체적인 물질 세계를 가리킨다. 다른 한편으로 그것은 "감성", 감각의 활성(혹은 수동성), 감각에 대한 "주체의 능

---

150   *CW*. V, 3, 4.

력"을 가리킨다.[151] 대부분의 (프랑스어) 번역자들은 첫 번째 가능성을 염두에 두었고―몰리토의 경우 '*la matérialité*(물질성)', 루벨의 경우 '*la réalité concrete et sensible*(구체적이고 감각할 수 있는 현실)'―그것은 명백한 불합리성을 낳았다. 이 경우 마르크스는 물질적, 구체적 세계를 오직 관조, "직관"이라는 형식으로 지각하는 낡은 유물론을 비난하는 것으로만 그려진다. 물론 낡은 유물론자들이 범한 순수한 관조란 **물질 세계**가 아니라 감각과 물질 세계 사이의 관계, 다시 말해 **감성**을 일컫는 것이다.

마르크스의 이 테제는 또한 두 부분으로 나눌 필요가 있다. "감성 *Sinnlichkeit*은 **실천적**, 인간적-감각적 활동"이라는 말의 의미는 다음과 같다.

(a) 사회와 자연이라는 구체 세계는 활동이자 실천, 혹은 인간 실천의 산물이다. 이러한 주제는 『독일 이데올로기』에서 발전하게 될 것이다. 거기서 마르크스는 사회는 생산관계들의 묶음이고 자연적 환경조차 인간 노동에 의해 크게 바뀐다는 점을 보여준다.

(b) 감성은 순수한 관조가 아니라 인간 활동이다―한편으로 그것이 노동과 사회적 실천을 통해 행사되기 때문이고 다른 한편으로 감각적 지각은 그 자체로 **활동**이기 때문이다.[152]

그러나 "지식 문제" 수준에서 일어난 마르크스와 18세기 철학 사이의

---

151 Feuerbach, *Manifestes philosophiques* (Paris: P.U.F., 1960), p. 6.에 있는 루이 알튀세르의 번역자 노트를 참고함.

152 이러한 연관성 때문에 뤼시앙 골드만이 「포이어바흐에 관한 테제」를 "지각 활동"에 관한 피아제의 작업과 관련 지은 반면에(*Recherches dialectiques*, p. 126), 네빌은 '반응 없는 자극 없다' 등의 실험 심리학의 발견들과 이를 비교했다는 점을 언급할 만한 가치가 있을 것이다. *De l'alienation á la jouissance* (Paris: Marcel Rivière, 1957), p. 188.

결정적 단절은 열한 번째 테제와 더불어 도래한다. 그 테제에 따르면, "철학자들은 세계를 이러저러한 방식들로 **해석해 왔을** 뿐이다. 중요한 것은 그것을 **변화**시키는 것이다."[153] 이처럼 비문碑文 같은 문장이 어떤 함의를 지니는지를 모두 포착하려면, 어떤 면에서는 수박 겉핥기 수준에 머무는 통상적 해석들을 뛰어넘어야 한다. 열한 번째 테제에 대한 다소 피상적이고 통속화된 해석은 이론과 실천을 상호 배타적이고 양자택일인 것처럼 대치시킨다. 이를테면 "철학자들은 세계를 해석해 왔고, 마르크스는 그것을 변화시키려고 싸운다. 마르크스주의는 추상적 사변과는 대별되는 혁명적 실천이다. 등등." 이런 식의 논법—레닌은 이에 반대하여 "혁명적 이론 없는 혁명적 실천 없다"는 잘 알려진 구호를 내놓았다—은 마르크스의 방대한 이론 작업뿐 아니라 「포이어바흐에 관한 테제」 자체에 의해서도 이미 형식적으로 논박되는 것이다. 「포이어바흐에 관한 테제」에는 세계가 "그것의 모순 속에서 이해되어야 할 뿐 아니라 실천 속에서 변혁되어야" 하고, "이론과 실천 속에서 파괴되어야" 한다고 분명히 진술되어 있다.[154] "실천적-비판적 활동"이라는 표현 그 자체는 이러한 사유와 실천 사이의, "해석"과 "변화" 사이의 능동적인 종합을 시사한다.

열한 번째 테제에 관해 "통속적이지 않은" 해석을 한 사람들도 대부분 위와 같은 수준에 머물러 있다. 그들 중 가장 정제된 판본에 따르면, 열한 번째 테제는 "순수"한 해석(실천적 결론이 없다)에 혁명적 해석(그것에 상응하는 활동이 수반된다)을 대치시킨다. 이러한 판본이 망각하는 사실은, 심지어 이른바 "순수"한 관조에도 다음과 같은 실천적 결론이 존재한다는 점이다. 즉 그러한 관조는, 직간접적으로, 의식·무의식적으로 현상 유지

---

153 *CW. V*, 5.

154 *CW. V*, 4, 5.

를 정당화하거나 "자연적" 속성에 기인하는 것으로 말하고 또 단순히 문제 삼기를 거부함으로써 **현상 유지**의 **보존**에 기여한다. 다시 말해 열한 번째 테제가 시사하는 양자 대립은 현존 상태의 영속화에 기여하는 해석과 혁명적 실천과 연결된 **비판적** 해석 사이의 대립이라는 것이다.

기본적으로 우리가 여기서 이해해야 할 것은 실천과 "연결된" 혹은 실천이 "수반되는" 해석 정도가 아니라 **총체적** 인간 활동, **실천적-비판적** 활동이며, 그러한 활동 속에서 이론은 **이미** 혁명적 실천이고 실천은 **이론적 함의를 담고 있다.**[155] 『신성가족』에서 마르크스는 이론과 실천 사이의 신비주의적인 동일성과 투쟁했다. 그는 "브루노 바우어와 그 일파"에 맞서 순수한 철학적 사변과는 다른 실천이 존재한다는 점을 보여야만 했다. 「포이어바흐에 관한 테제」에서는 순전히 부정의 상태에 있던 "프랑스 유물론" 시기는 극복된다. 마르크스는 사유와 행동의 통일, 변증법적 "실천적-비판적"·혁명적 통일을 회복한다.

마르크스주의 세계관Weltanschauung의 형성 과정은 직조공 봉기(1844년 6월)와 「포이어바흐에 관한 테제」(1845년 3월) 사이의 기간에 완료된다. 이 시기는 청년 마르크스의 진화 과정에서도 **가장** 위대한 이데올로기적 전환점이었다. 파리에서 조우한 공산주의 운동과 더불어 슐레지엔 봉기를 통해 그는 프롤레타리아 대중의 혁명적 실천이라는 문제에 구체적으로 직면하게 됐다. 『전진』의 논설 속에서 마르크스는 해방의 능동적 요소로서의 프롤레타리아트를 발견한다. 그러나 그는 아직 이러한 발견으로부터 철학적 결론을 끌어내지는 않았다. 몇 주 후 『신성가족』에서 그가 대략 그려낸 것은 이 문제에 대한 이론적 해법을 찾으려는 최초의 시도였다. 그는

---

155 Goldmann, "L'idéologie allemande et les thèses sur Feuerbach," *L'Homme et la Societé*, No. 7 (1968), p. 54.를 참조할 것.

18세기 프랑스 유물론의 범주들을 통해 자신이 혁명적 활동—그것은 분명 청년 헤겔파의 사유 세계 바깥에 존재한다—을 파악할 수 있다고 믿었다. 그렇지만 이내 그는 **대중**의 혁명적 실천은 "환경의 이론"이라는 협소한 틀로 끼워맞춰질 수 없다는 점을 알아챘다. 이로써 그는 "낡은 유물론"과 단절을 이뤄냈다. 이 단절은 즉시 모든 수준으로 퍼져 나간다. 「포이어바흐에 관한 테제」는 역사, 사회적 삶, "감성", 이론, 인간과 자연 사이의 관계, 인간들 사이의 관계의 "실천적 본질"을 폭로하고, 마침내 일관된 이념 체계이자 중대한 전반적 구조의 윤곽을 그려낸다. 그것은 바로 프롤레타리아트의 혁명적 자기 해방 이념을 위한 총괄적 이론 토대인 **실천철학**이다.

e) 『독일 이데올로기』

1845년 9월에서 1846년 5월 사이에 작성된 『독일 이데올로기』는 마르크스와 엥겔스의 공동 저작이다. 이 저작에 대한 엥겔스의 기여도는 『신성가족』의 경우보다 훨씬 더 컸을 개연성이 높다. 그들 각각이 쓴 부분을 구분하기란 가능치 않기에 나는 이 저작 전체를 마르크스의 생각을 표현한 것으로 간주할 것이다. 이것은 다음 이유 때문에 더 정당화할 수 있을 것으로 보인다. 우선 거의 모든 수고들에 마르크스의 펜으로 쓰인 교정과 부기가 있다. 또한 엥겔스가 "1845년 봄 우리가 다시 브뤼셀에서 만났을 때 마르크스는 이미 자신의 유물론적 역사 이론을 완전히 발전시킨 상태였다. … 역사과학의 혁명을 일으켰고 우리가 보았듯이 본질적으로 마르크스의 작업인 이러한 발견—내 자신이 주장할 수 있는 몫은 매우 작을 따름인 발견—은 … 노동자 운동에 즉각적인 중요성을 가졌다"고 쓰기도 했다.[156]

---

156 *CW*, XXVI, 318.

『독일 이데올로기』는 어떤 의미에서는 내가 이제껏 추적해 온 1842년 이래의 진화의 종착점이고, 특히 1844년 8월 『전진』의 논설에서 개시된 전환의 완성이다. 이 저작이 **자기 비판**의 형식을 취하는 것은 바로 이러한 이유에서다. 즉 마르크스는 "독일 이데올로기 주창자들"에 대한 비판을 통해 자신이 걸어온 철학 여정의 앞선 단계들을 겨누었고 그것들을 결정적으로 극복한다. 이러한 의미에서 우리는 유명한『정치경제학 비판을 위하여』(1859) 서문의 언급을 해석해야 한다.

> "1845년 봄 그[엥겔스] 역시 브뤼셀에서 살게 되었을 때, 우리는 **사실상 우리가 이전에 가졌던 철학적 의식을 청산하기 위해** 독일 철학의 이데올로기적 파악에 대립하는 우리의 파악을 함께 개진하기로 결심했다. 그러한 의도는 헤겔 사후 철학을 비판하는 형식으로 수행되었다. … 우리는 우리의 목적―자기 해명―을 달성했기 때문에 수고를 더더욱 기꺼이 쥐들이 갉아먹는 비판에 내버려두었다."[157]

『독불연보』에 있는 논설들과 관련해서 보면 위와 같은 점은 특히 분명하다. 『독일 이데올로기』의 저자들이 지적하는 바, 그 논설들이 쓰인 "당시"에는 "철학적 어법"과 이제는 "추상적 사상"으로 거부되는 중요한 이론 범주들―정신, 심장―이 여전히 사용되었다.[158] 다른 한편, 이 수고와「포이어바흐에 관한 테제」사이에는 아무런 단절이 존재하지 않는다.『독일 이데올로기』는 그 본질적 주제들을 신헤겔주의 내에 있는 "유물론"(포이어

---

157 Marx, Preface to *A Contribution to the Critique of Political Economy* (London: 1971), p. 22. (진한 글씨는 미카엘 뢰비.)

158 *CW*, V, 236, 172.

바흐) 조류와 관념론(바우어, 슈티르너, 그륀) 조류에 대해 비판하는 방식으로 발전시켰다. 이 비판은 공산주의 혁명 이론을 엄밀하고 정확하게 구성해내는 것으로 이어졌다.

원래 마르크스와 엥겔스의 비판은 청년 헤겔파의 관념론이 보여준 다음의 근본 공리에 반대하려는 것이다. 그것은 "어떤 식으로든 실재하는 현존 세계와 싸우지" 않고서 "의식을 변화시키는 것"과 "현존 세계를 다른 방식으로 해석하는 것"이었다. 이러한 공리는 브루노 바우어에게서 목격된다. 그는 "철학자들의 힘을 믿었고 … 의식의 변화, 현존 관계에 대한 해석에서의 새로운 전환이 지금까지 현존해 온 세계 전체를 전복할 수 있다는 그들의 환상을 공유한다." 또한 그것은 "성 막스"(슈티르너)에게서도 목격되는 바 그의 생각에 따르면, 사람들은 "머리에서 그들의 그릇된 견해를 제거함으로써" 현존 조건들을 실제로 파괴한다.[159] 그러나 공산주의자에게 필요한 것은 "현존 세계를 혁명하는 것이고, … 실천적으로 그것을 이해하여 실존 속에서 발견된 사물들을 변화시키는 것"이다.[160] 이 주제는 『독일 이데올로기』에서 반복적으로 나오는 것으로, 이미 『신성가족』에 있었던 것이지만 『독일 이데올로기』에 이르러서야 다음과 같은 분명한 정치적 결론으로 이어진다. 즉 "공산주의는 우리에게 확립되어야 할 하나의 **상황**이나 현실 자체가 그것에 맞춰야 하는 **이상**이 아니다. 우리는 공산주의를 사물의 현존 상태를 철폐하는 **현실의** 운동이라고 부른다."[161] 공산주의를 "추상적 이론들"과 "원리들"의 문제라고 본 "진정한 사회주의"에 반대하여, 그리고 "현실 세계에서 특정 혁명 정당의 추종자를 의미하

---

159 *CW*, V, 30, 100-101, 126. *CW*, V, 431.

160 *CW*, V, 38-39.

161 *CW*, V, 49.

는 '공산주의자'라는 단어를 하나의 단순한 범주로 바꾸는 것이 … 가능하다고 생각한" 포이어바흐에 반대하여[162] 마르크스는 "공산주의가 실천적 수단을 가지고 실천적 목표를 추구하는 매우 실천적인 운동"이라고 강조한다.[163] 1842년 이래로 걸어온 여정이 얼마나 긴지 측정하려면, 위에 나온 단락들을 『라인신문』의 공산주의에 관한 논설—"진정한 **위험**은 공산주의 이념의 **실천적 시도**에 있는 것이 아니라 **이론적 정교화**에 있다"—과 모제스 헤스 풍의 "철학적 공산주의"가 깊이 배어 있는 『독불연보』의 논설들, 심지어 혁명적 노동자 운동보다는 미래의 공산주의 사회에 관해 논의한 「1844년 수고」 등과 비교해 볼 필요가 있다.

그렇지만 마르크스는 『신성가족』 수준에 머무르지 않는다. 「포이어바흐에 관한 테제」에서처럼 그는 18세기 유물론, 특히 "환경에 관한 이론"도 비판한다. 그는 심지어 "활동으로부터 분리된 역사적 관계들"을 다룬다는 이유로 "이른바 **객관적** 역사기록학"을 "반동적"이라고 말한다. 그러고서는 그와는 반대로 활동의 조건이 "이러한 자기 활동에 의해 산출된다"고 본다.[164] 마찬가지로 그는 "현존 조건"이 항상 "인민"의 조건이고, "인민"이 그것을 변화시키지 않는 한 결코 변화될 수 없다는 점을 망각한 채 "현존 조건들의 변혁"을 "인민"들로부터 완전히 분리시켜 보는 사람들을 비웃는다.[165] 이렇게 환경을 변화시키는 것과 인간 스스로를 변화시키는 것을 동일시하는 것은, 생산 활동인 노동을 시작으로 인간 생활의 모든 영역에 적용되는 것이다. 즉 "인간은 자신의 물질적 생산과 자신의 물질적 교류

---

162   *CW*, V, 458, 57.

163   *CW*, V, 215.

164   *CW*, V, 55, 82.

165   *CW*, V, 379.

[*Verkehr*]를 발전시킴으로써 그와 더불어 자신의 실제 세계를 개조하고 자신의 사유와 그러한 사유의 산물들 역시 개조한다."[166]

근대 정치사 차원에서 보았을 때, 이와 같은 수렴은 "현존 [사회] 조건"의 변화와 인류 대중, 다시 말해 프롤레타리아트의 의식 변화가 동시에 일어나는 공산주의 혁명을 통해 실현된다. 여기서 우리는 프롤레타리아트의 혁명적 자기 해방이라는 마르크스주의 이론의 심장부에 도달한다. 그것은 각각이 서로를 함축하는 두 가지 핵심 이념에 근거한다.

(1) 소외는 오직 비소외적 방식 속에서만 회복될 수 있다. 새로운 사회의 성격은 그것의 창출 과정 자체에 의해 결정된다.

"이러한 전유는 그것이 영향을 받지 않을 수 없는 방식에 의해 더욱 결정된다. 오직 프롤레타리아트 그 자체의 성격에 의해, 재차 오직 보편적인 것으로 될 수밖에 없는 결합을 통해서, 그리고 한편으로는 앞선 생산 및 교류 양식과 사회 조직의 힘이 타도되고, 다른 한편으로는 그러한 전유를 달성하기 위해 요구되는 프롤레타리아트의 보편적 성격과 에너지가 발전하고, 게다가 프롤레타리아트가 이전의 사회적 지위로 인해 자신에게 여전히 달라붙어 있는 모든 것으로부터 벗어나게 해 주는 혁명을 통해서만 그것에 영향을 줄 수 있다."[167]

위의 문구는 다음 두 번째 주제로 이어진다.

(2) 혁명이 필요한 이유는 구질서, "외적" 장벽을 파괴하기 위해서만이 아니

166　*CW*, V, 37.

167　*CW*, V, 88.

라 프롤레타리아트로 하여금 그들의 "내적" 장벽을 극복하고, 그들의 의식을 변화시키고, 공산주의 사회를 만들 능력을 가질 수 있도록 하기 위해서이다.

"이러한 공산주의 의식의 대규모[massenhaften] 산출을 위해서뿐 아니라 대의 자체를 성공시키기 위해서라도 대규모의 인간 개조는 필수적이다. 이 개조는 실천적 운동, **혁명** 속에서만 일어날 수 있다. 따라서 **지배** 계급이 어떤 다른 방식으로는 타도될 수 없기 때문에 그런 것만이 아니라 지배 계급을 **타도하는**[stürzende] 계급이 혁명 속에서만 오랜 오물을 모두 제거하고 사회를 새롭게 세우는 데 적합해지기 때문에, 혁명은 필수적인 것이다. … 슈티르너는 사회를 혁명하고 생산관계 및 교류 형태를 새로운 토대—다시 말해 새로운 인간으로서 그들 자신, 그리고 그들의 새로운 생활양식—위에 놓는 공산주의적 프롤레타리아들, 이런 프롤레타리아들이 '옛날' 그대로일 것이라고 믿는다. 이 프롤레타리아들에 의해 수행된 지칠 줄 모르는 선전, 그들 사이에서 이루어지는 일상적 토론들은, 그들 스스로가 '옛날' 그대로이기를 얼마나 바라지 않는지 충분히 입증한다. 만약 성 산초[슈티르너]처럼 그들이 '자신 안에서 허물을 찾았'다면, 그들은 '옛날' 그대로였을 것이다. … 그러나 … 그들은 오직 변화된 환경 하에서만 자신들이 '옛날' 그대로이길 멈출 것이라는 점을 너무나 잘 알고 있다. 따라서 그들은 이러한 환경을 변화시키기로 마음먹는다. **혁명적 활동 속에서 자기 자신을 변화시키는 것은 환경을 변화시키는 것과 일치한다.**"[168]

이러한 언급들 속에 개괄된 혁명 이론과 그 속에 담긴 자코뱅·메시아주의·공상주의·개량주의적 파악에 대한 급진적 반대가 비상한 중요성을 가

---

168   CW, V, 52-53, 214.. (진한 글씨는 미카엘 뢰비.)

진다는 점을 애써 말할 필요는 없을 것이다. 단지 내가 지적하려는 점은, 이런 내용이 이상하게도 대부분의 해석자들에 의해 마르크스의 사상에서 간과된 측면이라는 사실이다.[169] 이런 내용이 마르크스의 작업에서 "우연적인 것"이 아니라 오랜 이데올로기적 진화의 결과(나는 이를 한걸음 한걸음 추적해 왔다)라는 점에서 이것은 확실히 심각한 일이다. 무엇보다도 이와 같은 이론은 「포이어바흐에 관한 테제」에 부자연스럽게 도입된 주변적이고 고립된 요소가 아니라 정반대로 마르크스의 작업에서 중요한 "철학적" 주제들과 긴밀하게 겹쳐 있는 내용이다.

이렇게 공산주의 혁명의 본성을 일반적 용어로 확립하면서 마르크스는 다음의 근본 문제에 답을 구하려고 한다. 즉 왜, 그리고 어떻게 프롤레타리아트는 혁명적이게 되는가?

우선 마르크스는 「헤겔 법철학 비판 서설」의 명제들 중 하나를 반복한다. 그 명제는 프롤레타리아트의 해방적 역할을 "사회의 혜택은 향유하지 못한 채 그 짐은 모두 감당해야만 하"고 "지배 계급에 대한 반대를 확고히 하는 데 어떤 특정한 계급적 이해를 더 이상 가지지 않는" 이 계급이 겪는 고통의 **근본적, 보편적** 성격에서 찾는다.[170] 그럼에도 『독일 이데올로기』에서는 이러한 고통에 담긴 수동적 함의가 모두 사라진다. "열정"*Leidenschaft*이라는 용어는 심지어 혁명적, 능동적 의미로 사용된다. "'근심'이 독일의 선량한 시민들 사이에서 가장 순수한 형태로 번성한다. … 프롤레타리아의 빈곤[Not]은 뾰족하고 날카로운 형태를 취하면서, 그로 하여금 생사를 건 투쟁

---

169   한 가지 예외 사례는 로자 룩셈부르크 저작의 이탈리아어판에 대한 레리오 바소Lelio Basso의 탁월한 서문이다. Rosa Luxemburg, *Scritti Politici* (Introduzione) (Rome: E. Riuniti, 1967), p. 107. 참고. 또한 시사하는 바가 많은 Maximilien Rubel, *Marx: Pages choisies pour une éthique socialiste* (Paris: M. Rivière, 1948)의 서문을 보라.

170   CW, V, 52, 77.

으로 내몰며, 그를 혁명적으로 만들고, 그로 말미암아 '근심'이 아닌 열정
을 일으킨다."[171]

그러나 프롤레타리아트의 혁명적 성격이 이 계급의 구체적 사회 조건
에서 나왔다는 점이 사실이라 할지라도, 그러한 성격은 어느 정도 하나의
경향이나 잠재성으로 나타나며, 오직 이 계급 스스로의 **역사적 실천**을 통
해서만 실현된다. 여기서 마르크스는 「서설」의 명제를 실천 이론의 차원
에서 제시한다. 그에 따르면, "인간의 존재는 그들의 실제 생활 과정이다."
다시 말해 사회 경제적 수준에서 "그들이 어떤 존재냐는 … 그들의 생산
과 일치"하고,[172] 혁명의 문제 수준에서 프롤레타리아트는 오직 자신의 혁
명적 실천을 통해서만 혁명적이게 된다는 뜻이다. 이러한 명백한 역설은
아래의 세 단계로 구분해 보면 더 쉽게 이해할 수 있다.

(1) 프롤레타리아트는 계급이라는 말의 정확한 의미대로 부르주아지에 맞
    선 싸움을 통해서만 하나의 계급이 된다. "각각의 개인들은 오직 그들이
    다른 계급에 맞서 공동의 전투를 수행해야만 하는 한에서 하나의 계급을
    형성한다."[173]
(2) 처음에는 그들의 행동이 체제 그 자체에 도전하지 않는다 할지라도 이
    러한 싸움 과정에서 프롤레타리아트는 혁명적 방법을 이용하지 않을 수
    없다. "매우 빠르게 결사를 이뤄 파업에 들어간 노동자들 중 소수파조차
    도 자신이 혁명적 방식으로 행동하지 않을 수 없게 되었음을 발견한다—

171　*CW*, V, 219. 마르크스는 심지어 *"revolutionäre Leidenschaft"*(혁명적 열정)이라
　　는 말도 썼다. *CW*, V, 457.

172　*CW*, V, 36, 31.

173　*CW*, V, 77.

이것은 그[막스 슈티르너]가 영국의 1842년 봉기, 그보다 앞선 웨일스의 1839년 봉기로부터 배울 수 없었던 사실이다. 1839년에 노동자들 사이에서 혁명적 동요는 '신성한 달'이라는 말 속에서 그 첫 표현을 발견했다. 그것은 전체 인민의 무장과 동시에 공표되었다."[174]

(3) 이러한 혁명적 실천을 통해서 노동자 대중 사이에서 공산주의 의식이 생겨나 발전한다. 실천 이론에 따라 마르크스는 의식이 "기존 실천에 관한 의식과 다름없을" 수는 없다고 분명히 밝힌다. 그것의 의미는 프롤레타리아트의 경우 "이러한 공산주의 의식의 대규모[massenhaften] 산출을 위해서뿐 아니라 대의 자체의 성공을 위해서라도, 대규모의 인간 개조는 필수적이다. 이 개조는 실천적 운동, **혁명** 속에서만 일어날 수 있다"는 것이다.[175] 따라서 최종 분석에서 우리의 "역설"은 혁명적 실천 속에서 "환경의 변화"가 "의식의 변화"와 일치하는 것을 통해 해결된다.

이러한 언급들은 이미 마르크스가 이제 프롤레타리아트와 혁명적 이념 사이의 관계 문제를 「서설」의 주장과는 사뭇 다른 차원에서 파악하고 있음을 보여준다. 『독불연보』에 실린 이 논설에서 마르크스는 "혁명은 철학자의 두뇌에서 시작한다."—"철학적 공산주의"의 전형적 주제로, 이 주제는 그것의 이데올로기적 상속자인 "진정한 사회주의"에 의해 부활하게 된다—고 썼다. 반면 그는 『독일 이데올로기』에서는 "공산주의는 헤겔의 『법철학』 제49번 단락에서 비롯되는 것이 전혀 아니다."[176]라고 쓴다. 그렇다면 공산주의 이념의 기원은 어떻게 되나? 마르크스의 대답은 명쾌하

---

174 CW, V, 204-205.

175 CW, V, 45, 52-53.

176 CW, V, 208.

다. "특정 시기 혁명적 이념의 존재는 혁명적 계급의 존재를 전제로 한다." 근대에 와서 이러한 계급은 분명 프롤레타리아트이다. "사회의 혜택은 향유하지 못한 채 그 짐은 모두 감당해야만 하고 사회로부터 추방당해 다른 모든 계급들과 가장 첨예한 모순 속에 놓이게 되는… 계급, 전체 사회 구성원 중 다수를 점하고 **근본적**[gründlichen] **혁명의 필연성에 관한 의식, 공산주의 의식을 발생시키는**[ausgeht] **계급.** 그러한 의식은 물론 이 계급의 상황에 대한 숙고를 통해 다른 계급들 중에서도 발생할 수 있다."[177] 분명 이러한 공산주의 의식은 노동자들이 추상적·이론적으로 고찰해서 나온 결과가 아니며 계급투쟁의 구체적·실천적 과정에서 나온 결과다. 공산주의·사회주의 이념을 발생시켜 온 것은 바로 부르주아지와 프롤레타리아트 사이의 대립이다.[178]

이렇게 공산주의 이론과 프롤레타리아트 사이의 역사적 연관성을 새롭게 파악한 것을 바탕으로 마르크스는 "진정한 사회주의자들"을 비판한다. 그들은 "외국의 공산주의 문헌을 현실 운동의 표현이자 산물로서가 아니라 순수하게 이론적 저술들로 간주하"고, "공산주의 체계들과 비판적·논쟁적 저술들을 그것이 단지 표현하고 있을 뿐인 현실 운동으로부터 분리시켜 억지로 독일 철학과 자의적인 연관을 맺게 만든다."[179] 거듭 말하건대 이러한 비판은, 「라인신문」과 『독불연보』 시기에 이 문제를 바라보던 방식에 대한 마르크스의 자기 비판이다. 당시 마르크스는 모제스 헤스, 엥겔스, 그리고 1842년에서 1844년까지의 모든 "철학적 공산주의자들"과 같

---

177   CW, V, 60, 52. (진한 글씨는 미카엘 뢰비.)

178   CW, V, 419. "부르주아지와 프롤레타리아트 사이의 모순이 공산주의적, 사회주의적 견해들을 등장케 했을 때…."

179   CW, V, 455, 456.

은 입장이었다. 그들 중 일부가 마르크스와 같은 방향으로 진화한 반면에 나머지 사람들은 결국 "진정한 사회주의"로 귀결됐다. "일군의 독일 공산주의자들이 철학적 관점에서 시작하여 이러한 이행을 거쳐 공산주의에 도달해야만 했고 지금도 여전히 도달하고 있는 반면, 다른 이들은 이러한 이데올로기로부터 스스로 해방되지 못하여 종국에는 진정한 사회주의를 계속 설교해야만 했다는 점 또한 불가피했다."[180]

마르크스는 "혁명은 철학자의 두뇌에서 시작한다"는 관념—그는 이제 이런 관념이 "세계를 변혁하기 위해 설계된 모든 운동은 오직 일부 선택받은 존재의 머릿속에서만 존재한다"고[181] 보는 **관념론자**의 것이라고 설명한다—을 근본적으로 거부하고, 공산주의 의식이 **프롤레타리아트 안에서 시작한다**고 분명하게 선포(이것은 곧장 우리에게 카우츠키의 견해와 『독일 이데올로기』의 견해가 양립 불가능하다는 점을 보여준다)하였다. 그렇다 하더라도 마르크스는 공산주의 관념이 다른 계급의 구성원에 의해서도 발전될 수도 있다는 것을 배제하지 않는다. 도리어 그는 공산주의 의식이 "물론 이 계급[프롤레타리아트]의 상황에 대한 숙고를 통해 다른 계급들 중에서도 발생할 수 있다"고 말한다.[182] 그러한 이해에 도달한 개인들은 **프롤레타리아트의 이론적 대변자**theoretischen Vertreter가 되는 데, 공산주의 의식을 강화하고 명료화하는 데 결정적 역할을 맡게 된다.

"현실에서 실제 재산 소유자들이 한편에 서고 재산이 없는 공산주의적 프롤레타리아들이 다른 편에 선다. 이러한 대립은 날이 갈수록 더 격렬해지고

---

180 *CW*, V, 457.

181 *CW*, V, 532.

182 *CW*, V, 52.

급격히 위기로 치닫고 있다. 그래서 만약 프롤레타리아트의 이론적 대변자들이 어떤 실천적 효과를 가지기 위해 문필 활동을 하길 바란다면, 그들은 무엇보다 우선 이러한 대립의 실현을 흐리게 하는 모든 문구들, 이러한 대립을 은폐하고 부르주아들로 하여금 안전을 목적으로 자신들의 박애적 열정을 이용해 공산주의자들에게 접근할 기회를 제공할 수 있는, 모든 문구들을 없애야 한다고 단언해야 한다."[183]

『독일 이데올로기』는 마르크스가 공산**당**이라는 용어를 처음 사용한 저작이다. 분명 이 책에서는 조직 문제에 관한 엄밀한 분석을 전혀 찾아볼 수 없다. 그러나 '공산당'이라는 단어는 청년 헤겔파라는 문필적·철학적 "당파"로부터 스스로를 구분하는 구체적 의미를 지니고 있다. "진정한 사회주의"에 반대하는 내용이 나오는 장의 한 단락에서 마르크스는 현실의 공산주의적 노동자 당파들을 독일 이데올로기 추종자들의 사이비 당파들과 대치해 놓는다.

"여기서 우리는 한편으로 프랑스에서 실제로 존재하는 공산당과 그 문헌을, 다른 한편으로 이러한 문헌의 이념을 철학적으로 이해하고자 노력하고 있는 소수의 독일 사이비 학자들을 보게 된다. 후자는 전자만큼이나 "이 **시대의 주요 당파**"로, 다시 말해 그것의 직접적 반정립인 프랑스 공산주의자들에게뿐 아니라 영국의 차티스트들과 공산주의자, '미국 국민개혁론자들'과 진정 "이 시대의" 다른 모든 당파에게 막대한 중요성을 갖는 당파로 다뤄진다. … 그러나 각각의 문필적 파벌들, 특히 스스로 "가장 선진적"이라고 생각하는 파벌들이 자기네를 단지 "주요 당파 중 하나"가 아니라 사실 "이 시

---

183   *CW*, V, 469.

대의 유일한 주요 당파"로 선포하는 일은, 독일 이데올로기 추종자들 사이
에서는 상당 시간 유행이었다. 우리는 그중에서도 비판적 비판주의의 "유일
한 주요 당파", 의식적 이기주의의 "유일한 주요 당파", 그리고 이제는 진정
한 사회주의자들의 "유일한 주요 당파"를 보게 된다."[184]

이 문단은 다소 중요한 프롤레타리아트 당파들에 대한 최초의 목록을
제시한다. 우리는 그 속에서 엄격한 의미에서 공산주의적이었던 영국과
프랑스의 단체 및 경향 들과, 명확한 이데올로기가 없었던 노동자 당파들
(차티즘, 국민개혁론자들) 역시 발견한다.[185] 분명 막 결성되고 있던 독일 공
산당도 이 단체들에 추가되어야 했다. "독일에서 현실의 공산당이 등장한
후 진정한 사회주의자들 무리는 소부르주아지로 점점 더 제한되게 될 것
이다."[186]

현실의 공산주의 당파들의 역사적 발전은 "진정한 사회주의" 유형의
문필적 파벌들뿐 아니라 공상적 분파 및 체계 들이 점차 제거되는 것에
달려 있다는 것이 마르크스의 생각이었다. 그것은 다시 시작 단계부터 노
동운동의 이데올로기 수준에 조응한다.

---

184   *CW*, V, 466.

185   국민개혁연합은 1845년 10월 여러 노동자 결사체들과 "청년 아메리카"
      라는 이름의 비밀 협회가 함께 개최한 '산업회의'에서 만들어진 조직이었
      다. 독일 노동자 이주민들로 구성된 의인동맹 미국 지부는 몇 주 후 "사
      회개혁연합"이라는 명칭의 독일어 사용 지부를 결성했다. 이 단체는 크리
      게H. Kriege의 "진정한 사회주의"로부터 영향을 받았다. K. Obermann, "die
      Amerikanische Arbeiterwegung vor dem Bürgerkrieg im Kampf für Demokratie
      und gegen die Herrschaft der Sklavenhalter," *Zeitschrift für Geschichtswissenschaft*,
      Heft 1, X Jahrgang (1962) 참고.

186   *CW*, V, 457.

"체계들 그 자체의 경우, 그것들은 거의 모두 공산주의 운동 초창기에 등장
했고 당대의 통속 소설과 같은 선전적 가치를 가졌다. 그것은 여전히 미발
전된 프롤레타리아들의 의식에 완전히 조응한다. 당시 프롤레타리아들은
막 능동적 요소로 행동하기 시작하고 있었다. … 그러한 당파가 발전함에 따
라 이 같은 체계들은 중요성을 모두 상실하고 기껏해야 표어로, 순전히 명
목적으로만 존속하게 된다. 프랑스에서 누가 이카리아를 믿고 있고, 영국에
서 누가 오언의 계획을 믿고 있는가?"[187]

『신성가족』과의 차이점은 현저하다. 여기서는 더 이상 "유물론적 공
산주의"와 "비판적 사회주의"가, 오언과 바우어가 서로 대치되고 있지
않다. 그와 달리 현실의 프롤레타리아 당, 공산주의자, 노동자 계급이
오언을 포함하는 다양한 문필적, 철학적, 공상적 분파들과 대치되고 있
는 것이다.

---

187   *CW*, V, 461.

3
당 이론 (1846~1848)

Ⅰ. 마르크스와 공산당 (1846~1848)

마르크스와 엥겔스가 1846년까지 노동자 운동 내에서 체계적이고 조직적인 정치 활동을 시작하지 않았던 이유는 무엇일까? 엥겔스가 공산주의자동맹의 역사에 관해 개괄한 적이 있는데, 그 글에 나오는 몇몇 언급을 보면 답을 알 수 있다.

"1845년 봄에 우리가 브뤼셀에서 다시 만났을 때, 마르크스는 이미 자신의 유물론적 역사 이론을 그 주요한 지점들에서 완전히 발전시킨 상태였다. … 그래서 우리는 이제 매우 다양한 방면에서 새롭게 획득된 전망을 구체적으로 상세히 다듬는 데 전념했다. … 우선 방대한 학술서를 써서 새로운 과학적 결론들을 오로지 "박식한" 세계에만 전해야겠다는 생각이 우리에게는 전혀 없었다. … 우리 견해의 과학적 증거를 제공하는 것이 우리의 의무였으나, 우리로서는 독일에서부터 시작하여 유럽의 프롤레타리아트를 우리의 신념으로 쟁취하는 것이 마찬가지로 중요했다. 우리의 생각이 뚜렷해지기 시작하자마자 우리는 작업에 돌입했다."[1]

---

1   *CW*, XXⅥ, 318-319.

「포이어바흐에 관한 테제」와 『독일 이데올로기』의 핵심 내용이 구성되고 나서야 운동 내에서 하나의 공산주의 조류로서 그들의 조직 활동이 시작될 수 있었다는 점은 실로 우연이 아니었다. 일관된 보편적 견해, 즉 유럽 노동자 운동의 실제 경향들을 표현하면서도 그것들을 뛰어넘는 혁명 이론을 보유하여 "생각 자체가 뚜렷해"져야만 했던 것이다.

1846년에서 1848년까지 마르크스의 활동은 정확히 「포이어바흐에 관한 테제」에서 설파된 **실천적-비판적 활동**이었다. 모든 편지, 회람 문서, 연설과 마찬가지로 모든 실천적 결정은 **이론적 의의를 가지는 것**이었다.

이러한 활동은 하나의 명확한 목표를 가진다. 즉 공상적 사회주의와 "진정한", 음모적, "감성적" 부류들로부터 자유로워진 공산주의 전위를 형성하고, 우선 독일을 중심으로 이루어지지만 차후 국제적 규모로 혁명적이고 "과학적"인 공산당을 만드는 것이었다. 마르크스와 엥겔스는 그러한 공산당은 일관된 이론을 가져야 하면서도 프롤레타리아 대중으로부터 차단된 종파여서는 안 된다고 보았다.

마르크스가 구상한 당은 1846년과 1849년 사이의 기간 동안 이루어진 중요한 이론 작업들뿐 아니라 브뤼셀 교신위원회와 공산주의자동맹에서 지도자로 활동하면서 그 속에서 형성된 것이었다. 그리고 그 구상은, 그가 밟아 온 이전의 정치적 진화 단계들—이때는 조직 문제가 아직 제기되지 않았다—과 당시 존재하던 노동자 조직들에 견주어 볼 때, 새로운 것이었다. 여기서도 마르크스는 프랑스 비밀 협회와 영국 대중운동의 경험을 통합·초월하는 종합을 목표로 작업해 나갔다. 공산주의자동맹이 그러한 조직의 최초 맹아였다는 점은 전혀 우연이 아니다. 파리에서 생겨나 런던에서 발전했고 독일인으로 구성되어 있던 공산주의자동맹은 주요 유럽 국가들에서 혁명적 전위가 쌓은 경험을 모아 낼 수 있었다.

3 당 이론 (1846~1848)

a) 공산주의 교신위원회

1846년 2월 브뤼셀에서 결성된 공산주의 교신위원회는 마르크스와 엥겔스가 만든 **최초의 정치 조직**이었다. 왜 그들은 조직명으로 "공산주의 교신위원회"를 선택했을까? 다비드 랴자노프에 따르면, 그 이유는 프랑스 혁명기에 여러 도시에 있었던 자코뱅 클럽들 간의 연락 수단이었던 '자코뱅 교신위원회'나 혹은 18세기 후반 영국에 존재했던 혁명적 협회인 교신 협회들을 기념하기 위해서였다고 한다.[2] 내 생각에 최초의 "마르크스주의 정당"이 "교신위원회"라는 성격을 가지게 된 것은 아래의 몇 가지 객관적 조건들 때문이다.

(a) 해당 기획의 국제적 성격—유럽 전역의 공산주의자들 간의 연계 확립.

(b) 지식인이면서 장인이었던 독일 공산주의자들이 지닌 분산적 성격. 그들은 마르크스와 엥겔스의 이데올로기 조직 작업의 일차 대상이었다.

(c) 브뤼셀이 노동운동과 공산주의 운동의 주요 중심지들로부터 멀리 떨어져 있었다는 단순한 사실. 위원회의 본질적 목표는 한편으로 독일뿐 아니라 국제적으로 공산당의 조직 결성을 촉진하는 것이었고, 다른 한편으로 "진정한 사회주의" 및 공상적 사회주의 등등과의 가차 없는 투쟁을 통해 공산주의적 노동자 전위를 마르크스의 새로운 견해로 끌어들이는 것이었다.

이미 1845년에 마르크스는 일정한 국제적 연락망을 수립했다. 엥겔스와 함께 영국에 체류하는 동안(1845년 7월) 그는 의인동맹의 지역 지부

---

2 Ryazanov, Introduction to Marx and Engels, *The Communist Manifesto, op. cit.*, p. 19.

및 차티즘 좌익(G. J. 하비)과 관계를 갖기 시작했고, 1845년 8월에는 파리의 에베르베크와 서신을 교환하는 사이가 되었다. 그러나 이러한 연계는 1846년 2월 교신위원회를 결성하고 나서야 비로소 "제도화"되었다.

이 위원회를 운영하는 중심 세력은 당연히 브뤼셀 집단이었는데, 마르크스와 엥겔스가 직접 지도하였으며, 기본적으로 독일 망명자들로 이루어져 있었다. 이들은 주로 지식인들—L. 하일베르크, F. 볼프, W. 볼프, S. 자일러, G. 베르트와 같은 작가와 언론인—이었으나 식자공 S. 보른과 같은 장인들도 일부 있었고, P. 지고 등 몇몇은 벨기에 사람이었다. 그리 오래 있지는 않지만 E. 폰 베스트팔렌(마르크스의 처남)과 빌헬름 바이틀링도 참여했다. 결성 직후 브뤼셀 위원회는 독일 노동자 운동에 "진정한 사회주의"가 침투하는 것, "장인적 공산주의"가 끈덕지게 지속되는 것에 맞서 무자비한 지적·정치적 투쟁에 돌입했다. 바이틀링과의 단절과 크리게에 반대하는 회람은 이 투쟁의 초기 국면들이었다.

바이틀링과 "마르크스주의자들" 사이의 불화는 바로 1846년 3월 브뤼셀에서 열린 위원회의 회의에서 발생했다. 이 회의에는 마르크스, 엥겔스, 지고, 폰 베스트팔렌, 바이데마이어, 자일러, 하일베르크, 안넨코프가 참여했고 바이틀링도 직접 참석했다. 바이틀링을 조금이라도 옹호한 사람은 하일베르크와 자일러뿐이었다. 격렬했던 이 회의에 대해 우리가 확보한 평가들은 다소 모순적인 것들이다. 바이틀링이 1846년 3월 31일에 헤스에게 보낸 편지[3]에 담긴 내용은 특히 믿을 만한 것이 못 된다. 물론 그가 마르크스의 발언이라고 한 몇몇 진술들, 이를테면 "장인적"·"철학적"·"감성적" 공산

3　Ryazanov, "Introduction historique," *Manifeste communiste* (Paris: Costes, 1953), p. 23. [이것은 이번 장 각주 2번에서 언급한 저작의 프랑스어 번역본이지만 영역본보다 그 길이가 더 길다: 영어판 주]

주의에 대한 비판과 공산당의 숙청 요구는 사실일 가능성이 충분히 있다.[4]
1880년 러시아에서 출판된 안넨코프의 회고록에서 우리는 이 역사적 대결
에 대한 가장 구체적이고 아마도 가장 정확한 묘사를 발견할 수 있다. 안넨
코프는 바이틀링에 반대하는 마르크스의 연설을 전하는데, 그중 다음 대
목은 이 단절의 이론적, 실천적 의의를 즉시 드러낸다. "특히 독일에서 엄
밀한 과학적 이념 없이, 그리고 적극적인 학설 없이 노동자에게 호소하는
것은 공허하고 부정직한 설교자 놀음을 하는 것과 다름없습니다. 즉 한편
에서 어떤 사람을 영감을 받은 예언자로 상정하고 다른 편에서는 오직 얼
간이들이 입이나 딱 벌리고 그 사람의 말을 듣기나 해야 하는 것으로 여
기는 것입니다."[5]

이러한 비판들이 얼마나 예리한 것이었는지 평가하려면, 1846년 무렵
의 바이틀링이 더 이상 『조화와 자유의 보증』(1842) 시기의 바이틀링이 아
니라는 점을 잊어서는 안 된다. 그의 이론적 입장은 이제 (크리게 같은 "진정
한 사회주의자"들과 "예언자" 알브레히트 같은 신기독교도의 영향을 받아) 1842년
저작 수준에 못 미치게 되었고, 더 나아가 그는 런던에서 의인동맹과 단절
한 이후로 사실상 독일 노동자 운동에서 이탈해 있던 실정이었다.

내가 언급한 두 가지 평가는 다음 사실을 보여준다. 즉 바이틀링과의
단절은 공산주의 교신위원회가 이데올로기 작업을 벌이던 중 발생한 한
사건이라는 것이다. 그 작업의 목표는 독일 공산주의에서 공상적·장인
적·신기독교적 경향 및 그릇된 "예언자들", "새로운 구세주들"을 제거하
고, 프롤레타리아 투쟁에 엄밀하고 과학적이며 구체적인 학설을 부여하
는 것이었다.

4　Ryazanov, "Introduction historique," *op. cit.*, p. 27.

5　P. V. Annenkov, *The Extraordinary Decade: Literary Memoirs* (Ann Arbor: 1968), p. 169.

또한 1846년 5월에 크리게에 반대하는 회람이 나온 배경도 이와 같았다. 크리게 씨는 독일 출신의 "진정한 사회주의자"로 뉴욕에 망명해 있던 인물이었다. 뉴욕에서 그는 『인민의 호민관』이라는 정기간행물을 편집했다. 그것은 '국민개혁연합'의 독일인 지부인 '사회개혁연합'의 기관지였다. 국민개혁연합은 1845년 10월 "청년 아메리카"라고 불린 노동자 및 장인들의 비밀 협회가 조직한 '산업회의'에서 결성되었다. 그것은 초창기 미국 노동운동의 표현이었다.

크리게뿐 아니라 국민개혁연합과도 관련이 있는 브뤼셀 회람의 내용은 극히 중요하다. 이 글은 마르크스가 "공산주의자"라고 자처하는 독일 소부르주아 공론가들에 대해 근본적으로 비타협적인 태도를 보였음을 나타낸다. 또한 그와는 대조적으로 순수한 "대중적" 노동자 운동에 대해서는 그가 엄청난 인내심과 깊은 신뢰를 보였다는 점도 확인된다.[6]

---

6 마르크스가 크리게를 맹렬하게 비판하는 이유는, 크리게가 **공산주의의 이름으로** 종교와 독일 철학의 낡은 환상을 설교"함으로서 공산주의를, 즉 "세계사적[welteschichtlich] 중요성을 가진 혁명 운동을 '사랑-증오', '공산주의-이기심'과 같은 몇 마디 말"로, 혹은 "신성한 정신과 영성체의 추구"로 환원해 버리기 때문이다. 그가 크리게를 비판하는 또 다른 이유는 크리게가 토지 분배라는 국민개혁연합의 강령에 "공산주의적"이라는 세례를 베풀기 때문이다. 즉 "이렇게 14억 에이커가 현실이 된다는 게 어떤 부류의 '바람'인가? 이는 **모든 사람**이 **사유재산의 소유자**가 되어야 한다는 말이나 다름없고, 모든 사람이 황제가 되고 왕이 되고 교황이 되어야 한다는 말만큼이나 실행 가능하고 공산주의적인 바람이다."
이 운동에 대한 진정한 공산주의자의 태도는 사뭇 다른 것이어야 했다. 다시 말해 그것은 국민개혁연합의 임시변통식 비공산주의적 성격을 인정하면서도, 국민개혁연합이 조직의 프롤레타리아적 본성으로 말미암아 빠르던 늦던 공산주의로 진화해야 함을 보여주는 것이었다. "만약 크리게가 자유 토지 운동을 프롤레타리아 운동의 최초이자 어떤 환경에서는 필연적인 형태로, 그 계급을 등장시킨 사회적 위치 때문에 필연적으로 공산주의 운동으로 발전해야만 하는 하나의 운동으로 바라보았다면, 만약 그가 어떻게 해서 미국

3 당 이론 (1846~1848)

이러한 태도는 1846년부터 1848년 사이 차티즘에 매우 큰 존경을 표함과 동시에 "진정한 사회주의자들"에서부터 프루동에 이르는 소부르주아 이데올로기 추종자들에 대한 무자비한 비판으로 표현되었다. 의인동맹에 대한 그의 입장은 이 둘 사이의 중간 지점에 있었다. 저 회람에서 의인동맹은 "에세네파 비밀 동맹"(CW, VI, 50)이라고 묘사되었다. 그러나 얄궂게도 마르크스는 의인동맹 자체보다는 크리게에 대해 보다 직접적으로 반대했다.

사실 마르크스와 엥겔스가 훗날 쓴 진술들에 따르면, 공산주의 교신위원회의 주요 목적 중 하나는 의인동맹 내에서 정치적 작업을 하는 것이었다.[7] 의인동맹의 주요 중심지가 1839년 이래로 영국이었다는 점에서 "의

에서 공산주의적 경향들이 처음에는 오직 공산주의와는 전적으로 모순되어 보이는 농업 형태 속에서 출연할 수 있는지를 보였다면, 어떠한 이의도 제기되지 않을 수 있었다." 이것은 사실 그 운동에 대한 마르크스 자신의 태도였고, 그는 회람의 두 번째 편을 아래의 예비적 진술로 시작한다.
"미국 국민 개혁자들의 운동이 역사적으로 정당함을 우리는 완전히 인정한다. 이 운동이 비록 근대 부르주아 사회의 산업주의를 일시적으로 증진시킨다 할지라도, 그럼에도 프롤레타리아 운동의 산물이자 일반적으로 그리고 보다 특수하게는 미국에서 획득된 환경들 속에서, 토지 소유에 대한 공격으로서 이 운동이 겨냥하는 목표가 그 자체의 내적 논리에 의해 불가피하게 공산주의로 밀고 나가게 될 것임을 우리는 알고 있다." CW, VI, 41, 45, 44, 41-42, 43.

7 따라서 『포크트 씨』(1860)에서 마르크스는 1845년에서부터 1846년 사이 자신의 활동이 어떤 의미를 지녔는지 다음과 같이 규정한다. "같은 무렵 [브뤼셀에서] 우리는 일련의 소책자를 일부는 활판 인쇄로, 일부는 석판 인쇄로 출판했다. 여기서 우리는 당시 '동맹'의 비밀 학설을 구성하고 있던 잡탕을 무자비하게 비판했다. 거기에는 프랑스와 영국의 사회주의·공산주의에다가 독일 철학까지 섞여 있었다. 그 대신 우리는 유일하게 옹호할 수 있는 이론적 토대로 부르주아 사회의 경제 구조에 대한 과학적 연구를 제안했다. 더 나아가 우리는 대중적인 형식으로, 그것이 어떤 공상적 체계를 실행에 옮기는 문제가 아니라 바로 우리 눈앞에서 벌어지는 사회의 역사적 혁명 과정에 의식적으로 참여하

인" 동맹과 마르크스주의자들 간의 관계는 주로 런던과 브뤼셀 간의 의견 교환을 통해 이루어졌다.[8]

이 의견 교환에서 마르크스가 유보적인 태도를 보인 것은 의인동맹이 이데올로기적으로 혼란스럽고 "감성적 공산주의"에 친근한 태도를 보이며 편협한 장인적 성격을 띠었기 때문만은 아니었다. 여기에는 의인동맹의 폐쇄적이고 "음모적인" 구조도 한몫했다. 그러한 구조는 마르크스의 공

는 문제라고 주상했다." 엥겔스는 「공산주의자동맹의 역사」에서 이렇게 적었다. "우리는 말이나 편지, 인쇄물을 통해 동맹의 가장 중요한 회원들의 이론적 견해에 영향을 미쳤다. 이러한 목적을 위해 우리는 석판으로 인쇄된 다양한 회람들도 이용했다. 형성 과정에 있던 공산당의 내부 문제들과 관련하여 특별한 경우에는 그것들을 세계 곳곳의 친구들과 통신원들에게 발송했다. 이런 일들에는 때때로 동맹 자체가 관여하기도 했다." 그리고 그는 크리게에 반대하는 회람을 하나의 예시로 인용한다. CW, XVII, 79.와 XXVI, 319.

8 협상을 개시한 쪽은 마르크스주의자들이었다. 1846년 5월 브뤼셀 위원회는 샤퍼에게 편지를 보내 의인동맹과 런던노동자교육협회─동맹의 통제를 받는 "노동자 계급" 조직─에게 브뤼셀 위원회와 규칙적으로 연락하는 공산주의 교신위원회를 수립하자고 요청했다. 그에 대한 답변은 빨리 왔다. 1846년 6월 6일, 샤퍼는 마르크스에게 자신과 바우어, 몰이 이끄는 위원회가 결성되었음을 알렸다. 또한 그는 바이틀링과의 단절에는 찬성을 표시했으나 크리게에 반대하는 회람의 "퉁명스러운 말투"를 비난했다. 브뤼셀 위원회는 6월 22일 "철학적, 감성적 공산주의"에 맞선 확고한 투쟁을 요구하는 재답변을 보내면서 '공산주의자 대회' 계획에 대해 논의해 달라고 제안했다. 런던 측의 반응은 애매했다. 7월 17일 자로 되어 있는 마르크스에게 보낸 편지에서, 샤퍼는 브뤼셀 위원회가 "배운 사람들의 거만함"을 보인다고 불평하면서 크리게에 대한 비판을 완화해 달라고 재차 요청한다. 그러면서 대회 개최 제안에는 동의하지만 개최지는 런던이 되어야 한다고 제안한다. 이러한 상호 불신은 1846년 11월에 절정에 이른다. 그 무렵 의인동맹은 회원들에게 1847년 5월에 독일노동자협회에서 대회가 개최된다고 알리는 회람을 발송했다. 이러한 선제 행동이 브뤼셀 집단과 협의 없이 이루어졌기에 마르크스와 엥겔스는 이를 매우 좋지 않게 받아들였고, 만약 몰이 1847년 1월에 브뤼셀로 찾아가지 않았다면 단절로 이어졌을 수도 있었다. Marx, *Chronik Seines Lebens, op. cit.,* pp. 33-37. 참고.

산당 구상에는 전혀 부합하지 않았다. 나는 마르크스와 엥겔스가 의인동맹에 가입하는 조건으로 이론적, 조직적 수준에서 제시한 내용에 대해 다시 다룰 것이다.

런던과 의견 교환을 진행하는 사이에 공산주의 교신위원회는 의인동맹 파리 지부를 자기 편으로 끌어오기 위해 노력하고 있었다. 이 일은 주로 에베르베크와의 지속적인 서신 교환을 통해 이루어졌다. 에베르베크가 이론적으로 취약했고 정치적으로도 끊임없이 머뭇거렸기 때문에[9] 1846년 8월, 위원회에서는 엥겔스를 직접 파리에 파견하기로 결정했다. 에베르베크에 의해 바이틀링의 지지자들이 의인동맹에서 추방되었기에 엥겔스가 수행해야 하는 본질적 투쟁은 "진정한 사회주의자들"과 프루동의 영향력에 맞서는 것이었다. 엥겔스의 편지는 이 논쟁에서 쟁점이 되었던 것이 **혁명의 문제**였음을 분명히 보여준다.

> "주된 일은 폭력에 의한 혁명의 필연성을 입증하는 것이었고, 이는 일반적으로 반프롤레타리아적이고 소부르주아적이며 유랑 직인다운 그륀의 진정한 사회주의를 거부하는 것이었습니다. 그것은 프루동주의적 만병통치약으로부터 새로운 힘을 끌어오고 있었습니다."[10]

---

9 B. Andreas, W. Mönke, "Neue Daten Zur 'Deutschen Ideologie,'" in *Archiv für Sozialgeschichte*, Bd. VIII (1968), p. 74.

10 이것과 동일한 문제가 주로 "공산주의에 관한 정의 초안"에서 두드러지게 등장한다. 엥겔스는 의인동맹의 한 회의에서 그륀과 프루동의 "반혁명적" 사도들과 지루한 토론을 한 후 이 초안을 표결에 부쳤다.
"나는… 공산주의자들의 목적을 다음과 같이 정의했습니다. (1) 부르주아지의 이해에 반대하여 프롤레타리아트의 이해가 우세하도록 만드는 것. (2) 사적 소유를 철폐하고 재화의 공유로 그것을 대체하는 것을 통해 이 일을 수행하는 것. (3) **이러한 목적을 달성하는 데 폭력에 의한 민주주의 혁명**

진정한 독일 공산당을 결성하는 것을 목표로 한 브뤼셀 공산주의 교신위원회의 활동은 의인동맹과 독일 망명자들을 대상으로 하는 정치적 작업에만 국한된 것이 결코 아니었다. 독일 국내의 개별 공산주의자들 및 여기저기서 브뤼셀과의 규칙적인 연락을 유지하기 위해 위원회를 조직한 집단들과의 다양한 연계도 수립되었다.[11]

이런 유동적이고 일관성 없는 조직화를 가지고 이미 하나의 **당**을 이루고 있던 것이라고 말할 수 있을까? 이와 같은 독일과 브뤼셀 간 서신교환 속에서 "당"에 대한 언급이 빈번하게 등장하는 것은 실세로 그랬음을 시사하는 것으로 보인다. 이를테면 1846년 바이데마이어가 마르크스에게 보낸 편지에는 "우리 당 사람들", "당의 이해", "당 자금", "낭의

외에는 그 어떤 수단도 인정하지 않는 것."
엥겔스에 따르면, "상당히 상냥하게 말"하고 "상당히 건전한 지성을 지녔"음을 보여준 몇몇 노동자들이 의견을 제시한 후, 이 제안은 압도적 다수의 찬성을 얻었다. 의인동맹 파리 지부는 "마르크스주의로 전향"했고, 이제 엥겔스는 1847년 6월에 열리는 대회에 대표자로 참여하게 된다. CW, XXXVIII, 81, 82, 83. (각주 인용문의 진한 글씨는 미카엘 뢰비.)

11 킬에서는 전직 『전진』 기자 게오르크 베버가 북독일 통신원으로 임명되었다(그가 『전진』에 기고했던 논설들은 마르크스로부터 많은 영향을 받은 것들이었다). 베스트팔렌에서는 바이데마이어와 그의 친구들인 마이어, 렘펠이 "당" 문제에 관해 마르크스와 정기적으로 서신을 교환했다. 쾰른에서는 뷔르거스와 다니엘스가 브뤼셀과 계속 연락했으나 공산주의위원회를 결성하는 것은 아직 시기상조라고 생각했다. 슐레지엔에서는 공산주의 집단들이 빌헬름 볼프를 통해 해당 주의 노동자, 직조공, 농민의 상태에 대해 정기적인 보고서를 보내왔다. 부퍼탈에서는 쾨트겐이 교신위원회를 설립하려고 했으며, 그와 관련된 지침이 담긴 회람을 브뤼셀로부터 수령했다. Chronik, pp. 31-36. 참고. 이 1846년부터 1848년까지의 시기에 대해서는 다음의 탁월한 저작을 보라. Herwig Förder, Marx und Engels am Vorabend der Revolution, Akademie Verlag (Berlin: 1960).

목적" 등등에 대해 적혀 있다.[12] 더욱이 1846년 8월에 쓰인 편지에서 전 직『전진』기자로 프랑스에 피신 온 마르크스의 친구이자 추종자였던 베르나이스는 마르크스에게 "그러나 누가 우리입니까? 누가 우리 당의 중핵을 구성하는 것입니까?"라고 걱정스럽게 질문한다. 그것은 이 "당" 이 얼마나 막연하고 불확실했는지를 보여준다.[13] 마지막으로, 마르크스 가 1846년 12월 안넨코프에게 보낸 편지에 따르면, 마르크스에게 "당"은 아직 정확하게 조직되어 있는 존재가 아니었고, 단지 매우 이질적이고 모 순적인 하나의 정치적 조류로서의 독일 공산주의의 표현일 따름이었다. 즉 "우리 자신의 당에 대해 말하자면, 그것은 빈약할 뿐 아니라 독일 공산 당 내에는 내가 그들의 이상향과 열변에 반대한다는 이유로 나에게 원한 을 품은 큰 파벌도 존재합니다."[14]

마르크스와 브뤼셀 위원회가 직면한 근본 과제들 중 하나는, 바로 독 일 공산주의가 "진정한 사회주의자들"의 "당"이나 여타 철학적 "당파들" 과 같은 단순한 이념 조류일 뿐 아무런 형태도 없는 상태를 넘어서 전진 할 수 있도록 돕고, 체계를 갖춘 활동적인 조직이 될 수 있도록 만드는 것 이었다. 어떻게 해야 이 과제가 달성될 수 있을까?

1846년 6월 15일에 마르크스, 엥겔스, 지고, F. 볼프가 서명한 공산주의 교신위원회의 회람(의심할 바 없이 회람의 저자는 마르크스다)이 G. A. 쾨트 겐에게 발송된다. 이 회람은 우리에게 처음으로 마르크스가 공산당 조직

12 *Marx-Engels Archief,* International Institute of Social History, shelf-mark D5. 2장 95번 각주 참고.

13 *Ibid.,* shelf-mark D1. 바이데마이어 역시 "당"의 "비일관적*Zerfahren*" 성격에 대 해 하소연했다. (마르크스에게 보낸 1846년 7월 29일 자 편지. Andreas and Monke, *op. cit.,* p. 88.에 수록.)

14 *CW,* XXXVIII, 105.

과정을 어떻게 구상하고 있었는지 보여준다. 회람은 독일에서 "강력하고 조직된 공산당"이 부재함을 언급한다. 그리고 대회 개최에 관한 쾨트겐의 제안에 답하면서 다음의 견해를 피력한다. "우리는 공산주의 대회를 개최하기에 아직 시기가 적당하다고 생각하지 않습니다. 오직 독일 전역에서 공산주의 결사체들이 결성되고 행동을 위한 수단이 모아졌을 때에야 비로소 개별 결사체들의 대표들이 성공의 전망을 가지고 대회에 모일 수 있을 것입니다."[15]

이러한 계획의 함의는 매우 분명하다. 마르크스는 공산당 건설 과정을 **아래로부터 위로 올라가고, 기슭에서 정상으로 올라가며, 주변에서 중심으로 옮아 가는** 운동으로 구상했다. 사실 이러한 조직 강령은 1846년 독일의 상황만을 주목한 것이기 때문에 이를 두고 성급하게 일반화를 해서는 안 된다. 그럼에도 불구하고 위 인용구가 마르크스가 구체적이고 정확한 용어로 독일 공산당을 조직하는 문제를 마음속에 그려 낸 최초의 사례라는 사실은 변치 않는다. 그리고 그가 제안한 해법들은 혁명 및 공산주의에 관한 그의 전반적 파악과 모순되지 않는다.

공산주의 교신위원회의 주요 목적은 사실상 독일 공산주의에 필요한 구조를 제공하는 것이었다. 그렇지만 이 조직은 처음부터 자기 임무를 국제적 차원의 것으로 상정했다. 그 임무는 프랑스, 독일, 영국의 사회주의적 전위 분자들 사이에서 규칙적인 소통 및 이념 교류를 확립하는 것이었다.

프랑스에서는 프루동이 "권위 있는 협상가"로 선정되었다. 마르크스는 1842년 이래로 프루동의 저작에 큰 관심을 보였다. "찰스(샤를) 마르크스"로 서명된(그리고 지고와 엥겔스의 추신이 담긴) 1846년 5월 5일 자 편지가 프루동에게 발신되었다. 그 편지에는 프루동에게 위원회의 프랑스 통

---

15   CW, VI, 55.

신원이 되어 달라고 권유하는 내용이 담겼다. 편지 내용은 이렇다. "우리
가 서신을 교환하는 주요 목적은 … 독일 사회주의자들이 프랑스 및 영국
의 사회주의자들과 연락 관계를 갖는 것입니다." 이 무렵 마르크스는, 특
히 "진정한 사회주의"와의 싸움에서 프루동을 자신의 입장으로 끌어들일
수 있을 것이라고 생각했다. 프루동에게 그륀의 활동을 경계해야 한다고
말하는 지고의 추신은 그러한 환상을 확인시켜 준다.[16]

프루동의 답신은 그의 새로운 입장과 마르크스의 입장 사이에 깊은
심연이 존재함을 드러낸다. 프루동은 "사회 개혁의 수단으로 **혁명적** 행
동"(그에 따르면 한때 자신도 지지했던 수단)을 사용하길 거부하고, 이제 "재
산을 점잖게 (약한 불로) 태워 버리자"고 제안한다. 그는 왜 마르크스가 "진
정한 사회주의"와 싸우고 있는지 전혀 이해하지 못하고 이 투쟁이 "독일
사회주의 내부의 사소한 분열"이라고 칭했다.[17]

"현대의 프루동주의자들" 중에 마르크스가 1842년에서 1844년까지
프루동에 대해 쏟은 찬사를 1846년과 1847년 사이에 보인 적의에 찬 비
판과 대조하며 즐거워하는 이들이 있다.[18] 그들이 망각한 점은 마르크스
뿐 아니라 프루동 역시 1842년과 1847년 사이에—반대 반향으로—심대한
진화를 겪었다는 사실이다. 『재산에 대한 두 번째 적요Deuxième mémoire sur
la propriété』(1841)에서 프루동은 이렇게 적었다. "나는 내 힘이 닿는 모든 수
단을 사용해 혁명을 촉구한다." 그러나 1846년 5월에 마르크스에게 보내

---

16 *Selected Correspondence of Marx and Engels* (Moscow and London: 1956), p. 32. 추신
은 *Werke*, Vol. 27 (1965), p. 444.에 수록.

17 P. Proudhon, letters to Marx, May 17, 1846, in Ryazanov, "Introduction historique,"
op. cit., pp. 31-34.

18 P. Haubtmann, *Marx et Proudhon*, Economie et Humanisme (Paris: 1947), pp. 86-88.

는 편지에서 프루동은 혁명적 행동을 두고 "폭력과 독단에 호소하는 것으로, 요컨대 모순"이라며 거부한다.[19]

프루동과 함께 일하려던 시도는 실패했으나, 차티즘 좌익과 연계를 확립하려던 위원회의 시도는 성공했다.

마르크스가 차티스트 지도자들과 처음 직접 접촉한 것은 1845년 8월로, 여러 나라의 민주주의자들과 혁명가들이 런던에서 회의를 가졌을 때였다. 그 회의는 국제적인 민주주의 연합을 결성하자는 엥겔스의 제안에 찬성했다.[20] 엥겔스는 차티스트 급진파의 지도자 조지 줄리언 하비를 1843년부터 알고 있었고, 1845년 9월부터는 하비가 내던 신문인 「북극성 The Northern Star」에 기사를 쓰기도 했다.

1846년 차티즘의 상태는 어떠했는가? 차티스트 운동이 1843년과 1845년 사이 일정 정도 쇠퇴한 이후 두 번째 바람이 불고 있었다. 두 가지 주요 사건이 운동의 상승에 결정적 기회를 제공했다. 한편으로, 1846년 6월 곡물법의 폐지는 농촌 귀족에 대한 자유주의 부르주아지의 승리를 뜻했고, 결과적으로 프롤레타리아트와 부르주아지 사이의 충돌을 전면화했다. 다른 한편으로 1846년 7월 선거에서 차티스트 지도자 오코너가 "거수표결"로 승리한 일은, 이렇게 새로운 단계에 접어든 영국의 계급투쟁에서 첫 번째 대중적 승리로 부각되었다.

우리는 이러한 상황을 통해 1846년과 1847년 사이 마르크스가 차티즘에 관심을 보이고 차티즘 내 혁명파와 접촉을 확립하려고 노력한 이유를 이해할 수 있다. 무엇보다 혁명파의 가장 일관된 지도자 하비의 입장은 마

---

19 Proudhon, *Deuxième mémoire sur la propriété* (Paris: A. Lacroix, 1873), p. 349. Ryazanov, "Introduction historique," *op. cit.,* pp. 32.

20 *CW*, VI, 662, 각주 9번.

르크스의 입장과 상당히 유사했다. 따라서 일부 차티즘 역사가들은 하비를 마르크스주의의 선구자로 봐 왔다.[21] 1837년과 1839년 사이 차티스트 좌파의 기반이 되었던 조직은 런던민주주의연합으로, 가장 빈곤한 노동자들 중에서 회원을 충원했다. 차티스트 운동 내에서 이 조직의 맞수는 보다 온건하고 장인 및 "상층" 노동자들로 구성된 러벳의 노동자 협회였다. 1846년 『라인연보』에 발표된 「민족 축전」이라는 논설에서 엥겔스는 "가장 급진파는 차티스트들이자 쉽사리 예견할 수 있듯이 프롤레타리아들이었으며, 그들은 차티스트 운동의 목적을 분명히 움켜쥐고 그 목적을 빠르게 달성하고자 노력하는 사람들이었다."라고 기술했다. 또한 그 구성원들은 "공화주의자일 뿐 아니라 공산주의자"였다고 전했다. 엥겔스가 묘사한 바에 따르면, 하비는 "비록 독일의 진정한 사회주의 이론 등에 대해서는 전혀 알지 못했지만 유럽 운동의 목적을 완전히 이해하고 완벽하게 원칙에 죽고 사는*á la*

---

21 T. Rothstein, *From Chartism to Labourism* (London: 1929), p. 46. 프랑스 혁명 전통에 크게 영향 받은 하비는 1838년 이래로 그러한 전통과 영국 노동자 운동의 전통을 적극적으로 종합하려고 노력해 왔다. 「북극성」에 보낸 1839년 3월 13일 자 편지에서 하비는 아래의 몇 가지 이념을 개진했고, 그것은 이윽고 차티스트 내에서 가장 급진적인 정파의 지도 원리가 되었다.

(a) 노동자 계급은 자기 힘, 오직 자기 힘에 의지해야만 한다.

(b) "교육"의 전능한 힘에 대한 오언주의적 믿음, 개혁주의 경향의 중심 이념(도덕적 힘)을 거부해야 한다.

(c) 사회는 화해할 수 없는 적대 속에 있는 서로 대립하는 계급들로 분열되어 있다.

1년이 지난 1839년 차티스트 대회가 열렸을 때, 하비는 이미 "물리적 힘"을 옹호하는 혁명가 집단의 공인된 지도자였다. E. Dalleáns, *Le Chartisme (1831-1848)* (Paris: Marcel Rivière, 1949), p. 93. 참고. 또한 W. Kunin, "George Julian Harvey," in *Marx, Engels und die ersten proletarischen Revolutionäre* (Berlin: Dietz Verlag, 1965)를 볼 것.

hauteur des principes" "진정한 프롤레타리아"였다.[22]

하비가 공산주의자동맹에 참여한 이후에도 마르크스는 여전히 우애민주주의자를 통해 혁명적 차티스트들 및 하비, 어네스트 존스와 접촉을 계속 유지했다. 우애민주주의자에는 차티스트 좌파, 공산주의자동맹 및 유럽에서 온 런던의 망명자 집단 몇몇이 참여하고 있었다. 따라서 마르크스는 1847년 11월부터 12월까지 런던에 체류하는 동안 의인동맹의 대회뿐 아니라 우애민주주의자의 회의에도 참석했다. 11월 29일 그는 우애민주주의자에서 조직한 '1830년 폴란드 봉기 기념 회의'에서 연설하였고, 그 자리에서 국제적 민주주의 대회를 개최하자고 제안했다.[23]

이러한 "민주주의" 활동의 요지가 무엇인지 이해하려면, 마르크스와 엥겔스, 하비가 "민주주의"라는 용어에 어떤 의미를 부여했는지 알아볼 필요가 있다. 「민족 축전」 논설에서 엥겔스는 이렇게 기술한다. "오늘날의 민주주의는 공산주의다. 민주주의는 프롤레타리아의 원칙, 대중의 원칙이 되었다."[24] 오코너에게 보내는 축하 인사에서 마르크스와 엥겔스는 다

---

22   CW, VI, 6, 7, 8. 브뤼셀 위원회와 하비 사이의 서신 교환은 1846년 3월부터 시작되었다. 하비는 새로운 조직에 참여해 달라고 요청 받은 초기 인물들 중 한 명이다. 엥겔스에게 보낸 답신(1846년 3월 30일 자)에서 하비는 가입 조건으로 브뤼셀이 런던 의인동맹과 합의를 이뤄야 한다는 것을 제시했다. 하비는 의인동맹과 바로 전에(1846년 3월 15일) "우애민주주의자"를 결성했다. 7월 20일에 이러한 조건이 충족되었다고 판단한 하비는 브뤼셀의 활동에 대해 완전한 지지를 보냈다. 마르크스와 엥겔스가 하비 편으로 오코너에게 "브뤼셀의 독일 민주적 공산주의자들" 명의로 선거 승리 축하 인사를 보낸 것이 바로 이 시기(7월 17일)였다. 이 축하 인사에서 그들은 자유무역론자들의 승리 이후에는 "자본과 노동, 부르주아와 프롤레타리아의 위대한 투쟁이 결론을 보아야 한다"고 말했다. CW, VI, 58: *Chronik*, pp. 31, 35.

23   CW, VI, 619.

24   CW, VI, 5.

3 당 이론 (1846~1848)

음과 같이 천명한다. "오늘날" "민주주의자와 노동자는 … 거의 하나인 것이나 다름없습니다."[25] 한편 런던에서 열린 우애민주주의자의 국제 모임에서 폴란드에 대해 연설하면서, 마르크스는 그 자리에서 공공연한 공산주의자로서 발언했고, "현존 소유 관계는 폐지되어야" 한다고 말하며 "부르주아지에 대한 프롤레타리아트의 승리"를 촉구했다.[26] 하비가 작성한 것으로 추정되는 브뤼셀민주주의연합에 보내는 우애민주주의자의 인사 (1847년 12월)를 보면, "민주주의적 우애"에 관한 문구들 배후에서 사실상 프롤레타리아트의 국제적 단결을 요청하고 있다.

> "그러나 그것은 도처에서 같은 부류의 십장에게 억압당하고 같은 종류의 약탈자들로부터 그들의 근면이 낳은 결실을 사취당하는 프롤레타리아의 이해 속에 있고, 그들의 단결에 대한 관심 속에 있습니다."[27]

조직적 관점에서 볼 때, 우애민주주의자의 핵심은 차티스트 내부의 공산주의 분자들이었다. 그러나 그들은 항상 "당"이라는 조직 구조 수립을 주저했다. 이 결사체의 성격에 관한 하비의 다음 진술은 그들의 이러한 태도를 분명히 보여준다. "처음이자 마지막으로 분명하게 주장한다. 우리는 영국에서 이미 존재하는 당들에 더해 어떠한 '당'을 결성한다는 생각을 일체 거부한다. 우리가 바라는 것은 인민의 해방을 성취하기 위해 정직하게 결합한 모든 인간들을 원조하는 것이지 그들과 맞서는 것이 아

---

25 *CW*, VI, 59.

26 *CW*, VI, 388.

27 In G. D. H. Cole, *Chartist Portraits* (London: 1941), p. 286.

니다."[28] 이런 태도를 취하게 된 근거는 무엇이었나? 1848년 2월 5일 「북극성」에 발표된 존스의 연설은 그에 대한 대답을 제공한다.

"결성 초기 나의 차티스트 동료들 중 몇몇이 당 안에 당을 만드는 것 아니냐며 우애민주주의자에 반대하여—그들은 이것이 운동을 대신하려는 시도라며 염려했다—약간의 불신을 드러낸 적이 있었다. 그들은 이제 이 협회의 모든 회원이 철저한 차티스트라는 점과 차티즘이 회원들의 가입 기준이라는 점을 알게 되었다."[29]

『공산당 선언』에서는 공산주의자들과 노동자 당들 사이의 관계에 관한 구상을 찾아볼 수 있다. 우애민주주의자가 차티즘 운동 속에 있었던 상황이 그것의 구체적 토대가 된 것으로 보인다. 그 구상에 따르면, 공산주의자들은 다른 노동자 당들에 대립되는 특수한 당이 아니며, 그들은 모든 나라 노동자 당들의 가장 단호한 부위이다.

b) 공산주의자동맹

1846년이 되어서야 의인동맹 지도부는 런던으로 공식 이전했다. 그렇지만 1839년 파리 봉기가 패배한 이후부터 실용적 목적에서도 영국의 수도는 조직의 정치적 중심지였다.

프랑스 공산주의자들로부터 유익한 경험을 쌓은 의인동맹의 장인들은 런던으로 이주한 후 이제 영국 노동자 운동의 경험을 흡수하게 되었

---

28   Rothstein, *op. cit.*, p. 129.

29   *Ibid.*, pp. 129-130.

다. 특히 1844년에 차티스트들과 규칙적인 접촉을 확립한 후 "모든 민족의 민주주의 벗들"이 결성된 것이 큰 역할을 하였다. 이러한 접촉과 영국의 사회적 조건 덕분에 런던의 동맹원들은 크게 발전하게 되었다. 그리고 이를테면 바이틀링의 입장과는 근본적으로 대립되는 것으로 공산주의와 산업 프롤레타리아트의 투쟁을 바라보기 시작했다. 바이틀링의 이데올로기 세계는 조그마한 스위스 장인 마을 정도 크기에 불과했다.[30] 1844년 8월 21일 자 독일노동자협회 회람, 바이틀링과 의인동맹의 런던 지도부 사이에서 벌어진 2차 논쟁(1845년 2월~1846년 1월), 1846년 11월과 1847년 2월 사이에 의인동맹 중앙위원회가 내놓은 회람들, 마지막으로 1847년 9월에 나온 『공산주의 잡지Kommunistische Zeitschrift』와 같은 몇몇 문헌들을 통해 우리는 이런 변화를 하나하나 추적할 수 있다.

바로 샤퍼와 몰이 서명한 런던노동자협회의 회람은 슐레지엔 노동자들을 돕기 위한 모금에 착수하자는 것이었다. 이 문헌을 보면, 1839년의 패배로 인하여 이들 공산주의적 장인들이 카베와 오언 등의 공상적이고 "평화 애호적" 사회주의로 전향했음을 알 수 있다. 이 문헌은 슐레지엔 봉기를 "불완전한 봉기"라며 거부했다. 그 대신 문헌에서는 "노동의 조직"과 "폭력이 아닌 자체적인 교화와 우리 자식들에 대한 양질의 교육"을 통한 빈곤 탈출 노력을 지지했다.[31]

1845년부터 1846년 사이에 벌어진 바이틀링과의 논쟁을 보면, 의인

---

30 Nicolaievsky and Maechen-Helfen, *op. cit.*, p. 109; Fehling, *K. Schapper*, p. 64; Marx Nettlau, "Londoner deutsche Kommunistische Diskussionen 1845," in *Archiv Für die Geschichte des Sozialismus* ... (Leipzig: C. L. Hirschfeld Verlag, 1921-1922)

31 *Dokumente zur Geschichte des Bundes der Kommunisten* (Berlin: Dietz Verlag), pp. 65-66. 1839년의 패배 이후 의인동맹 파리 지부와 런던 지부에 미친 카베의 영향력에 대해서는 Fehling, *K. Schapper*, p. 57. 참고.

동맹은 1840년대 노동자 운동에서 전통적으로 나타나는 딜레마에 사로잡혀 있었다. 그 딜레마란 "'인간'을 변화시킬 것인가 '환경'을 변화시킬 것인가"와 "'폭력'을 사용할 것인가 '교육'을 활용할 것인가"이다. 두 입장이 매우 명확하게 제기되었다. 한편에서는 샤퍼가 혁명을 거부하고 오직 "교화Aufklärung"와 "계몽된 선전"만을 말했다. 다른 편에서는 바이틀링이 "먹고 마시지 않는 한 교육도 불가능하다"며 "굶주린 사람들에게 교육을 설교하는 것은 터무니없는 일"이라고 보았다. 바이틀링은 혁명적 방법의 필요성을 단언했다. 그러나 그는 또한 "모든 것 위에 존재하는 권위 있는 독재자"의 필요성 역시 단언했고 그 사례로 나폴레옹을 들었다—이를 통해 우리는 그가 왜 1853년부터 1855년 사이 나폴레옹 3세를 지지하게 되는지 이해할 수 있다. 그렇지만 일부 의인동맹 지도자들과 가장 중요한 대표자들로 여겨지는 사람들은 이런 그릇된 딜레마에서 벗어나고자 했다. 따라서 다섯 달 동안의 논쟁 후, 바우어는 "교화[Aufklärung]는 항상 새로운 혁명을 위한 길을 준비하는 법"이라고 말하며, 공산주의가 군주나 부자에 의해서도 수립될 수 있다는 바이틀링의 소견에 대한 답변으로 이렇게 외쳤다. "아닙니다! 그 일을 해낼 사람은 노동자들입니다."[32]

1846년 11월 회람은 푸리에를 포함한 "체계에 대한 열광"Systemkrämerei을 전반적으로 비난한다. 따라서 그것은 1844년부터 1845년까지의 기간과 비교할 때 이미 일정한 전진을 이루었음을 나타낸다. 1847년 2월 회람에서는 "따라야 할 모범"으로 제시된 차티스트들의 영향력뿐만 아니라 마르크스의 영향력—감성적" 공산주의가 "무미건조한 육욕의 백일몽"으로 단호하게 비난받기 때문이다—이 드디어 분명해진다.[33]

---

32 Nettlau, *op. cit.*, pp. 367-368. 373-374, 379-380.

33 *Dokumente ...* , *op. cit.*, pp. 78, 80, 88, 91.

3 당 이론 (1846~1848)

드디어 1847년 9월에 나온 『공산주의 잡지』는 마르크스가 거기에 글을 안 썼다 뿐이지 사실상 "마르크스주의" 기관지와 다름없게 된다. 제호 아래 의인동맹의 옛 구호인 "모든 인간은 형제다"를 대체한 새로운 구호 —만국의 프롤레타리아여, 단결하라!—가 등장한다. 아직까지도 이 평론지의 주요 논설 「프로이센 의회와 프로이센 및 전 독일의 프롤레타리아트」의 저자가 누구인지는 분명히 밝혀지지 않았지만(엥겔스 혹은 볼프?), 이 글은 다음과 같이 분명하게 주장한다. "우리가 우리 스스로 해방하지 않는다면, 그 누구도 우리의 해방을 바라지 않고 우리를 해방시킬 수도 없다."[34]

이러한 진화가 시작될 무렵 마르크스와 엥겔스는 "에세네파 동맹"을 향해 유보적인 태도를 취했다. 의인동맹 지도자들은 몰을 브뤼셀에 특사로 파견했다. 몰은 그들에게 자신들이 "우리의 견해에 대해 확신했"고 동맹의 "후진적이고 고집 센 분자들"에 반대하는 싸움에서 두 벗의 도움을 필요로 한다는 점을 납득시켰다. 그리고 난 연후에야 마르크스와 엥겔스는 의인동맹에 동참하기로 했다.[35] 심지어 몰과 대화를 나눈 후에도 그들은 여전히 망설이고 있었다. 의인동맹에 동참하기로 중앙위원회의 특사와 공식적으로 합의한 후부터(1847년 2월) 마르크스가 의인동맹 브뤼셀 지부를 결성하기까지(8월) 시간이 상당히 지체된 데에서 이러한 점을 알 수 있다. 새로운 공산주의자동맹의 제1차 대회(1847년 6월)에서 엥겔스가 긍정적 결과들을 얻어온 뒤에야 비로소 그들은 사실상 조직에 참여하기 시작했다.

바로 이 대회에서 엥겔스가 제출한 초안을 토대로 조직의 새로운 규

---

34 *Ibid.*, p. 104. W. Smirnowa, "Wihelm Wolff," in *Marx und Engels und die ersten, op. cit.*, p. 515. 참고.

35 *CW*, XXVI, 321. *CW*, XVII, 80.

약이 작성되었다. 내가 이미 언급하였듯이, 조직 문제에서 마르크스 및 엥겔스와 의인동맹 사이에 존재했던 차이는 적어도 그들의 이론적 차이만큼이나 중요하다. 엥겔스에 따르면, 몰이 "동맹을 낡은 음모적 전통과 형식으로부터 자유"롭게 만들고 "진부한 동맹 조직을 새로운 시대와 목적에 맞는 조직으로" 대체할 필요성을 인정하고 나서야, 그들은 몰과 합의를 이룰 수 있었다.[36] 마르크스 자신도 몇 년 후 다음처럼 진술하게 된다. "엥겔스와 내가 비밀 공산주의 협회에 처음 참여했을 때, 우리가 참여하기로 한 조건은 미신적인 믿음에 쉽사리 권위를 부여하는 요소들을 규약에서 제거한다는 것이었다."[37]

이제 우리는 동맹의 규약을 변경하는 것이 그들에게 얼마나 중요했는지 알 수 있다. 새로운 규약은 마르크스가 참석한 제2차 대회에서 최종 채택되었던 바, 이 규약을 분석함으로써 우리는 그들의 조직관에 대해서나 그들이 공산당의 내부 구조를 어떻게 구상했는지를 알 수 있다.

대략 1838년까지 거슬러 올라가는 의인동맹 규약과 1847년 11월에 채택된 공산주의자동맹의 규약을 비교해 보면, 몇 가지 결정적 차이점이 드러난다. 그 차이점을 하나로 모아 보면 조직관의 요지가 무엇인지 재구성할 수 있다.

(1) 조직의 목적은 더 이상 애매하지 않고 (의인동맹의 규약에 따르면 "'인간과 시민의 권리' 속에 포함된 원리들을 실현하는 것.") 다음과 같이 명확하고 예리하게 단언된다. "동맹의 목적은 부르주아지의 타도, 프롤레타리아트의 지배, 계급 적대에 의거하는 낡은 부르주아 사회의 폐지, 그리

---

36 *CW*, XXVI, 321.

37 *CW*, XLV, 288.

고 계급이 없고 사적 소유가 없는 새로운 사회의 건설이다"(제1조). 이것
은 엄격한 조직적 변화라기보다는 동맹이 겪은 이데올로기적 변화가 규
약에 반영된 것이라 하겠다.

(2) 조직은 적어도 암묵적으로는 국제적 성격을 지니게 되었다. 동맹이 "독
일인, 다시 말해 독일어를 쓰고 독일 관습이 몸에 배인 사람들로 구성된
다"는 옛 규약의 조항은 삭제되었다.

(3) 카르보나리 등이 퍼트린 비밀 종파에서 전형적인 신비주의적 가입 의식
과 비밀 엄수의 중요성에 대한 지나친 강조(동맹은 "본질적으로 비밀결
사"라고 규정한 옛 규약의 조항이 삭제되어 선언을 통한 공개적 선전이
예견되었다) 등 의인동맹 조직의 매우 음모적인 특징들이 모두 제거되
었다.

(4) 1830년대 음모 단체들의 특징이기도 한 중앙위원회의 재량권, 이를테면
회원들과의 협의 없이 회원을 호선할 권리와 "양심에 따라" 명령을 발표
할 권리 등이 상당수 박탈되었다. 이러한 특권은 의인동맹의 규약(제27
조, 제34조)에 의해 중앙위원회에 부여된 것이었다.

(5) 옛 규약은 다양한 지역 조직의 대표자들이 민주적으로 토론하여 어떠
한 결정을 내릴 수 있는 기구를 제공하는 데 실패했다. 그러한 결정은 중
앙위원회(혹은 중앙위원회와 소통하는 회원들)의 제안을 토대로 각 지
역 조직에서 자체적으로 내려야 했고, 지역 조직들 가운데 다수가 의결하
면 의인동맹에 필요한 규칙들을 제정할 수 있었다(제33조, 제34조). 공산주
의자동맹의 규약에서는 본질적으로 새로운 내용이 도입되었다. 조직의
입법 권한은 비례대표제 방식으로 선출된 대회에 귀속된다. 대회는 매년
개최되고 중앙위원회는 대회에 책임을 진다. 또한 대회는 징계를 할 때
최종심이 된다. 마지막으로 중요한 점은, 대회에서는 회의가 마무리된

이후 반드시 당의 이름으로 선언을 공표해야 한다는 점이다(제21조, 제32조, 제36조, 제39조).[38]

엥겔스는 이러한 규약의 변화를 두고 "독재로 이어지는 음모를 동경"하던 조직에서 "선출되고 해임될 수 있는 기관을 지닌 철저하게 민주적인", 따라서 ("적어도 평상적인 평화 시기에") 선전에 집중할 수 있는 조직으로 이행한 것이라고 묘사했다.[39]

이렇듯 1847년에 탄생한 공산주의자동맹의 성격은 무엇이었을까? 당대 다른 공산주의 조직들과 비교해 보았을 때 "마르크스주의 당"의 이 첫 번째 "밑그림"이 어떤 독특한 특징을 가지고 있었을까?

첫 번째, 공산주의자동맹은 완전히 성공하지는 못했지만 독일 공산주의의 민족적 한계와 프롤레타리아 투쟁의 국제적 성격 사이의 모순을 극복하고자 노력했다. 따라서 조직 회원 대다수가 사실 독일인이었음에도 불구하고, 독일 공산주의 망명자들이 유럽 전역에 퍼져 있었다는 이유뿐만이 아니라 무엇보다도 규약에 민족체와 관련된 어떠한 제한 조항도 두지 않았고, 당의 **선언**과 그 주요 슬로건인 "만국의 프롤레타리아여, 단결하라!"가 국제적 성격을 지녔다는 점에서 이미 "국제적 결사체"였다.

또한 공산주의자동맹은 1840년대 노동자 운동에서 전형적으로 나타나던 또 다른 모순을 극복하고자 했다. 그 모순이란 음모적 혁명 협회와 "평화적 선전"을 위한 조직 사이의 모순이었다. 이데올로기적 딜레마—바뵈프주의인가 카베주의인가?—를 뛰어넘으려는 싸움은 이제 조직 영역

---

38 *Dokumente ...*, pp. 57-63. (의인동맹 규약). CW, VI, 633-638. (공산주의자동맹 규약).

39 CW, XXVI, 322. 기관의 해임 가능성에 대해서는 엥겔스가 잘못 이야기했다. 의인동맹의 규약에서도 이미 관련 조항이 존재한다(제36조).

에서 벌어졌다. 새로운 마르크스주의 혁명 이론에는 분명 새로운 유형의 당이 조응해야만 한다.

마지막으로, 공산주의자동맹은 "철학적 당파"("진정한 사회주의" 따위)와 협소하고 제한적인 장인 종파로 분열되어 있던 독일 사회주의의 상황을 뛰어넘고자 했다. 이를 위해 지식인 및 노동자 계급 각각의 공산주의 전위를 단일한 조직으로 묶어 내려고 했다. 1847년과 1852년 사이 공산주의자동맹의 사회적·직업적 구성을 분석해 보면, 최소한 부분적으로나마 이러한 결합이 달성됐음을 알 수 있다. 그와 동시에 그것은 마르크스주의가 어떤 사회적 토대 위에서 처음 등장했는지에 대한 자료를 우리에게 제공한다.

공산주의자동맹(1847~1852) 회원 65명—일부 표본이 아닌 내가 직업 식별에 성공한 모든 회원들[40]—중 33명이 지식인이거나 자유주의 성향의 직업군 종사자였다.[41] 그리고 32명이 장인이거나 노동자였다.[42]

---

40 이 정보는 다음 저작들에서 수집되었다. *Karl Marx: Chronik seines Lebens;* Nicolaievsky and Maenche-Helfen, *Karl und Jenny Marx* (Berlin: 1933); K. Obermann, *Die Arbeiter und die Revolution von 1843* (Berlin: Dietz Verlag, 1933); F Mehring, *Geschichte derDeutschen Sozial-Demokratie;* Marx and Engels, *Werke,* Vols 4 and 5.

41 이들 중 10명은 문필가, 언론인, 시인, 혹은 정치평론가였다(H. 뷔르거스, E. 드론케, F. 엥겔스, F. 프라일리그라스, L. 하일베르크, K. 마르크스, W. 피퍼, G. 베르트, F. 볼프). 6명은 의사였다(R. 다니엘스, H. 에베르베크, K. 데스터, A. 고트샬크, A. 야코비, J. 클라인). 5명은 관리였다(F. 안네케, K. 브룬, A. 헨체, J. 바이데마이어, A. 빌리히). 4명은 변호사였다(H. 벡커, J. 미켈, S. 자일러, V. 테데스코). 2명은 교사였다(P. 이만트, W. 볼프). 그리고 공학기사(A. 클루스), 시 공무원(P. 지고), "견습 측량사"(J. 얀센), 화학자(K. 오토), 상인(W. 라이프르), 학생(W. 리프크네히트)이 각 1명씩 있었다.

42 이들 중 7명은 제단공이었다(G. G. 에카리우스, 하우데, F. 레스머, J. C. 뤼초브, C. F. 멘텔, 마이어, P. 노트융). 5명은 제화공이었다(H. 바우어, 핫젤, 물러, 피에르, 비시히). 5명은 소목장, 가구공이었다(부흐링, 한세, G. 로흐

여기서 몇 가지 관찰이 가능하다.

(a) 첫 번째 집단—지식인과 자유주의 성향 직업군—은 전체의 절반 이상을 차지하여 "과잉 대표"되어 있었다. 실로 이것은 부분적으로 공산주의자동맹의 토대를 이룬 이름 없는 "노동자 계급"에 비해 문필가 및 언론인의 이름과 활동이 후대에 알려질 가능성이 더 높다는 이유 때문인 것으로 보인다. 이는 노동자 계급 운동의 여명기에 일부 전위 집단에서 보이는 전형적 특징이기도 하다.

(b) 동맹에서 가장 수가 많은 사회·직업적 층은 문필가와 정치평론가이다. 이름이 거론된 10명 외에도 F. 안네케, K. 브룬, H. 베커, C. J. 에세르, H. 에베르베크, A. 고트샬크, K. 슈람, S. 자일러, W, 볼프 등 조직의 몇몇 다른 회원들이 최소한 일시적으로나마 저술 활동에 종사했다. 이 집단이 가진 급진주의의 연원은 아마도 역사 속—1842년과 1843년 사이 부르주아지의 굴복에 의해 일어난 자유주의, 신헤겔주의 언론의 붕괴—에서 그 뿌리를 찾을 수 있다. 마르크스가 보여준 정치적 진화 자체가 이 범주의 전형이다.[43]

너, K. 슈람, J. 바일러). 3명은 식자공이었다(S. 보른, K. 샤퍼, K. 발라우). 점원(J. L. 에르하르트, W. 하우프트), 도장공(K. 팬데르, A. 슈타인겐스), 시계공(H. 융, J. 몰)이 각 2명씩 있었다. 붓 직공(J. P. 벡커), 이발사(베도르프), 담배 제조공(P. G. 로제르), 금 세공인(비스키), 레이스 제조공(R. 리델), 통 제조공(C. J. 에세르)이 각 1명씩 있었다.

43 딱히 공산주의자동맹에만 의사 수가 상대적으로 많은 것은 아니었다. 1848년 혁명 기간 내내 젊은 의사들이 급진민주주의 조류의 간부층으로 충원되었다. 당대 가장 훌륭한 의학 분야 대변자인 루돌프 피르호는 다음과 같이 썼다. "민주주의가 바로 의사들에게서보다 더 많은 지지자를 얻지 못했다는 점에 대해 그 누가 놀란단 말인가? 모든 곳의 극좌파에서, 또 일정 정도 그 운동의 수뇌부에서 의사들을 발견할 수 있지 않는가? 의학은

(c) 노동자 집단 내에서 우세했던 직업 범주는 재단공, 제화공, 소목장 등 전통적 장인 집단이었던 것으로 보인다. 그렇지만 이미 이 시기에 독일의 제조업 발전으로 장인들은 큰 위기를 겪고 있었다. 장인과 직인은 "무소유 장인-프롤레타리아"*besizlosen Handwerksproletarien*로 전환되는 중이었고,[44] 앞서 언급한 세 가지 범주가 바로 이 위기로 인해 가장 큰 영향을 받고 있었다. 1847년 쾰른 상업회의소의 연례 보고서에 따르면(내가 이 도시를 사례로 택한 것은 그곳이 독일 내 공산주의자동맹의 핵심 중심지였기 때문이다), 많은 장인들이 "임금 급감", 실업, 파멸을 겪으며 임금노동자가 될 수밖에 없었고 소목장, 제화공, 재단공의 경우가 특히 심했다고 한다.[45] 왜 독일 최초의 공산주의 전위가 대규모 산업의 프롤레타리아가 아닌 이들 "프롤레타리아화한 장인들" 속에서 등장하였을까? 그것은 아마도 이 사회 계층이 공장 노동자들보다 더 높은 문화 수준과 조직 투쟁 전통을 보유하고 있었기 때문일 것이다. 공장 노동자들 상당수는 농민

사회과학이고 정치는 확대된 의학과 다름없다." 이러한 "의학 급진주의"가 나오게 된 연유는 무엇이었을까? 우선 19세기 독일에서 의료 직종이 빈약한 물질적 상태에 놓여 있었고, 프로이센 국가의 관료제가 의료 직종을 억압하고 있었다는 점을 들 수 있다. 그 다음으로 콜레라 유행처럼 대중이 병에 걸리는 것과 열악한 생활 조건 및 노동자 계급의 빈곤 사이에 명백한 연관이 있었다는 점이다. 『영국 노동계급의 상황』이나 심지어 『자본론』에서도 의사들의 공식 보고서 같은 프롤레타리아트의 건강에 관한 자료들이 자본주의 체제에 반대하는 증거로 중요한 공헌을 했던 것은 우연한 일이 아니다. P. Diepgen, *Geschichte der Medizin* (Berlin: Walter de Gruyter and Co., 1951), II: 1, pp. 221, 222, 224. 참조. 또한 R. H. Shryock, *The Development of Modern Medicine* (New York: A. A. Knopf, 1947), p. 221. 참고.

44 이 표현은 1848년 경제학자 브루노 힐데브란트가 사용한 것이다. K. Obermann, *Die Arbeiter, op. cit.*, p. 40. 참조.

45 Obermann, *op. cit.*, p. 37.

출신이고 최근에야 비로소 도시에서 살기 시작했다. 더 나아가 프롤레타리아화한 장인들은 "사회적 퇴보"라는 진짜 과정으로 고통을 겪고 있었다. 그들은 전통적 장인들로 이루어진 노동 "귀족"이었으나 실업과 해당 업종의 위기로 인하여 추락하였고 심지어 근대 산업의 노동자들보다도 못한 처지가 되었다. 분명한 점은, 이 계층의 공산주의가 마르크스보다는 바이틀링의 공산주의였다는 것, 어쨌든 마르크스주의로 전향한 이 집단들이 유럽의 거대 산업 도시들—런던과 파리—에 살고 있던 사람들이었다는 점이다.

요컨대 마르크스에게 공산주의자동맹은, 협소한 제약을 지닌 장인들의 종파도 소부르주아 철학자들의 사이비 당파도 아닌 당을 창출함으로써, 프롤레타리아트 조직의 민족적 성격과 국제적 성격 사이의 모순을 극복하고 공산주의 운동 내부에 존재하는 음모와 "평화적 선전" 사이의 분열을 뛰어넘으려고 한 최초의 실천적 시도였다. 이러한 시도는 단지 부분적인 성공만을 거두었다. 그렇지만 그것은 공산주의자동맹이 해산된 지 12년 후 국제노동자협회가 등장하기 위한 길을 닦았다.

II. 공산주의자와 프롤레타리아 운동 (1847~1848)

『철학의 빈곤』과 『공산당 선언』은 마르크스 저작에서 새로운 단계를 열었다. 그것은 『독일 이데올로기』에서 정점에 다다른 단계와는 질적으로 다른 것이었다. 『독일 이데올로기』의 경제적·역사적 주제는 신헤겔주의 철학자들에 대한 비판의 연장선상에 있었기 때문이다. 그럼에도 이 두 저술에서 발전된 "공산당 이론"은 1845년부터 1846년 사이에 개괄된 철학적-정치적 전제들과 일치한다. 다시 말해 마르크스가 1847년부터 1848년 사이에 정리한 공산주의자와 노동자 운동의 관계나 공산당과 프롤레타리아 당의 관계에 대한 견해는 더 큰 총체성과 일치를 시켜야만 완전히 이해될 수 있는데, 그러한 총체성은 「포이어바흐에 관한 테제」와 『독일 이데올로기』에서 발견되는 혁명 이론에 의거하는 것이다.

공산주의자와 프롤레타리아트의 관계는 공상적 종파 혹은 자코뱅-바뵈프주의 종파가 보여주는 것과 같을 수 없다. 공산주의 혁명은 바로 노동자 계급 대중 자신의 임무일 수밖에 없기 때문이다.

한편으로 공산주의자의 역할은 "이카리아인"처럼 노동자 운동 외부에 있으면서 순수하게 "평화적 선전"을 하며 민중에게 진실을 설파하는 것이 아니다. 공산주의자의 역할은 계급투쟁 과정에 긴밀히 참여하면서 프롤레타리아트가 그 자신의 역사적 실천을 통해 공산주의 혁명의 길을 발견하도록 도와주는 것이다. 다른 한편으로 공산당이 자코뱅 지도자나 바뵈프주의적 음모 협회가 하는 역할을 해서도 안 된다―다시 말해 공산당은 스스로를 대중보다 위에 위치시켜서도 그들 대신 "혁명을 만들"어서도 안 된다.

내가 서문에서 살폈듯, 자코뱅이나 부오나로티는 "일반 이해"나 총체성을 대중보다 위에 존재하는 "부패할 수 없는 독재자"나 "계몽된 소수" 같은 이들에게 양도한다. 이 경우 대중은 사적 이해나 특수주의에 머물 운명으로 여겨진다. 그와 반대로 마르크스의 경우 프롤레타리아트는 계급투쟁을 실천함으로써 총체성을 향해 나아간다. 이 과정에서 매개 역할이 중요한데, 프롤레타리아트의 공산주의 전위가 그 역할을 하게 된다. 『공산당 선언』의 규정에 따르면, 공산당은 누군가가 양도한 총체성의 결정화가 아니라 이러한 총체성(노동자 운동의 궁극적 목적)과 계급투쟁의 역사적 과정 속에 존재하는 모든 부분적 계기들 사이에서 이론적·실천적 매개체 역할을 한다.

요컨대 마르크스의 공산당은 부르주아적이고 공상적인 "높은 곳에 존재하는 구원자"를 계승하는 것이 아니다. 그것은 자기 해방을 위해 투쟁하는 프롤레타리아트의 **전위**인 것이다. 또한 그것은 대중이 의식을 획득하고 혁명적 행동을 취하기 위한 **도구**다. 그것의 역할은 노동자 계급 대신 그 "위에서" 행동하는 것이 아니라 노동자 계급이 자기 해방의 길을 향해, 그리고 공산주의 "대중" 혁명을 향해 갈 수 있도록 **인도**하는 것이다.

a) 『철학의 빈곤』[46]

우리는 공산주의 교신위원회(1846) 시기 영국과 미국에서 형성된 새로운 노동자 당들에 대해 마르크스가 관심을 보인 것을 검토한 바 있다. 『철학의 빈곤』(1847)에서 우리는 프롤레타리아트의 정치적 조직화 과정에 대한 최초의 분석을 찾아볼 수 있다. 그 분석은 무엇보다 영국 노동자 운동의 사례로부터 영감을 받았다.

이런 분석은 "노동자들이 자신들끼리 연합하려고 한 최초의 시도"인, 이른바 **'결합'**과 더불어 시작한다.[47] 이 시도에 대해 부르주아 경제학자들뿐 아니라 "사회주의자들"(마르크스는 여기서 아마도 프루동과 "진정한 사회주의자들"뿐 아니라 공상적 사회주의자들을 지칭하는 것으로 보인다) 또한 비난했다. 이들은 "노동자들이 낡은 사회에서 벗어나 자신들이 엄청난 선

---

46 나는 이 시기의 두 가지 주요 문헌인 『철학의 빈곤』과 『공산당 선언』을 연구하는 것으로 연구를 한정코자 한다. 이 두 주요 저작에서 나온 요점을 분명히 하기 위해 경우에 따라서는 1847년에 마르크스가 쓴 다른 글들도 언급할 것이다.

47 CW, VI, 210.

견지명을 가지고 노동자들을 위해 준비해 온 새로운 사회에 더 잘 진입할 수 있기를 바란다." 마르크스는 다음의 말을 덧붙탠다. "이 두 부류에도 불구하고, 매뉴얼과 이상향에도 불구하고, '결합'은 잠시도 전진을 멈추지 않았고 근대 산업의 발전·성장과 더불어 성장한다."[48] 요컨대 "프롤레타리아가 우리 눈앞에서 하나의 계급으로서 자기 조직화를 실행하는 것인 파업, '결합' 및 여타 형태에 대해 정확한 연구를 진행하는 것이 문제일 때, 일부 사람들(부르주아)은 진정한 공포에 사로잡히고 다른 사람들(공상주의자)은 **선험적** 경멸을 보인다."[49]

마르크스는 영국 노동자 운동을 "하나의 계급으로서 프롤레타리아트를 조직하는"―이 표현은 플로라 트리스탕이 말한 "하나의 계급으로서 프롤레타리아트의 구성"과 같은 의미이다. 그것은 전국적 규모의 중앙집중적이고 항구적인 노동자 계급의 조직을 뜻한다―과정을 보여주는 중요한 사례로 여겼다.

"영국에서 그들은 일시적 파업 말고는 다른 목적은 없는, 파업과 더불어 끝나고 마는 부분적 '결합'에서 멈추지 않았다. 항구적 '결합'이 형성되었는데, 그것이 **노동조합**이다. 노동조합은 고용주와의 투쟁에서 노동자를 위한 보루로 봉사한다. 현 시기 이러한 모든 지역별 **노동조합**들은, 런던에 소재하며 이미 8만 조합원을 지닌 중앙위원회인 전국통일직종연합National Association of United Trades을 집결 장소로 삼고 있다. 이러한 파업, '결합', **노동조합**의 조직은 노동자들의 정치 투쟁과 동시에 이루어졌다. 노동자들은 이제 **차티스트**라는 이름 아래 거대 정당을 구성하고 있다."[50]

---

48   *Ibid.*

49   *CW*, VI, 211.

50   *CW*, VI, 210.

마르크스가 이와 같은 역사적 경험에서 도출한 일반적 결론은 이렇다. 즉 개별 자본가에 대한 지역적 저항과 정치 투쟁이나 '결합'과 프롤레타리아 당 사이에는 **어떠한 연속성의 단절이 반드시 존재하지는 않는다.** 계급투쟁 과정은 끊임없이 조직 형태들을 더 높은 수준과 더 폭넓은 집단화로 끌어올린다.[51]

다른 말로 하면, "자본의 지배는 이러한 [노동자] 대중을 위해 공통의 처지, 공통의 이해를 창출해 왔다. 따라서 이러한 대중은 자본에 반대한다는 점에서 이미 하나의 계급이다. 그러나 아직 대자적 계급은 아니다. 우리가 몇몇 국면들만을 지적했을 따름인 저 투쟁 속에서 이러한 대중은 단결하게 되고 스스로를 **대자적 계급**으로 구성한다."[52]

"저 투쟁"이라는 표현은 이 유명한 문단의 열쇠다. 그것은 우리로 하여금 『독일 이데올로기』에 나오는 다음 주제로 되돌아가게 만든다. 그에 따르면, 프롤레타리아트가 의식을 갖게 되고, 조직되며, 공통의 처지에 의해 단결을 이루는 대중인 대자적 계급으로 스스로를 전환시키는 것은 바로 그 자신의 실천, 부르주아지에 맞선 자신의 역사적 투쟁 과정 속에서이다.

1847년에 공상주의자뿐 아니라 그들의 추종자들이 저지른 큰 실수는 프롤레타리아트의 독자적 실천에 대해 무지를 드러내거나 "선험적 경멸"

---

51 "만약 저항의 첫 번째 목적이 단지 임금을 유지하는 것이라면, 결합의 목적은 처음에는 고립된 상태에서 자신들의 집단을 만드는 것이다. 자본가들 자체가 탄압을 목적으로 단결하기 때문이다. 항상 단결해 있는 자본에 직면하여 연합의 유지는 임금의 유지보다 그들에게 더 필수적인 것이 된다. … 이러한 투쟁—진정한 내전—속에서 다가오는 전투를 위해 필요한 모든 요소들이 하나로 묶여 발전하게 된다. 일단 이러한 지점에 도달하면 연합은 정치적 성격을 띤다." *CW*, VI, 210-211.

52 *CW*, VI, 211.

을 보낸 것이었다. "피억압 계급들의 욕구를 충족시키기 위해 임시변통의 체제를 만들고 개조의 과학을 추구한" 이들 공상적 사회주의자들은 "빈곤 속에서 빈곤밖에 보지 못했고, 그 안에서 낡은 사회를 타도할 혁명적·전복적 측면은 보지 못했다."[53] 이러한 오류는 "부르주아지에 대한 프롤레타리아트의 투쟁이 아직 정치적 성격을 띠지 못하는 한"에서는 이해할 만한 일이었다. 그러나 "역사가 전진하고 그와 더불어 프롤레타리아트의 투쟁이 더 분명하게 윤곽을 드러내게 됨에 따라, 그들이 마음속으로 과학을 탐구할 필요는 더 이상 없게 된다. 그들은 단지 그들 눈앞에서 일어나는 일을 기술하고 그것의 대변자가 되기만 하면 된다." 이러한 식으로 새로운 과학이 등장하게 된다. 이 새로운 과학은 "역사적 운동에 의해 산출되고 그 운동과 자신을 의식적으로 결합시킴으로써 공론이기를 멈추고 혁명적인 것이 된다."[54]

위 단락들에 따르면, 마르크스는 공산주의 이론가의 역할을 "일어나고 있는 일에 대한 대변자"가 되는 것이라고 보았다. 「독일어 브뤼셀 신문」(1847년 10월 28일)에 실린 카를 하인젠Karl Heinzen에 반대하는 논설에서 마르크스는 이러한 견해를 다음의 간명한 정식으로 다시 밝혔다. "이 저자는 역사적 운동의 대변자로서 그것에 충실히 봉사하고 있을지 모른다. 그러나 당연히도 그는 그것을 만들어 낼 수는 없다."[55] 이러한 이유에서 공산주의 이론가의 **혁명적 과학**은, 공상주의자들이 노동자 운동의 외부에서 발전시킨 공론적 과학이나 「헤겔 법철학 비판 서설」에서 설파한 "혁명적 철학"과는 근본적으로 다른 것이다. 그것은 「포이어바흐에 관한 테

---

53 *CW*, VI, 177, 178.

54 *Ibid.*

55 *CW*, VI, 337.

제」에서 나오는 것처럼 **실천적-비판적** 활동이다. 역사적 실천을 토대로 산출되는 이러한 활동은 자체 활동을 그 실천의 비판적이면서 일관적이고 견실한 표현으로 만들고, 그와 동시에 혁명적 행동을 위한 도구이자 지침으로써 자기 활동을 그러한 실천과 의식적으로 결합시켜 낸다.

b) 『공산당 선언』

내가 『철학의 빈곤』에서 분석한 두 가지 주제—프롤레타리아 당의 형성과 공산주의 문필가들의 역할—는 『공산당 선언』에서 다시 등장하여 발전하게 된다.

러다이트 운동에서부터 영국 노동자 운동(과 어쩌면 플로라 트리스탕)까지의 경험으로부터 특히 영감을 받은 정치 조직화[56]로 이어지는 과정에 대

---

56 "처음에는 싸움이 개별 노동자들에 의해 이루어진다. 그 다음에는 한 공장의 노동자들의, 그 다음에는 자신들을 직접 착취하는 개별 부르주아에 반대하는 한 직종, 한 지역의 직공들의 싸움으로 나아간다. 그들의 공격이 향하는 곳은 부르주아적 생산 조건에 대한 반대가 아니라 생산 도구들 자체에 대한 반대다. 그들은 자신들의 노동과 경쟁하는 수입 물품을 파괴하고, 그들은 기계를 산산조각 내며, 그들은 공장을 불태우며, 그들은 힘으로 사라져 버린 중세 시대 노동자들의 지위를 힘으로써 회복하고자 애쓴다.
그러나 산업의 발전과 더불어 프롤레타리아트가 단지 수적으로만 증가하는 것은 아니다. 그들은 한곳에 더 많은 수로 집결하게 되고 그들의 힘은 갈수록 성장하며 그들은 자신의 힘을 더욱더 자각하게 된다. … 개별 노동자와 개별 부르주아 사이의 격돌은 점점 더 두 계급 사이의 격돌이라는 성격을 띠게 된다. 그런 까닭에 노동자들은 부르주아에 맞서 결합(노동조합)을 형성하기 시작한다. 그들은 임금 비율을 떨어지지 않게 하기 위해 하나로 모였다. 그들은 이따금씩 발생하는 이러한 반란을 미리 준비하기 위해 항구적 결사체를 수립한다. 이곳저곳에서 싸움이 반란으로 번진다. … 때때로 노동자들이 승리하기도 하지만 그것은 잠시뿐이다. 그들이 벌인 전투의 진정한 결실은 즉각적 결과에 있는 것이 아니라 계속 확대되는 노동자들의 단결에 있다."

한 익히 알려진 역사적 개설을 살펴보면, 프롤레타리아트의 **자기 조직화**가 지닌 힘과 노동자 정당을 결성할 때 계급투쟁이 행하는 역할에 대해 마르크스가 얼마나 결정적 중요성을 부여했는지를 알 수 있다. 공상적, 음모적 종파들의 경우 그러한 과정과 역할을 무시하거나 경멸했다.

이렇게 실제 프롤레타리아의 실천에서 생겨난 새로운 공산주의 이론은 "비판적-공상적" 사회주의의 교조적 학설과는 질적으로 다른 것이다.

> "공산주의자들의 이론적 결론은 이러저러한 자칭 보편적 개혁가가 발명하거나 발견한 관념이나 원리들에 전혀 의거하지 않는다.
>
> 그것은 단지 일반적인 차원에서 현존하는 계급투쟁과 바로 우리 눈 아래 전개되는 역사적 운동에서 생겨난 실제 관계들을 표현한다."[57]

부르주아 출신 공산주의 문필가들과 관련해서 마르크스는 문제를 1843년의 경우처럼 **두 집단 사이의 동맹**—사유하는 집단과 고통받는 집단—으로 상정하지 않고, **일부 개인들이 혁명적 계급에 합류하는 것**으로 상정한다.

> "결국 계급투쟁이 결정적 시간에 다다를 때 … 지배 계급 중 소수층이 지배 계급과 절연하고 미래를 자신의 손 안에 쥐고 있는 혁명적 계급에 합류한다. 그 결과 이른 시기에 귀족 중 일부 층이 부르주아지에게로 넘어갔던 것

그렇다면 이러한 단결은 어떻게 일어나는가?

"수많은 지역적 투쟁들"이 "계급들 사이의 단일한 전국적 투쟁", 다시 말해 정치투쟁으로 집중되는 것을 통해서이다. 그 이유는 "모든 계급투쟁은 정치 투쟁"이기 때문이다. 이러한 집중은 "프롤레타리아들이 하나의 계급으로, 그리고 결과적으로 하나의 정당으로 조직되도록" 한다. *CW*, VI, 492-493.

57   *CW*, VI, 498.

처럼 이제 부르주아지 중 일부, 특히 역사적 운동 전체를 이론적으로 이해하는 수준에 다다른 부르주아 이데올로기 주창자들 중 일부가 프롤레타리아트에게로 넘어간다."[58]

그러나 『공산당 선언』이 『철학의 빈곤』에서 나오는 주제들을 발전시키는 데에만 국한된 것은 아니다. 그것은 새로운 문제에 대한 근본적인 설명을 제공하는 데 기여한다. 그 새로운 문제란 **공산당**, 그리고 프롤레타리아 운동과 공산당의 관계다.[59]

---

58 *CW*, VI, 494.

59 나는 여기서 공산당과 부르주아 정당들 사이의 관계 문제로 넘어가고자 한다. 이것은 특별한 연구가 필요한 독일에서의 "연속 혁명"이라는 주제와 관련되어 있다. 단지 내가 말할 수 있는 것은 다음과 같다. 『공산당 선언』에서는 공산주의자들에게 "부르주아지가 혁명적 방식으로 행동할 때에는 언제나 부르주아지와 함께 싸우라"(*CW*, VI, 519)고 요청한다. 그렇기 때문에 『공산당 선언』의 전술적 입장은 독일 혁명과 관련된 「헤겔 법철학 비판 서설」(1844)의 입장과 동일하지 않다. 그럼에도 불구하고 『공산당 선언』은 동일한 전략적 견해를 지니고 있다. 다시 말해 『공산당 선언』은 독일과 같은 후진국이 프랑스와 영국이 통과한 부르주아적 역사 단계를 "뛰어넘을" 수 있는 가능성을 계속 신봉했다.

1844년과 마찬가지로 마르크스는 『공산당 선언』에서 독일 부르주아지의 역사적 후진성을 강조하지만, 「헤겔 법철학 비판 서설」에서처럼 독일에서 부르주아 혁명이 불가능하다고 결론 내리지는 않으며, 그러한 혁명은 단명할 것—"단지 곧장 뒤이어 일어날 프롤레타리아 혁명의 서곡"—이라고 결론 내린다.

"공산주의자들은 주로 독일에 주의를 기울여야 한다. 저 나라는 17세기 영국이나 18세기 프랑스의 경우보다 유럽 문명이 훨씬 더 전진된 조건 아래서, 그리고 프롤레타리아트가 훨씬 더 발전한 상황에서 일어나게 될 부르주아 혁명 전야에 있기 때문이다. 또한 독일의 부르주아 혁명은 단지 곧장 뒤이어 일어날 프롤레타리아 혁명의 서곡일 것이기 때문이다." *CW*, VI, 519.

3 당 이론 (1846~1848)

공상적 사회주의자들에 대한 근본적 비판이 공산당에 관한 마르크스주의 개념의 출발점이다. 특히 그들이 독자적 노동자 운동 및 프롤레타리아트의 정치 조직에 대해 보인 태도가 비판의 도마에 올랐다.

1) 비판적-공상적 체계의 발명가들과 그 추종자들은 프롤레타리아트를 "역사적 주도성[Selbsttätigkeit]이나 독자적 정치 운동이 전혀 없는 계급"으로 여긴다. "그들에게 프롤레타리아트는 오직 가장 고통받는 계급이라는 관점으로만 존재한다."[60]—이는 마르크스가 1842년부터 1843년까지 가졌던 생각이기도 했다.

2) "프롤레타리아트의 점진적 계급 조직화" 대신에 그들은 "이러한 발명가들이 특별히 고안한 사회 조직"을 제안한다.[61]

3) "그들은 계급을 따지지 않고 습관적으로 사회 전반에, 아니 되도록이면 지배 계급에 호소한다."[62]

4) "따라서 그들은 일체의 정치적 행동, **특히 일체의 혁명적 행동**을 거부한다. 그들은 평화적 수단을 통해 자신의 목적이 획득되길 바라고, 반드시 실패할 운명인 소소한 실험들을 통해, 그리고 모범의 힘을 통해 새로운 사회적 복음을 위한 길을 닦고자 애쓴다."[63]

5) 이러한 종파적 경향이 조직 영역에 끼친 결과로, 공상주의자들은 "노동자 계급이 행하는 일체의 정치적 행동에 격렬하게 반대한다. 그들에 따르면 그러한 행동은 오직 새로운 복음에 대한 맹목적 불신에서 비롯된 것일

---

60   *CW*, VI, 515.

61   *Ibid.*

62   *Ibid.*

63   *Ibid.*

따름이다." 그래서 예컨대 영국에서 오언주의자들은 차티즘을 거부한다.[64]

우리는 이러한 비판에서 마르크스 고유의 견해가 분명히 배어 나오고 있다는 사실을 감지할 수 있다. 그것은 정확히 공상주의자들의 종파주의와는 반대되는 것이다. 마르크스에게 공산당의 활동은 프롤레타리아트의 역사적 주도성 및 계급으로의 점진적 조직화에 의거해야만 한다. 공산당은 자신을 노동자의 정치 운동과 결합시켜 그 운동을 혁명적 행동으로 인도해야 한다.

바로 이러한 전제를 토대로 『공산당 선언』에서 공산주의자와 프롤레타리아 당 사이의 조직 관계를 정의하고 있는 다음 두 개의 수수께끼 같은 단락을 해석할 필요가 있다.

> "공산주의자는 다른 노동자 계급 당들과 대립하는 특수한[besondere] 당을 구성하지 않는다."[65]
> "공산주의자는 따라서 한편으로는 실천적으로 모든 나라의 노동자 계급 당들의 가장 선진적이고 단호한 부위[Teil]이자 다른 모든 세력으로 하여금 전진하게 만드는 부위이고, 다른 한편 이론적으로 그들은 거대한 프롤레타리아트 대중에 대해 프롤레타리아 운동의 노정과 조건, 궁극적·일반적 결과들을 명료하게 이해한다는 이점을 지닌다."[66]

이것이 공산주의자들은 하나의 당을 이루어서는 안 된다는 말일까? 그것은 다음과 같은 이유 때문에 분명 아니다.

---

64 *CW*, VI, 517.

65 *CW*, VI, 497.

66 *Ibid.*

(a) 이 저작의 제목 자체가 『공산당 선언』이다. 그리고 서두에서 선언의 목적
이 "이러한 공산주의 유령이라는 소문을 **당** 자신의 선언으로 맞서야" 한다
고 말하고 있다.[67]

(b) 같은 장에서 우리는 [단 두 가지 점에서] "공산주의자들은 여타[*übrigen*]
노동자 계급의 당들과는 구분된다"고 하는 표현을 발견한다.[68] 그렇다면
공산당은 다른 프롤레타리아 당들과 마찬가지로 프롤레타리아 당 중 하
나다.

(c) 마르크스가 회원으로 있었으며, 『공산당 선언』이 나온 조직적 배경인 공
산주의자동맹은 실로 공산당이라 이를 수 있었다.

이러한 모순은 어떻게 해결되어야 하는가? 루벨은 이 문제를 솔직하
게 고찰했던 몇 안 되는 저자들 중 한 명인데, 그는 공산주의자는 **노동자
당**이 아니라 **지적 엘리트**라는 가설을 진척시켰다. "카를 마르크스에 따르
면 공산주의자는 일종의 지적 엘리트다. '이론적으로 그들은 거대한 프롤
레타리아트 대중에 대해 프롤레타리아 운동의 노정과 조건, 궁극적·일반
적 결과들을 명료하게 이해한다는 이점을 지닌다'"(『공산당 선언』).[69]

그러나 이러한 견해는 「포이어바흐에 관한 테제」와 "실천철학"과도
양립 불가능할 뿐 아니라—루벨이 자신의 가설을 지지하기 위해 「헤겔 법
철학 비판 서설」의 한 단락을 인용한 것은 결코 우연이 아니다("이론 또한

---

67 *CW*, VI, 481.

68 *CW*, VI, 497. 또한 p. 498에 나오는 다음 문장을 참고하라. "공산주의자의 당면
목적은 다른 모든 프롤레타리아 당들의 그것과 동일하다."

69 Rubel, "Remarques sur le concept de parti prolétarien chez Marx," *Revue Française de sociologie,* 2nd year, No. 3, July-September 1961, p. 176.

그것이 대중을 사로잡자마자 물질적 힘이 된다").[70] ─『공산당 선언』 그 자체와
도 양립 불가능하다. 그가 『공산당 선언』에서 가져온 인용문을 보면, "공
산주의자는 … 실천적으로 모든 나라의 노동자 계급 당들의 가장 선진적
이고 단호한 부위이자 다른 모든 세력으로 하여금 전진하게 만드는 부위"
라는 앞의 문장이 생략되어 있다.[71] 우리가 해당 단락 전체를 읽어 보면,
마르크스에게 공산주의자는 **이론과 실천 모두**에서 전위이며, 무엇보다 그
의 관점에 따르면 이 둘은 분리될 수 없는 것임을 알 수 있다.

　내가 볼 때, 마르크스와 절친했던 공산주의자들이 1847년부터 1848
년까지 벌어진 노동자 운동과 어떤 식으로 관계를 맺었는지 구체적으로
분석해 보면 위와 같은 문제를 해결할 수 있다. 『공산당 선언』에서 말하는
"공산당"은 국제적 당이고, 그 맹아는 공산주의자동맹과 우애민주주의자
이다. 한 측은 주로 독일인으로 이루어졌으나 유럽 전역에 퍼져 있던 조
직이고, 다른 측은 런던에 모여 있었으나 유럽 여러 나라에서 망명해 온
노동자들 및 공산주의 단체들의 대표자들로 이루어진 조직이었다. 독일
에는 노동자 당이 전혀 없었기 때문에, 위와 같은 문제는 주로 영국에서
발생했다. 그것은 다음의 실천적 형태를 띠었다. 즉 공산주의자동맹 런
던 지부가 가입해 있던 공산주의 조직인 우애민주주의자와 대규모 프롤
레타리아 당인 차티즘이 어떻게 관계를 맺어야 할 것인가? 우리는 1847
년 12월 13일―바로 마르크스가 런던에 머물던 시기―에 우애민주주의자
가 거의 이태 동안이나 머뭇거리다가 조직을 공식 출범시켜, 규약을 채
택하고 하비(영국), 샤퍼(독일), 장 미슐레(프랑스), 페터 홀름(스칸디나비아),
니멧(헝가리), A. 샤벨리츠(스위스), 오보르스키(폴란드)로 구성된 사무국을

70　*Ibid.*, p. 169.

71　*CW*, VI, 497.

선출하였음을 알고 있다.[72] 그 순간부터 우애민주주의자는 실천적 이유에
서 "[차티스트] 당 안의 당"이 되었다.

내가 앞서 인용한 바 있는 하비와 존슨의 성명을 분석해 보면 이 같은
결론이 도출된다. 하비는 우애민주주의자의 성명을 쓰면서 이렇게 선언했
다. "우리는 영국에서 이미 존재하는 당들에 **더해** 어떠한 '당'을 결성한다는
생각을 일체 거부한다." 차티즘의 또 다른 "마르크스주의" 지도자 존스는
1848년 2월에 다음과 같이 썼다. "우애민주주의자에 반대하는 나의 차티스
트 형제 중 일부에게는 불신이 조금 존재했다. 그들은 **저 운동을 대신하려
는-당 안의 당을 만들려는**-시도라고 걱정했다."[73] "저 운동을 대신하려는"
것과 "당 안에 당을 만들려는" 것은 서로 다를 뿐 아니라 근본적으로 대립되
는 두 가지 정책이다. 게다가 해당 단락에서 존스가 제시하는 우애민주주
의자에 대한 다음 묘사는 분명 "[차티스트] 당 안의 당"에 관한 것이다. 즉 "그
들은 이제 이 협회의 모든 회원이 철저한 차티스트라는 점과 차티즘이 회
원 가입의 기준이라는 점을 알게 되었다."[74]

이제 『공산당 선언』에 나오는 단락들을 되풀이해 보자. "공산주의자는
다른 노동자 계급 당들에 대립하는 특별한 당을 구성하지 않는다." "실천적
으로 [공산주의자는] 모든 나라의 노동자 계급 당들의 가장 선진적이고 단호
한 부위다." 등등. 이제 우리는 마르크스가 공산주의자동맹 런던 지부 및 차
티스트 내 "마르크스주의" 진영과 함께 만들어 낸 조직 전술을 요약하고 있
는 것이 바로 이 같은 문구들임을 알 수 있다. 공산당은 프롤레타리아 당과
병렬적으로, 혹은 그것을 **대체하는** 식으로 조직되어서는 안 되며, 그 **내부**

---

72   Rothstein, *From Chartism, op. cit.*, pp. 130-131.

73   *Ibid.*, pp. 129-130. (진한 글씨는 미카엘 뢰비.)

74   *Ibid.*

에서 그것의 가장 단호하고 의식적인 "부위"로서 조직되어야 한다. 다시 말해 공산주의자는 노동자 당 안에서 하나의 당을 이루어야 한다. 이로써 우리는 왜 『공산당 선언』이 공산**당**에 대해 말하면서도, 이것이 "다른 노동자 계급 당들에 대립하는 특수한 당"을 구성하는 것에 대해서는 거부하는지 이해할 수 있다.

이것은 차티즘 안에 있던 우애민주주의자만의 상황은 아니었다. 『공산당 선언』에서 "프롤레타리아 당"으로 간주되었던 두 번째 조직인 국민개혁연합 안에는 미국으로 망명한 독일인 공산주의자들이 있었고 그들도 마찬가지 상황이었다. 사회개혁연합을 결성하여 국민개혁연합에 가입함으로써 뉴욕의 독일인 공산주의자들 역시 "당 안의 당"을 결성한 셈이 되었다.[75]

대중운동 내부에 전위를 조직하고 노동자 당 내부에 공산당을 결성할 것을 제안함으로써 마르크스는 두 가지 암초를 피하기를 바랐다. 하나는 노동자 투쟁의 외부에 고립된 채 존재하는 공상적 종파주의였고, 다른 하나는 공산주의자들을 프롤레타리아 대중 속으로 순전히 해소시켜 버리는 것이었다.

따라서 이러한 공식들을 『공산당 선언』에서 분석할 때, 우리는 본질적인 이념을 식별해낼 필요가 있다. 그것은 무익한 종파주의와 기회주의적인 "입당주의entryism"를 모두 피하는 방식으로 공산주의 전위를 조직해야 한다는 것이었고, 1848년이라는 역사적 조건에 적합한 형태로 공산당을 프롤레타리아 대중 정당 내부의 한 분파로 구축하는 것이었다.

이를 20세기 제3인터내셔널 결성 전후의 시기에 일부 국가에서 존재했던 상황과 비교해 볼 수 있을 것이다. 1917년과 1919년 사이에 독일에서

---

75   Obermann, "Die Amerikanische arbeiterbewegung," *op. cit.*, p. 113. 참고.

스파르타쿠스동맹은 "중앙파"의 독립 사회민주당 내부에 있었던 공산주의 조직이었다. 1919년과 1920년 사이에 레닌은 영국에서 공산당이 노동당에 가입하는 것을 지지했다.

이제 우리는 1848년의 마르크스가 공산당과 노동자 당 사이의 공통점과 차이점을 무엇으로 보았는지 알아보아야만 한다.

『공산당 선언』은 두 당의 공통 기반을 이렇게 정의한다. "공산주의자의 당면 목적은 다른 모든 프롤레타리아 당들의 그것과 동일하다. 즉 프롤레타리아트의 계급으로의 형성, 부르주아 지배의 타도, 프롤레타리아트에 의한 정치 권력의 획득이 그것이다."[76] 『공산당 선언』에서 "프롤레타리아" 당으로 여기는 두 당은 차티스트와 국민개혁론자들이다.[77] "영국에서 노동자들이 **차티스트**라는 이름 아래 하나의 정당을 구성하듯이 **북아메리카**에서는 노동자들이 국민개혁론자라는 이름 아래 하나의 정당을 구성하고 있다. 그리고 그들의 표어는 '**군주의 지배**냐 **공화국**이냐'가 전혀 아니라 '**노동자 계급의 지배**냐 **부르주아 계급**의 지배냐'이다."[78] 마르크스의 판단은 틀리지 않았다. 차티스트와 국민개혁론자는 모두 프롤레타리아트를 위한 권력 획득을 목표로 공공연히 투쟁했다. 우리는 이미 이것을 차티스트의 사례에서 살펴보았다. 국민개혁연합의 경우, 창립 대회(1845년 10월)에서 "대중의 조직화를 추구하여 노동자들이 마침내 자본과 맞서고 스스로 법을 만들 수 있도록 한다"는 자체 임무를 설정한다.[79]

76　CW, VI, 498.

77　"제2절에서는 영국의 차티스트와 미국의 농업개혁론자들과 같은 현존하는 노동자 계급 당들에 대한 공산주의자의 관계를 분명히 밝혔다." CW, VI, 518.

78　CW, VI, 324.

79　Obermann, op. cit., p. 113.

그러나 마르크스는 이 두 운동이 지니는 이데올로기적 한계 역시 충분히 인지하고 있었다. 그 한계를 가장 두드러지게 보여주는 상징이 바로 두 운동의 "농업 강령"이었다. 두 운동이 기대한 것은 노동자들이 소규모 토지를 구매하여 땅으로 되돌아가는 것이었다.[80] 더욱이 프롤레타리아트의 국제적 단결의 중요성을 이해한 것은 이 당들에서도 오직 좌익뿐이었다. 결과적으로 노동자 당 안에서 공산주의 전위가 분화되어 있는 것은 프롤레타리아트의 정치 조직 안에 그 전위가 참여하는 것만큼이나 필수적이었다.

공산당을 노동자 당으로부터 구분시켜 주는 것은 무엇일까? 마르크스는 『공산당 선언』의 한 결정적 단락에서 이 문제에 대해 답변한다. 그 내용은 제3인터내셔널의 강령에서 거의 문자 그대로 반복된다.

"[공산주의자] 프롤레타리아트 전체의 이해와 분리되어 따로 떨어져 있는 이해를 갖지 않는다. 그들은 자신만의 특별한 원리를 수립하여 프롤레타리아 운동을 그것에 맞추고 틀 지우려 하지 않는다. 공산주의자는 오직 다음에 의해 다른 노동자 계급 당들과 구분된다.

(1) 다른 나라 프롤레타리아트의 민족적 투쟁들 속에서 그들은(공산주의자) 모든 민족체로부터 독자적인 전체 프롤레타리아트의 공동 이해를 가리키며 전면에 내세운다. (2) 부르주아지에 맞선 노동자 계급의 투쟁이 경과해야만 하는 다양한 발전 단계들 속에서, 그들은 항상 어디서나 운동 전체의 이해를 대변한다."[81]

---

80 퍼거스 오코너의 토지 계획에 대해서는 E. Dall ans, *Le Chartisme*, p. 283. 참고. 미국 단체가 설교하던 "농업 개혁"에 대해서는 크리게에 반대하는 마르크스의 회람을 참조할 것. *CW*, VI, 41-44.

81 *CW*, VI, 497.

　　이러한 단락을 통해, 공산당과 프롤레타리아 당 사이의 구별이 공상적 종파들을 노동자 운동에 대립시키는 것과는 전혀 동급이 아님을 분명히 알 수 있다. 마르크스가 "특별한 원리"에 프롤레타리아 운동을 맞추려고 한다고 말할 때, 그가 언급하려고 한 것이 바로 그러한 종파들이었다. 그래서 엥겔스가 실제로 『공산당 선언』 1888년 판에서 "특별한"이라는 단어를 "종파적"으로 대체했던 것이다.[82] 공산주의자는 대중운동과의 관계에서 스스로를 종파의 반대편에 위치시킨다. 그들은 이 운동에서 **특별한** 원리가 아닌 운동의 가장 일반적이고 **보편적** 목표를 대변한다. 『공산당 선언』에 담긴 이 단락의 구조는 프롤레타리아트를 자신의 **특수한** 권리를 요구하는 부르주아 사회의 **특수한** 계급으로가 아니라 자신의 고통으로 인하여 **보편적** 성격을 갖는 지위로 정의하는 「헤겔 법철학 비판 서설」의 단락 구조와 동일하다.

　　공산당은 따라서 국제 프롤레타리아트의 역사적 이해, 다시 말해 **총체성**을 대표한다. 모든 **부분적** 운동—단지 지역적이거나 민족적이고, 또 이데올로기적으로 혼란스러우며, 협소한 요구를 하는 등 계급투쟁의 궁극적 목표를 의식하지 못하는 운동—과의 관계에서 공산당은 **이러한 총체성의 매개체**라는 결정적 역할을 한다.

　　공산당은 노동자 운동의 전위이자 자신의 역사적 임무를 의식하고 있는 프롤레타리아트의 한 부위이다. 그러나 그들은 프롤레타리아 대중의 편에서 그 임무를 실행할 책임을 지닌 "계몽된 소수"가 아니다. "이전의 모든 역사적 운동은 소수의 운동이거나 소수의 이해에 따른 운동이었다. **프롤레타리아 운동은 압도적 다수의 이해에 따른 압도적 다수의 자기 의식적이고 자주적인 운동이다.**"[83]

82　*CW*, VI, 497. "besonderen"이 "sektierischen"으로 대체된 것에 대한 주석: *CW*, VI, 495.

83　*CW*, VI, 495. (진한 글씨 저자.)

4

당, 대중, 혁명: 마르크스 시대부터 우리 시대까지

Ⅰ. 1848년 이후의 마르크스

프롤레타리아트에 의한 혁명적 자기 해방 이론은 "성숙한" 마르크스가 내버린 "젊은 시절의 에피소드"나 과도기에 잠깐 나온 내용이 아니었다. 그것은 1848년부터 사망할 때까지 모든 기간 동안 그의 정치 활동에서 근본적인 가정들 중 하나로 남아 있었다. 그것은 그의 위대한 정치적 전투들과 정치 이데올로기적 전투들—1848년부터 1850년까지의 독일 혁명, 라살레와 바쿠닌에 맞선 싸움, 파리 코뮌, 독일 사회민주주의의 기회주의 비판—을 밝히고 그것에 참된 의미를 부여하는 데 도움을 준다.

물론 나는 여기서 1848년부터 1883년까지의 시기에 대한 구체적이고 정확한 연구를 수행하지는 않고, 다만 그러한 연구를 위한 중요 항목을 제시하기만 할 것이다. 이를 위해 자기 해방적 혁명 이론이 분명하게 함축되어 있는 몇몇 중요 단락들에 주목하고자 한다.

a) 「동맹에 보내는 중앙위원회의 연설」 (1850년 3월)

나는 이미 「라인신문」(1842~1843) 때부터 「헤겔 법철학 비판 서설」(1844)까지 마르크스가 겪었던 진화와 「신라인신문」(1848~1849)부터 「동맹에 보내는 중앙위원회의 연설」(1850)이 나올 때까지 그가 겪었던 진화 사이에 놀라운 유사성이 존재한다는 점을 지적한 바 있다(1장). 두 경우에 서 자유주의 부르주아지가 봉건 국가에 굴복한 것은 마르크스로 하여금 연속 혁명이라는 생각을 갖게 했다. 그것은 1844년에는 여전히 추상적이 고 "철학적"이었으나 1850년에는 엄밀하고 구체적인 것으로 바뀌었다― 1844년과 마찬가지로 1850년에도 마르크스는 프롤레타리아 혁명의 신호 가 "갈리아의 수탉 울음소리", 다시 말해 프랑스 노동자 계급에 의해 주어질 것이라고 믿었다.[1]

「연설」의 주요 견해는 프롤레타리아트가 소유 계급들을 하나하나 내쫓 고 권력을 장악할 때까지 "연속 혁명을 만드는 것"이었다.[2] 이러한 주제는 『공산당 선언』과 모순되지 않는다. 『공산당 선언』도 마찬가지로 혁명 과정 의 연속성을 시사하고 있고, 부르주아 혁명을 "사회주의 혁명의 즉각적인 서곡"이라고 본다. 1848년과 비교해 보았을 때 본질적 차이는 이제 마르크 스가 더 이상 "부르주아지가 혁명적 방식으로 행동할 때라면 언제나 그들 과 함께 싸워야 한다"고 말하지 않는다는 점이다. 더 이상 부르주아지가 "혁 명적 태도"를 취할 수 있으리라고 믿지 않은 데에는 타당한 이유가 있었다.

「연설」은 의심할 바 없이 1917년 혁명과 더불어 시작된 20세기 혁명들 에 대한 탁월한 예측이다. 그리고 그것은 마르크스가 후진적이고 반봉건

---

1 "그들[독일 노동자들]은 적어도 이번에는 앞으로 다가올 혁명극의 제1막이 프랑스에서 그들 계급의 승리와 때를 같이 할 것이며 이로써 이 제1막이 크게 촉진될 것이라는 것을 확실히 알고 있다." CW, X, 286-287.

2 "민주주의적 소부르주아들이 기껏해야 상술한 요구들을 실현하는 선에서 가 능한 한 신속하게 혁명을 마무리 짓기를 바라는 반면, 모든 크고 작은 소유 계 급들이 그들의 지배적 지위에서 내려오도록 강제할 때까지, 프롤레타리아트 가 국가 권력을 획득할 때까지… 혁명이 연속되도록 만드는 것이 바로 우리의 이해와 과제다." CW, X, 281.

적인 자본주의 국가에서 일어나는 프롤레타리아 혁명에 대해서는 결코 심사숙고하지 않았다는 오래된 신화를 단호하게 논박한다.

마르크스주의에 대한 부르주아 비판가 중 하나인 게오르크 리히트하임은 마르크스가 내놓은 이러한 "부단한 혁명"이라는 도식이 1789년과 1794년 사이에 일어난 프랑스혁명의 전개 방식에서 영감을 얻었고, 그렇기 때문에 본질적으로 **자코뱅적인** 것이라고 말해 왔다. 리히트하임은 1850년 3월의 「연설」을 일러 마르크스가 저지른 "자코뱅-블랑키주의적 탈선"이라고 부른다.[3]

「연설」에서 개설된 혁명 이론에 다른 전거들도 있겠지만, 대체로 프랑스 혁명의 경험에서 끌어온 것이라는 점은 사실이다. 그러나 이를 두고 "자코뱅"적이라거나 "자코뱅-블랑키주의"적이라고 부르는 것은 크게 잘못된 것이다. 다음 두 가지 기본적인 이유 때문이다.

1. "연설"이 옹호하는 혁명 과정의 목표인 프롤레타리아트에 의한 권력 장악은 "소부르주아 민주주의"인 자코뱅주의를 **뛰어넘는** 것이다.
2. 이러한 과정의 성격은 자코뱅적이지도 자코뱅-블랑키주의적이지도 않고 본질적으로 **자기 해방**적인 것이다.

실제로 「연설」을 주의 깊게 읽어 보면, 매 순간 혁명적 행동의 주체가 공산주의자동맹이나 자코뱅식의 소수가 아니라 **노동자**라는 점을 충분히 깨달을 수 있다. 물론 그렇다고 해서 이것이 공산주의자동맹이 공산주의 전위로서 아무런 역할이 없다는, 프롤레타리아트가 스스로를 하나의 당으로 조직할 필요가 없다는 뜻은 아니다. 공산주의자동맹의 역할은 『공산당

3 　G. Lichtheim, *Marxism: An Historical and Critical Study* (New York: F. Fraeger, 1962), p. 125.

선언』의 조직관에 따라 정확히 대중적 노동자 당의 조직을 위해 싸우는 것
이고, 그 안에서 가장 의식적이고 가장 활동적인 부위로 존재하는 것이다.

> "노동자들, 특히 동맹은, 박수갈채를 보내는 합창단이 되어 또다시 부르주아
> 민주주의자들에게 봉사하는 처지로 전락할 것이 아니라, 공인된 민주주의자
> 들과 나란히 서서 비밀 조직이든 공개 조직이든 간에 노동자 당의 독자적 조
> 직을 만들고, 각 단위로 하여금 노동자 결사들의 중심점과 핵심이 되도록 해
> 야 한다. 그리고 그 안에서 부르주아의 영향력으로부터 벗어나 프롤레타리아
> 트의 태도와 이해가 토론되도록 하는 것을 목표로 활동해야 한다."[4]

프롤레타리아 대중의 혁명적·자기 해방적 투쟁은 어떠한 형태를 취해
야 하는가? 「연설」에 따르면 프롤레타리아는 노동자 평의회를 형성함으로
써 부르주아적 권위에 대항하여 자신만의 권위를 수립해야 한다.

> "도시 위원회와 도시 평의회 형태건 노동자 클럽이나 노동자 위원회 형태건
> 상관없이, 그들은 새로운 공식 정부들과 나란히 즉시 자신만의 혁명적 노동
> 자 정부들을 수립해야 한다. 그리하여 부르주아 민주주의 정부들로 하여금
> 그 즉시 노동자들의 지지를 상실하게 만들 뿐 아니라 자신들이 처음부터 전
> 체 노동자 대중이 뒷받침하는 기관들의 감독과 위협 아래 있음을 알게 해야
> 한다."[5]

---

4 CW, X, 281-282. R. Schlesinger, *Marx, his Time and Ours* (London: Routledge and Kegan Paul, 1951), p. 270.

5 CW, X, p. 283. (p. 284.에서는 노동자들이 "클럽들로 집중되어야 한다"고 말한다.)

내친 김에 한 가지 지적하고자 한다. 이 같은 강령과 1917년 러시아에서 일어난 일들—소비에트의 조직, 이중 권력 등—사이에는 놀라운 유사성이 있다. 이런 평의회의 권위가 행사되기 위해서는 물론 노동자의 무장, "적위대"의 구성이 꼭 필요하다. 결국 다음과 같다.

"전체 프롤레타리아트가 라이플, 머스켓, 대포, 병기 등으로 무장하는 것이 즉시 실행되어야 하고, 노동자들에 대항하기 위해 과거의 시민 민병대를 부활하려는 시도에 저항해야 한다. 그렇지만 후자를 실행하기 어려운 곳에서는 노동자들이 자체 선출한 지휘관과 자체 선발한 참모진으로 이루어진 프롤레타리아 방위대를 독자적으로 자체 조직하고, 그들이 국가 당국이 아닌 노동자들이 수립한 혁명적 도시 평의회의 지휘를 받도록 하기 위해 노력해야 한다."[6]

결론적으로, 독일 노동자들은 다음과 같이 행동해야 한다.

"자신의 계급적 이해가 무엇인지 스스로 분명히 하고, 가능한 한 빠르게 독자적 당으로서 자기 입장을 세우고, 단 한 순간도 민주주의적 소부르주아의 위선적 문구들에 호도되어 프롤레타리아트 당의 독자적 조직화를 포기하지 않음으로써, 그들의 최종 승리를 위해 최선을 다해야 한다. 그들의 전투 구호는 다음과 같다. 끝없는 혁명."[7]

기본적으로 「연설」은, 1844년의 연속 혁명 이론, 1845년에서 1846년까지의 프롤레타리아 공산주의 혁명, 1847년에서 1848년까지의 노동자

---

6   *Ibid.*

7   *CW*, X, 287.

당 이론 등, 마르크스의 청년기 저술들에서 등장하는 주된 혁명적 주제들을 **실천적이고 엄밀하며 구체적인** 형태로 반복한다. 이는 실제 역사 경험─1848~50년 독일 혁명─에 비추어 반복된다. 또한 그것들은 전체적으로 이와 관련한 전략적·전술적 발전과 더불어 20세기 사회주의 혁명들의 극히 놀라운 원형들이라 할 수 있다.

b) 라살레의 "국가사회주의"에 반대하다

부르주아 및 사회민주주의 역사가들은 종종 마르크스와 라살레 사이의 갈등을 개인적 다툼이나 단순한 전술적 차이로 치부한다. 그러나 이 문제를 보다 철저하게 분석해 보면, 그들 사이의 차이가 근본적인 것이었고, 그들 각자의 정치 활동 이면에 놓인 본질적 가정과 관련된 것임을 알 수 있다.[8]

라살레의 정치 사상은 구조적으로 구원자의 은총에 의한 "위로부터의 사회주의"였다. 따라서 그것은 마르크스의 자기 해방적 혁명 이론과 근본적으로 대립되었다.[9]

8　라살레가 1862년 7월부터 12월까지 런던을 방문한 이후, 마르크스는 그의 계획을 더욱 완전하게 알게 되었고, 엥겔스에게 보낸 편지(1862년 8월 7일 자)에서 "우리에게 정치적으로 같은 점이라고는 몇 가지 먼 목표들밖에는 없었습니다."라고 말했다. *CW*, XLI, 400.

9　명시적이건 암묵적이건 마르크스주의의 프롤레타리아트에 의한 혁명적 자기 해방 이론을 방기한 경향들이 의식적으로든 무의식적으로든 라살레의 입장으로 되돌아가는 것은 우연한 일이 아니다. 현대 독일 사회민주주의의 "라살레주의"에 대해서는 1963년 5월 28일 「르몽드」에 실린 카를로 슈미트Carlo Schmid(독일 사회민주당의 집행위원회 성원)의 당 백년사 관련 논문을 보라. 라살레와 스탈린 사이의 유사성에 대해서는 Goldmann, "Pour une approche marxiste der études sur le marxisme," *Annales*, January-February 1963, p. 116.을 보라.

이 사상의 출발점은 헤겔의 철학이었다. 청년 라살레는 베를린에서 헤겔 철학을 공부했고, 무엇보다 헤겔 철학에서 가져온 국가와 세계사적 개인들이 행하는 결정적 역할에 관한 견해를 견지했다. 그의 초기 저작들 중 하나인 역사극 「프란츠 폰 지킹겐」은 종교개혁기의 위대한 정치적·종교적 투쟁들을 "위대한 위인들"의 행동이라는 각도에서 바라봤다.

1862년부터 1864년 사이 라살레가 정치적 선동에 나서면서 비로소 국가나 어떤 "역사적 개인"의 개입에 의한 노동자의 해방이라는 그의 견해가 실천 영역에 들어오게 되었다. 전독일노동자협회를 이끌어 달라고 요청받은 라살레는 "국가의 도움을 받는 생산자협동조합의 형성"을 슬로건으로 내세우기 시작한다. 그는 이것을 사회주의의 수립으로까지 이어질 수 있는 과정으로 보았다. 이와 동시에 그는 프로이센 왕의 정부와 공공연히 "시시덕거렸"고 비스마르크와 여러 차례 비밀 회담을 가졌다. 그는 프로이센 국가가 "사회적"으로 개입하는 대가로 비스마르크에게 전독일노동자협회의 지지를 약속했다.

더 나아가 라살레는 노동자들의 "위대한 해방자"라는 구세주 역할에 확신을 가진 나머지 협회의 모든 권력을 자신의 수중에 집중시켰다. 그는 협회를 초중앙집중주의적이고 권위주의적이며 반민주적인 조직 구조로 만들었다. 그로 인해 회원들과 지역 지부들은 주도적·자율적 활동을 일체 할 수 없게 되었다.[10]

라살레의 메시아주의와 권위주의적인 전독일노동자협회 조직, 비스마르크에 대한 라살레의 호소 사이—이 세 가지 요소는 "위로부터의 사회주

---

10   A. K. Worobjowa [Vorobeva], "Aus der Geschichte der Arbeiterbewegung in Deutschland und der Kampfes von Karl Marx und Friedirich Engels gegen Lasalle und das Lassalleanentum 1862-1864," in *Aus der Geschichte der Kampfes von Marx und Engels für die Proletarische Partei* (Berlin: Dietz Verlag), pp. 264-265.

의"의 일관된 구조에 딱 들어맞는다—에 긴밀한 연관이 있음은, 그가 "철의
수상"에게 보낸 1863년 6월 8일 자 편지에서 명백히 드러난다. 이 편지에 전
독일노동자협회의 규약을 동봉하고, 그것을 "내 왕국의 헌법"이라고 부르
면서, 라살레는 비스마르크에게 이를 "노동자 계급의 본능적인 독재 지향
적 경향"의 증거이자 노동자들이 군주제를 "사회적 독재의 자연적 담지자"
로 승인할 가능성의 증거로 제시했다.[11]

마르크스의 생각은 본질적으로 라살레의 생각과는 완전히 반대되는 것
이었기에, 마르크스는 라살레의 전술뿐 아니라 그의 정치 활동의 토대 자
체를 비판의 목표로 삼았다.

그들 간의 첫 번째 논쟁은 「프란츠 폰 지킹겐」이라는 라살레의 희곡과
관련하여 1859년에 일어났던 것으로 보인다. 1859년 4월 19일 자 편지에서
마르크스는 라살레를 일러 자신을 자신의 영웅과 동일시하고 "루터의 친
親기사 반대파가 평민의 친뮌처 반대파보다 우월하다고 여긴다"고 나무랐
다.[12] 몇 해 후 마르크스는 비스마르크로 하여금 슐레스비히-홀슈타인을 병
합하도록 "종용"했던 라살레의 역할을 카를 5세로 하여금 운동의 지도권을
떠맡으라고 종용했던 "그의 지킹겐"의 역할과 비교했다.[13]

쿠겔만에게 보낸 1865년 2월 23일 자 편지에서 마르크스는 다시 라살레
를 실러의 『돈 카를로스』에 나오는 한 인물인 포사 후작과 비교한다. 포사는
자신이 모시는 필리페 2세에 맞서 "인민을 옹호"했다. 즉 "라살레는 자신과
프로이센 왕정 사이의 중개인으로 비스마르크를 세우고, 자신이 우커마르

---

11 *Ibid.*, p. 268.

12 *CW*, XL, 420.

13 *CW*, XLII, 66. (마르크스가 엥겔스에게 보낸 1865년 1월 25일 자 편지.) Worob-
    jowa, *op. cit.*, p. 339. 참고.

크의 필리페 2세[프로이센 왕]에 대당하는 프롤레타리아트의 포사 후작으로 행세하길 바랐습니다."[14] 라살레와 비스마르크, 폰 지킹겐과 카를 5세, 포사 후작과 필리페 2세—인민의 자유를 위해 왕을 설득하길 바랐던 "위대한 지도자", 바로 이런 태도를 마르크스는 신랄하게 비꼬며 비난했던 것이다.

마르크스가 보기에는 프로이센 왕정에 대한 "사회주의적" 개입도, "국가의 원조"도 노동자들을 해방시킬 수 없다. 노동자들을 해방시키는 것은 노동자 운동의 독자적이고 혁명적인 행동이었다. 슈바이처(라살레의 추종자이자 전독일노동자협회의 지도자)에게 보낸 편지에서 마르크스는 "[라살레의] 선동의 중심점"은 "국가 원조 더하기 자조自助"이고, 그것은 "1843년 이래로 프랑스에서 진정한 노동자 운동에 맞서 **가톨릭** 사회주의의 지도자 뷔셰 Buchez가 유포시킨 슬로건"이었다는 점을 지적했다.[15]

「고타 강령 초안 비판」에서 마르크스는 이렇게 썼다. "'총노동의 사회적 조직'이 사회의 변혁이라는 혁명적 과정으로부터 발생하는 것이 아니라 국가가 생산자협동조합들에 제공하는 '국가 원조'로부터 '발생'한다면, 그 협동조합은 노동자가 아니라 **국가가 태어나게 한 것이다.** 이것은 새로운 철도마냥 새로운 사회도 국가 융자로 건설할 수 있다는 것만큼이나 가치 있는 라살레의 상상이다!"[16] 이와 같은 단락들은, 마르크스와 라살레주의 간의 갈등이 실제로 무슨 문제로 일어났는지 보여준다. 한쪽은 국가 원조와 프로이센 왕정의 개입을, 다른 한쪽은 실제 노동자 운동의 독자적 행동과 사회의 혁명적 변혁을 추구한 것이다.

위에서 언급한 쿠겔만에게 보낸 편지에서 마르크스는 라살레의 책략을

---

14   *CW*, XLII, 103.

15   *CW*, XLIII, 132 (마르크스가 슈바이처에게 보낸 1868년 10월 13일 자 편지).

16   *CW*, XXIV, 93.

프로이센 왕정을 지지하는 부르주아 정당인 '국민연합'의 미켈 및 여타 지도자들이 보인 **현실 정치**_Realpolitik_와 비교한다. 동시에 그는 이런 종류의 타협이 부르주아지에게는 일상적인 것이었으나 "사물의 본성상 진정 '혁명적'이어야만 하는" 노동자 계급에게는 말이 되지 않는 것이라는 점을 보여준다.[17]

우리는 이와 동일한 주제를 슈바이처에게 보낸 1865년 2월 13일 자 편지에서도 발견하게 된다. 여기서 마르크스는 이렇게 지적한다. "[비스마르크의] '새로운 시대'가 도래하여 섭정 왕자의 은총으로 정부가 저절로 굴러들어 올 것이라고 진지하게 믿음으로써 프로이센의 부르주아 정당은 _스스로_ 신뢰를 깎아내렸습니다." 거기다가 마르크스는 "만약 노동자 당이 비스마르크 시대나 어떤 다른 프로이센의 시대도 왕의 은총 덕분에 황금 사과가 쉽게 입 안에 떨어지는 시대일 것이라고 상상한다면, 그 당은 스스로 **훨씬 더** 신뢰를 깎아내릴 것"이라는 말을 덧붙였다. 부르주아지와 달리 "노동자 계급은 혁명적이거나 그렇지 않으면 아무 것도 아닌 존재이기" 때문이다.[18]

이러한 마르크스의 견해가 서신 교환에서만 표현된 것은 아니었다. 1865년 2월에 마르크스와 엥겔스가 서명한 두 편의 공개 성명이 라살레의 전독일노동자협회에서 내는 기관지인 『사회민주주의자』에 실렸다. 이 성명들은 협회를 이끄는 라살레 추종자들의 책략을 규탄했다. 첫 번째 성명의 경우 비판은 여전히 간접적으로 이루어졌다. 마르크스는 "종래와 같이 보나파르트주의에 반대"하고 "혁명의 담지자로서의 자신의 역사적 생득권"을 죽 한 그릇에 팔기를 거부한 프랑스 프롤레타리아트에 관해 이야기한다. 그리고 이렇게 첨언한다. "우리는 이와 같은 사례를 독일 노동자들에

---

17 _CW_, XLII, 103.

18 _CW_, XLII, 96. (진한 글씨는 미카엘 뢰비.)

게 추천한다."[19] 두 번째 성명에서 마르크스와 엥겔스는 『사회민주주의자』 편집진과의 단절을 공식화한다. 그 성명은 "어용 프로이센 정부 사회주의" 를 거부한다. 「독일어 브뤼셀 신문」에 실린 「라인 감시자*Rheinischer Beobachter*」 의 공산주의에 대한 마르크스의 논설(1847년 9월 12일)이 프롤레타리아트와 정부 사이의 동맹과 관련된 "서명자의 의견"을 표현하는 것으로 인용되었 다.[20] 그 논설에서 마르크스는 "정부는 공산주의자와 단결할 수 없고, 공산 주의자도 정부와 단결할 수 없다. 그것은 독일 내 모든 혁명 당파들 중 공산 주의자들이 단연코 가장 혁명적이라는 단순한 이유에서다."라고 선언하면 서, "그들은 프롤레타리아트가 도움을 받기를 바란다고 착각한다. 그들은 프롤레타리아트가 자신이 아닌 그 누구로부터도 도움을 기대하지 않는다 는 점을 생각해내지 못한다"고 일갈한다.[21]

마지막으로, 마르크스는 라살레의 활동이 보인 두 가지 측면을 비판한 다. 그것은 마르크스에게 이전의 공상적 사회주의, 즉 메시아주의와 종파주 의를 떠올리게 했다. 마르크스가 쿠겔만에게 보낸 편지에서 쓴 바에 따르 면, 라살레는 노동자들에게 자신을 "노동자들이 한 번의 도약으로 약속의 땅에 도달할 수 있도록 돕겠다고 약속하는 돌팔이 구세주"로 내세웠다.[22] 그 리고 슈바이처에게 보낸 편지(1868년 10월 13일 자)에서 마르크스는 다음과 같은 입장을 밝혔다. "자신의 주머니 속에는 대중의 고통을 해결할 만병통 치약이 들어 있다고 주장하는 모든 사람들처럼, 그[라살레]는 처음부터 자신 의 선동에 종교적, 종파적 성격을 부여했습니다. … 그는 계급 운동의 실제

---

19   *CW*, XX, 36.

20   *CW*, XLII, 97.

21   *CW*, VI, 220, 225.

22   *CW*, XLII, 103.

요소들 속에서 자신이 수행하는 선동의 실질적 토대를 찾지 않고, 그 대신 어떤 공론적인 비책에 의해 정해진 방식을 그 운동에 처방하길 바라는 프루동의 오류에 빠졌습니다."[23]

c) 제1인터내셔널

마르크스는 규약 전문의 첫 줄에 자신이 생각하는 인터내셔널의 취지를 다음과 같이 규정해 두었다. "노동자 계급의 해방은 노동자 계급 스스로에 의하여 획득되어야 한다." 국제노동자협회 안에는 노동자 운동 외부에 공상적, 교조적, 음모적 종파들을 만들어 내고자 하는 경향들이 존재했고, 마르크스는 바로 저 원칙을 내걸고 그러한 모든 경향들에 대해 비타협적으로 반대했다.

볼테에게 보낸 1871년 11월 23일 자 편지에서 마르크스는 제1인터내셔널의 내부 투쟁이 갖는 의미를 다음과 같이 논했다.

"인터내셔널은 사회주의적 혹은 반¥사회주의적 종파들을 현실의 노동자 계급 투쟁 조직으로 대체하기 위해 창설되었습니다. 원래 규약과 발기문은 이 것을 단번에 보여줍니다. 다른 한편으로 역사의 과정이 종파주의를 이미 분쇄하지 못했다면 인터내셔널은 등장할 수 없었을 것입니다. 사회주의 내 종파주의의 발전과 현실 노동운동의 발전은 항상 서로 반비례 관계에 있습니

---

23 CW, XLIII, 133. 1925년에 나온 라살레에 관한 연구에서 루카치는 다음 내용을 밝혔다. (a) 라살레가 구상한 "지도자"와 "대중"의 관계는 바로 마르크스가 브루노 바우어와 관련해 비판했던 것이었다. (b) 라살레에게서 발견되는 과학과 노동자 운동 간의 이원론은 방법론적으로는 그의 "피히테적 신헤겔주의"에서 비롯된 것이다. Lukács, *Political Writings 1919-1929* (London: 1972), pp. 161, 172. 참고.

다. 그러한 종파들이 (역사적으로) 정당화되는 한, 노동자 계급은 역사적 운동을 독자적으로 하기에는 아직 성숙되지 않은 것입니다. 노동자 계급이 이러한 성숙 단계에 도달하자마자 모든 종파들은 본질적으로 반동적인 것이 됩니다. 그럼에도 불구하고 모든 곳의 역사에서 일어나는 일이 인터내셔널의 역사에서도 반복되었습니다. 낡은 것이 새로이 획득된 형식 안에서 스스로를 재구성하여 발호하려고 시도합니다. 그리고 인터내셔널의 역사는 종파들에 대항하는, 그리고 그런 종파들이 노동자 계급의 현실 운동에 맞서 인터내셔널 자체 안에서 자신들을 내세우려는 시도에 대항하는 **총평의회의 계속된 투쟁**이었습니다."

이러한 "반동적 종파들"의 사례로 마르크스는 프랑스의 프루동주의적 "상호부조주의자", 독일의 라살레주의자, 그리고 바쿠닌의 사회민주주의동맹을 들었다.[24]

동일한 주제가 인터내셔널의 총평의회가 발행한 바쿠닌에 반대하는 회람 「인터내셔널의 이른바 분열」(1872)에서 반복된다. 여기서 마르크스는 바쿠닌이 자신을 따르는 수많은 비밀결사들을 통해 재확립하기를 바랐던 "종파적 운동"과 "프롤레타리아트의 진정한 전투적 조직" 사이의 차이를 강조했다.

"부르주아지에 맞선 프롤레타리아트의 투쟁은 첫 번째 단계에서 종파적 운동의 특징을 지닌다. 그것은 프롤레타리아트가 아직 한 계급으로서 행동하기에 충분히 발전하지 못한 시기에는 당연한 일이다. 어떤 사상가들은 사회적 적대를 비판하면서 그로부터 환상적 해결책을 제시한다. 노동자 계급은 그것

---

24 *CW*, XLIV, 252, 255.

을 승인하고 전도하고 실천에 옮겨야 하는 존재일 뿐이다. 이러한 창시자들이 형성한 종파들은 본성상 기권주의라 할 수 있다. 즉 현실의 모든 행동, 정치, 파업, 연합에 대해서, 즉 한마디로 어떠한 단결된 운동에 대해서도 이들은 생경해 한다. 프롤레타리아트 대중은 항상 그들의 선전에 무관심하거나 심지어 적대적이다. … 기행과 경쟁을 일삼는 종파 조직들과는 달리 인터내셔널은 자본가와 토지 소유자에 맞서고, 국가로 조직된 그들의 계급 권력에 맞서는 자신들의 공동의 투쟁 속에서 단결을 이룬 모든 나라 프롤레타리아 계급의 진정한 전투적 조직이다.'[25]

마르크스에게 자기 해방과 혁명은 서로 분리될 수 없는 프롤레타리아 투쟁의 두 가지 특징이었다. 그는 전자를 망각한 종파적 경향들과 싸우는 동시에 후자를 거부하는 기회주의적 경향들과도 단절했다. 그러한 예로 영국 노동조합주의자 루크래프트와 오저가 있다. 그들은 결국 파리 코뮌과의 연대를 선언하지 않았다.

리히트하임과 같은 부르주아 저술가들은 마르크스가 1864년에 보인 "현실주의적 전망"과 1871년에 보인 "공상주의"를 서로 대비하려고 한다.[26] 그들은 마르크스가 전개한 정치 활동의 참된 의미를 이해하지 못했다. 그들이 "불명료성"이라고 본 것은 바로 마르크스의 이론과 실천 모두에서 공히 공산주의 혁명과 노동자의 자기 해방이 떼려야 뗄 수 없는 통일을 이루고 있다는 점—그것의 철학적 토대들을 나는 그의 청년기 저술들에서 보여준 바 있다—이었다.

---

25   *CW*, XXIII, 106-107.

26   Lichtheim, *op. cit.*, p. 105.

d) 파리 코뮌

마르크스에게 파리 코뮌은 "대중의" 공산주의 혁명이 역사상 처음으로 구체적으로 등장한 것과 다름없었다. 그는 청년 시절 저술들에서 대중의 공산주의 혁명을 인간의 변화가 환경의 변화와 일치하는 과정의 최초 계기로 규정했다.

> "노동자 계급은 코뮌으로부터 기적을 바라지 않았다. 그들은 인민의 포고로 도입되는 기성의 이상향을 가지고 있지 않다. 그들은, 자신의 해방을 달성하고 그것과 더불어 현재 사회가 그 고유한 경제적 작용에 의해 불가항력적으로 나아가고 있는 더 높은 형태를 달성하기 위해 그들이 장기간의 투쟁들과 일련의 역사적 과정들을 경과해야만 할 것이고 그로써 환경과 인간을 변혁해야 한다는 점을 알고 있다."[27]

진정 코뮌은 "계몽된" 소수나 비밀 종파가 아닌 파리 노동자 계급 대중의 과업이었다. 즉 "더 이상 방위 정부 사람들로 하여금 그것을 파리 노동자 계급의 가장 의식적이고 혁명적인 부위의 격리된 시도로 제한하는 것을 허용치 않았다."[28] 코뮌을 인터내셔널에 의해 일어난 음모로 제시하는 반동 세력의 중상에 화답하면서 마르크스는 이렇게 썼다.

> "경찰 티를 내는 부르주아의 정신 상태는 자연스레 국제노동자협회를 그것의 중앙 기관이 때때로 서로 다른 나라들에서 폭발 명령을 내리는 비밀 음모 방

---

27   *CW*, XXII, 335.

28   *CW*, XXII, 482.

식으로 행동한다고 자체 판단을 내린다. 사실상 우리 협회는 문명 세계의 여러 나라들에 있는 가장 선진적 노동자들 사이의 국제적 유대일 따름이다. 계급투쟁이 언제, 어떤 형태, 어떤 조건에서든 일관성을 획득하면, 우리 협회의 회원들이 그 전면에 서야 함이 당연하다."[29]

코뮌은 음모도, 폭동도 아니었다. 그것은 "인민을 위한, 인민에 의한, 인민의 행동"이었다.[30] 「데일리뉴스」의 파리 통신원은 "최고 권위"를 휘두르는 지도자가 없다는 점을 발견했다—그것에 대해 마르크스는 "이것은 정치적 우상과 '위인'을 굉장히 바라는 부르주아에게 충격을 주었다"는 반어적인 논평을 남기고 있다.[31]

이러한 자기 해방적 혁명에 의해 수립된 권위는 사실상 자코뱅식 권위가 아닐 수밖에 없었다. 그것은 "노동자 계급 정부"이자 "인민에 의한 인민의 정부"[32]이며 "인민이 인민을 위해 그 자신의 사회적 삶을 되찾는 것"[33]이었고 또 그럴 수밖에 없었다. 그리고 그러한 점은 상비군을 폐지하고 그것을 무장한 인민으로 대체한 코뮌의 첫 번째 포고 때부터 분명했다.

무엇보다도 자코뱅-블랑키주의자들이 권력 장악을 단순히 국가 기구를 획득하는 것으로 착상하였던 반면, 마르크스는 코뮌의 경험을 통해 노동자들 자신의 임무인 공산주의 혁명이 인민에 **대한** 기생적 지배에 적응되어 있는 이 기구를 분쇄해야 하고, 그것을 인민의 자치에 적합한 제도들로 대

---

29 *CW*, XXII, 354-355.

30 *CW*, XXII, 464.

31 *CW*, XXII, 478.

32 *CW*, XXII, 334, 339.

33 *CW*, XXII, 486.

체해야 한다는 점을 보여주었다. 이런 내용은 마르크스가 쿠겔만에게 보낸 유명한 편지(1871년 4월 12일 자)에서 분명하게 등장한다. 이 편지에서 마르크스는 "관료적-군사적 기구"들의 파괴를 "대륙의 모든 진정한 인민 혁명에서 필수적인" 것이라고 말한다.[34] 『프랑스 내전』의 첫 번째 초고에서도 마르크스는 코뮌을 일러 "국가의 위계를 모조리 없애 버리고 거만한 인민의 주인을 언제든 해임 가능한 종복으로 대체"했다고 적고 있다.[35] 첫 번째 담화문에서도 "근대 국가 권력을 깨트린 이 새로운 코뮌"과 "처음으로 그들의 '당연한 상전들'이 가진 정부의 특권을 감히 침해한" "평범한 노동자"에 대해 말하고 있다.[36]

마르크스는 코뮌이 패배할 운명이라고 확신했다. 또한 그 내부에서 우세했던 조류들(프루동주의, 블랑키주의 등)과 마르크스 사이에는 이데올로기적인 차이도 있었다. 인터내셔널의 회원이었던 영국 노동조합주의자들의 반대도 있었다. 그럼에도 불구하고 마르크스는 코뮌을 지지·원조·방어했다. 그 이유는 그가 코뮌을 프롤레타리아트의 혁명적·공산주의적 자기 해방이 처음으로 현실에서 실현된 것으로 보았기 때문이다. 그런데 그 형태는 마르크스가 1846년에 이미 예상한 것이었다.[37]

---

34 *CW*, XLIV, 131.

35 *CW*, XXII, 488.

36 *CW*, XXII, 333, 336.

37 슬로모 아비네리는 마르크스의 정치 사상에 관한 탁월한(그러나 다소 신카우츠키적인) 저작에서 특이한 가정을 내놓았다. 그에 따르면 『프랑스 내전』의 다양한 초고들은, 마르크스가 코뮌을 노동자 계급의 사안으로 여기지 않고 소부르주아적, 민주적-급진적 폭동으로 여겼다는 것에 대한 명백한 증거를 제공한다"는 것이다. 그는 출판된 최종판에서는 그러한 견해를 표현하지 않았는데, 그 이유는 "무엇보다, 부검을 할 때 칭찬을 하는 것은 맞지

않기" 때문이라고 한다. S. Avineri, *The Social and Political Thought of Karl Marx* (Cambridge University Press, 1969), p. 247.

그러나 『프랑스 내전』의 초고들은 마르크스에게 코뮌이란 "소부르주아적 반란"이 전혀 아니고 그와 반대로 "이번 세기의 가장 위대한 혁명"이었다는 점을 보여준다. 그는 코뮌의 성격을 다음과 같이 명시적으로 단언한다.

"파리 코뮌이 내건 붉은 깃발은 현실에서 오직 파리를 위해 노동자 정부를 대관戴冠한 것이다! 그들은 명확하고 의식적으로 노동 해방과 사회 변혁을 그들의 목적으로 선언했다! 그러나 그들의 공화국이 지닌 실제 "사회적" 성격은 오직 이것에, 즉 노동자들이 파리 코뮌을 통치한다는 데에 있다." CW, XXII, 499.

아비네리에 따르면 이는 다음과 같다.

"실제로 야간 제빵을 금지시켰다는 것을 제외하면 코뮌의 사회 입법에 프롤레타리아적이라고 할 것은 전혀 없다. 노동자 계급에게 영향을 미치는 입법을 다루는 초고 부분에서 마르크스는 성매매에 반대하는 몇 가지 법들과 봉건적 법률의 잔재들일 따름인 몇 가지 납세를 폐지한 것 이상을 보여줄 수 없었다. 다른 한편으로 그는 "노동자 계급을 위한, 그러나 대부분 중간 계급들을 위한 조치들"로 명명된 하위 장에 훨씬 더 많은 분량을 바쳤다." Avineri, *op. cit.*, p. 248.

이것에 대해 몇 가지 의견을 피력하고자 한다.

(a) 하위 장들에 할당된 지면이 결론적 주장에 크게 이바지한 것은 아니었으나 여하튼 "노동자 계급을 위한 조치들"이라는 제하의 하위 장은 독어판 전집에서 51줄을 차지하는 반면 "노동자 계급을 위한, 그러나 대부분 중간 계급들을 위한 조치들"이라는 제하의 하위 장은 단 31줄에 불과하다.

(b) 마르크스가 노동자 계급에게 영향을 미치는 입법에 관한 절에서 언급한 조치들 중 하나는(제빵사에 관한 포고와 아비네리가 언급한 여타의 것들보다 훨씬 더 중요한 조치) "버려진 작업장들과 제조업들을 노동자 협동조합 협회들에게 인계"하기 위한 최선의 방법을 모색하는 위원회가 코뮌에 의해 성립된 것이다.

(c) 마르크스는 코뮌에 계급적 성격을 부여하는 것은 사회 입법이라기보다 그것이 수립한 권위체의 노동자 계급적 본성이라고 여러 차례 강조했다.

4 당, 대중, 혁명: 마르크스 시대부터 우리 시대까지

e) 마르크스와 엥겔스, 그리고 독일 사회민주주의

마르크스와 엥겔스가 1875년부터 1883년까지 독일 사회민주당의 지도
자였다고 많이들 알고 있다. 그러나 해당 시기의 실제 상황을 진지하게 분
석해 보면 이는 사실과 맞지 않다.

1875년 아이제나흐 그룹(리프크네히트, 베벨 등)과 라살레주의자들의 통
합으로 당이 건설되었을 때부터, 마르크스와 엥겔스는 함께 독일 사회민주
주의에서 나타나고 있던 기회주의·개량주의·소부르주아적 경향들에 반대
하는 비타협적인 정치 투쟁을 활발하게 전개했다. 그런데 그들의 가장 가
까운 동료들(리프크네히트와 베벨) 자체가 이러한 경향들과 관련해서 중대한
양보를 저질렀다.

우리가 라살레주의에 맞선 싸움과 여전히 관련이 있던 고타 강령 사건
을 차치한다면, 마르크스와 엥겔스, 그리고 당내 개량주의 분파 사이에 존
재하는 골을 가장 잘 대변하는 일이 있었다. 그것은 1877년부터 1880년까
지 "반혁명" 지식인들(취리히 그룹)과 의원단 내 우익에 맞서 전개된 전투였
다. 이 전투는 하마터면 독일 사회민주당 지도부와의 공식적이고 공개적인
단절로 이어질 뻔 했다.

F. A. 조르게에게 보낸 1877년 10월 19일 자 편지에서 마르크스는 이렇게
불평한다. "대중 속에서가 아니라 지도자들 사이에서 부패한 정신이 우리
당내에서 스스로를 드러내고 있습니다." 그는 특히 "지도자들"이 "사회주의
에 '고차원적, 관념론적' 지향을 부여하길 바라는 미숙한 학부생들과 대단
히 현명한 대학원생들 무리"에게 타협한 것을 비판한다. 마르크스의 말에
따르면, 이 "무리"의 전형적 대변자는 회흐베르크 박사로 그는 취리히에서
『미래Zukunft』라는 잡지를 편집하고 있었다—마르크스는 그것을 두고 "보잘

것없는" 잡지라 평한다.[38]

　바로 이 회흐베르크라는 인물이 1879년에 "루트비히 리히터 박사"라는 가명으로『사회과학과 사회정치학을 위한 연보』를 편집, 출간했다. 그 책에는 그와 C. A. 슈람, E. 베른슈타인(이미 이때부터… —미카엘 뢰비)이 작성한 글이 실렸고, 여기서 그는 당 정책의 "수정", 당의 "협소한 노동자 계급"적 성격과 지나치게 혁명적인 경향들을 포기할 것 등을 옹호했다.

　비슷한 시기에 사회민주당 의원 막스 카이저는 제국의회에서 비스마르크의 보호무역주의 조치들에 찬성하는 연설을 했다. 마르크스와 엥겔스의 친구인 히르쉬가『등불 Die Laterne』이라는 잡지에서 이 연설을 호되게 비판하자, 의원단과 당 지도부는 카이저 편을 들었다.

　마르크스와 엥겔스는 당 지도부의 "부패한 정신"을 나타내는 위와 같은 두 가지 징후들과 대면하고는 이제 입장을 밝혀야 할 때라고 결심했다. 그들은 라이프치히 그룹(베벨, 리프크네히크, 브라케 등)에게 개량주의 경향들, 특히 회흐베르크의『연보』를 규탄하거나 또 필요하다면 당 지도자들과 공개적으로 절연하라고 요구했다. 엥겔스에게 보낸 1879년 9월 10일 자 편지에서 마르크스는 다음과 같이 썼다.

　　"나는『연보』의 허튼소리에 대해 우리의 견해를 **강력하고 무자비하게** 진술하는 것, 즉 우선 그것을 라히프치히 사람들에게 글로 "제시"하는 것에 더이상 시간을 지체해서는 안 된다는 당신의 견해에 전적으로 동의합니다. 그들이 계속 이런 식으로 그들의 "기관지"와 일해 나간다면, 우리는 그들과의 관계를 공개적으로 부인해야 할 것입니다. 그런 문제들에 대해서는 선을 어딘가에 그어 놓아야 합니다."[39]

38　*CW*, XLV, 283.

39　*CW*, XLV, 389.

일주일 후 마르크스와 엥겔스는 라이프치히에 있는 베벨과 다른 지도자들에게 자신의 의견을 "글로" 정리한 회람 서한을 보냈다. 이 문서는 마르크스주의에서는 잊힌 문헌 중 하나로,[40] 상당히 흥미로운 내용을 담고 있다. 이 회람 서한에서 비판하는 경향들은 정확히 20세기의 개량주의 사회민주주의의 표본이 되는 것들이었다—공교롭게도 여기서 수정주의의 개척자 베른슈타인이 실명 공격을 받는다.

내 생각에 1879년 9월의 회람은 결정적으로 중요하다. 여기서 우리는 마르크스가 생애 마지막 정치적 전투들 중 하나에서 프롤레타리아트에 의한 사회주의 혁명과 자기 해방을 명료하고 단호하게 옹호하고 있는 모습을 발견한다. 그것은 바로 내가 그의 청년기 저술들에서 찾아낸 원리이다.

회람은 카이저 사건을 따지며 시작한다. 마르크스와 엥겔스는 히르쉬의 비판에 동의한다는 의견을 피력한 후 의원단이 카이저 편을 들었음에도 불구하고 이러한 비판이 그 힘을 전혀 잃지 않았다고 진술한다. 그들은 라이프치히에 있는 친구들에게 다음과 같이 질의한다.

> "독일 사회민주주의가 정말 의회병에 감염되어 일반 투표로 선출된 이들에게 성령이 깃들었고, 파벌들의 회합이 무오류의 평의회로, 파벌들의 결의가 무오류의 교리로 전환되었다고 믿는 것입니까?"[41]

그렇지만 의심의 여지없이 이 문헌의 가장 중요한 대목은 회흐베르크-베른슈타인-슈람 사건을 다루는 내용이다. 마르크스와 엥겔스는 다음과 같이 『연보』의 정식들을 풍자적으로 바꿔 설명했다.

---

40 이 문서는 1931년 『공산주의 인터내셔널』지에 처음 발표되었다.

41 *CW*, XLV, 400.

"이 신사 분들의 견해에 따르면, 사회민주당은 일면적인 노동자 당이어서는 안 되고 "진정한 인류애로 고취된 모든 인간들"의 다면적 당이어야 합니다. 이 것은 조야한 프롤레타리아적 열정을 벗어 버리고 교양 있는 박애적 부르주아 지의 지도 아래 "좋은 기호의 형성"과 "좋은 예절의 획득…"에 자신을 적응시 킴으로써 입증된다는 것입니다.

독일 사회주의는 "대중 획득"을 너무 지나치게 강조해 왔고 이른바 사회 상층 부 사이에서 왕성한(!) 선전을 수행하는 것을 게을리했습니다. 그 이유는 "당 에는 여전히 제국의회에서 당을 대표하는 데 적합한 사람들이 부족하"기 때 문입니다. 하지만 "관련 자료에 대해 철저히 파악하는 데 시간과 기회를 가진 사람들에게 권한을 위임하는 것이 바람직하고 필수적이다. 오직 드물고 예외 적인 경우에만 단순 노동자와 소장인 기술공이 그 목적을 위한 충분한 여가 를 가지고 있다"고 합니다.

따라서 부르주아를 선출하라! 요컨대 노동자 계급은 그 자신의 노력으로는 스스로를 해방시킬 수 없다는 것입니다. 노동자 계급은 해방되기 위해서 "교 양과 재산이 있는" 부르주아의 지도 아래 들어가야만 합니다. 그들만이 노동 자들을 위해 무엇이 좋은지 정통하게 되는 "시간과 기회"를 가지고 있습니다. 그리고 두 번째로 부르주아지와는 싸울 것이 아니라—반드시 그래서는 안 됩 니다—왕성한 선전을 통해 그들을 **획득**해야 합니다.

그렇지만 만약 사회의 상층부, 혹은 적어도 선의를 가진 분자들을 획득하기 를 바란다면, 당신은 그들을 놀라게 해서는 안 됩니다—반드시 그래서는 안 됩 니다. 그리고 여기서 취리히 3인조는 자신들이 다음과 같은 든든한 발견을 했 다고 믿습니다. "이제 반사회주의법으로 억압받고 있는 바로 그때, 당은 강제 적 유혈 혁명의 길을 추구하기를 바라지 **않고** 합법성의 길, 다시 말해 **개혁**의 길을 밟기로 … 결심했다는 점을 보여주고 있다." 또 다른 3월 18일(1848)이 무대에 올라야 할 정도로 베를린이 무지한 상태라면, 사회민주주의자들이 "바리케이트에 정신을 잃어버린 시골뜨기"처럼 싸움에 참여하지 않고 … "합법성의 길을 밟"는 것, 화해하고 바리케이트를 치우는 것, 그리고 필요하다면 일면적이고 조야한 대중에 맞서 영광스러운 군대와 행진하는 것이 의무일 것이라는 뜻입니다. 혹 이 신사들이 자신이 말하고자 한 바는 그것이 아니라고 주장한다면, 그렇다면 그들이 말하고자 한 것은 무엇이란 말입니까?

… 강령을 **포기**하는 것이 아니라 단지 **연기**하는 것일 뿐이랍니다—그런데 무기한입니다. 그들은 강령을 승인합니다—자기 생애에 자신들을 위해서가 아니라 사후에 자식들과 그 자식들의 자식들을 위한 가보로 말입니다. 반면 그들은 자신들의 "모든 힘과 에너지"를 온갖 종류의 하찮은 일에 다 바칩니다. 부르주아지를 놀라게 하지 않으면서, 동시에 적어도 무슨 일인가 이뤄지도록 자본주의 사회질서를 어설프게 땜질하면서 말입니다."[42]

이 회람은 마르크스와 엥겔스가 진실한 신앙고백을 하고 당과 단절하겠다고 숨김없이 위협하는 것으로 마무리된다.

"우리로서는, 모든 선례를 고려할 때, 오직 한 가지 방향만이 우리에게 열려 있습니다. 거의 40년 동안 우리는 계급투쟁이 역사의 직접적 동력이고 특히 부르주아지와 프롤레타리아트 사이의 계급투쟁은 근대 사회 혁명의 위대한 지렛대라는 점을 강조해 왔습니다. 따라서 우리는 계급투쟁을 운동에서 제거하려고 하는 사람들과는 도저히 협력할 수 없습니다. 인터내셔널을 창립할 때 우리는 다음 구호를 명백히 공식화했습니다. 즉 노동자 계급의 해방은 노동자 계급 자신에 의해 달성되어야 한다. 따라서 우리는 노동자들이 자신을 해방시키기에는 너무 못 배웠고 따라서 우선 위로부터 상층과 하

42   *CW*, XLV, 403, 403-404, 405.

층 중간 계급들의 박애적 구성원들에 의해 해방되어야 한다고 공공연하게 말하는 사람들과는 협력할 수 없습니다. 새로운 당 기관지가 이 신사들(회흐베르크과 그 일파)의 의견과 일치하는 정책을 채택하여, 그것의 성격이 프롤레타리아적이 아니라 부르주아적이라면, 우리가 할 수 있는 일이라고는 —그것이 제아무리 애석할지라도—공개적으로 그것에 반대한다고 선언하고, 우리가 이제껏 해외에서 독일 당을 대변하면서 표명한 연대를 정리하는 것입니다."[43]

나온 김에 말하면 회흐베르크와 베른슈타인의 개량주의적 의회주의는 자코뱅-바뵈프주의의 정확한 대립물임이 분명하다. 그러나 그 둘은 노동자 자신에 의해서가 아닌 "높은 곳으로부터" 계몽된 소수를 통한 노동자의 해방이라는 한 가지 결정적 특징을 공유한다. 부오나로티의 추종자들 입장에서 이러한 소수가 음모적 종파와 "사회적 독재자"였다면, 1879년의 원조 수정주의자들 입장에서는 "교양 있는 부르주아"와 제국의회의 사회민주당 의원들이 그러한 역할을 한다.

회흐베르크 일파와 베른슈타인 일파에 반대해 마르크스와 엥겔스는 1879년 회람에서 혁명을 결연히 옹호하고(그들은 심지어 전통적인 바리케이트에서 떠나지 않았다) 인터내셔널의 표어에 확고한 충성을 보냈다. 그 표어는 프롤레타리아의 자기 해방 원칙으로, 그들이 분명하게 자신의 구호라고 정의 내린 것이었다. 이러한 결의와 충성은 독일 내에 있는 가장 가까운 친구들 및 추종자들과 단절할 위험에 처했을 때조차 "거칠고 존중이란 없이" 표현되었다.

마르크스는 회람을 쓴 지 이틀 후에 조르게에게 편지를 썼다. 이 편지에

---

43   *CW*, XLV, 408.

서 마르크스는 회람의 본질적 견해를 반복했다. 카이저 사건에 대한 당 지도부의 태도와 관련하여 그는 다음과 같이 썼다.

> "그들이 의회주의에 이미 얼마나 깊게 딸려 들어갔는가는, 비스마르크의 관세 입법과 관련하여 카이저가 한 수치스러운 연설에 대해 『등불』에서 저 불한당 카이저를 다소 거칠게 처리한 것을 두고, 그들이 히르쉬가 마치 지독한 범죄를 저지른 것처럼 여긴다는 사실을 보면 명백할 것입니다. … 그러함에도 그들은 의회주의 크레틴병에 지나치게 감염되어 있어서 자신들이 **비판을 초월**해 있다고 믿으면서 비판을 불경죄로 매도합니다."[44]

취리히 그룹(회흐베르크, 베른슈타인, 슈람, 비렉, 징거)과 관련하여, 마르크스는 이들을 이렇게 정의 내렸다. "이론에서는 허깨비, 실천에서는 멍청이로, 사회주의(그들은 사회주의를 학문적 공식에 맞게 개작해 왔습니다)뿐 아니라 특히나 사회민주당의 이빨을 뽑고자 하고 있고 노동자들을 계몽하고자 하고 있습니다. 또는 그들 말로 하면, 그들[노동자들]에게 혼란스럽고 피상적 지식을 가진 '교육 분자들'을 제공하고, 무엇보다 당을 속물들의 눈에 '존경할 만한' 당으로 만드는 것을 추구하고 있습니다. 그들은 어설프고 **반혁명적인** 떠버리들일 따름입니다."[45]

마르크스에 따르면, 그 그룹의 지도자 회흐베르크는 "'평화적인 발전'의 장인"으로 "프롤레타리아의 해방은 오로지 '교양 있는 부르주아', 다시 말해 자기 같은 사람들에 의해 달성되지 않으면 안 된다"고 본다. 『연보』에 실린 그의 글과 관련해서 마르크스는 "그동안 당에서 인쇄된 것 중에 그것보다

---

44 CW, XLV, 414.

45 CW, XLV, 413.

더 망신스러운 것은 결코 없었"다고 여겼다.[46]

　요컨대 "사태가 그런 힘든 상황에 다다라서 엥겔스와 제가 라이프치히 사람들과 취리히에 있는 그들의 동맹 세력에 반대하여 '공개 성명'을 발표하지 않을 수 없다고 느낀 것은 당연한 일입니다."[47]

　이 충돌은 1880년까지 지속되어 마르스와 엥겔스는 당의 새로운 중앙 기관지인 『사회민주주의자』에 글을 쓰는 것을 거부했다. 베벨과 리프크네히트의 반복적이고 끈질긴 호소가 있었음에도 불구하고 기관지 안에서 기회주의 경향이 나타났기 때문이다. 1880년 11월 마르크스는 조르게에게 "이른바 당 기관지인 취리히파의 『사회민주주의자』"가 "얼마나 야비하게" 운영되어 왔는지 토로하며 애석해 하는 편지를 썼다.[48]

Ⅱ. 마르크스 사후: 레닌에서 체 게바라까지

　여기서 혁명적 자기 해방, 그리고 프롤레타리아 대중과 공산당 간의 관계에 관한 20세기 마르크스주의 이론들을 전반적으로 개관하지는 않으려고 한다. 내가 그리는 그림은 매우 부분적이며, 무엇보다도 스탈린과 그 추종자들뿐 아니라 1914년 이전 사회민주주의의 주요 사상가들(플레하노프, 카우츠키 등)을 다루지도 않는다. 또한 마오쩌둥의 풍부하고 복잡한 사상에 대해서도 분석하지 않는다. 나는 그의 사상이 여기에서와는 다른 맥락에서 연구되어야 한다고 생각한다.

46　*Ibid.*

47　*CW*, XLV, 412.

48　*CW*, XLVI, 42.

나는 매우 요약된 형태로 다양한 이론들의 사회적 배경에 관해 몇몇 가설과 제언을 개략적으로 설명할 것이다. 나는 이 이론들을 다음 세 가지 본질적이고 서로 긴밀히 연결된 주제들과의 관계 속에서 분석할 것이다. (1) 계급의식 수준, (2) 특히 혁명기 당과 대중 간의 관계, (3) 당의 내부 구조.

내가 선택한 사상가들(레닌, 로자 룩셈부르크, 그람시, 루카치, 트로츠키, 체 게바라)은 마르크스주의 내에서 같은 "경향"에 속하는 것으로 보인다. 즉 그들은 20세기의 조건들에 비추어 프롤레타리아의 자기 해방에 관한 마르크스의 테제들을 적용시켰다. 그것은 모순적이고 다양한 내용이 담긴 경향으로, 레닌과 룩셈부르크는 그 경향 내부의 양 극단을 대변하는데, 부분적으로 대립되고 부분적으로 상보적이지만 근본적으로는 **동질적**이다.

a) 레닌의 중앙집중주의

1900년에서 1904년까지 나온 러시아 사회민주당의 조직 문제에 관한 레닌의 저술들, 특히 『무엇을 할 것인가?』(1902)와 『한 걸음 앞으로 두 걸음 뒤로, 우리 당내의 위기』(1904)는 일관된 성향을 보이는데, 그것은 사회주의 운동에서 전형적인 "중앙집중주의" 입장이다.

이러한 경향을 설명하기 위해 대개 마키아벨리주의, 네차예프식 지도자들의 전능함, 라브로프와 미하일로프스키의 "주관주의", 트가체프의 자코뱅-블랑키주의 등 "볼셰비키주의의 러시아적 원천들"이 언급된다.[49] 실제로 19세기 러시아의 전통들—특히 테러주의 조직인 '인민의 의지'의 음모적

---

49 M. Collinet, *Du Bolchèvisme*, Ed. Le livre contemporain (Paris: Amion-Dumont, 1957); N. Berdyaev, *The Origins of Russian Communism* (London: 1937); D. Shub, *Lenin* (New york: Mentor Books, 1951); G. Lichtheim, *Marxism, op. cit.* 참고.

구조—이『무엇을 할 것인가?』에서 발전된 이론의 사회 문화적 배경으로 작용했다는 것은 부정하기는 어려울 것이다. 레닌 스스로가 이 점을 인정했다. 레닌은 '인민의 의지'의 선구자로 1876년에 인민주의자Narodniki들과 플레하노프에 의해 결성된 '토지와 자유'라는 조직에 대한 존경을 숨기지 않았다. 그는 이 조직을 "우리에게 하나의 모범으로 기여할 … 엄청난 조직"[50]이라고 보았다.

인민주의자의 직접 계승자로 훗날 볼셰비키주의의 운명의 적수가 되는 사회혁명당은 1905년 이전에는 레닌의 중앙집중수의를 열렬히 찬성했다.[51]

그러나 우리는 "레닌은 네차에프와 다를 바 없다"는 식의 희화화를 조심할 필요가 있다. 무엇보다 그러한 "원천들"이 많은 것을 설명해 주지 못하고, 차라리 그러한 원천들 자체가 설명될 필요가 있는 것들이라는 점을 잊어서는 안 된다. 달리 말하면, 우리는 정확히 1901년부터 1904년까지의 기간 동안 왜 레닌이 19세기 러시아 "블랑키주의자들"의 중앙집중주의적 도식으로부터 영감을 받았는지 설명해야 한다.

내 생각에는 바로 1905년 이전 러시아 사회민주주의 운동의 특수한 조건들로부터 레닌의 이론들이 발 딛고 있던 사회적 토대가 규명되어야 한다. 그 특수한 조건이란 다음과 같다.

(a) 처음에 소수 인원으로 시작할 무렵 사회민주당이 지녔던 고립되고 폐쇄적인 성격. 사회민주당은 몇몇 소규모 "직업적 혁명가" 집단으로 구성되

---

50   CWL, V, 474.

51   I. Deutscher, *Trotsky: I, The Prophet Armed*, p. 94, n. 1. 인민주의자들 중 한 사람이 『무엇을 할 것인가?』에 대해 다음과 같은 글을 썼다. "여기서 인민의 의지파와 사회민주주의자들 사이를 가르는 선은 사라진다." *Que faire?*, Ed. du Seuil (1966), p. 248: *"Que Faire? et les socialistes-révolutionaires"* 참고.

어 있었고, 그 당시 정치적이기보다는 "경제주의" 경향을 더 띠고 있던 대중운동으로부터 상대적으로 떨어져 있었다.

(b) 사회민주당의 중핵들은 분산·분열되고 무질서한 상황이었다.

(c) 차르 체제의 경찰 탄압으로 운동은 극히 은밀한 성격을 엄격하게 유지했고, 그로 인한 결과로 조직은 한정적·"전문적"·비민주적 성격을 지녔다. 레닌 자신도 지하 투쟁이라는 요건을 그의 중앙집중주의적 관점을 정당화하는 주된 요인 중 하나로 들었다.[52]

(d) 1903년 이전 구舊 이스크라 주위에 집결한 사회민주당 지도자들, 특히 레닌은 "경제주의" 경향(마르티노프, 아키모프 및 『노동자의 사상』과 『노동자의 대의』 잡지)에 반대해 투쟁을 전개했다. 그 경향은 혁명적 정치 투쟁을 시대의 요구로 삼기를 거부하고 노동자 운동을 노동조합주의와 개량을 위한 싸움으로 환원시키는 경향을 보였다. "경제주의자들"은 비정치적 노동자 대중의 노동조합주의적 자생성을 숭배했고 그 결과 중앙집중적 비밀 조직의 필요성을 부정했다. 훗날 레닌은 여러 차례 "경제주의"에 반대하는 논쟁이라는 특수한 맥락을 빼고서는 『무엇을 할 것인가?』를 이해할 수 없다고 강조하곤 했다.

레닌에 따르면 프롤레타리아트의 계급의식은 두 가지 형태로 구분되고, 그 둘의 본성과 역사적 기원은 모두 다르다. 이것이 『무엇을 할 것인가?』와 『한 걸음 앞으로 두 걸음 뒤로』에 실린 조직관의 좀 더 보편적인 이론 토대였다.

(1) 계급의식의 "자생적" 형태는 프롤레타리아트가 벌이는 최초 투쟁들로부

52　CWL, V, 451-472, 여러 곳에서 나옴.

터 유기적으로 등장하고, 처음에는 감정적이지만—절망과 복수심의 폭발—그 후 "노동조합 의식"으로 완전히 발전하게 된다. 노동자들은 노동조합으로 함께 뭉쳐서 사장과 싸우고 노동자에게 필요한 법률을 정부에 요구하는 등의 활동을 해야 한다는 확신을 갖게 된다.[53] 이러한 반응은 노동자 계급이 자체 자원들만을 가지고 있는 경우, 그리고 경제 투쟁과 노동자와 고용주 간의 관계라는 제한된 영역 안에 머무를 때 즉자적으로 획득할 수 있는 의식의 최고 수준이라 할 수 있다. 이 의식이 정치적 성격을 지닐 때조차, 그것은 사회주의 정치와는 동떨어진 것이고 법적·경제적 개량(파업권, 노동 보호 법률 등)을 위한 투쟁에 머무른다.

(2) 사회민주주의적 의식은 노동자 운동 속에서 자생적으로 생기지 않고 소유 계급 출신의 사회주의 지식인들에 의해 "외부로부터" 노동자 운동에 도입되는 것이다. 그것은 오직 프롤레타리아 계급을 부르주아 이데올로기의 노예로 만드는 자생성과 "노동조합주의" 경향에 반대해 전개된 이데올로기적 전투를 통해서만 승리를 거둘 수 있다.[54] 사회주의 의식은

---

53 *CWL*, V, 375.

54 *CWL*, V, 375, 383. 원래 "외부로부터" 사회주의를 도입한다는 이 정식은 레닌이 아니라 카우츠키의 것이다. 『무엇을 할 것인가?』에서 레닌은 카우츠키(당시 레닌은 카우츠키를 **가장** 정통 마르크스주의자로 여겼다)로부터 다음 단락을 긍정적으로 인용한다.

"과학의 담지자는 프롤레타리아트가 아니라 **부르주아 지식인**이다. 현대 사회주의는 이 계급의 개별 구성원들의 머릿속에서 생겨났으며, 그들에 의해 지적으로 탁월한 노동자들에게 전달된 것이다. 그리고 사정이 허락하는 곳에서 노동자들은 이 사상을 프롤레타리아트의 계급투쟁에 도입했다. 이처럼 사회주의 의식은 외부로부터*von Aussen Hineingetragenes* 프롤레타리아트의 계급투쟁에 도입된 것이지 그 투쟁으로부터 자생적으로*urwüchsig* 자라 나온 것이 아니다. 이에 걸맞게 이전의 하인펠트 강령에서는 사회민주주의 당의 과제를 프롤레타리아트에게 자신의 처지에 대한 의식과 자신의 임무에 대한 **의식**

본질적으로 프롤레타리아트의 이해와 현존 사회·정치 체제 사이에 존재하는 근본적 적대에 대한 의식이다. 그것의 초점은, 노동자가 자신에게만 집중하는 것이 아니라 모든 계급들 간의 관계와 계급 사회 전반에 대해 주목하는 것이다. 또 모든 개별 사건들을 자본주의적 착취의 보편적 상황과 결부시키는 것이다.[55]

레닌은 이런 식으로 프롤레타리아트의 계급의식 구조를 분석했고, 바로 이것을 토대로 자신의 당 이론을 수립했다. 그것은 조직 차원에서 상이한 의식 수준에 맞는 제도화를 야기한다.

레닌은 당과 계급, 전위 조직과 대중운동, 의식적 소수와 프롤레타리아트 내 머뭇거리는 다수 사이에 명확한 구분선을 긋는 것에서 출발하여 이 두 구분 사이의 연계를 수립하고자 한다. 『한 걸음 앞으로 두 걸음 뒤로』에서 그는 조직 및 의식의 등급에 따라 다섯 가지 서열을 제시한다.

당의 경우:
  (1) (전문적) 혁명가 조직.
  (2) (혁명적) 노동자 조직.
당 밖의 경우:
  (1) 당과 연계된 노동자 조직.
  (2) 당과 연계되지 않았지만 사실상 당의 통제와 지도 아래 있는 노동자 조직.

을 불어넣는[문자 그대로 프롤레타리아트에게 채워 넣는] 것이라고 너무나도 정당하게 말한 바 있다." *CWL*, V, 383-384.

55 *CWL*, V, 400, 439.

(3) 중요한 계급투쟁이 표출되는 시기 동안 어쨌든 부분적으로는 사회
민주당의 지도 아래 있는 노동자 계급의 비조직 분자들.[56]

당과 대중 사이의 관계 도식에 반영된 원리들은 다음 규칙에 따라 혁명
조직의 내부 구조에도 적용된다.

(a) 사회민주당에서 하는 투쟁의 정치적 내용과 당 활동에 대한 비밀 의무
로 인해 혁명가 조직은 경제 투쟁의 필요성에 맞춰져 가능한 한 폭넓어
야 하는 조직들과는 달리 "주로 혁명 활동에 직업적으로 종사하는 사람
들로 구성될 것"을 요구한다.[57]

(b) 몇 가지 이유에서 당을 선거, 지도자에 대한 통제 등과 같은 "민주적" 방
식으로 운영하기 어렵다. 당을 "위에서 아래로" "하향식"으로 건설한다는
원칙에 의거하여 당 구조는 "관료적"이고 중앙집중적이어야 한다. 민주
주의와 단위들의 자율성, "상향식" 조직 원칙은 사회민주주의 운동에서
는 기회주의의 전형이다.[58]

(c) 결과적으로 당 지도부는 "전문적 훈련을 받고 오랜 경험 속에서 단련된
… 시련을 견딘 믿음직한 지도자들" 수중에 있어야 한다. 노동자 계급에
게 최악의 적은, 지도자들에 대한 불신을 확산시키고 군중의 "그릇되고
야심적인 본능"을 뒤흔드는 악한 선동가들이다.[59]

(d) 마지막으로, 철의 규율이 당내 생활을 지배해야 한다. 노동자들은 공장

56 *CWL*, VII, 266.

57 *CWL*, V, 464.

58 *CWL*, VII, 205-207, 383-396, 396-397.

59 *CWL*, V, 461.

생활이라는 "학교"를 통해 자연스레 그러한 규율을 익히지만, 자신의 존재 조건에 의해 무정부주의로 기울어지는 소부르주아는 그러한 규율로부터 벗어나려고 한다.[60]

조직 문제와 관련하여 자신을 "자코뱅주의"라고 비난하는 사회민주당 내 반대자들에 대해 레닌은 혁명적 사회민주주의자란 "자신을 프롤레타리아트의 **조직**과 일치시키는 자코뱅"과 다름없다고 답변했다.[61]

1902년과 1904년 사이 시기에 레닌의 저술들은 의심의 여지없이 일관된 통일체를 이루고 있고, 그 자체로 연구되어야 한다. 그러나 그를 반대하건 찬성하건 많은 사람들이 주장하고 있는 것처럼 이 통일체가 "볼셰비키주의의 정수", 혹은 "레닌주의의 최종 표현"이라고 볼 수 있는가?

스탈린 시대 동안 『무엇을 할 것인가?』는 조직 문제에 대한 레닌의 최종 발언인 것마냥 국제 공산주의 운동 전체에 번역, 유통되었다.[62] 그러나 레닌 스스로도 1921년에 이 저작의 번역이 "바람직하지 않다"고 생각했고, 그것이 러시아어가 아닌 언어로 출판되어야 한다면 "잘못된 적용을 피하기 위해" 적어도 "친절한 논평"이 수반되어야 한다고 요청했다.[63]

이미 1907년에 레닌은 『무엇을 할 것인가?』 신판 서문에서 책과 관련된 유보 사항들을 언급했다. 책에 다소 서투르거나 부정확한 표현들이 일부

---

60   *CWL*, VII, 391-392.

61   *CWL*, VII, 383.

62   스탈린의 직접적 격려 아래 쓰인 소련 공산당 역사서에서는 이렇게 말했다. "『무엇을 할 것인가?』에서 기술된 이론적 정식들은 훗날 볼셰비키당 이데올로기의 토대가 되었다." *History of the Communist Party of the Soviet Union: A Short Course* (Moscow: 1939), p. 38.

63   T. Cliff, *Rosa Luxemburg* (London: International Socialism, 1959), p. 48.

포함되어 있다는 점을 인정하면서, 책이 "지금은 오랜 과거가 된 우리 당의
발전 과정상에서의 일정 시기라는 구체적·역사적 상황과 연관되어 있다는
것"을 망각해서는 안 되며, 그것은 "경제주의적 왜곡을 논쟁으로 정정한 것
이고 다른 식으로 이 소책자를 대하는 것은 잘못"이라고 말했던 것이다. 무
엇보다 레닌은 자신에게 『무엇을 할 것인가?』에서 제시된 정식을 '강령적'
수준으로 격상시켜 특별한 원칙들로 만들고자 하는 어떠한 의도도" 없었다
는 점을 분명히 했다.

그는 이러한 정식화가 사회민주주의자들이 "서클"이라는 협소한 조건에
갇혀 있던 시기에 부합하는 것이었음을 시사하며 다음 내용을 부연했다.

> **"프롤레타리아** 분자들을 입당시켜 당을 확대하는 것만이, 공개적 대중 활동
> 과 관련하여 우리의 현재 임무들에는 걸맞지 않은 과거로부터 물려받은 서
> 클 정신의 모든 잔재물을 근절할 수 있다. 그리고 볼셰비키가 1905년 11월,
> 즉 합법 활동의 조건이 마련되자마자 『신생활』에 공표한 민주적으로 조직
> 된 노동자 당으로의 이행―이러한 이행은 사실상 너무 오래 지속된 낡은 서
> 클 방식과의 결정적인 단절이었다."[64]

1904년과 1907년 사이 레닌의 정식에 이렇게 심대한 변화가 일어난 까
닭은 두 연도 사이에 일어난 역사적 사건과 긴밀히 연결된 것으로 보인다.
그 사건은 1905년부터 1906년까지의 혁명으로, 혁명은 러시아 노동자 대
중이 보유한 거대한 정치적 주도성을 보여주었다. 이 점을 깨닫고자 한다
면, 1905년에 쓰인 레닌의 저술들을 읽어 보기만 하면 된다. 거기에는 노동
자 계급과 사회민주주의 운동에 대한 완전히 새로운 시각이 기술되어 있

---

64   *CWL*, XIII, 101, 108, 105, 107.

다. 이는 때때로 로자 룩셈부르크의 생각과도 크게 다를 바가 없었다.

레닌은 더 이상 의식이 "외부로부터 도입된다"고 하지 않고, 대중이 자신의 실천, 자신의 구체적·혁명적 경험을 통해 의식을 획득한다고 말한다.

> "대중은 … 적극적인 전투원으로서 정치 무대에 들어간다. 이러한 대중은 실천 속에서 배우고 세계가 보는 앞에서 머뭇거리며 그들의 첫 번째 발걸음을 내딛으면서, 자신의 방식을 느끼고 자신의 목적을 정하고 스스로를 시험할 뿐 아니라 자신의 모든 이데올로기 대변자들의 이론을 시험하고 있다. … 어떠한 것도, 대중과 계급들이 혁명적 투쟁 그 자체의 과정에서 받게 되는 이러한 직접적 훈련의 중요성과 비교할 수 없다."[65]

1905년 1월의 「러시아 혁명의 시작」이라는 유명한 논설에서, 레닌은 상트페테르부르크에서 일어난 피의 일요일(1월 9일)과 관련하여 "프롤레타리아트의 혁명적 교육은 생기 없고 지루하고 불쌍한 생활이 몇 개월, 몇 년 동안 할 수 있는 것보다 더 많은 진전을 하루 만에 만들어 냈다"고 썼다.[66] 1905년 말에 가서는 이렇게 단언할 정도가 된다. "노동자 계급은 **본능적으로도 자생적으로도 사회민주주의적**이다. 그리고 사회민주주의에 의해 진행된 10년 여의 작업은 이러한 자생성을 의식성으로 전환시키는 데 엄청난 역할을 했다."[67]

그는 이제 지도자와 계급 사이의 관계를 새롭게 바라보면서, 1905년 12

---

65 *CWL*, VIII, 104.

66 *CWL*, VIII, 97.

67 *CWL*, X, 32 (진한 글씨는 미카엘 뢰비.) 또한 레닌의 1905년 11월 논설 「사회주의 당과 비당적 혁명주의」를 참고하기 바란다. 그것에 따르면, "프롤레타리아트가 자본주의 사회에서 점하는 특수한 지위로 말미암아 사회주의를 향한 노동자들의 분투와 그들이 사회주의 당과 맺는 동맹은 운동의 가장 초기 단계에서부터 노동자들을 기본 세력으로 등장하게 한다." *CWL*, X, 77.

월의 모스크바 봉기에 대한 1906년의 한 논평에서 이렇게 말한다. "프롤레타리아트는 그 지도자들보다 더 빠르게 투쟁의 객관적 조건들이 변화하고 있고 파업에서 봉기로 이행해야 할 필요성이 있음을 감지했다. 늘 그렇듯이, 실천이 이론을 앞질렀다."[68]

결과적으로 레닌의 사유 속에 당과 대중 사이의 관계에 대한 새로운 견해가 등장한다. 이제 그는 **노동자들 자신의 주도성**을 강조한다.

> "이제 노동자들 자신의 주도성이 우리 같은 어제의 지하 서클 노동자들은 감히 꿈꿔 보지 못했던 규모로 펼쳐질 것이다."[69]

그가 당의 "위원회 사람들"에 반대하면서 노동자 대표 소비에트가 혁명의 정치적 중심이자 임시 혁명 정부로 전환되어야 한다고 제안한 것은 바로 이러한 이유 때문이었다. 그는 심지어 이 미래 정부가 내놓을 공개 성명 초안을 마련한다. 그것의 중심 주제는 다음과 같다.

> "우리는 혁명적 인민들을 멀리하지 않고, 우리가 취하는 모든 조치와 지시는 그들의 판단에 따른다. 우리는 노동 대중 자신의 자유로운 주도성에 완전히 전적으로 의존한다."[70]

---

68 1907년의 한 시론에서 레닌은 코뮌에 대한 마르크스의 태도를 1905년 혁명에 대한 사회민주주의자들의 태도와 비교하면서 다음과 같이 외친다. "대중의 **역사적 주도성**을 다른 모든 것보다 더 높게 평가한 것이다. 아, 우리 러시아 사회민주주의자들만이 마르크스로부터 1905년 10월과 12월에 나타난 러시아 노동자, 농민의 **역사적 주도성**을 어떻게 평가할 것인가를 배우게 될 것이다!"(진한 글씨는 원문.) *CWL*, XII, 109.

69 *CWL*, X, 36. *CWL*, XI, 173.

70 *CWL*, X, 27.

결국 "새로운 노선"은 당내 조직에서도 표현되기 시작하여, 혁명적 노동자 대중이 입당하게 된다. 제4차 당 대회가 열리자 레닌은 기존 "위원회들"의 대표들과 더불어 새로운 당원들로부터 대표들이 나오는 것을 허용해야 한다고 요구한다. 그리고 그는 제4차 당 대회 개최 결정을 "당 조직 안에서 민주주의 원칙의 완전한 적용으로 나아가는 결정적 한걸음"이라고 본다.[71]

1905년 1월의 혁명 발발에 대한 레닌의 태도와 스탈린의 태도를 비교하는 것이 나름 도움이 될 것이다. 스탈린의 태도는 당의 "위원회 사람들"에게서 전형적으로 나타났던 것이다. "코카서스의 노동자들"을 대상으로 한 어떤 유인물에서 스탈린은 이렇게 적고 있다. "우리 손을 서로 잡고 **당 위원회 주위로 집결하자! 우리는 오직 당 위원회만이 우리를 제대로 지도할 수 있고 오직 그것만이** 사회주의 세상이라 부르는 '약속 받은 땅'으로 가는 우리의 길을 환히 비춰 줄 수 있음을 잠시라도 잊어서는 안 된다!"[72] 바로 이 당시 레닌은 "모든 공장과 모든 도시 구역, 모든 큰 촌락에서" **혁명위원회**─즉 사회민주주의자든 아니든 모든 혁명가들을 하나로 모을 수 있는 위원회─를 수립할 것을 요구하고 있었다.[73]

---

71 CWL, X, 33-34.

72 Stalin, *Works,* I, p. 80.

73 CWL, VIII, 99. 이 주제와 관련해서는 레닌의 1917년 저술들도 보기 바란다. 4월에 러시아에 도착하자마자 레닌은 즉시 "모든 권력을 소비에트로!"라는 슬로건을 제출했다(이것은 볼셰비키당 지도자들 대다수에게는 엄청난 추문이었다). 그는 소비에트 권력을 다음과 같이 정의했다. "그것은 혁명적 독재, 다시 말해 중앙집중적 국가 권력이 제정한 **법이 아니라** 혁명적 장악과 아래로부터 인민의 직접적 주도성에 직접적으로 의거하는 권력이다." CWL, XIV, 38. 10월 혁명이 일어나기 몇 주 전 그는 재차 이렇게 썼다. "인민의 주도성과 독자성을 두려워하지 마라. 여러분들이 그들의 혁명 조직들에 대해 신뢰하길 바란다. … 전면적이고 무조건적 지지가 아닌 인민에 대한 신뢰 부재, 그들의 주도성과 독자성에 대한 공포, 그들의 혁명적 에너지에 대한

b) 로자 룩셈부르크의 "자생성주의"

로자 룩셈부르크의 당 조직관은 1903년과 1904년 사이 사회민주당의 이론 기관지 『신시대』에 발표된 논설문들과 소책자 『대중 파업, 당, 노동조합』(1906)에서 개진되었다. 그것은 대중 스스로의 혁명적 주도성을 강조하고 당 지도부 수중에 권력이 집중되는 것에 대해 유보를 표명했다는 점에서 근본적으로 1905년 이전 레닌의 중앙집중주의와는 반대되는 것이었다.

다시금 우리가 로자 룩셈부르크가 제시한 명제들의 연원을 독일 노동자 운동 일반, 특히 그것의 혁명적 부위가 처한 상황에서 찾아야 한다는 것이 내 생각이다.

(a) 독일 사민당은 **대중적** 조직으로 합법적이고 조직이 매우 잘 되어 있었다.

(b) 당 지도부, 특히 의회단 안에 있는 기회주의적, "수정주의"적 경향들은 이미 그 당시(1903~1906) 폭로되고 있었다. 독일 사민당 급진파는 본질적으로 소심하고 보수적 분자로 여겨진 관료주의적 지도자들의 주도성이 아닌 대중의 혁명적 잠재력에 희망을 걸었다. (독일 사민당과 연계된) 노동조합들에서 좌익 소수파는 오랫동안 개량주의적 노동조합 관료제의 반민주주의적·**중앙집중주의적** 경향들에 맞서 힘든 싸움을 벌여 왔다.[74] 무엇보다 일부 수정주의 지식인들(게오르크 베른하르트, 막시밀리안 하르덴)은 자신들의 정치 문헌들에서 "맹목적 대중"에 대한 "교양 있는 지도자들"의 우월성을 즐겨 지적했다. 이것 때문에 로자 룩셈부르크

전율―무엇보다도 이것이 사회혁명당 및 멘셰비키 지도자들이 범해 왔던 죄악이다." *CWL*, XXV, 370.

74 C. E. Schorske, *German Social-Democracy 1905-1917* (New York: J. Wiley, 1965), pp. 10-11, 133, 249. 참고.

는 그들을 단호하게 비판했다.[75]

(c) 독일 사민당 내의 일반적인 마르크스주의 경향과 마찬가지로 로자 룩셈
부르크는 독일 자본주의의 "붕괴"를 본질적으로 **경제적** 차원으로 내다봤
고, 이것은 차르 치하 러시아와 다른 점이었다. 러시아에서 자본주의에
대해 상상할 수 있는 유일한 제약은 **정치적인** 것이었다. 이것을 통해 우
리는 자본 축적에 관해 룩셈부르크와 레닌이 서로 차이를 드러낸 점,[76] 게
다가 조직 문제에 대해 그 둘이 서로 동의하지 못한 점을 더 잘 이해할 수
있다. 로자 룩셈부르크가 보기에 자본주의 경제의 "재앙적" 위기는 지도
자들이 보이는 "의식적" 행동과는 상관없이, 광범위한 대중을 혁명적 위
치로 이끌 것이다. 심지어 그들은 지도자에 맞서기도 할 것이다. 그 경우
지도자들은 방해물임이 입증될 것이다.

(d) 독일 당의 마르크스주의 좌파를 고무시킨 전통은, 1869년 마르크스와
엥겔스의 지지를 받으며 아이제나흐에서 창당된 "사회민주주의노동자
당" 전통이었다. 이 당의 민주적이고 "자율주의적" 경향은 라살레가 창립
한 전독일노동자협회의 독재적 중앙집중주의와는 대립되었다.[77]

로자 룩셈부르크의 명제는 1903년과 1906년 사이에 변화하지 않았다.

75　 "Geknickte Hoffnungen" ("Hopes dashed") in *Neue-Zeit*, 1903-1904, Bd, I, No 2,
　　 in French as "Masse et chefs," in Rosa Luxemburg, *Marxisme contre dictature* (Paris:
　　 Spartacus, 1947), pp. 39-42.

76　 Goldmann, *Human Sciences, op. cit.,* pp. 79-80. 참고.

77　 R. Luxemburg, *Selected Political Writing* (London: 1971), p. 301. 토니 클리프에
　　 따르면 (Cliff, *op. cit.,* p. 42.) 이런 룩셈부르크의 견해가 나오게 된 원천 중
　　 가능성 있는 한 가지는 그가 펼친 폴란드 사회당PPS에 대한 반대 투쟁이었다.
　　 폴란드 사회당은 한편으로는 "사회애국주의적"이면서 다른 한편으로는 음모적,
　　 테러주의적 성향을 띠었다.

1905년 러시아 혁명이 일어나 그가 가졌던 프롤레타리아 대중의 혁명 역량에 대한 바람이 굳어지게 되었기 때문이다. 총파업에 대한 소책자뿐 아니라 『신시대』에 실린 조직에 관한 논설 두 편은 같은 이론을 기술하고 있는데 계급의식, 당과 대중 사이의 관계, 당내 조직 등 세 가지 특징적 주제를 다룬다.

로자 룩셈부르크에 따르면, 노동자 대중은 당의 소책자와 유인물 등에 실린 선전 내용보다는 프롤레타리아트의 혁명적 투쟁 경험, 직접적이고 독자적인 행동 경험을 통해서 의식을 갖게 된다.

> "상트페테르부르크 사태로부터 강력한 자극을 받아 1월에 프롤레타리아트가 갑자기 총봉기한 것은 외부적으로 절대주의와의 전쟁을 혁명적으로 선포하는 정치 행위였다. 그러나 이러한 최초의 전반적 직접 행동은 내부적으로 훨씬 더 강력한 반작용을 일으켰다. 그것이 마치 전기 충격처럼 수백만 명에게 처음으로 계급적 감정과 계급의식을 일깨웠기 때문이다. … 러시아의 절대주의는 프롤레타리아트에 의해 타도되어야 한다. 그러나 그것을 타도할 수 있으려면 프롤레타리아트에게 높은 수준의 정치 교육, 계급의식, 조직이 요구된다. 이러한 조건은 모두 소책자나 유인물이 아닌 오직 살아 있는 정치 학교에 의해서, 투쟁에 의해서, 그리고 투쟁 속에서, 계속되는 혁명의 과정 속에서 충족될 수 있다."[78]

여기서 로자 룩셈부르크는 자신이 마르크스 혁명 이론의 충실한 제자임을 보여준다. 바로 대중의 혁명적 실천 속에서 "외부적" 환경과 "내부적"

---

78 Luxemburg, *The Mass Strike, the Political Party and the Trade Unions* (Colombo, 1964), p. 27.

계급의식이 모두 변화한다고 보기 때문이다. 혁명적 의식은 오직 "실천적" 운동을 통해서만 일반화될 수 있고, 인간의 "대규모" 변화는 오직 혁명 그 자체 속에서만 일어날 수 있다.[79] 그는 실천 범주—마르크스와 마찬가지로 그도 그것을 객체와 주체의 변증법적 통일로, **즉자적** 계급을 **대자적** 계급으로 변화시키는 **매개체**로 본다—를 통해 독일 사회민주주의에 존재했던 베른슈타인의 추상적 도덕주의와 카우츠키의 기계적 경제주의 사이의 고정적·형이상학적 딜레마를 초월할 수 있었다(전자에게 인민의 "주체적", 도덕적, 정신적 변화는 "사회정의"가 도래하기 위한 전제조건인 반면, 후자의 경우에는 바로 객관적인 경제적 진화가 "불가피하게" 사회주의로 이어진다). 이제 우리는 왜 로자 룩셈부르크가 신칸트주의적 수정주의자들뿐 아니라 (1905년 이후에) "정통파 중앙"이 지지하는 수동적 대기 전략에 대해서도 반대했는지 충분히 이해할 수 있다. 게다가 실천의 변증법을 가지고 그는 에어푸르트 강령에 구현된 개량 및 "최소 강령" 대 혁명 및 "궁극적 목적"이라는 전통적 이원론을 초월할 수 있었다. 로자 룩셈부르크는 (노동조합 관료주의에 반대하여) 1906년에, (카우츠키에 반대하여) 1910년에 대중 파업 전략을 지지했다. 그렇게 해서 그는 경제 투쟁 혹은 보통선거권 투쟁을 전반적인 혁명 운동으로

79　로자 룩셈부르크의 관점에서 보면, 이것은 사회주의 건설에도 적용된다. 새로운 공산주의적 도덕은 미래 사회를 건설하는 과정에 대중이 적극적으로 민주적으로 참여할 때에만 제대로 보장될 수 있다.

　　"어리석음, 이기주의, 부패가 자본주의 사회의 도덕적 토대이듯이, 집단을 위하는 최고의 이상주의, 가장 엄격한 자기 규율, 대중의 가장 참된 공적 정신은 사회주의 사회를 위한 도덕적 토대다. 노동자 대중은 사회주의 기업들을 지휘하는 데 필요한 지식·기술과 마찬가지로 이 모든 사회주의적 공민의 미덕을 오직 스스로의 활동과 경험을 통해 획득할 수 있다." "What Does the Spartacus League Want?" in *Selected Political Writings, op. cit.,* p. 369.

전환시키는 방식을 발견했다.[80]

"현학적 도식"은 경제(노동조합) 투쟁과 정치(사회민주주의적) 투쟁 사이의 분리를 유지코자 한다. 그러나 로자 룩셈부르크는 노동자 대중의 급진적 궐기 기간 동안 이러한 분리가 사라지게 되어 계급투쟁 내 서로 얽혀 있는 두 가지 측면들이 되고, 노동조합과 사회주의 당 사이에 그어진 인위적 구분선이 "쓸려나간다"고 여겼다.[81] "노동조합 의식"과 "사회민주주의 의식" 간의 대비(레닌)를 거부하면서 룩셈부르크는 주장컨대, 부르주아 의회주의가 지배하는 시기의 노동자 운동에서 특징적으로 나타나는 "이론적, 잠재적" 의식과 대중 자신(당 대표자 및 지도자 등만이 아니라)이 정치 무대에 등장하여 직접적인 **실천** 속에서 확고한 "이데올로기 교육"을 전개하는 혁명 과정에서 생겨난 "실천적, 적극적" 의식을 구분한다. 바로 이러한 실천적, 적극적 의식을 통해서 조직되지 않은 후진적인 층은 혁명 투쟁 시기에 자신들이 뒤쳐진 분자가 아니라 가장 급진적 분자임을 보여줄 것이다.[82]

이러한 계급의식 이론은 분명 당과 대중 사이의 관계에 관한 하나의 견해로 이어진다. 그것은 『무엇을 할 것인가?』와 『한 걸음 앞으로 두 걸음 뒤

---

80 스탈린은 1931년 「볼셰비키주의의 역사에서 몇 가지 문제들에 대하여」라는 글에서 로자 룩셈부르크를 레닌과 비교하면서 그가 1914년 이전에 카우츠키와 단절하지 않은 것을 비판했다. 그러나 실상 룩셈부르크는 레닌보다 훨씬 전에 카우츠키를 공격했다. 레닌도 실리압니코프에게 보낸 1914년 10월 27일 자 편지에서 이 점을 흔쾌히 인정했다. "로자 룩셈부르크는 오래 전에 카우츠키가 '한 이론가의 굴종'―더 쉬운 언어로 말하면 노예근성, 당 다수나 기회주의에 대한 노예근성―을 보인다고 썼는데, 그것은 옳은 것이었다." CWL, XXXV, 167-168. L. D. Trotsky, "Hands off Rosa Luxemburg!" in *Writings of L. D. Trotsky, 1932* (1973), p. 131. 이하.

81 Luxemburg, *Selected Political Writings, op. cit.*, pp. 241, 252.

82 Luxemburg, *Mass Strike, op. cit.*, p. 53.

로』에서 제시된 견해와는 매우 다른 것이다. 로자 룩셈부르크는 당과 조직되지 않은 층 사이의 구분을 모두 제거하자고 주장하면서 "프롤레타리아트의 적극적 핵심층을 … 무정형의 유권자 대중으로 해소"시킨 기회주의적 의회주의에 반대하면서도, "이미 당 간부로 조직된 프롤레타리아트의 계급의식적 핵심층과 계급투쟁에 의해 포착되고 계급의 계몽 과정에서 발견된 인민의 직접적인 환경 사이에 절대적 분리벽을 세울 수 없다"고 단언한다.[83]

이러한 이유에서 그는, 계급투쟁에서 조직의 역할에 대한 과대평가에 의거해 정치 전략을 수립하는 사람들을 비판했다. 여기에는 대개 아직 조직되지 않은 프롤레타리아트의 정치적 성숙도에 대한 과소평가가 덧붙고, "대단히 소란한 계급투쟁의 폭풍"이 가져다주는 교육 효과가 망각된다. 그러한 폭풍의 시기에는 사회주의 이념의 영향력이 조직의 회원 명부, 또는 심지어 조용한 시기의 선거 통계라는 한계를 훨씬 뛰어넘어 확산된다. 그렇다고 해서 의식적 전위가 팔짱 끼고 혁명 운동의 "자생적" 등장을 마냥 기다리고 있어야 한다는 뜻은 아니다. 의식적 전위의 역할은 정확히 "사물의 발전을 촉진하고 사태를 가속하기 위해 노력하는 것"이다.[84]

마지막으로, 조직에 관한 자신의 관점을 요약하고 사회민주주의자를 "프롤레타리아트 조직과 확고하게 결합된 자코뱅"에 비견하는 레닌의 유명한 묘사에 답하면서, 로자 룩셈부르크는 "사실상 … 사회민주주의는 노동자 계급의 조직과 밀접한 관계에 있는 것이 아니다. 오히려 그것은 노동자 계급의 운동 자체다."라고 쓴다.[85] 무엇보다 로자 룩셈부르크에 따르면, "지도자들"과 "그들이 지도하는 대중" 사이, 당의 "우두머리" 및 원숙한 정치인과 여

83   Luxemburg, *Selected Political Writings, op. cit.*, pp. 299, 289-290.

84   Luxemburg, *Mass Strike, op. cit.*, p. 55, 57.

85   Luxemburg, *Selected Political Writings, op. cit.*, pp. 290.

린 인간 육신의 "맹목적 무리" 사이의 대립을 제거하는 것이 사회민주주의의 임무다. 그러한 대립은 모든 계급 지배의 역사적 토대를 구성하는 것이다.[86] 대중 스스로 가지는 분명한 의식은, "대중의 의식 부재가 앞선 시대에서 지배 계급의 행동에 유리했던 것만큼이나 사회주의적 행동을 위한 필수불가결한 조건이다."[87] 결과적으로 지도자의 정확한 역할은 대중을 지도자로 만들어 가고 자신을 대중의 의식적 행동을 위한 집행기관으로 만듦으로써 "우두머리"의 지위를 스스로 없애 나가는 것이어야 한다.[88] 요컨대 지도자의 역할이 부여된 유일한 "주체"는 혁명적 노동자 계급의 "집단적 자아"이고, 그들의 오류는 "존재할 수 있는 어떠한 최고의 '중앙위원회들'의 무오류보다 극히 유익하다."[89]

로자 룩셈부르크는 위와 같은 가정들로부터 시작하여 『한 걸음 앞으로 두 걸음 뒤로』에 나오는 레닌의 이른바 "초중앙집중주의"를 거부한다. 그의 견해로 볼 때, 레닌의 이러한 중앙집중주의는 분명히 "자코뱅-블랑키주의" 성격을 지니고 있고 중앙위원회를 당의 유일한 능동적 중핵으로 만드는 경향이 있는 것이다.

지도 중핵은 운동을 발전시키기보다는 "메마르고 권력을 뽑내는" 방식으로 감독하고 규제하는 데 더 관심을 가질 것이다. 음모가 조직에 적합한 이런 식의 중앙집중주의에 반대해 그는 사회주의적 중앙집중주의를 내세

---

86 "Masse et chefs," *op. cit.* (cf. n. 75), pp. 37-39. 위와 같은 언급들은 레닌이 아니라 독일, 프랑스(조레스), 이탈리아(투라티)의 수정주의자들을 목표로 삼은 것이다. 룩셈부르크는 이러한 태도의 역사적 전형으로 "대중"을 "정신"의 최악의 적으로 보았던 브루노 바우어를 인용한다.

87 *Ibid.*, p. 37.

88 *Ibid.*

89 *Selected Political Writings, op. cit.*, p. 306.

었다. 그것은 "자율적 중앙집중주의"일 수 있고, 모든 민족적·종교적·직업적 특수주의에 반대하는 당내 다수에 의한 지배이자 전위의 의지를 긴급하게 집중시키는 것이다.[90] 프롤레타리아트가 "공장 생활이라는 학교"에서 획득한, 레닌의 말마따나 자연스레 당의 규율로 받아들이게 만드는 규율, 그러한 규율은 로자 룩셈부르크에게는 "피지배 계급의 시체 같은 복종"이다. 그것은 사회민주주의의 자발적인 자기 규율과는 아무 관련이 없다. 노동자 계급은 오직 자본주의 사회에 의해 강요된 복종 습관과 노예근성을 철저히 뿌리 뽑는 것을 통해서만 그러한 규율을 획득할 수 있다.[91]

요컨대 로자 룩셈부르크가 혁명 투쟁에서 조직의 역할을 과소평가한 것은 사실이지만, 그가 (일부 "룩셈부르크주의자들"과 달리) 대중의 자생성을 절대적·추상적 원리로 확립한 것은 아니었다는 점을 강조할 필요가 있다. 가장 "자생성주의적" 저작인 『대중 파업, 당, 노동조합』에서조차, 그는 사회주의 당이 대중 파업에서 "**정치적** 지도력"을 발휘해야 한다는 점을 인정한다. 지도력의 의미인즉슨 "투쟁의 슬로건 및 방향을 제공하는 것, 정치 투쟁의 **전술**을 조직하는 것 등"이다. 심지어 그는 사회주의 조직이 "전체 노동자 중에서 가장 중요한 전위"이고 "정치적 명확성, 노동운동의 힘과 단결은 이러한 조직으로부터 나온다"는 점을 인정한다.[92] 덧붙여 말하면, 로자 룩셈부르크가 이끌었던 폴란드 조직SDKPiL은 혁명적 비밀 조직으로 독일 사민당보다는 볼셰비키 정당에 훨씬 더 가까웠다.[93]

---

90   *Ibid.*, pp. 290, 295.

91   *Ibid.*, p. 291.

92   *Selected Political Writings, op. cit.*, p. 247; *Mass Strike*, p. 55.

93   Trotsky, "Luxemburg and the Fourth International"(1935), in *Writings ... 1935-1936* (1977), p. 30. "로자 자체가 예컨대 파르부스처럼 단순한 자생성 이론에

마지막으로, 인터내셔널에 대한 로자 룩셈부르크의 태도(특히 1914년 이후)가 소홀히 취급되었기에 이것을 다루겠다. 그는 인터내셔널을 **중앙집중적이고 규율 있는 세계 당**으로 상정했다. 카를 리프크네히트는 룩셈부르크에게 보낸 한 편지에서, 인터내셔널을 "너무 기계적·중앙집중주의적으로" 보고 "'규율'을 너무 지나치게 내세우고 '자생성'은 너무 대수롭지 않게" 여기는 그의 견해를 비판한다. 그에 따르면 대중을 "의지의 담지자가 아니라 너무 지나치게 행동의 도구—그들 스스로의 의지와 결정이 아닌 인터내셔널의 의지와 결정을 따르는 행동의 도구—로" 다룬다는 것이다.[94]

전혀 갇혀 있지 않았다. 파르부스는 훗날 자신의 사회 혁명에 대한 숙명론을 가장 혐오스러운 기회주의와 맞바꿨다. 파르부스와 달리 로자 룩셈부르크는 프롤레타리아트의 혁명적 부위를 미리 교육시키고 그들을 가능한 한 조직으로 묶기 위해 노력했다. 폴란드에서 그는 매우 견실한 독자 조직을 건설했다. … 그는 혁명적 의미에서 너무나도 현실주의적이었기 때문에 자생성 이론의 요소들을 하나의 완성된 형이상학으로 발전시킬 수 없었다."

94 K. Liebknecht, "A Rosa Luxemburg: Remarques à propos de son projet de thèses pour le groupe 'Internationale,'" in *Partisans*, NO. 45, January 1969, p. 113.을 참고할 것. 로자 룩셈부르크의 논문은 1915년 감옥에서 쓰였고 『유니우스 팜플렛』의 부록으로 1916년 출판되었다. 리프크네히트의 비판이 대상으로 삼은 단락은 다음과 같다.

3. 프롤레타리아트 계급 조직의 중심지는 인터내셔널이다. 인터내셔널은 평화 시기에는 군국주의, 식민 정책, 무역 정책, 노동절 기념 등의 문제에 대해, 나아가 전시에 적용되는 모든 정책에 대해 각국 지부의 전술을 결정한다.

4. 인터내셔널의 결정을 수행하는 의무는 다른 모든 조직적 의무에 우선한다. 이러한 결정을 위반하는 각국 지부는 인터내셔널을 이탈한 것이다.

5. 오직 모든 나라에서 동원된 프롤레타리아트 대중만이 제국주의와 전쟁에 반대하는 투쟁에서 결정적 힘을 발휘할 수 있다. 따라서 각국 지부의 정책은 무엇보다 정치 행동과 단호한 주도성을 위해 대중을 준비시키는 것을 목표로 삼아야 한다. … 그로써 인터내셔널의 의지가 모든 나라의 가장 광범위한 노

1919년 1월의 고통스러운 패배는 자생성주의의 한계와 강력한 혁명적 전위가 차지하는 중대한 역할을 분명히 보여주었다. 어쩌면 로자 룩셈부르크는 1919년에 쓴 마지막 글에서 그 어느 때보다 이러한 점을 인정했던 것으로 보인다. 그가 그 글에서 "대중에게는 … 명확한 안내와 무자비하고 단호한 지도부가 필요하다"고 강조하기 때문이다.[95]

c) 그람시: 노동자 평의회에서 마키아벨리로

1919년과 1934년 사이에 조직 문제에 관한 안토니오 그람시의 견해가 심오하고 근본적인 진화를 겪었기에, 혹자는 이를 거의 "이데올로기적 단절" 수준이라고 말할지도 모르겠다. 이탈리아 공산당이 창당(1921)되기 이전에 『전진Avanti』(이탈리아 사회당의 공식 기관지)의 피에몬테 판과 주간 『신질서Ordine Nuovo』(이탈리아 사회당 내 공산주의 분파의 정기간행물)에 실린 그의 논설들은 "룩셈부르크주의"에 매우 가까운 언어로 조직 문제들을 다루어 왔다. 그러나 1933년과 1934년 감옥 안에서 편찬한 노트들(전후 『마키아벨리에 관한 노트』라는 이름으로 에이나우디에서 출간됨)은 "자코뱅-블랑키주의"를 넘어설 뿐 아니라 마키아벨리의 『군주론』과 긴밀하게 관련된다.

당시 15년 동안 세계적으로뿐 아니라 특히 이탈리아의 노동자 운동과 공산주의 운동은 근본적인 변화를 겪었고, 이런 변화가 이데올로기적 진화를 낳았던 것이다.

1919년에서부터 1920년까지 그람시의 저술들에 함축되어 있던 "자생성

동자 대중의 행동 속에서 명확해질 것이다." J. Riddell, ed., *Lenin's Struggle for a Revolutionary International* (New York: 1984), pp. 417-418.

95   In J. P. Nettl, *Rosa Luxemburg* (London: OUP, 1966), Vol. II, p. 765.

주의"를 이해하기 위해서는 그것의 역사적-사회적 맥락을 알아야 한다.

(a) 전후 소비에트 혁명의 영향을 받아 유럽 대륙 전역에서 노동자 운동은 "대규모 고양"기를 맞이했다. 파업과 사회 혁명, 심지어 공산주의 봉기 (1919년 독일과 헝가리) 등이 끊임없이 발발했다.

(b) 특히 이탈리아에서 프롤레타리아 대중은 노동조합이나 사회당 지도부 보다 훨씬 더 큰 주도성과 투쟁 정신을 보여주었다.[96] 그람시가 직접 목 도하고 참여하고 있던 토리노의 역사적 운동 과정 속에서 반란을 일으킨 노동자들은 공장을 점거하고 자생적으로 노동자 평의회를 조직하는 데 이른다.

(c) "중앙파" 분자들이 지배한 당 지도부는 토리노 총파업 시기에 이 운동에 대한 전면 지지를 거부할 정도로 대중이 획득한 혁명적 수준에 한참 뒤 쳐졌다. 당 지도부는 총파업을 "무정부주의적 일탈"로 격렬하게 비판했 다. 1904년 로자 룩셈부르크와 마찬가지로 그람시는 비록 공식적으로는 혁명을 내세우지만(이탈리아 사회당은 "제3인터내셔널 지부"임을 자처 했다) 내부적으로는 의회주의와 개량주의에 의해 무너져 있는 당과 직면 하고 있었다.

따라서 그람시가 1919년과 1920년 사이의 논설들에서 스파르타쿠스

---

96 그람시는 "이탈리아에서는 바로 대중이 노동자 계급 정당을 추동하고 '교육' 하고 있고, 대중을 인도하고 교육하고 있는 것은 당이 아니"라고 지적한다. 또한 그는 이렇게 덧붙인다. "스스로 대중의 안내자이자 교육자라고 선언했던 이 사회당은 사실상 대중이 자발적으로 움직이고 있는 방식을 기록하는 가련 한 사무원이나 다름없다." *Pre-Prison Writings* (Cambridge: 1994), pp. 195, 196.

동맹의 강령과 유사한 정식들을 이용하고,[97] 마르크스와 레닌뿐 아니라 로자 룩셈부르크를 자신의 근본적 신념을 고무한 사람으로 언급한 것은 놀랄 일은 아니다. 그 신념이란 "오직 대중만이 공산주의 혁명을 달성할 수 있고, … 당 비서도 공화국 대통령도 포고를 발행하는 식으로 그것을 달성할 수 없다"는 것이다.[98]

로자 룩셈부르크처럼 그람시의 경우에도 역사가 발전하는 실제 방향을 가리키는 것은 바로 노동자 대중의 자생적이고 억눌리지 않은 운동이다. 이러한 운동이 지하에서, 알려지지 않은 공장과 대중의 의식 속에서 준비된다. 그곳에서 대중의 정신적 독자성과 역사적 주도성이 점차 벼려진다.[99]

이탈리아에서 프롤레타리아트의 혁명적 자생성은 1919년과 1920년 노동자 평의회에서 구체적 형태로 위대한 역사적 표현을 얻게 되었다. 노동자 평의회에서 노동자들은 자체적인 경영 훈련을 받았고 노동자 국가를 자치하기 위해 준비했다.[100] 결과적으로 대중의 정치 권력이자 운동을 인도하는 권력은 대중 자신을 대표하는 조직체—평의회 및 평의회들의 체제—의 수중에 있어야 했고, 조직의 기술자들(기술자나 전문가로서 없어지면 안 되는 이들)은 아무런 정치 권력도 없이 순전히 행정적 기능에 한정되어야 했다.[101]

---

97   Gramsci, *Selections from Political Writings (1910-1920)* (1977), p. 188. "공산주의 사회는 명령에 의해, 법과 포고를 통해 건설될 수 없다. 그것은 노동자 계급의 역사적 활동으로부터 자생적으로 등장한다." Luxemburg, *Selected Political Writings*, p. 368.

98   *Selections from Political Writings*, p. 351.

99   *Selections*, p. 173; *Pre-Prison Writings*, pp. 163, 169.

100   *Selections*, p. 171.

101   *Selections*, p. 177.

이러한 상황에서 당의 역할은 무엇이어야 하나? 그람시에 따르면, 당은 운동을 기계적으로 당 조직의 협소한 틀 안에 가두려고 해서는 절대 안 된다. 그렇게 할 경우 당은 무의식적으로 보수적인 기관이 되고, 혁명 과정이 당의 통제와 영향력에서 벗어나는 것을 경험하게 될 것이다. 공장 평의회라는 구체적 사례에서, 당과 노동조합은 가정교사나 이러한 새로운 제도들에 대한 기성의 상부구조로 자신을 위치시켜서는 안 된다.[102] 그와 반대로, 당은 "노동자가 **집행자**에서 **주도자**로, **대중**에서 **지도자**와 **안내자**로, 단순한 완력의 행사자에서 두뇌와 의지의 소유자로 변혁되는 내적 해방 과정에서 도구이자 역사적 형태로서" 봉사해야 한다.[103]

요컨대 공산당은 공론가 혹은 "마키아벨리를 자처하는" 집단이어서도, "프랑스 자코뱅을 영웅적으로 모방하기 위해 대중을 이용하는 당"이어서도 안 되고, "자율적으로, 자신만의 노력으로, 정치적·산업적 노예 상태에서 스스로 해방되고자 하는 대중을 대표하는… 당"이어야 한다.[104]

이러한 당과 대중 사이의 관계 구조는 당의 내부 조직에 반영되게 될 터, 그람시에 따르면 그것은 "상향식"으로 건설되어야 한다.

> "이러한 [공장] 조직들 하나하나마다 그 내부에 영속적이고 자율적인 공산주의 모임이 존재한다. 개별 모임들은 지역에 따라 구역 모임으로 결합되고, 그것은 다시 당 지부에 있는 운영위원회에서 대표된다."[105]

---

102 *Pre-Prison Writings,* pp. 167; *Selections,* p. 144.

103 *Pre-Prison Writings,* pp. 191.

104 *Pre-Prison Writings,* pp. 172.

105 *Selections,* p. 312.

1927년부터 1935년까지 유럽 노동자 운동은 몇 가지 근본적 변화로 인해 적대 세력과의 관계에서나 운동 내부 구조에서나 모두 충격을 받았다.

(a) 혁명 운동의 전반적 후퇴, 대중의 정치적 정체, 되풀이되는 공산주의의 패배―그 모든 것은 운동 지도자들 사이에서 당과 "지도자"에 극단적인 중요성을 부여하는 경향을 일으켰다.[106]

(b) 노동자 당들의 패배는 이탈리아와 독일의 경우 파시즘의 권력 획득과 일치했고, 파시즘은 정치적으로 후진적인 도시와 시골의 광범위한 인민 층에서 지지를 받았다. 그러한 사건들은 다음과 같은 일을 낳았다. 사회민주주의 지식인 층은 광범위한 대중에게서 "비합리적 경향" 및 "자유에 대한 공포"가 특징적으로 나타난다고 여겼고, 그에 대해 엄청난 신랄함과 커다란 불신을 보였다. 그와 함께 지도적 공산주의자들의 경우, 당 기구로의 "후퇴"와 당원 "대중"에 대한 "지도자"의 권위 강화를 낳았다.

(c) 결국 이 시기(1927~1935)에 공산주의 운동의 내부 관료화 과정―"스탈린주의"―이 확고해지기 시작했다. 그것은 1935년에 "모스크바 재판"이 시작되고 구 볼셰비키 시기 지도자들이 제거되면서 한 차례 절정에 이른다.

내 생각에 이 세 가지 사건들, 즉 대중의 후퇴, 파시즘의 승리, 스탈린주의의 발전이 그람시의 정치 이념이 변화한 모습을 이해하는 데 열쇠가 된다.

이러한 변태의 가장 명료한 징후 중 하나는 로자 룩셈부르크의 견해에 대한 그람시의 태도이다. 그람시가 비록 1919년에 룩셈부르크의 견해에 분명하게 찬성한 적은 있었으나, 이제는 그 견해를 1905년의 경험에 의거해 "성급하고, 심지어 피상적으로" 발전된 이론으로 다룬다. 특히 그람시는 혁

---

106   Lefort, "Le marxisme et Sartre," *Les Temps Modernes* No. 89, April 1953, p. 1566.

명 투쟁에서 "자발적"이고 조직적인 요인들을 과소평가했다는 이유로 룩셈부르크를 비난한다. 그러한 요인들은 룩셈부르크의 "경제주의적"이고 자생성주의적인 편견들에 의해 휩쓸려 가 버렸고, 그로 인해 룩셈부르크는 진정한 "역사적 신비주의"에 의해 악화된 일종의 완고한 경제결정론을 가지게 되었다.[107] 그람시가 감옥에서 쓴 『마키아벨리에 관한 노트』에 따르면, 자생성주의는 기계적인 가정에 의거하고 있고, 직접적 경제 요인(공황 등)의 난입에 대한 "시민사회"의 저항을 간과하며, 유능한 정당들과 인물들에 의해 정치적으로 "활성화"되지 않는 한 객관적 전제가 혁명적 결과를 낳지 않는다는 점을 망각한다.[108]

1933년의 그람시에 따르면, 당은 마키아벨리 및 자코뱅 전통의 정당한 계승자로서 "근대의 군주" 역할을 행해야 한다. 그 자체로 당은 "인간 의식에서 신성, 혹은 철저한 지상 명령의 위치를 차지"하고, 유용한 것과 유해한 것, 옳은 것과 그른 것을 규정하는 전거가 된다. 당은 "진보적 경찰 기능"을 지닌다.[109] 다시 말해 "지도자와 지도 받는 자, 통치자와 통치 받는 자가 존재한다는 원리를 볼 때 진실은 '당'이 이제껏 지도자들을 성장시키기 위한 가장 적절한 수단임이 증명되었다는 것이다."[110]

그렇다면 혁명적 당의 내부 조직은 "대중 속에서 등장하는 분자들이 지도 기구의 확고한 구조 속으로 계속 편입되는 것"으로 규정되는 민주집중

---

107 Gramsci, *Note sul Machiabelli, sulla Politica e sullo Stato Moderno,* 4th edition (Turin: Einaudi, 1955, p. 65.

108 *Ibid.,* pp. 5, 66, 78.

109 *Ibid.,* pp. 6-8, 28.

110 *Ibid.,* p. 18.

제 원리에 순응해야 한다.[111] 이것은 필연적으로 그 한계가 잘 정해진 내부 위계의 존재를 함의한다. 토대에는 "창조적 정신이 아닌 규율과 충성심이 특징인 일반 인민"의 분산되어 있는 분자들이, 상부에는 "극히 일관된 권력을 부여받은, 중앙집중적이고 규율이 잡혀 있으며 아마도 그러한 이유에서 독창적인" 지도 집단이, 그 둘 사이에는 양 극단을 서로 연결해 주는 매개 분자가 존재한다.[112] 그렇지만 첨언컨대 그람시가 이런 종류의 조직 프로그램이 갖고 있는 위험성을 몰랐던 것은 아니었다. 그는 "관료적 중앙집중주의"와 지도 위치에 있는 관료들의 보수적 기질, 소외적 당 물신주의를 비판했고,[113] 이는 앞선 내용에도 불구하고 『마키아벨리에 관한 노트』의 저자와 『신질서』의 주요 논설들의 저자 사이에 일정한 연속성이 있음을 시사한다.

d) 루카치의 이론적 종합

죄르지 루카치는 자생성주의와 종파주의를 변증법적으로 극복하는 하나의 종합을 이룩하겠다는 생각을 품었다. 그가 이런 생각을 품게 된 것은 아마도, 단명한 벨라 쿤의 헝가리 노동자 평의회 공화국(1919년 3~7월)에서 그가 "인민위원"을 했던 경험 때문일 것이다. 그러한 혁명 경험 속에서 "노동자 계급의 자생적 혁명 에너지는 거대한 힘을 대변했다." 그러나 혁명의 급속한 패배는 "노동자 계급의 혁명적 자생성이 프롤레타리아 혁명의 토대인 반면, 그 힘만으로는 프롤레타리아 독재를 수립하는 것이 가능하지 않다"는 것을 입

---

111   *Ibid.*, p. 76.

112   *Ibid.*, p. 53.

113   *Ibid.*, p. 51, 76, 157.

증했다.[114]

더욱이 볼셰비키의 10월 혁명 승리와 1919년 1월 스파르타쿠스 봉기의 패배 이후 혁명 과정 속에서 결정적으로 시험을 거친 조직 명제들에 대해서 이데올로기적 대차대조표를 작성할 필요가 있었다. 그러한 역사적 상황에서 이 대차대조표는 "룩셈부르크주의"에 불리하지 않을 수 없었다. 그렇지만 루카치의 책 『역사와 계급의식』은 독일의 상황이 여전히 혁명적 잠재력을 가지고 있고 "룩셈부르크주의"가 여전히 유럽 공산주의 운동에서 강력한 조류로 존재하던 과도기(1919~1920)에 쓰였다. 부연하자면, 저자는 당시 독일에서 살고 있었고, 그곳에서는 이러한 조류가 특히 영향력을 가지고 있었다. 이 모든 것을 통해 우리는 여러 유보 조건에도 불구하고 왜 이 책에 로자 룩셈부르크의 생각이 깊이 "배어" 있는지를 이해할 수 있다.

루카치가 보았을 때, 룩셈부르크주의의 자생성주의가 범한 기본적 오류는 한편으로는 프롤레타리아트의 의식 획득이 단지 잠재되어 있던 내용의 현실화라고 믿은 것이고, 다른 한편으로는 부르주아지의 이데올로기적 영향력을 망각한 것이다. 그러한 영향력 덕분에 심지어 최악의 경제 위기 시기들에서조차 노동자 계급의 일부 층이 정치적 후진성을 유지하게 되는 것이다. 자생적인 대중의 행동은 경제 법칙의 심리학적 표현이기는 하지만, 진정한 계급의식이 객관적인 위기들의 자동적 산물인 것은 아니다.[115]

이러한 방식으로 그는 책에서 중심 주제 중 하나를 이루는 노동자들의 "심리학적 의식"과 진정한 "프롤레타리아트의 계급의식" 사이의 구분을 도입한다. 전자는 대중의 실제 경험에서 비롯된 생각을 의미하며 심리학적으

---

114   E. Molnar, "The historical role of the Hungarian Councils Republic." *Acta Historica*, Review of the Hungarian Academy of Sciences, Vol 61, 1959, pp. 303-311.

115   Lukács, *History and Class Consciousness* (London: 1917), pp. 303-311.

로 묘사·설명될 수 있다. 후자는 "해당 계급의 역사적 역할을 깨닫고 의식하게 됨"을 이른다. 이런 참된 계급의식은 계급 구성원이 생각하는 것들의 총합이나 평균이 아닌 "객관적 가능성"으로, 그것은 누구나 이 계급에게로 "귀속zurechnen"시킬 수 있는 가장 적절하고 합리적인 반응이자 해당 계급이 역사적 상황의 총체성을 파악하게 될 때 지니게 될 의식이다.[116]

그렇지만 이렇게 "귀속"된 계급의식은 초월적 실체, 혹은 관념 세계에서 흘러다니는 "절대적 가치"가 아니며, 그 반대로 역사적·구체적·혁명적 형태 —공산당—를 띤다. 사실상 루카치에게 공산당은 의식과 혁명적 행동의 객관적 가능성을 가장 고도로 담지하고 있는 존재로, 이론과 실천, 인간과 역사 사이의 매개 역할을 하는 계급의식의 조직적 형태다.[117] 이 당과 조직되지 않은 광범위한 대중 사이의 관계에 대한 논쟁에서 무엇보다 가장 피해야 할 것은 부르주아 역사관에서 전형적으로 나타나는 경향이다. 그것은 다시 말해 현실의 역사 과정을 대중의 진화로부터 분리시켜 보는 것이다. 당의 종파주의와 자생성주의 모두 이러한 오류에 빠진다. "테러주의냐 기회주의냐"라는 잘못된 딜레마를 제기함으로서 그것들은 최종 분석에서 "주의주의냐 숙명론이냐"라는 부르주아적 딜레마에 사로잡히게 된다.[118]

종파주의는 혁명 과정에서 조직의 역할을 과대평가함으로써 대중 **대신에** 프롤레타리아트를 **위해** 행동하는(블랑키주의자들처럼) 당을 내세운다. 또 당과 대중 사이의 구분은 역사적 필요에 의해 생겨난 것인데, 이것을 되레 영구적 분열로 굳히기 쉽다. 이런 방식으로 인하여 "올바른" 계급의식은 해

---

116   *Ibid.,* pp. 73, 51.

117   *Ibid.,* pp. 299-300, 317-318, 327-328.

118   *Ibid.,* pp. 326, 332.

당 계급의 삶과 진화로부터 인위적으로 분리된다. 다른 한편으로 자생성주의는 조직적 요인의 중요성을 과소평가함으로써 프롤레타리아트의 계급의식과 대중의 순간적 정서를 동급으로 두고, 현실에 존재하는 의식의 다양한 층위들을 가장 낮은 수준—혹은 기껏해야 평균적 수준—으로 하향평준화시킨다. 이러한 층위들을 도달할 수 있는 가장 높은 수준으로 통일시켜야 하는데, 이런 방식으로 인하여 그러한 통일 과정을 추동하는 임무가 방기되는 것이다.[119]

루카치에 따르면, 당의 자코뱅주의와 대중의 "자율성" 사이에서 선택해야 하는 상황을 초월하는 조직 문제에 대한 변증법적 해법은, 당과 조직되지 않은 대중 사이의 살아 있는 상호작용에서 발견될 수 있다. 이러한 상호작용의 구조는 계급의식의 진화 과정에 의해 형성될 것이다. 다시 말해 공산당과 계급 사이의 조직적 분리는 의식 문제에서 프롤레타리아트의 이질성에서 비롯된 것으로 여겨지는 것이다. 그러나 이러한 분리란 단지 계급 전체의 변증법적 의식 통일 과정에서 하나의 계기일 뿐이다. 전위 조직의 자율성은 가장 높은 수준의 객관적 가능성과 현실의 평균적 의식 수준 사이의 긴장을 조정하는 하나의 수단으로 봉사해야 한다. 그것은 혁명적 의식의 획득 과정을 전진시킬 수 있는 방식으로 이루어져야 한다.[120]

공산당의 내부 구조라는 각도에서 문제를 바라보면서 루카치는 다시 한번 관료주의적 중앙집중주의와 초"자율주의" 사이의 물화된 도식을 피하고자 한다. 그는 혁명력 주도성을 발휘할 수 있게 해 주는 역량은 강력한 중앙집중화와 철저한 노동 분업을 전제한다는 점을 강조하면서도, 관료화의 위험성을 지적한다. 그러한 위험성은 애초에 당직자의 폐쇄적 위

---

119   Ibid., pp. 322-323, 326.

120   Ibid., pp. 326-329, 338-339.

계와 수동적 지지자 대중을 대비하는 것으로부터 태어난다. 여기서 대중은 맹목적 신뢰와 냉담함을 한데 모은 듯한 무관심을 보이며 추종할 따름이다. 결국 루카치는 당원의 의지와 당 중앙 지도부의 의지가 상호작용할 필요성을 역설한다. 이러한 관계를 통해 부르주아 정당들로부터 물려받은 능동적 지도자와 수동적 대중, 또는 대중을 대신해 행동하는 지도자와 관조적 숙명론에 머무르는 대중 사이의 껄끄러운 대비가 제거될 수 있다.[121]

e) 트로츠키와 볼셰비키주의

트로츠키는 1917년 이전까지 레닌의 볼셰비키주의를 불신했던 일을 자신의 정치 생애에서 중요한 잘못 중 하나로 보았다.[122] 그의 불신은 당이 분열된 역사적인 1903년 당 대회 때 처음으로 표현되었고, 그는 그것을 『우리의 정치적 임무』(1904)라는 소책자에서 로자 룩셈부르크와 매우 유사한 언어로 정당화했다. 로자 룩셈부르크처럼 청년 트로츠키는 자코뱅주의와 마르크스주의 중에서 선택해야 한다고 지적했다. 왜냐하면 혁명적 사회민주주의자와 자코뱅은 "서로 대립되는 두 개의 세계, 두 개의 학설, 두 개의 전술, 두 개의 심성"을 대변하기 때문이다. 소책자의 중심 발상은 "대리주의"의 위험이었고, 레닌이 고수했던 방법은 그것의 사례였다. 그러한 방법은 당이 노동자 계급을 대체하게 만드는 경향이 있고, 당 자체 내부에서는 "당 조직[간부회]이 처음에는 당 전체를 대체하고, 그 다음에는 중앙위원회가 당 조직을 대체하며, 결국에는 한 명의 '독재자'가 중앙위원회를 대체하

---

121   *Ibid.*, pp. 336-338.

122   그러나 레닌은 1922년 12월 "유언"에서, 트로츠키가 과거에 "비볼셰비키주의"였다고 해서 비난받아서는 안 된다고 촉구했다.

게 되는" 결과를 낳는다는 것이다. 이러한 위험에 맞서 트로츠키는 "사회에 대한 독재를 행사할 능력을 지닌 프롤레타리아트는 자신에 대한 독재를 결코 참지 않을 것"이라는 자신의 바람을 자랑차게 공표했다.[123]

트로츠키의 주장은 볼셰비키를 비판하면서도 "경제주의자들"의 순수한 "자생성주의" 명제들과 같지 않았고, 양자를 모두 거부하는 모양새였다. 그 어느 것도 프롤레타리아트를 지도할 수 없다는 것이다. 전자(그는 "정치인들"이라고 불렀다)는 자신들이 프롤레타리아트를 대리하기를 바랐고 후자는 프롤레타리아트를 쫓아다니기만 했기 때문이다. "경제주의자들"이 "역사의 꽁무니에서 행진하고" 있는 반면, "정치인들"은 "역사를 자신을 쫓는 행렬로 바꾸려고 애쓰고" 있다.[124] 이런 이중의 거부는 1905년 혁명기 그의 저술들에서 다시금 등장했다. 여기서 그는 권력 장악을 "혁명 계급의 의식적 행위"로 보는 마르크스주의적 사회민주주의자를 대중과 무관하게 결성된 음모 조직의 주도성에 전적으로 의존하는 블랑키주의와 대중의 자생적이고 초보적인 분출에 의존하는 무정부주의, 이 둘과 대비했다. 현실적으로 이런 명백한 "대칭" 이면에는, 그의 입장으로써 당의 역할을 혁명 과정 속에 익사시키는 경향이 존재했다. 그러한 경향은 다음과 같은 단락에서 분명히 표현되었다. "당의 주체적 의지는 … 단지 연관 요인들 중 하나일 뿐 가장 중요한 요인은 전혀 아니다."[125]

트로츠키와 로자 룩셈부르크의 또 다른 공통 주제는 1905년 이후에 등장했고, 트로츠키가 볼셰비키에 합류한 이후에도 포기하지 않은 것이다. 그

---

123 I. Deutscher, *The Prophet Armed* (1954), pp. 90, 93, 95. 아이작 도이처의 관점에 따르면, 이 소책자는 레닌을 부당하게 다룬 것이었으나 다른 한편에서는 소련의 스탈린주의 미래를 "정확히 반영한 것"이었다. *op. cit.,* p. 95.

124 Trotsky, *Our Political Tasks* (London: n.d.), p. 77.

125 *Results and Prospects* (London: 1962), p. 229; *1905* (London: 1972), p. 264.

것은 거대 사회주의 정당들의 보수주의와 조직적 내성에 대한 것이었다. 그럼에도 불구하고 그는 유럽 프롤레타리아트가 장차 러시아 혁명의 영향 덕분에 그러한 것들을 떨쳐 낼 수 있을 것이라고 생각했다.[126]

트로츠키가 "볼셰비키주의"로 "전향"하는 과정은 주로 세계대전기에 시작했다. 이 같은 레닌을 향한 "긴 행진"의 주된 도표道標는 다음과 같다.

(a) 1915년 2월 "8월 블록"과의 단절. 트로츠키는 1912년 이래로 멘셰비키와 일부 볼셰비키 내 반대파와 함께 8월 블록에 참여해 왔다.

(b) 트로츠키의 신문 「우리의 언어nashe slovo」가 1916년 이후에 보인 친볼셰비키 노선.

(c) 트로츠키가 미국 망명 시기에 『신세계』를 발행하던 볼셰비키 그룹과 협력했던 일(1917).

그가 최종 지지를 보낸 것은 1917년 7월, 혁명의 화염 속에서였다. 1917년의 압도적 사건들을 빼고서는 트로츠키의 "볼셰비키화"를 이해할 수 없다. 그 사건들은 그에게 (1) 홀로 있을 경우 부르주아 "온건파"가 책략을 부릴 기회를 제공하거나(2월), 끔찍한 패배로 이어지게 되는 자생적 대중운동의 한계와 (2) 프롤레타리아트에 확고하게 뿌리내리고 권력 장악을 위한 봉기를 **지휘**할 수 있는 전위 **조직**의 절박한 필요성을 증명했다.

---

126 "유럽 사회주의 정당들, 특히 그중 가장 큰 독일 사회민주당은 거대한 대중이 사회주의를 포용하고 더 많은 대중이 조직되고 단련되어 온 것과 같은 비율로 보수주의를 발전시켜 왔다. … 러시아 혁명의 엄청난 영향력은, 그것이 당의 일상과 보수주의를 파괴하고, 프롤레타리아트와 자본주의적 반동 사이의 세기를 공개적으로 시험하는 문제를 당면 과제로 만들 것임을 가리킨다." *Results and Prospects*, P. 246. 우리는 1917년에 트로츠키가 같은 단락의 서두를 인용하게 된다는 점을 살펴볼 것이다. 그러나 이번에 그는 다른 결론을 내린다.

다음의 서로 다른 두 가지 고찰을 통해 우리는 트로츠키의 결정을 평가할 수 있다.

(1) 그가 1912년부터 1914년까지 보인 "화해주의"는 무엇보다 혁명적 위기가 러시아 사회민주주의의 두 분파를 융합시킬 것이라는 가설에 근거했다. 따라서 1917년의 실제 위기는 멘셰비키의 개량주의와 레닌의 당이 보인 혁명적 급진주의 사이의 심연을 더 깊게 만들었고, 그로 인해 그는 이러한 잘못된 가정을 포기하고 이 두 조류 중 하나를 선택하지 않을 수 없었다. 바로 이러한 이유에서 1917년 11월 14일에 레닌이 다음과 같이 공언했던 것이다. 즉 트로츠키가 멘셰비키와의 단결이 불가능하다는 것을 깨달은 이래로 "트로츠키보다 더 나은 볼셰비키는 없었다."

(2) 그가 가입한 볼셰비키당은 1904년의 당과 동일하지 않았다. 볼셰비키당은 대중운동 속에 깊이 자리잡은 당이 되었을 뿐 아니라 레닌의 '4월 테제'에 힘입어 좌선회했고, 그것은 트로츠키의 연속혁명 전략의 필수 요소들을 결합시켰다. (일부 "고참 볼셰비키들"은 심지어 레닌이 "트로츠키주의"로 가 버렸다고 비난했다.)

트로츠키는 앞선 시기의 조직관에 대한 "가슴이 미어지는 수정"을 하지 않고서 이렇게 볼셰비키주의를 지지할 수 없었다. 볼셰비키주의와의 관계에서뿐 아니라 전반적으로 프롤레타리아 혁명에서 전위 조직의 역할에 관해서 수정이 이뤄졌다. 트로츠키가 1917년에 최초로 쓴 "볼셰비키적" 논설들에 대한 "징후 찾기식" 연구는 그의 사상이 언제 전환하기 시작했는지를 파악할 수 있게 해 준다. 1917년 9월에 쓴 "국제 전술"에 관한 한 소론이 특히 의미심장하다. 그 글에서 그는 유럽 사회주의 정당들의 보수주의에 관한

1906년의 언급(『평가와 전망Results and Prospects』)을 인용한다. 그러나 1906년에 보수주의에 대한 분석이 보수적·관료주의적 일상과 단절할 수 있는 프롤레타리아트의 역량에 대한 막연한 선언으로 마무리되었다면, 이제 트로츠키는 사뭇 다른 결론을 이끌어낸다. 즉 "새로운 시대는 새로운 조직을 요구한다. 화염의 세례 속에서 **혁명 정당들이 이제 모든 곳에서 창출되고 있다.**"[127]

1919년 독일 스파르타쿠스동맹의 패배는 아마도 트로츠키에게 볼셰비키주의 조직 원리의 올바름을 최종 확증해 주었을 것이다. 그는 독일 혁명이 경험한 어려움들의 주된 원인이 정확히 "노동자 대중에게서 그 권위를 보편적으로 인정받은 전투 지도부를 보유한 중앙집중적 혁명당의 부재"라고 보았다.[128]

이 시기(1917~1918)부터 죽을 때까지, 트로츠키는 대중의 혁명적 지도자이자 프롤레타리아트의 권력 장악을 위해 절대적으로 필수불가결한 조건으로써 당이 결정적 중요성을 갖는다고 확신했다. 그런 확신은 그가 발전시킨 이론 체계의 중심축 중 하나로 남았다.

짧은 기간 동안(1920~1921) 이러한 확신은 노동의 군사화 및 노동조합의 국가화와 같이 권위주의적 초중앙집중주의라는 극단적 형태를 띠었다(이것은 레닌과 볼셰비키당 다수파에 의해 비난받았다).

---

127 "International Tactics," in Lenin and Trotsky, *The Proletarian Revolution* (1918), p. 277. (진한 글씨는 미카엘 뢰비.) 같은 시기 다른 논설에서 트로츠키는 볼셰비키의 일원으로 쓰면서 다음과 같이 선언한다. "현 상황으로부터 당의 에너지, 당의 우려, 당의 주장에 대해 모든 가차 없는 결론을 끌어내고 박탈당하고 지쳐버린 대중의 선두에서 그들의 혁명적 독재를 위해 결정적 전투를 감행하는 것이 현재 우리 당에 필요하다." "What Next?", in Lenin and Trotsky, *The Proletarian Revolution* (1918), p. 267.

128 Trotsky, *The First Five Years of the Communist International*, Vol. I (1973), p. 70.

그 짧은 막간에 사회 경제적 영역에서 나타난 트로츠키의 "행정적-중앙
집중주의적" 사고는 정치적 견해에서도 표현되었고 특히 당과 대중 사이의
관계 문제에 영향을 주었다. 이를테면, 1921년 3월에 열린 볼셰비키당 제10
차 당 대회에서 연설했을 때, 트로츠키는 당이 "대중의 자생적 분위기에서
나타나는 일시적 흔들림에 상관없이, 심지어 노동자 계급의 일시적 동요에
도 상관없이" 그 독재를 유지해야 한다는 명제를 공개적으로 개진했다. 그
리고 1920년 7월 코민테른 제2차 세계 대회 때 있었던 한 중재 과정에서 그
는 이런 "대리주의적" 이데올로기의 훌륭한 사례를 상술했다.

"오늘날 우리는 폴란드 정부로부터 평화 협정을 매듭짓자는 제안을 받았다.
누가 그런 문제들을 결정하는가? 우리에게는 인민위원회가 있지만 그것 역
시 일정한 통제에 복속해야 한다. 누가 통제하는가? 무정형의 혼란스런 대중
으로 있는 노동자 계급의 통제인가? 그렇지 않다. 당의 중앙위원회는 해당 제
안을 논의하고 그에 대해 어떤 답변을 할지 결정하기 위해 개최된다. 그리고
우리가 전쟁을 수행하고 새로운 사단들을 조직하고 그 사단들을 위한 최상의
분자들을 찾아야 할 때, 우리는 어디로 향하게 되나? 우리는 당으로, 중앙위원
회로 향하게 된다."[129]

꼭 언급해야 할 대목은, 이 시기에도 트로츠키가 인터내셔널에서 제시한
문제들에 대해서는 그렇게까지 단순한 태도를 취하지 않았다는 점이다. 유

---

129 Deutscher, *The Prophet Armed*, p. 509; Trotsky, *The First Five Years*, I, pp. 127-128. 그
     럼에도 불구하고 트로츠키는 때때로 자신의 노동의 군대화 명제를 민주주의로
     정당화하려고 시도했다. "노동의 군대화는, 노동자가 그것을 반대할 경우 아락체
     예프의 국가 노예제일 따름이다. 노동자 자신의 의지에 의한 노동의 군대화는 사
     회주의 독재다." *Terrorism and Communism*, University of Michigan Press (1961), p.
     147. 또한 P. Broué, *Le Parti bolchevique*, Ed. de Minuit (Paris: 1963), p. 140. 참고.

럽에서의 당과 대중 관계에 대한 그의 관점은, 소련에 대해 표명한 관점과 모순되지는 않았지만 매우 다른 것이었다. 이 시기 나온 한 연설에서 그는 이탈리아에 대해 언급하며 "대중의 의지를 이른바 전위의 단호함으로 대신 하려는 관념은 절대로 용납될 수 없는 비마르크스주의적인 것"이라고 조심 스레 강조한다. 1920년 11월 코민테른 집행위원회에서 독일에 관해 연설하면서, 그는 지도자와 대중 사이의 변증법적 상호 호혜 원리를 옹호한다.

> "대중의 교육과 지도자의 선발, 대중의 자기 활동 발전과 **그에 상응하여 이루**
> **어지는 지도자에 대한 통제의 확립**―이 모든 것은 상호 교정되고 상호 조건
> 지워지는 현상이자 과정이다."[130]

위와 같은 "권위주의-군사주의적" 일화 이후, 트로츠키는 당에 대한 새로운 견해를 발전시키기 시작했다. 그는 항상 그것을 볼셰비키주의의 진정한 지속으로 간주하게 된다. (처음에는 소련 내에서, 그 후에는 망명지에서 진행된 그의 반대파 운동은 "볼셰비키-레닌주의"로 불리게 된다.) 이런 견해는 대중의 혁명적 잠재력에 대해 흔들리지 않는 신뢰를 보내는 것과 전위당에 절대적으로 결정적 중요성을 부여하는 것을 통일시켰다. 이런 명백히 모순된 명제들을 하나로 결합시켜 준 주제는 노동자 계급 운동 내의 관료주의적 지도부의 보수적 역할에 대한 것이었다.

이 주제는 1920년부터 1921년까지의 막간이 지난 후 그의 저술들에서 처음으로 등장하게 된다. 그것은 이미 1922년에 등장했고 거의 주목받지 못한 상태였지만,[131] 1923년에는 그의 중심 관심사가 되었다. 그에 따라 『새로운

---

130   Trotsky, *The First Five Years*, I, pp. 353, 186. (진한 글씨는 미카엘 뢰비.)

131   Deutscher, *The Prophet Unarmed*, 1959, p. 54.

노선』에서 그는 조직 기구의 방식이 활기 있고 능동적인 당내 민주주의를 억누를 때, 다시 말해 "당 지도부가 당 집행기관들(각 위원회, 국, 서기 등)의 행정에 밀리게 될 때" 등장하는 "대리주의"를 비난했다. 또한 점점 더 조직 기구가 "지도 간부들을 나머지 대중과 … 대치시키고, 지도 간부들이 대중을 단지 활동의 대상으로만 바라보는" 경향 역시 비난했다.[132]

트로츠키의 당 이론은 『러시아 혁명사』(1932)에서 처음으로 분명하게 발전되고 공식화되어 나타난다. 책에서 트로츠키는 1917년의 경험에 비추어 혁명적 위기 때 지도부와 대중이 취해야 할 역할을 연구한다(더불어 독일에서 일어난 1919년과 1923년의 패배, 중국에서 1925년에서 1927년 사이에 일어난 패배, 스페인에서 1931년에 일어난 패배의 경험 또한 살핀다). 이 이론은 변증법적으로 상호 보완하는 다음 두 가지 축을 중심으로 수립되었다. (a) 모든 혁명에서 가장 논란 없는 특징은 대중이 역사에 직접 개입한다는 것이다. (b) 대장장이가 빨갛게 달아오른 쇠를 맨손으로 움켜쥘 수 없는 것처럼, 프롤레타리아트는 권력을 직접 움켜쥘 수 없고, 이러한 임무에 적합한 조직을 가져야만 한다. 이것이 혁명적 노동자 대중의 필수적이고 대체 불가능한 도구로써의 당이다.

혁명 초기에 대중은 주로 "자신들이 구체제를 더 이상 감내할 수 없다는 날카로운 감정"에 의해 행동에 들어가게 된다. 명확한 정치 강령을 가지고 있는 것은 바로 계급의 지도부인 당이다. 그러나 이러한 강령은 오직 대중

---

132 Trotsky, *The New Course*, pp. 18, 24. 우리는 여기서 트로츠키의 1904년 소책자의 메아리를 듣게 된다. 그러나 다음의 차이가 있다. 즉 1922년과 1923년 사이에 그는 스탈린으로 대변되는 관료주의적 기구에 반대하는 주요 동맹자로서 레닌에 의존했다. 좌익 반대파의 1927년 강령도 보기 바란다. 그것에 따르면, "우리 당이 '하향식으로 검토되어야 한다'고 우리가 정말로 인정한다면, 그것은 레닌주의 당이, 노동자 대중의 당이 더 이상 존재하지 않는다는 것을 의미하게 될 것이다." *The Challenge of the Left Opposition, 1926-1927* (New York: 1980), p. 352.

에 의해 인정받았을 때에만, 또 대중이 **혁명 과정에서 자신의 구체적인 경험을 통해** 관련 문제들을 의식하게 될 때에만 유효하게 된다. 바로 이러한 당과 계급의 복잡한 변증법을 통해서 우리는 1917년 볼셰비키가 수행한 역할을 이해해야 한다. 한편으로 볼셰비키주의에는 대중의 독자적 경험에 대해 귀족적 경멸을 보이려는 기미가 결단코 전혀 없었다. 오히려 볼셰비키는 대중의 독자적 경험을 자신들의 출발점으로 삼았고, 그것에 입각해 있었다. 그것이 그들의 매우 우월한 지점들 중 하나였다. 다른 한편으로, 10월에 당은 **음모**와 대중 봉기를 결합시킬 수 있었다. 그 음모란 봉기를 **대신하는** 블랑키주의식 음모가 아니라 그 반대로 **봉기 속에서** 대중의 분위기에 지배를 받은 채 이루어진 음모였다.[133]

---

133 Trotsky, *History of the Russian Revolution*, One-vol. edition (1934), pp. 17, 1017-1018. 18, 809-810, 1019. 크라쏘는 「트로츠키의 마르크스주의」라는 시론에서 이렇게 주장했다. 『러시아 혁명사』에서 "트로츠키의 사회학주의는 … 그것의 가장 진정하고 강력한 표현을 발견"하고, 그것은 "정치적 혹은 경제적 변수들이 항구적 중요성을 가진다고 보는 것을 거부하는 혁명관을 산출한다." *New Left Review*, No. 44, July-August 1967, p. 85. 그러나 『러시아 혁명사』의 주목적 중 하나는 **명백히** "정치적 변수들"의 주요하고 결정적 역할이다—특히 볼셰비키당과 레닌의 역할이 주요하고 결정적이었는데, 그들의 "용기 있는 결단" 없이 10월의 승리는 불가능했다. *History, op. cit.*, p. 1016.

크라쏘의 근본적 오류는 "그의 청년기부터 노년에 이르기까지 일관된… 통일"을 구성해냄으로써 1917년에 트로츠키의 사유에 "이론적 단절"이 일어났음을 간과한 것이다. 그러한 통일은 "정치 제도들이 가지는 특유의 효력을 과소평가"함으로써 가능했다(pp. 85-86). 크라쏘는 트로츠키의 관점들 중 이를테면 나치즘과 1929년부터 1933년까지의 코민테른 노선("제3기")에 관한 것 등, 그가 올바른 것으로 간주한 관점들조차 이러한 "사회학주의"에 기인하는 것으로 보고자 했다. 그러나 그 시기 트로츠키 저술들이 지닌 특징은 정확히 **정치** 문제에 대한 긴밀한 분석(왜 사회민주주의는 "사회 파시즘"이 아닌가 등)이었고, 그가 "정치 제도들이 가지는 특유의 효력"에 현저한 중요성을 부여했다는 점이다. 이 경우 독일 공산당은 그러한 정치 제도였고, 그는 독일 공산당이 여전히 올바른 **정치** 노선(파시즘에 맞선 노동

1933년에 일어난 독일 공산당(혹은 보다 정확하게 말해 코민테른의 "독일 노선")의 비참한 패배 이후, 트로츠키는 새로운 세계 당인 제4인터내셔널 건설에 착수하기로 결정했다. 관료주의 지도부(사회민주주의 및 스탈린주의)에 대한 무자비한 비판은 이제 형성 중에 있던 트로츠키주의 운동을 특징짓는 정치 주제들 중 하나가 된다. 이러한 비판에서 그는 자신의 조력자들에게 로자 룩셈부르크의 정신적 유산을 상기시켰다. 그는 "특히 1905년 혁명 이후 열정적으로 대중 행동의 자생성과 독일 사회민주주의의… 보수적 정책을 대치시켰"고, 그러한 대립은 "철저하게 혁명적이고 진보적인 성격"을 띠었다.[134]

트로츠키는 로자 룩셈부르크에게 기꺼이 존경을 표하기도 하지만, 자신의 운동을 무엇보다 볼셰비키주의의 정당한 후계자라고 본다. 따라서 보리스 수바린 및 다른 사람들과의 논쟁에서 그는 볼셰비키주의를 옹호하고, 스탈린주의에 대한 책임이 볼셰비키에 있다고 보는 명제를 철저히 거부한다. 그리고 다시금 볼셰비키 유형의 당이 **대중의 자기 해방을 위해 없어서는 안 되는 도구** 역할을 한다는 점을 강조한다.[135] 이러한 문제들은 같은 시기에

자 **정당들**의 통일전선)을 가지면 파도와 같은 나치의 맹공격을 분쇄할 수 있다고 믿었다. E. Mandel, "Trotsky's Marxism: an Anti-Critique," in *New Left Review* No. 47, January-February 1968.

134 Trotsky, *Writings 1935-1936*, p. 30. 이 논설에서 트로츠키는, 제4인터내셔널이 그 업적을 기리는 "L 자로 시작하는 세 사람"(다른 두 사람은 레닌과 리프크네히트이다) 중 하나인 로자 룩셈부르크에 대한 역사적으로 정당한 대차대조표를 작성하고자 한다. 트로츠키는 "레닌보다 훨씬 이른 시기에 로자 룩셈부르크는 경화된 당과 노동조합 기구들의 방해적 성격을 포착했고 그에 맞선 투쟁을 시작했"다는 점을 인정한다. 그렇지만 다른 한편으로, 그는 "독일의 이후 역사는 전반적으로 자생성만으로는 성공하기에 결코 충분치 않다는 점을 상세히 보여주었다. 히틀러 체제는 자생성이라는 만병통치약에 대한 중대한 반대 논거다."

135 "자유를 쟁취하고자 하는 대중의 바람은 당으로 조직된 혁명적 전위 속에서

나온 유명한 소책자인 『그들의 도덕과 우리의 도덕』(1938)에서 다시 등장한
다. 이 소책자에서 그는 "마키아벨리식 비도덕주의"라는 비난에 반대해 볼
셰비키 전통을 옹호한다. 그의 방법론적 출발점은 목적과 수단의 변증법적
상호 의존이다. 그래서 "노동자의 해방은 오직 노동자 자신의 임무여야" 하
기 때문에, 참된 혁명 정당이라면 "대중을 그들의 참여 없이 행복하게 만들
거나, 또는 대중이 자신과 자기 조직에 대해 신뢰하는 것을 얕잡아 보고 그
것을 '지도자'에 대한 숭배로 대체하려고 시도하는" 수단, 절차, 방법 등을
사용할 수 없다.

이와 같이 전위와 대중 사이의 유대가 중요함을 강조했을 무렵, 트로츠
키는 정작 자신의 조직이 고립된 위치에 처했음을 고통스럽게 의식하고 있
었다. 이러한 고립에서 탈피하고자 한 그의 노력은 1934년 "입당주의"라 알
려진 전술을 탄생시켰다. 그것은 전위가 대중적 노동자 정당에 들어가는
것이었다─그것은 마르크스가 『공산당 선언』에서 옹호한 전술과 놀랄 만큼
닮은 전술이다. 트로츠키 또한 이러한 유사성을 알고 있었고 "입당주의"를
옹호한 1935년 글의 한 단락에서 이 점을 솔직하게 인정했다.

> 모든 유형의 공상적-종파주의적 사회주의에 반대하는 것을 직접적 목표로
> 세운 마르크스와 엥겔스의 『공산당 선언』에서는 공산주의자들이 스스로를
> 현실의 노동자 운동과 대립시키지 **않으며**, 오히려 전위로서 그 운동에 참여한
> 다고 힘차게 지적한다. 그와 동시에 『공산당 선언』은 민족적이자 국제적인 **새
> 로운 당**의 강령이었다.[136]

확고해진다. 전위에 대한 계급의 신뢰 없이는, 전위에 대한 계급의 지지 없이
는, 권력 장악에 대해 전혀 이야기할 수 없다." *Writings 1936-37*, p. 426.

136 *Writings 1935-1936*, p. 159. 그렇지만 꼭 언급할 점이 있다면, 몇 년 후(1938년부터

『공산당 선언』을 통해 고무되어 혁명가와 대중 사이를 **매개**하는 또 다른 전략으로 내놓은 것이 "과도적 강령"이었다. 트로츠키는 이것을 1938년 제4인터내셔널 창립 대회에 제출했다. 이것은 노동자 계급의 가장 광범위한 층들이 지닌 현재의 의식 수준에서 시작하여 그들을 점점 더 공공연히 부르주아 체제의 토대 자체에 반대하도록 성장시키고자 하는 의도를 가진 (과도적) 요구들의 체계로 이루어져 있었다.

볼셰비키주의에 대한 트로츠키의 최종 회고는 1939년과 1940년 사이 저술들에서 발견된다. 이 글들에서 그는 1936년에서부터 1938년까지 일어난 스탈린의 대규모 숙청에 자극 받아 뒤늦게 과거를 연구했다.

무엇보다 암살당하기 바로 전날까지도 트로츠키는 이전보다 더 철저하게 레닌주의 전위당 이론에 대한 자신의 일체감을 공언했다. 1940년 1월에 쓰인 논설에서 그는 1912년에 취한 자신의 태도를 분석하면서 "아직 혁명적 목적을 실현하는 데 확고하게 결합된 중앙집중적 당이 필수불가결하다는 점을 이해하지 못했기 때문에 레닌주의 '체제'에 반대했다"는 점을 인정했다. 볼셰비키당에 가입하면서 트로츠키는 "레닌주의적 당 건설 방법의 올바름을 완벽하게 진심으로 인식하게 되었다"고 덧붙였다.[137] 그럼에도 불구하고 트로츠키는 "레닌주의적 당 건설 방법"을『무엇을 할 것인가?』의 특정 명제들과 동일시하지 않았다.『무엇을 할 것인가?』에 대해 "저자는 … 스스로 이후에 자기 이론이 한쪽으로 치우쳐 있었고 그래서 오류가 있음을 인정했다"고 보았다.[138] 심지어 트로츠키는 1904년에 자신이 볼셰비키의 중앙집중주의를 비판한 것(『우리의 정치적 임무』)을 두고, 그것이 완전히 잘못된

1939년 사이) 트로츠키가 "입당주의" 전술을 포기했다는 점이다.

137   Trotsky, *In Defense of Marxism* (New York: 1965), pp. 141, 139.

138   Trotsky, *Stalin* (London: 1947), p. 58.

내용은 아니었다고 간주했다. 이 소책자는 확실히 레닌에게 불공정한 것이었지만, 그럼에도 불구하고 볼셰비키 기구의 "위원회 사람들"의 태도에 대한 올바른 판단을 포함했기 때문이다.

따라서 트로츠키는 러시아 사회민주당 제3차 당 대회(1905)에서 분명해진 "볼셰비키주의의 구심적 경향의 부정적 측면"을 사후적으로 평가한다. 그리고 그는 1917년에 당이 범한 꾸물거림을 비판한다. 당시 "대중은… 당보다 더 혁명적이었고 당은 당 기구보다 더 혁명적이었다."[139]

어쨌든 트로츠키는 "미래의 스탈린주의는 이미 볼셰비키의 중앙집중주의 안에 뿌리내리고 있었다"고 말하는 명제를 다시 한번 역사적 토대가 결여된 공허한 것으로 거부한다. 스탈린주의의 뿌리는 중앙집중주의의 추상적 "원리"에서도 직업 혁명가들의 "지하 조직 위계"에서도 찾을 수 없고, 다만 1918년 이전과 이후 러시아의 구체적 조건들 속에서 찾아야 한다.[140] 그에게는 숙청이야말로 역설적으로 볼셰비키주의를 비판하는 사람들에게 가장 확실한 대답을 제공하는 것으로 보였다. 분명 숙청 과정에서 고참 볼셰비키 전체를 학살함을 통해서야 비로소 스탈린이 자신의 권력을 확립할 수 있었기 때문이다.

f) 체 게바라의 인민-게릴라 변증법

레지 드브레가 올바르게 기술했듯이,[141] 체 게바라의 게릴라전 이론은

---

139   *Ibid.*, pp. 61, 204. 레닌의 경우에 "그는 당 기구보다는 프롤레타리아트 전위를 대변했다." "그는 당에 대한 계급의 영향력과 당 기구에 대한 당의 영향력을 체현했"기 때문에 결정적 영향력을 발휘했다.

140   *Ibid.*, p. 61.

141   R. Debray, *Revolution in the Revolution* (1968), p. 122.

카스트로주의 전반과 더불어 새로운 **문제틀**, 즉 "그 단어의 모든 의미에서 지반의 변화"를 가져왔다. 그것은 사실상 라틴 아메리카 전통 좌파의 "이데올로기 영역"과 근본적으로 단절함을 의미했다. 그것은 이론적 수준과 정치적 실천 수준 모두에서 이루어진 단절이었으며, 그 추동 원리는 라틴 아메리카의 최근 역사 속에서 규명되어야 할 것이다.

체 게바라는 대륙 좌파가 20년 동안 제기한 질문들에 대해 새로운 답변을 제공하는 역할로 자신을 한정 짓지 않았다. 그는 **새로운 질문들**을 제기했다. 그중 하나는 비록 엄격한 의미에서 "새로운" 것은 아니었지만, 좌파의 이데올로기적 우주에서는 다소 자취를 감춘 것이었다. **'어떻게 현존 국가의 군사 기구를 분쇄할 것인가?'** 이러한 문제틀은 파리 코뮌과 러시아 혁명이라는 역사적 경험에 비추어 마르크스와 레닌이 공식화했던 것으로, 체 게바라는 과테말라와 쿠바에서 자신이 겪은 구체적인 개인 경험에 비추어 그것을 라틴 아메리카의 특수한 조건들에 맞게 "재발견"하여 갱신·개작했다. 1954년 과테말라에서는 군대가 좌익 아르벤스 정부를 배신했다. 그와 달리 쿠바에서는 혁명 세력이 바티스타 정권의 군대를 분쇄하고 그것을 완전히 해체한 후 승리했다.

"선거를 통한 평화적 경로"에 대한 체 게바라의 반어적인 회의주의는 다음과 같은 현실주의적이고 명쾌한 원칙에 의거했다. 즉 진정한 인민 운동이 비록 선거 과정을 통해 권력을 장악한다 할지라도(대부분의 관련 국가들에서 일어나는 선거 조작 방식을 두고 볼 때, 이는 매우 가능성 없는 주장이다) 대개 곧장 유혈 쿠데타로 타도될 것인데, 그 이유는 항상 그랬듯 군대가 지배 과두정의 도구이기 때문이다. 야만적인 군사 쿠데타가 풍토병처럼 지속적으로 재발해 온 역사인 라틴 아메리카 근대사에서 군대가 수행한 역할에 대한 정치적-사회적 분석으로부터, 체 게바라는 마르크스 및 레닌과 같은 결론에 도달한다. 그것은 노동 인민의 혁명은 부르주아 국가의 군사-경찰-관료 기구를 파괴하지 않고서는, 또 이전 체제의 직업 군대 구조를 체계적으로 모조리 분쇄하지 않고서는 달성될 수 없다는 것이다. 인민 대중(투표권도 없는 원주민, 농민, 문맹 상태의 노동자)은 '정치적 권리를 가진 주민'*pays légal*에 속하지 않으며, 이들은 제도화된 폭력 기제(군사 **반란**)에 예속되어 있다. 체 게바라가 무장 투쟁 전략을 엄격하게, 그리고 완강하고 비타협적으로 고수한 근본에는 이러한 명제가 놓여 있는 것이다.

이와 같은 **질문**, 즉 "어떻게 국가의 억압 기구를 제거할 것인가"는 체 게바라가 제시하는 답변들을 좌우했다. 그것은 그의 혁명 이론 전체, 그의 게릴라전 교리 전체의 토대였다.

가장 중요한 답변 중 하나를 『게릴라전』(1960)의 첫 번째 쪽에서 찾아볼 수 있다. 그에 따르면, 저발전된 라틴 아메리카에서 무장 투쟁 지역은 기본적으로 농촌이어야 한다. 이러한 답변은—지리학적 의미(농촌)에서뿐 아니라 사회학적 의미(농민)에서—"그 단어의 모든 의미에서" 지반의 근본적 변화를 함의한다. 능동적 주체로서 농민은 라틴 아메리카 "구좌파"의 **시야 밖에** 있었다. 대륙을 뒤흔들었던 농민의 위대한 무장 운동은, 그러한 좌파에 속하지 않았던 지도자들—멕시코의 사파타, 니콰라과의 산디노, 콜롬비아의 갈란, 쿠바의 카스트로 등—이 이끌었던 것이다. 전통 좌파가 혁명적 농민을 "주목"하지 않았던 이유 중 하나는, 그렇게 하는 것이 좌파로서는 여지가 없는 것에 대해 문제를 일으킬 수 있었기 때문이다. 그것은 (평화적) 민족 민주 혁명을 위한 진보적 부르주아지와의 전선 문제였다.

그와 달리 체 게바라는 1961년에 이미 라틴 아메리카에서 민족 부르주아지는 인민 혁명에 반대하는 제국주의자들과 대토지 소유자의 동맹자라고 선언했다. 민족 부르주아지는 인민 혁명을 그 어느 것보다도 무서워했

다. 그는 『게릴라전. 한 가지 방법』이라는 저술에서 라틴 아메리카 대륙에서
일어난 계급 적대의 전반적 양극화와 더불어 지역 부르주아지와 미 제국주
의 사이의 결합을 강조했다. 체 게바라는 사회 모순에 관한 자신의 분석에
서 완전히 일관된 논리적 결론을 내린다. 즉 혁명은 해외 독점체와 토착 착
취자들에 대해 동시에 맞서야 한다. 그것이 **사회주의** 혁명이다. 체 게바라
는 라틴 아메리카 혁명의 사회주의적 성격을 그가 최후에 남긴 공개 메시
지인 삼대륙에 보내는 편지에서 이렇게 재확인했다. "사회주의 혁명이거나
혁명인 척하거나. 그 외에 다른 대안은 존재하지 않는다."[142] 이런 간결하고
도 장중한 정식화는 30년이나 되는 전통과 단절했다. 이 기간 동안 라틴 아
메리카 좌파 대다수는 그릇된 문제틀인 "혁명 단계론"이라는 협소하고 무
력한 틀 속에서 입을 다물고 있었다.

라틴 아메리카 혁명에서 농민(넓은 의미에서는 "토지 노동자")의 역할에 관
한 체 게바라의 학설은 두 가지 명제에 의거했다. 하나는 사회 경제적 명제
이고 다른 하나는 정치적-군사적 명제였다.

1. 농민(이런 나라들 상당수에서는 인구 중 다수를 점한다)은 라틴 아메리카
   사회에서 가장 가난하고, 비참하고, 착취받고, 억압받는 계급이다. 현존 체
   제 하에서 그들이 겪는 비인간적 처지(그리고 이 체제의 한계 내에서는 그
   에 대한 진정한 해결은 불가능하다는 것)는, 그들로 하여금 잠재적으로 거
   대한 혁명 세력이 되도록 만든다.
2. 정부의 경찰과 군대에 맞선 지난한 무장 혁명 투쟁의 최고 기반은 농촌, 잡

---

142 Guevara, "Cuba-exceptional case or vanguard in the struggle against colonialism?" in *Che: Selected Works of Ernest Guevara* (Cambridge, Mass.: 1969), p. 174; *Guerrilla Warfare, A Method* (1961); *Message to the Tricontinental*, in *Venceremos! The speeches and Writings of Ernesto Che Guevara* (London: 1968), p. 267.

목림 지대maquis, 산악 지대다. 오직 그곳에서 혁명적 전위는 은신처를 찾고, 정규군에게는 가장 불리한 조건과 지역에서 농민의 지지를 받으며 장기적 인민 전쟁을 감행할 수 있다.[143]

그렇지만 체 게바라의 생각에 농민의 게릴라 투쟁은 **노동자 계급과의 결합**이 없으면 승리할 수 없다. 그러한 결합은 혁명 운동을 풍부하게 만들고 이데올로기적으로 발전시키며 혁명 운동으로 하여금 그것의 궁극적 최고 단계인 프롤레타리아 총파업에 도달할 수 있게 해 준다.[144] 더욱이 체 게바라는 제2차 아바나 선언에서 다음 두 가지 중요 주장을 가져와서 자기 글들에서 인용한다.

1. 농민은 계속된 무지 상태와 살아온 곳에서의 고립 때문에 노동자 계급과 혁명적 지식인의 혁명적, 정치적 지도력을 필요로 하는 계급의 일부다.
2. 게릴라 세력에 의해 강화된다 하더라도 대중운동이 인기를 얻고, 낡은 질서가 점차 무너지며, 이로써 노동자 노동자 계급과 도시 대중이 전투의 결과를 결정하는 순간이 도래한다.

이렇게 프롤레타리아트가 행동을 통해 국가 권력에 최종 일격을 가해 혁명 전쟁 과정을 완수한다는 전망은 체 게바라의 여러 저술에서 등장한다. 그는 1959년 1월 27일 연설에서, 시에라마에스트라 산맥에서 무장하고 있던 자신과 동지들이 1957년 8월 정치 총파업이 일어나기까지 도시 노동자들의 중요성과 봉기 수준의 노동자 파업 가능성을 충분히 포착하지 못했

143 *Guerrilla Warfare* (London: 1969), p. 13; "Cuba-Exceptional," 곳곳에.

144 *Guerrilla Warfare*, p. 22; "Cuba-Exceptional," in *Che: Selected Works*, p. 63; "The Social Ideals of the Rebel Army," in Cuba-Exceptional," *ibid*, p 198.

다고 넌지시 말한다. 그 파업은 '7월 26일 운동'의 청년 지도자 프랑크 파이스가 경찰에 암살된 것에 대응해 선포되었다. 체 게바라가 지도부나 준비, 통제 없이 일어난 **자생적** 파업이라고 묘사한 당시 파업은 산티아고주와 오리엔테주를 마비시켰고 전국의 모든 도시들(카마구에이, 라스빌라스, 아바나)에서 반향을 일으켰다. 이 일은 시에라마에스트라 산맥에 있는 투사들에게 "새로운 세력들이 투쟁에 동참하고 있고 인민의 투쟁 정신이 성장하고 있다"는 점을 입증했다.[145]

체 게바라가 보다 산업화된 여러 라틴 아메리카 국가에서 **본질상 노동자 계급적인 도시 혁명**이 일어날 가능성을 내다보지 못했던 것인가? 이 질문은 그의 몇몇 저술에서 등장한다. 그러나 그는 그 질문에 대해 "명확한" 답변을 하지 않은 채 열린 상태로 두기를 선호했다. 「쿠바: 예외적 사례인가 반식민주의 투쟁의 전위인가?」(1961)라는 논설에서 그는 이 질문을 매우 신중한 어조로 다룬다. 그는 그러한 국가들에서 게릴라 집단을 형성하기가 훨씬 더 어렵다는 점을 솔직하게 인정한다. 그럼에도 불구하고 그는 투쟁의 정치적 중핵은 (보안상의 이유로) 도시화된 국가들에서조차 농촌에 위치해 있어야 **할 것 같다**고 생각한다. 그러면서도 그는 도시 게릴라 기반을 가진 인민 반란이 성공할 **가능성**을 단언하기도 한다. 첨언컨대 레지 드브레는 1965년에 카스트로주의에 관해 쓴 시론에서 아르헨티나를 본질적으로 도시 국가로 언급한다. 즉 아르헨티나는 "그 수나 분포, 국가의 경제 생활에서 차지하는 비중을 볼 때 농촌 프롤레타리아트의 중요성이 아주 적다. 농촌 게릴라 거점foco은 산업 프롤레타리아트가 주력인 부에노스아이레스에서의 도시 투쟁과의 관계에서 부수적 역할만을 할 수 있다." 드브레는 아르

---

145 *Reminiscences of the Cuban Revolutionary War* (1968), p. 146; "Social Ideals of the Rebel Army," in *Che: Selected Works*, p. 198.

헨티나 북부에서 EGP, Ejercito Cuerrillero del Pueblo(인민 게릴라 군대)가 벌인 게릴라 투쟁이 패배한 이유로 노동자 계급과의 정치적 접촉이 부재했음을 들었다.[146] 그렇다고 농촌 게릴라전이 라틴 아메리카 대륙의 일반 규칙으로써 무효화되는 것은 아니다. 단지 각 나라의 구체적 조건에 맞게 게릴라 세력과 도시 노동자 운동 사이의 정확한 "위계" 관계가 조절되어야 한다는 것이다.

쿠바 혁명은 인민 세력이 군대를 상대로 한 전쟁에서 승리할 수 있다는 점과 항상 혁명이 현실화되기 위한 모든 조건이 갖춰지기를 기다릴 필요는 없다는 점을 보여주었다. 봉기를 위한 게릴라 거점이 그러한 조건들을 창출할 수 있기 때문이다. 이러한 명제는 체 게바라의 유명한 게릴라전 교범의 서두에 등장한다. 교범은 "직업 군대에 맞서서 아무 것도 할 수 없다는 핑계를 위안으로 삼으며 한가하게 있으면서, 모든 필수적인 주객관적 조건들을 가속하기 위한 활동도 하지 않으면서, 그러한 조건들이 어떤 기계적인 방식으로 주어질 때까지 기다리고 앉아 있는 혁명가, 또는 사이비 혁명가들에" 반대하는 것을 그 목적으로 한다.[147]

체 게바라가 비판한 대상은 "카우츠키주의" 혹은 "플레하노프주의" 따위로도 불릴 수 있는 "숙명론적" 입장으로, 그것은 라틴 아메리카 대륙에서 전통 좌파의 지도적 집단들 상당수가 견지했던 입장이다. 게바라는 그러한 집단들에서 보인 결정론적-기계론적 유물론을 거부했다. 1960년 10월 쿠바 군대가 펴내던 평론지 『올리브 녹색*Verde Olivo*』에 실린 주목할 만한 글 「쿠바 혁명의 이데올로기 연구 노트」—쿠바 혁명에 관해 처음 나온 마르크

---

146   Régis Debray, "Castroism: the Long March in Latin America," in S*trategy for Revolution: Essays on Latin America* (New York: 1970), p. 44.

147   *Guerrila Warfare, A Method* (New York: 1961), p. 15. 또한 *Guerrilla Warfare* (1969), p. 13.을 볼 것.

스주의 저술들 중 하나—에서 체 게바라는 사회 사상에 대한 마르크스의 가장 중요한 기여가 노예나 자연의 도구가 아닌 "자기 운명의 설계자"로 인간을 파악한 것에 있다고 여긴다.[148]

그렇다고 체 게바라가 혁명과 게릴라전에 관해 순전히 주의주의적 관념에 빠졌다는 의미는 아니다. "당연히 혁명의 모든 조건들이 게릴라 활동이 불어넣은 자극을 통해 창출될 것이라고 생각해서는 안 된다. 첫 번째 중심지[foco]의 수립과 공고화를 위해 꼭 필요한 필수적 최저선이 존재한다는 점을 항상 명심해야 한다."[149] 체 게바라의 이론 구조는 마르크스의 변증법적 사상과 같다. 그것은 형이상학적 유물론("조건이 인간을 만든다")과 공상적 주의주의를 모두 배격한다. 마르크스와 마찬가지로 게바라 역시 '숙명론이냐 주관주의냐'는 식의 고전적 딜레마를 거부하고 역사에 대한 변증법의 원리를 진전시킨다. 조건이 인간을 창출하는 동시에 인간 스스로도 자신의 **혁명적 실천**을 통해 새로운 조건을 창출한다는 것이다. 이러한 원리가 경제 사회적 문제들에 대한 게바라의 전반적 사유뿐 아니라 게릴라전 교리를 고무했다.[150]

---

148 *Che: Selected Writings*, p. 50. "혁명가의 의무는 혁명을 만드는 것이다."라는 카스트로의 유명한 슬로건은 바로 이런 의미에서 해석되어야 한다.

149 *Guerrilla Warfare*, pp. 13-14.

150 체 게바라는 사회주의 경제와 생산력의 충분한 발전을 공산주의 의식 창출의 "첫 번째 조건"으로 삼는 속류 유물론 이데올로기—결실기가 되어야 과일이 익듯, 새로운 인간이 경제적 조건이 허락하는 때가 되면 자동적으로 저 홀로 등장할 것이라고 보는 이데올로기—를 거부했다. 체 게바라에게서 인간이 경제 구조를 변화시키고 자기 자신(의식, 성격, 도덕성)을 변화시키는 것은 오직 사회를 건설하는 혁명적 실천 속에서이고, 그 실천은 **사회주의적 방법**과 대중의 능동적 참여를 통해 이루어진다. 조건의 변화와 인간의 변화는 함께 가야 하고, 서로 연결되어 있으며, 변증법적 상호 호혜 과정 속에서 서로를 강화한다. 자유시장, 이윤 계산, 개인에 대한 물질적 유인책 사용의 일반화 등의 방식은 이러한 과정을 방해하고, 인민 속에서 새로운 사회 의식

체 게바라의 게릴라 이론은 마르크스주의 전통과는 상반되는 것이고, 블랑키주의적(혹은 바쿠닌주의적, "모험주의적" 등) 견해로 복귀한 것에 불과하다고 왕왕 비판받아 왔다. 그런 견해에 따르면 결의에 찬 한 혁명가 무리가 현존 국가 기구를 타도하고 권력을 잡고서, 그 후에 인민을 자기 편으로 끌어올 수 있다는 것이다.

사실 체 게바라는 게릴라 투쟁을 시작한 소규모 중핵이 "혁명을 만들"거나 "권력을 장악"할 수 있다고 결코 믿지 않았다. 그에게 게릴라 투쟁은 단지 인민 전쟁을 시작하기 위한 촉매일 따름이었다. 그가 "게릴라"라는 단어의 어원학적 의미("작은 전쟁"을 뜻하는 스페인어)를 거부한 것도 바로 그러한 이유에서였다. 체 게바라는 게릴라전을 방대한 군대에 맞선 소규모 집단의 작은 전쟁이기는커녕 **억압적 지배에 맞선 인민 전체의 전쟁**으로 본다. 인민이 게릴라군의 핵심을 구성하고 모든 작전의 배후에 존재한다. 인민의 지지는 게릴라전 수행의 **필수 조건**이고, 게릴라전에 자신의 해방을 위한 인민 자신의 싸움이라는 **대중 투쟁**의 성격을 부여한다. 게릴라군은 단지 투쟁하는 주민의 무장 전위일 뿐이다. 이러한 점이 게릴라군에 강점을 부여하고 **점차 게릴라군을 강력한 인민의 군대로 전환시킨다.**[151]

그렇다면 이러한 전위와 대중, 특히 농민 대중과의 관계는 어떻게 되는가? 체 게바라는 이러한 관계를 일면적으로 "위에서 아래로" 다루거나 어떤 고정된 형태로 정적이고 생기 없게 다루지 않았다. 그 반대로, 그는 그것을

이 발전하는 것을 방해한다. "우리 사회의 물질적 토대를 건설함과 동시에 공산주의를 건설하기 위해 우리는 새로운 인간을 창출해야 한다." *Socialism and man in Cuba*, 1965, in *Che: Selected Writings*, p. 159.

151 "인민 군대의 형성 없이 승리를 바랄 수는 없다는 점을 지적하는 것은 절대적으로 중요하다." *Che: Selected Works*, pp. 100-101; "Qu'est-ce qu'un querillro?", in Guevara, *Souvenirs de la guerre révolutionaire* (Paris: 1967), pp. 200, 211.

모순되고 변화하는 무장 중핵과 인민 사이의 변증법적 상호 침투 과정으로 파악한다. 첫 번째로 게릴라 투쟁은 국가와 지배 계급에 맞선 인민의 급진적 항의를 반영해야 한다. 그것은 일반과 특히 농민 대중의 욕망, 바람, 꿈, 욕구, 요구 등의 믿음직하고 일관된 해석자여야 한다. 다른 한편으로 게릴라 투쟁은 농촌 주민에게 도시의 혁명적 이데올로기를 불러일으켜야 하고, 혁명적 의식과 투쟁 열정을 일깨움으로써 "주체적 조건"을 확고히 하는 **촉매** 기능을 수행해야 한다. 이러한 **촉매** 역할은 게릴라 투쟁의 **정치적** 성격을 드러내는 것(군사적 차원도 소홀히 봐서는 안 된다)으로, 군사 중핵에 근접한 주위 환경(농민)–군대의 힘을 통해 기성 권력에 대한 승리 **가능성**에 대한 각성을 일으킨다–과 전국적인 규모 및 경우에 따라서는 국제적인 규모의 사회 정치적 무대라는 두 가지 수준에서 작용한다. 게릴라 투쟁이 놀랄 만한 승리를 몇 차례 거둔 후인 1967년 6월 13일, 체 게바라는 '볼리비아 일기'에 이렇게 적었다. "흥미로운 일은 이 나라가 정치적 격동에 들어섰고 엄청난 수의 협정, 반대 협정이 존재한다는 점이다. 게릴라들이 촉매가 될 가능성이 매우 명료하게 보이지는 않고 있다."[152]

체 게바라에 따르면 "자신의 행동을 통해 인민에게 무장투쟁의 근본적 중요성을 가르치는 이러한 [게릴라 세력의] 지도자들과 반란 속에서 들고일어나 우리가 말하고 있는 [혁명의] 이러한 실천적 필요품들을 지도자들에게 가르치는 인민 그 자신 사이에서 산출되는 진정한 상호작용"이 발생한다. "따라서 게릴라 투사와 인민 사이에서 일어나는 이러한 상호작용의 산물로써 진보적 급진화가 생겨나는데, 그것은 운동의 혁명적 성격을 한층 강화하고 운동을 전국적 규모로 만든다."[153]

---

152 *The Complete Bolivian Diaries of Che Guevara* (London: 1968), p. 168.

153 *Guerrilla Warfare*, P. 47.

『혁명 전쟁 회상기』에서 체 게바라는 쿠바에서의 무장투쟁기에 어떻게 이런 상호 호혜적 과정이 발전하여, 조금씩 게릴라 세력과 농민 대중이 상대적으로 균일한 정치-군사적 통일체로 융합하게 되었는지 묘사한다. 문맹인 농민의 혁명적 의식뿐 아니라 게릴라 세력의 도시 간부가 가진 혁명적 의식이 강화되고 발전하게 되는 것은 이러한 과정 덕분이었다. 이렇게 게릴라 세력과 인민 사이에 존재하는 긴밀하고 확고한 통일은 즉각 "주어지는" 것이 아니었다. 그것은 게릴라 세력이 인민화되고 인민이 혁명화되는 **혁명적 실천**의 산물이었다. 게릴라 세력의 혁명화하는 *umwälzende* 실천은 지배 계급 권력(경찰, 군대, 국가 기구)뿐 아니라 인민 의식 속에 있는 저 권력의 토대(공포, 수동성, 무관심한 숙명론, 노예적 순종)를 파괴하는 것으로 이어졌다.

결론적으로, 우리는 체 게바라의 사상이 나름의 독창적 종합 속에서 라틴 아메리카 혁명의 특유한 역사적 조건에 다음 두 가지 **명백하게 모순된** 경향들을 적용시켰다는 가설을 제시할 수 있다.

1. 레닌이 1902년에 제시한, 강력하게 구축된 규율 잡힌 위계적인 직업적 혁명가 중핵이라는 명제. 그것은 여기에서는 게릴라 거점*foco*이 된다.
2. 스스로의 구체적인 혁명적 실천을 통한 광범위한 인민 대중의 의식 획득이라는 로자 룩셈부르크의 명제. 체 게바라에게 기성 권위들과의 폭력적 충돌은 "인민의 학교"다. 그는 레닌과 로자 룩셈부르크의 저술들에서 공히 발견되는 내용과 닮은 다음 단락을 추가한다. "획득물을 방어하거나 사회적 바람을 실현하기 위한 하루간의 무장 투쟁은 그 어떤 것이 할 수 있는 것보다 훨씬 더 많은 것을 인민에게 가르쳐 준다."[154]

---

154 Guevara, speech for January, 6, 1961, in *Pensamiento Criticom*, No, 9, 1967, p. 101.

체 게바라는 위 두 가지 관점을 **하나의 과정 속에 존재하는 두 가지 계기**로 간주함으로써 모순을 변증법적으로 해결했다. 그러한 과정은 게릴라 중핵의 은밀한 준비에서부터 대중 파업을 통한 권력 장악으로까지 이어진다.

첫 번째 순간은 게릴라 세력이 조직되는 단계로, 그것은 무엇보다 특히 음모적 임무이고 은밀하게 움직이는 당이라 할 수 있는 소규모 주동자 집단에 국한된다. 이런 음모적 성격은 또한 일정 정도 상호 불신과 공포로 인해 아직은 농민 대중으로부터 분리된 게릴라 작전의 시작 단계를 뜻한다. 점차 게릴라 세력은 농민들 속에서 뿌리를 내리고 그들의 지지를 통해 더 강하게 발전·성장한다. 소규모 무장 중핵에 의해 시작된 전쟁은 농촌 대중의 혁명적 투쟁이 된다.

결국 최종 단계는 노동자 계급과 도시의 여타 노동 인민이 총파업에 돌입하는 것이다. 총파업은 혁명을 완수하며 대미를 장식한다. 나는 이미 1957년 8월 산티아고에서 일어난 정치 파업의 자생적 성격이 체 게바라에게 큰 감명을 주었음을 언급했다. 그는 이것을 보고 "자생성 숭배"로 나아가지 않았다(그가 지하 활동을 통해 봉기 수준의 노동자 파업을 신중하게 준비해야 할 필요성을 강조하기 때문이다). 오히려 그는 총파업을 인민 대중 자신의 주도성과 적극성에 의거한 인민 운동으로 이해한다. 이러한 확신은 1958년 4월 8일에 '7월 26일 운동'에 의해 선포된 혁명적 파업이 패배한 후 특히 강화되었다. 체 게바라는 이 불운한 시도에 대해 급진적 비판을 가했다. 그의 관점에서 볼 때, 패배의 원인은 파업 조직자들이 대중 투쟁의 의의와 전술을 포착하는 데 실패했다는 사실에 있었다. 그들은 라디오로 파업을 호소하는 식으로 비밀 폭동을 실행하고자 했다. 기층 노동자들과의 연계도 보유하지 않은 채 갑자기 말이다. 그리고 무엇보다도 그들은 "노동자들이 혁명적 활동에 나서려고 할 때 적합한 시간을 선택해야만 한다"는 규칙을 지키지 않았다.[155] 이러한 게바라의 분석을 대중 파업에 관한 로자 룩셈부르크의 저술들과 비교하지 않을 수 없다. 룩셈부르크는 독일 사회민주당 지도자들이 견지한 대중 파업에 대한 견해—"최고위원회가 결정한 신중한 계획에 따라 집행되는 침착한 정치 '행동'이라는 고정되고 공허한 도식"—를 비판했다. 로자 룩셈부르크에 따르면, 1905년의 혁명적 파업 경험은 "강력한 사회민주당 최고위원회에서 파업 개시 결정을 내린다고 해서 대중 파업이 마음대로 개시될 수 있는 것은 아니"라는 점을 보여주었다.

체 게바라에 따르면, 농촌과 도시의 게릴라전, 지하 활동, 대중 투쟁, 무장 전투, 정치 행동, 게릴라 거점, 총파업 등은 모두 하나의 동일한 역사적 운동—혁명 전쟁—의 서로 다른 특징들이자 서로 보완하는 계기들일 뿐이다. 혁명 전쟁은 전위 조직의 지도 아래 점차 소규모 농민 소유자와 공장 노동자, 혁명적 지식인과 문맹인 프롤레타리아트, 급진적 학생과 농업 노동자를 자신의 대열 안으로 통합한다. 또한 그것은 사회주의 혁명의 첫 번째 조건이자 근본적이고 필수적이며 없어서는 안 될 조건인 군대와 경찰과 같은 국가 기구의 패배를 그 당면 목표로 삼는다.

체 게바라의 방법 중 특징적인 것은 바로 이런 식으로 투쟁의 각 측면, 각 단계, 각 요소를 고립되고 절대적이며 응결된 것으로 또는 물화된 형이상학적 존재("당", "게릴라 거점" 등)로 파악하지 않고, 역사적-사회적 총체의 일부로 파악했다는 점이다. 각 요소들의 역할, 지위, 의의, 의미 등은 오직 그것들이 전체와 맺는 관계, 즉 총체적 과정, 혁명 운동 속에서만 이해될 수 있다.

155 *Reminiscences*, pp. 242-243; "Social Ideals of the Rebel Army," in *Che: Selected Works*, p. 198; "Notes for the study of the Ideology of the Cuban Revolution," in *Selected Works*, p. 53.

옮긴이의 말

1.

이번에 옮긴이가 번역한 책은 미카엘 뢰비의 『청년 마르크스의 혁명 이론』이다. 미카엘 뢰비는 1938년생으로 오스트리아 빈에서 브라질로 이주한 유대인 집안에서 태어났다. 브라질 상파울루 대학을 나왔으며, 그 후 프랑스로 건너가 소르본 대학에서 뤼시앙 골드만의 지도 아래 공부를 이어가 1964년에 박사 학위를 받았다. 이때 나온 박사 학위 논문이 「청년 마르크스의 혁명 이론」이며, 이 논문을 1970년 책으로 출간한 것이 바로 이번에 번역한 책의 원본이라 할 수 있는 프랑스어판 『청년 마르크스의 혁명 이론 *La théorie de la révolution chez le jeune Marx*』이다. 그 후 4장에서 2절 "마르크스 사후: 레닌에서 체 게바라까지"가 추가된 영역본이 2003년 브릴 출판사, 2005년 헤이마켓 출판사에서 출판되었다(이 책은 '역사 유물론 책 시리즈' 가운데 하나인데, 이 총서는 일반적으로 브릴에서 양장본을, 헤이마켓에서 페이퍼백을 맡아 출판된다).

한국에서 출판된 미카엘 뢰비의 책으로는 『연속혁명 전략의 이론과 실제』(1990), 『신들의 전쟁─라틴아메리카의 종교와 정치』(2012), 『발터 벤야민: 화재경보─역사의 개념에 대하여 읽기』(2017), 『마르크스주의 100단어』(공저, 2018), 『마르크스를 읽자』(공저, 2020)가 있다. 책 제목들에서 알 수 있듯이, 미카엘 뢰비는 시간이 갈수록 라틴 아메리카의 해방신학, 발터 벤야민,

낭만주의 등에 관심을 갖고 연구하였다. 또한 뢰비는 생태 문제에 대해서도 적극적인 발언을 하여 주요한 생태사회주의자로 알려져 있다(그의 생태론은 카피레프트 그룹이 편찬한 『읽을꺼리』 3호(1998)에 실린 「비판적 맑스주의에서 자기 해방의 중심성」에 잘 요약되어 있다).

이러한 미카엘 뢰비의 사상 변천에 대해 옮긴이는 크게 공감하는 편은 아니며 특히 생태론에 있어서는 마르크스의 생태론을 오해, 곡해하여 그것을 생산주의로 잘못 비판하고 있다고 생각하는 바다. 그는 「비판적 맑스주의에서 자기 해방의 중심성」에서 "맑스가 어떤 통합된 생태적 전망을 견지했던 것은 아니다. 자본주의 생산관계의 한계만 일단 제거되면 가능할 것이라는 생산력의 무제한적 발전이라는 그의 낙관주의적이고 '프로메테우스적'인 구상은 오늘날 옹호될 수 없다"고 말했다. 그러나 존 벨라미 포스터의 『마르크스의 생태학』(2016, 옮긴이와 김민정이 공역함)이나 폴 버킷의 『자본주의와 자연』이 출판된 후 마르크스의 생태론에 대한 인식은 크게 변화하였다. 미카엘 뢰비 역시 이런 인식 변화를 수용하지 않을 수 없게 되어, 2020년 미국 사회주의 매체 『새로운 정치New politics』에 실린 「카를 마르크스: 프로메테우스적 전망?」이란 글에서는 마르크스를 프로메테우스적이라고 비판하는 것에 한계가 있다고 말하게 됐다.

이러한 현재 시점에서의 생각 차이에도 불구하고 미카엘 뢰비의 책을 번역하게 된 이유는, 그가 젊었을 적 저술한 이 책이 마르크스의 초기 사상이 어떻게 발전해 왔는지, 그 발전의 핵심 내용이 무엇인지 매우 잘 정리하고 있기 때문이다.

2.

그렇다면 미카엘 뢰비가 잘 정리하고 있는 마르크스 사상의 핵심 내용은 무엇인가? 바로 노동자의 자기 해방 사상이라고 할 수 있다. 독일 라인 지방의 중간 계급 출신인 마르크스는 처음에는 민주주의자로 시작하였으나 1843년 이래 여러 사상적, 운동적 발전을 거치면서 노동자들이 스스로의 힘으로 자본주의 체제를 변혁하고 사회주의 사회를 건설할 수 있다는 점을 깨닫게 되었고, 이러한 깨달음을 기반으로 자신의 사회주의 사상을 정립했던 것이다.

마르크스는 인간이 모든 착취와 억압에서 해방되이 진민적인 자기 발전을 이룰 수 있는 인간 해방을 지향했는데, 노동자는 자신의 해방을 통해 이러한 보편적 인간 해방을 실제로 실현할 수 있는 주체로 등장하게 된다. 이에 대해 엥겔스는『공산당 선언』의 1888년 영어판 서문에서 "착취 계급과 피착취 계급, 지배 계급과 피억압 계급 사이의 투쟁들; 이러한 계급투쟁들의 역사는 하나의 발전 계열을 나타내고 있고, **현재는 착취받고 억압받는 계급-프롤레타리아트-이 동시에 사회 전체를 모든 착취 및 억압, 모든 계급 차별들과 계급투쟁들로부터 해방시키지 않고서는 착취하고 억압하는 계급-부르주아지-의 멍에로부터 자신의 해방을 달성할 수 없는 단계에 이르렀다는 것**"(강조는 옮긴이)이 마르크스 사상의 요체라고 말하고 있다. 또한 1864년 창설된 국제노동자협회(제1인터내셔널)를 위해 마르크스가 작성한 임시 규약에는 "노동자 계급의 해방은 노동자 계급 스스로에 의하여 획득되어야 한다"고 명시되어 노동자의 자기 해방 사상이 확실하게 표현되고 있다.

이에 대해 미카엘 뢰비는 부르주아 사회에서 널리 퍼져 있는 "높은 곳에 존재하는 구원자"라는 신화를 비판한다. "높은 곳에 존재하는 구원자" 신화는 자신이 겪는 억압과 사회 부조리를 스스로 해결할 수 없고 외부에 있는 다른 집단이나 개인이 그것을 해결해 주기를 바라는 믿음과 태도라 할 수 있다. 노동자 운동 역시 초창기에는 이러한 외부의 구원자, 해방자를 갈구하는 모습을 보이고는 했으나 점차 노동자들의 의식과 운동이 성장하면서 노동자의 해방은 노동자 스스로 쟁취할 수 있고, 쟁취해야만 한다는 생각이 확산되었다. 마르크스는 초기 노동운동의 성장을 직접 접하면서 노동자들 사이에서 싹터 나오는 생각을 체계적인 사상과 이론으로 정립하였고, 그렇기 때문에 마르크스의 사상을 과학적 사회주의라고 부를 수 있는 것이다. 미카엘 뢰비는 이러한 마르크스의 사상을 잘 포착하여 "마르크스주의의 유효성은 바로 그것의 본성이 프롤레타리아트의 이론이라는 점에 근거한다"(16쪽)고, 또 "마르크스는 이러한 [노동자의: 옮긴이] 경험들이 갖고 있는 공통의 특징을 포착하여 다소 막연하고 단편적이었던 공산주의와 자기 해방의 경향을 일관된 이론으로 발전시킬 수 있었다. 그리고 그는 프롤레타리아트의 현실 운동을 포착하여 표현해낼 수 있었다"(46쪽)고 말한다. 물론 외부의 구원자 신화는 완전히 근절되지 않았고, 지금까지도 상당한 영향력을 발휘하고 있다. 이러한 점에서 노동자 자기 해방 사상은 여전히 노동자가 나아가야 할 길을 밝히는 등불 역할을 할 수 있다.

또한 노동자의 자기 해방 입장은 사회주의자나 사회주의 당의 역할 역시 규정하게 된다. 기본적으로 해방을 실행하는 것은 외부의 구원자가 아닌 바로 노동자 자신이고, 사회주의자나 사회주의 당은 노동자들이 이러한 자신의 역사적 임무를 자각하고 혁명의 주체로 나서게 추동하는 것이기 때문이다. 이에 대해서 뢰비는 "마르크스의 공산당은 부르주아적이고 공상적인 "높은 곳에 존재하는 구원자"를 계승하는 것이 아니다. 그것은 자기 해방을 위해 투쟁하는 프롤레타리아트의 전위인 것이다. 또한 그것은 대중이 의식을 획득하고 혁명적 행동을 취하기 위한 도구다. 그것의 역할은 노동자 계급 대신 그 "위에서" 행동하는 것이 아니라 노동자 계급이 자기 해방의 길을 향해, 그리고 공산주의 "대중" 혁명을 향해 갈 수 있도록 인도하는 것이다."라고 말한다. 마르크스의 과학적 사회주의가 등장하기 이전의 공상적 사회주의나 여러 음모적 운동 형태들은 노동자의 자기 해방에 입각한 것이 아닌 노동자의 해방을 대리하거나 그들에게 미리 잘 짜인 해방의 상을 제시하여 그것을 따르게 하려고 했다. 1920년대 러시아 혁명이 변질되면서 대두한 스탈린주의 역시 노동자의 자기 해방을 부정하고 '대리주의'를 강화했다.

3.

미카엘 뢰비의 책은 여전히 스탈린주의가 큰 힘을 발휘하던 역사적 시기(1960년대)에 쓰인 것으로, 마르크스의 사상에서 그 핵심이 노동자 자기 해방에 있음을 강조했다는 점에서 중요한 의의를 지닌다. 이 점은 사회주의 운동이 새롭게 성장해 가야 하는 한국에서도 큰 도움이 될 것이다. 자본주의의 모순이 격렬해지고, 남녀노소 할 것 없이 노동자 민중의 삶이 계속 악화되고만 있는 한국 사회에서 반자본주의, 사회주의는 매우 절실한 시대 과제가 되어 가고 있다. 미국의 밀레니얼 세대들이 자국의 자본주의 모순을 견디다 못해 사회주의 지지로 돌아서고 있는 것처럼 한국에서도 노동자, 청년들이 자본주의를 비판하고 사회주의를 요구하는 대열에 합류할 가능성이 높아만 가고 있다.

이런 상황에서 현 체제에 대한 대안을 갈망하는 노동자, 청년들은 마르크스를 다시 찾고, 마르크스의 책을 읽으며, 마르크스의 사상을 알아보고자 노력할 것이다. 이때 가장 좋은 방법은 마르크스의 저술들을 직접 읽고 그의 사상을 접하는 것이다. 그렇지만 그것과 더불어 마르크스의 핵심적 사상을 온전히 소개하는 좋은 책들이 늘어나 마르크스의 사상을 제대로 이해할 수 있도록 돕는 일도 필요할 것이다. 여기서 『청년 마르크스의 혁명 이론』
은 마르크스의 사상을 이해하는 데 도움을 주는 좋은 길잡이가 될 것이다.

　　이 책을 알차게 활용하는 방법은 책 자체를 꼼꼼히 읽는 것뿐 아니라 책
에서 나온 마르크스의 주요 글과 책 들을 차례차례 직접 읽어보는 것이다.
그렇게 학습을 한다면 노동자의 자기 해방 사상은 어느새 우리의 현실을
변혁하는 강력한 무기가 되어 있을 것이다.

　　4.

　　옮긴이는 『사회주의자』라는 잡지를 5년째 발행하는 일을 하고 있는데,
잡지를 발행하면서 짬짬이 책을 번역하느라 편집자와 약속한 기일을 한참
이나 넘기고 말았다. 이런 상황에도 불구하고 번역 원고를 꼼꼼히 점검하
여 원고를 책이라는 실물로 만든 두번째테제 편집장 장원 씨의 노고에 감
사드린다. 옮긴이는 영어본을 기본으로 프랑스어본과 대조하며 번역하여
오역을 피하고자 했고, 최대한 자연스러운 문장으로 번역하고자 했다. 그러
나 여전히 오역뿐 아니라 미진한 번역에 대한 독자 여러분의 질정이 불가
피할 것으로 보인다. 부족하나마 이 책이 한국에서 사회주의 운동이 성장
하는 데 밑거름 역할을 할 수 있기를 바란다.

2021년 8월 9일

옮긴이 황정규

찾아보기

찾아보기

찾아보기

찾아보기